河南省教育经费统计年鉴

HENANSHENG JIAOYU JINGFEI TONGJI NIANJIAN

（2020）

河南省教育厅　编

河南大学出版社
HENAN UNIVERSITY PRESS
·郑州·

图书在版编目（CIP）数据

河南省教育经费统计年鉴 . 2020 / 河南省教育厅编 .
-- 郑州 : 河南大学出版社 , 2023.11

ISBN 978-7-5649-5680-6

Ⅰ . ①河… Ⅱ . ①河… Ⅲ . ①教育经费 – 统计资料 –
河南 – 2020 – 年鉴 Ⅳ . ① G527.61-54

中国国家版本馆 CIP 数据核字 (2023) 第 225444 号

责任编辑 郑 鑫
责任校对 屈琳玉
装帧设计 郭 灿

出版发行 河南大学出版社
地址 : 郑州市郑东新区商务外环中华大厦 2401 号 邮编 : 450046
电话 : 0371-86059750（高等教育与职业教育出版中心）
0371-86059701（营销部） 网址 : hupress.henu.edu.cn
排 版 河南大学出版社设计排版中心
印 刷 郑州印之星印务有限公司
版 次 2023 年 11 月第 1 版
印 次 2023 年 11 月第 1 次印刷
开 本 890 mm × 1240 mm 1/16
印 张 40
字 数 742 千字
定 价 128.00 元

（本书如有印装质量问题，请与河南大学出版社营销部联系调换。）

《河南省教育经费统计年鉴·2020》
编辑委员会

主　　任　宋争辉

副主任　刘昭阳　吕　冰

主　　审　王　鹏　张冠峰

主　　编　王海燕　苏志力　王文江

前言

《河南省教育经费统计年鉴·2020》比较全面、系统地反映了2020年全省教育经费来源和使用情况，为我省编制教育发展规划、制定教育财政政策提供了重要的参考依据。它对于研究教育经费结构和使用效益有一定价值；对于各地之间的研讨交流，提高教育财务管理水平，也将会起到促进作用。

教育经费统计资料的各项数据是从最基层单位开始填报，经过乡（镇）、县（市、区）、市、省等教育主管部门层层汇总的。各级教育、财政和统计部门对教育经费统计工作十分重视，从人员、时间、设备等方面给予了保证，并认真组织，按照准确、及时、完整的要求编制报表，保证了教育经费统计资料汇总工作的顺利完成。

目前，我省教育经费统计工作还处于充实、完善阶段，加之教育经费统计涉及范围广，工作量大，因此在资料的收集、编排、整理等环节上难免有不足之处，诚望各位读者批评指正，以便我们今后加以改进，把教育经费统计工作做得更好。

编　者

2021年12月

目　录

第一部分　全省教育经费收支

第二部分　各地区按来源分类教育经费收入

第三部分 各地区各级各类教育机构教育经费收入

第四部分　各地区各级各类教育机构教育经费支出明细

第五部分　各地区各级各类教育机构财政补助支出明细

第七部分　各地区教育和其他部门各级各类学校生均教育经费支出

2020年教育经费简况

一、2020年全省教育经费来源情况

2020年全省地方教育经费总投入2802.23亿元。

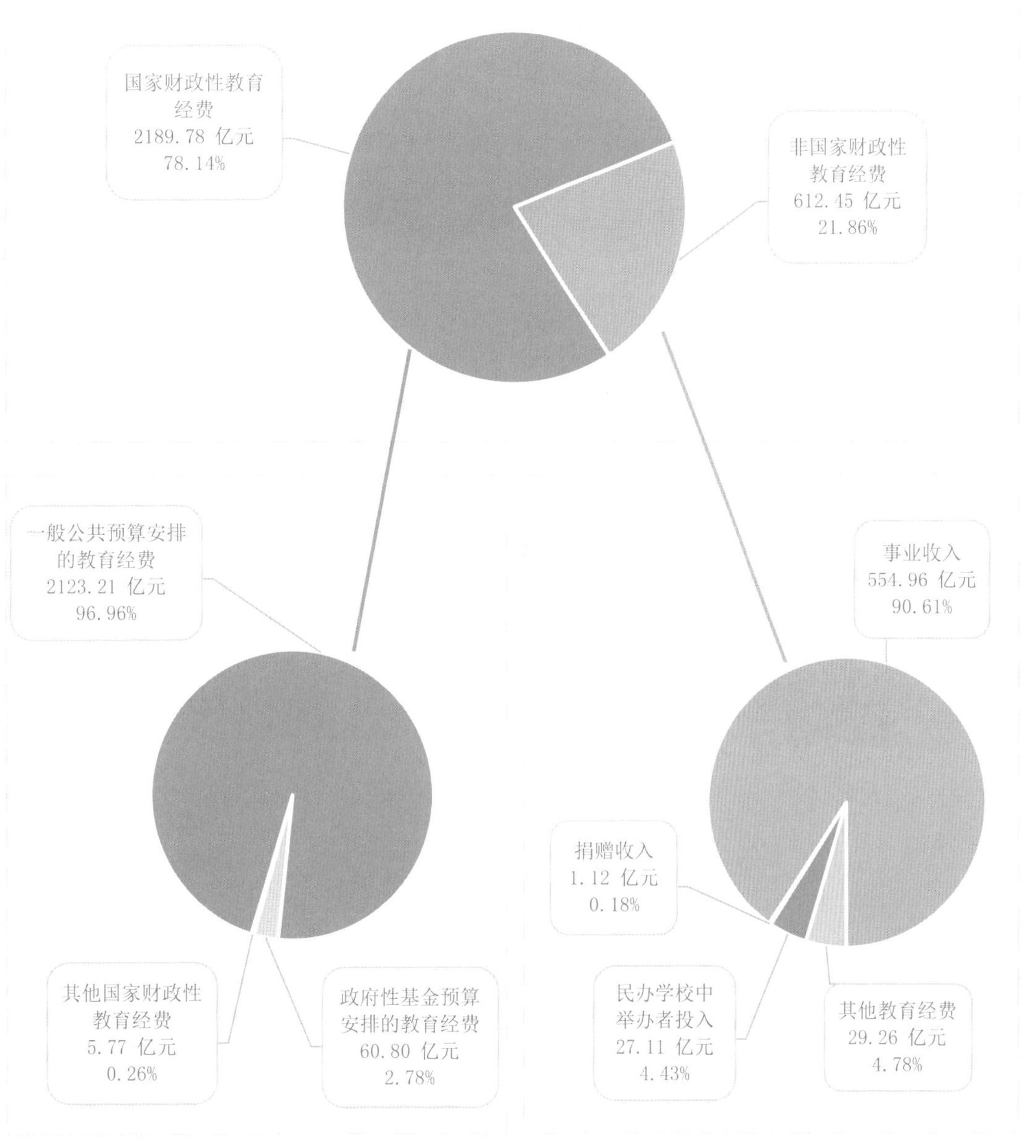

二、2020 年全省各级各类教育经费投入情况

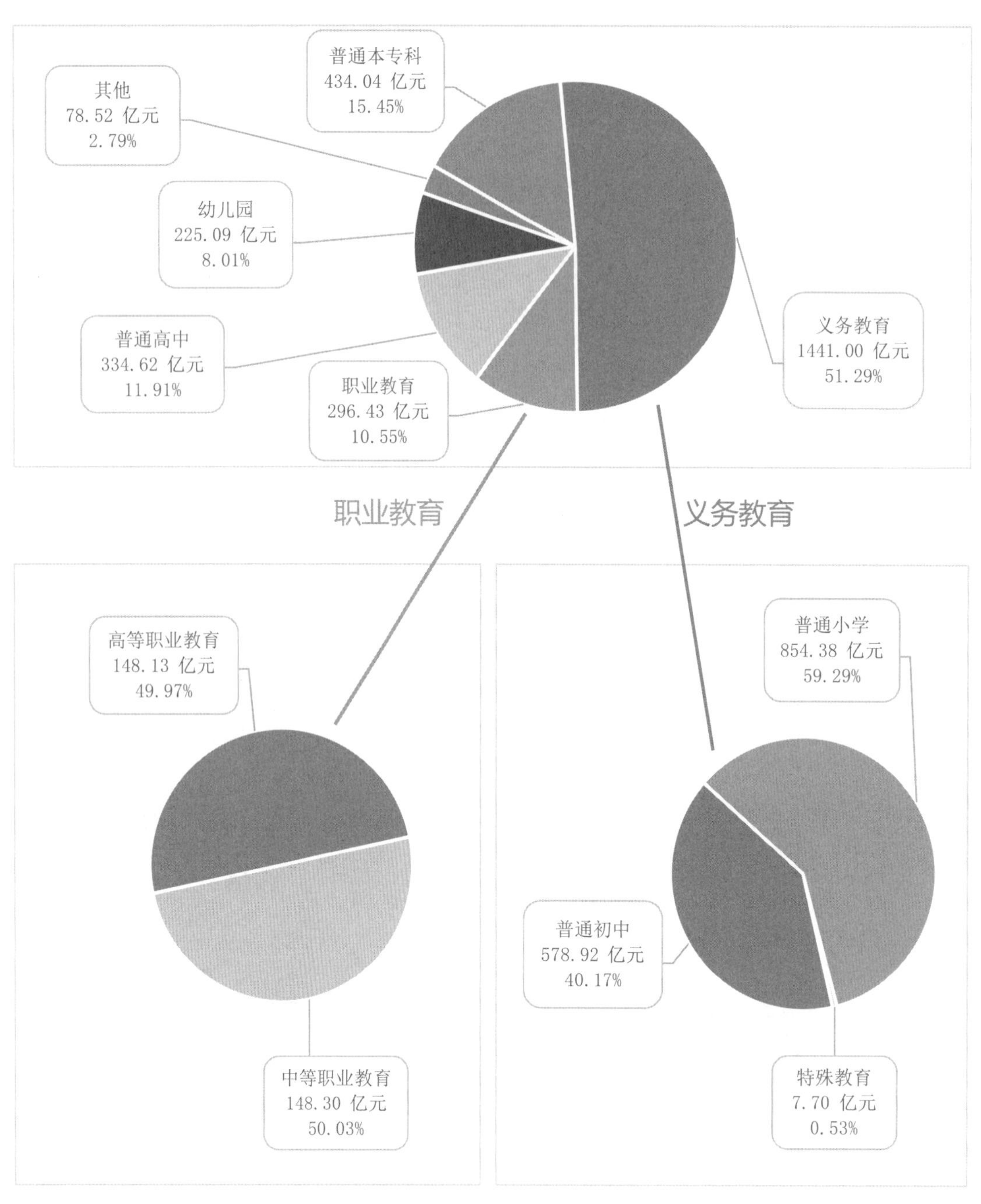

第一部分

全省教育经费收支

1-1 全省教育

项目	总计		
	合计	中央	地方
总计	**281388428**	**1165676**	**280222752**
一、国家财政性教育经费	**220076316**	**1098266**	**218978050**
1. 一般公共预算安排的教育经费	212706016	384998	212321018
(1)一般公共预算教育经费	184872957	342221	184530735
①教育事业费	173890172	242221	173647951
②基本建设经费	2996210	100000	2896210
③教育费附加	7986574		7986574
(2)其他一般公共预算安排的教育经费	27833060	42777	27790282
①科研经费	450512	18093	432419
②其他	27382547	24684	27357863
2. 政府性基金预算安排的教育经费	6080380		6080380
#彩票公益金	560611		560611
3. 企业办学中的企业拨款	82158		82158
4. 校办产业和社会服务收入用于教育的经费	123750	6058	117693
5. 其他属于国家财政性教育经费	1084012	707210	376802
二、民办学校中举办者投入	**2710952**		**2710952**
三、捐赠收入	**112194**		**112194**
#港澳台及海外捐赠	119		119
四、事业收入	**55554570**	**58881**	**55495689**
#学费	47559444	46885	47512559
五、其他教育经费	**2934397**	**8529**	**2925868**

经费总收入

单位：千元

教育部门和其他部门			企业办学			民办学校
合计	中央	地方	合计	中央	地方	地方
234425617	**1149916**	**233275701**	**509499**	**15761**	**493738**	**46453312**
213574987	**1089897**	**212485090**	**137254**	**8369**	**128885**	**6364074**
206418567	382687	206035880	49039	2311	46727	6238410
178836087	339910	178496177	37749	2311	35438	5999120
167886180	239910	167646270	37749	2311	35438	5966243
2996210	100000	2896210				
7953696		7953696				32877
27582480	42777	27539702	11289		11289	239291
449453	18093	431360				1059
27133026	24684	27108342	11289		11289	238232
5960899		5960899				119481
453496		453496				107115
			82158		82158	
117693		117693	6058	6058		
1077829	707210	370619				6183
						2710952
103654		**103654**				**8540**
119		119				
18105032	**51489**	**18053543**	**362561**	**7392**	**355169**	**37086977**
13604597	42923	13561674	327807	3963	323845	33627040
2641944	**8529**	**2633415**	**9684**		**9684**	**282769**

1-2 各级各类教育机构

学校类别	总计	国家财政性教育经费	一般公共预算安排的教育经费	一般公共预算教育经费	教育事业费	基本建设经费	教育费附加	科研经费
总计	**281388428**	**220076316**	**212706016**	**184872957**	**173890172**	**2996210**	**7986574**	**450512**
一、高等学校	**58856380**	**36528395**	**32418644**	**29217608**	**28175103**	**784122**	**258384**	**439273**
1.普通高等学校	58555723	36377413	32281581	29109542	28069827	784122	255593	439063
普通高等本科学校	41054914	23843478	21327297	19036472	18167374	697874	171224	423349
普通高职高专学校	17500808	12533935	10954285	10073069	9902453	86247	84369	15714
#高等职业学校	14812580	10552120	9578768	8790434	8642540	79777	68117	13080
2.成人高等学校	300657	150982	137062	108067	105276		2791	210
二、中等职业学校	**14845863**	**12809482**	**12151643**	**10582655**	**9616685**	**189417**	**776552**	**2494**
1.中等专业学校	5550888	4700736	4521926	4054075	3715069	54339	284667	2144
2.职业高中	5091839	4700885	4626553	4059814	3629751	43491	386572	
#农村	2877160	2669536	2653723	2340080	2067429	22632	250019	
3.技工学校	2742737	2495693	2092051	1706072	1578438	91588	36046	350
4.成人中等专业学校	1460399	912168	911113	762694	693427		69267	
三、中学	**91357382**	**77526347**	**76307350**	**66134016**	**61363485**	**1251025**	**3519506**	**2708**
1.普通中学	91357382	77526347	76307350	66134016	61363485	1251025	3519506	2708
普通高中	33462359	25562667	24652250	21552395	19761660	730493	1060241	1797
#农村	17963972	13066458	12690827	11194582	10598580	134811	461192	529
普通初中	57895023	51963680	51655101	44581621	41601825	520532	2459265	911
#农村	39124543	35360172	35263279	30468556	28968995	177705	1321857	50
2.成人中学								
四、小学	**85450840**	**77787622**	**77380349**	**66475901**	**63297705**	**481330**	**2696866**	**964**
1.普通小学	85450840	77787622	77380349	66475901	63297705	481330	2696866	964
#农村	60828856	55690665	55543580	47648743	46248898	194482	1205362	128
2.成人小学								
五、特殊教育	**769834**	**766675**	**765759**	**640730**	**631391**		**9339**	
1.特殊教育学校	749246	746087	745170	624330	615150		9179	
2.工读学校	20588	20588	20588	16400	16240		160	
六、幼儿园	**22551994**	**7423840**	**6751966**	**5882487**	**5371544**	**132492**	**378452**	
#农村	13280993	4189023	4054619	3634059	3258442	121855	253763	
七、教育行政单位	**1466028**	**1439403**	**1424599**	**1159551**	**1117484**	**17758**	**24308**	**20**
八、教育事业单位	**3387521**	**3178878**	**2961851**	**2481685**	**2394392**	**14125**	**73168**	**150**
九、其他	**2702586**	**2615675**	**2543856**	**2298324**	**1922383**	**125941**	**250000**	**4904**

教育经费收入情况（全省）

单位：千元

其他	政府性基金预算安排的教育经费	#彩票公益金	企业办学中的企业拨款	校办产业和社会服务收入中用于教育的经费	其他属于国家财政性教育经费	民办学校中举办者投入	捐赠收入	事业收入	#学费	其他教育经费
27382547	**6080380**	**560611**	**82158**	**123750**	**1084012**	**2710952**	**112194**	**55554570**	**47559444**	**2934397**
2761763	**2949105**	**40086**	**15390**	**61245**	**1084012**	**347260**	**57553**	**19651188**	**16490238**	**2271983**
2732977	2949059	40086	15390	47370	1084012	347260	57553	19512946	16364135	2260551
1867476	1385029	38786		47370	1083782	135419	54489	14967509	12443002	2054019
865502	1564030	1300	15390		230	211841	3064	4545437	3921133	206532
775254	957765	1300	15390		197	211841	3064	3869371	3345512	176185
28786	45			13875				138242	126104	11432
1566494	**622130**	**27125**	**26727**	**8982**		**149471**	**532**	**1640855**	**914866**	**245524**
465707	177911	24362		899		71354	167	638710	313650	139922
566739	71510	2763		2822		35048	186	331566	199770	24155
313643	12991	318		2822		28726	186	173334	93607	5379
385629	371654		26727	5260			180	181678	18635	65185
148419	1055					43068		488901	382811	16262
10170626	**1218997**	**226501**				**1190285**	**40049**	**12405188**	**10046551**	**195513**
10170626	1218997	226501				1190285	40049	12405188	10046551	195513
3098058	910417	93187				659036	25556	7098866	5548313	116234
1495716	375631	3328				602199	4798	4232297	3137860	58221
7072568	308580	133314				531249	14493	5306322	4498238	79279
4794673	96893	19720				363778	2956	3379874	2773857	17762
10903485	**407273**	**144404**				**387585**	**8432**	**7183571**	**6108525**	**83629**
10903485	407273	144404				387585	8432	7183571	6108525	83629
7894709	147085	49619				230485	2773	4880099	4035520	24833
125029	**916**	**907**				**200**	**12**	**2675**	**2107**	**272**
120841	916	907				200	12	2675	2107	272
4188										
869479	**631833**	**17453**	**40040**			**636150**	**4750**	**14429057**	**13945338**	**58197**
420560	128550	10472	5854			281087	2287	8806436	8492309	2160
265029	**14804**	**6187**					**275**	**12146**		**14204**
480016	**163503**	**96789**		**53524**			**590**	**164467**		**43586**
240627	**71819**	**1160**						**65424**	**51819**	**21487**

1-3　各级各类教育机构

学校类别	总计	国家财政性教育经费	一般公共预算安排的教育经费	一般公共预算教育经费	教育事业费	基本建设经费	教育费附加	科研经费
总计	**418544**	**351133**	**342938**	**318254**	**218254**	**100000**		
一、高等学校	**339400**	**312609**	**310472**	**296644**	**196644**	**100000**		
1. 普通高等学校	339400	312609	310472	296644	196644	100000		
普通高等本科学校	339400	312609	310472	296644	196644	100000		
普通高职高专学校								
#高等职业学校								
2. 成人高等学校								
二、中等职业学校	**15761**	**8369**	**2311**	**2311**	**2311**			
1. 中等专业学校	4729	899						
2. 职业高中								
#农村								
3. 技工学校	11032	7470	2311	2311	2311			
4. 成人中等专业学校								
三、中学	**3192**	**3012**	**3012**	**1969**	**1969**			
1. 普通中学	3192	3012	3012	1969	1969			
普通高中								
#农村								
普通初中	3192	3012	3012	1969	1969			
#农村								
2. 成人中学								
四、小学	**12592**	**10113**	**10113**	**6990**	**6990**			
1. 普通小学	12592	10113	10113	6990	6990			
#农村								
2. 成人小学								
五、特殊教育								
1. 特殊教育学校								
2. 工读学校								
六、幼儿园	**42595**	**12025**	**12025**	**10340**	**10340**			
#农村	2860							
七、教育行政单位								
八、教育事业单位								
九、其他	**5004**	**5004**	**5004**					

教育经费收入情况（中央）

单位：千元

其他	政府性基金预算安排的教育经费	#彩票公益金	企业办学中的企业拨款	校办产业和社会服务收入中用于教育的经费	其他属于国家财政性教育经费	民办学校中举办者投入	捐赠收入	事业收入	#学费	其他教育经费
24684				**6058**	**2137**			**58881**	**46885**	**8529**
13828					**2137**			**23248**	**19688**	**3543**
13828					2137			23248	19688	3543
13828					2137			23248	19688	3543
				6058				**7392**	**3963**	
				899				3830	944	
				5159				3562	3018	
1044										**179**
1044										179
1044										179
3123										**2479**
3123										2479
1685								**28241**	**23235**	**2329**
								2860	2860	
5004										

1-4 各级各类教育机构

学校类别	总计	国家财政性教育经费	一般公共预算安排的教育经费	一般公共预算教育经费	教育事业费	基本建设经费	教育费附加	科研经费
总计	**280969884**	**219725183**	**212363078**	**184554703**	**173671919**	**2896210**	**7986574**	**450512**
一、高等学校	**58516980**	**36215786**	**32108172**	**28920965**	**27978459**	**684122**	**258384**	**439273**
1.普通高等学校	58216323	36064803	31971110	28812898	27873184	684122	255593	439063
普通高等本科学校	40715514	23530868	21016825	18739829	17970731	597874	171224	423349
普通高职高专学校	17500808	12533935	10954285	10073069	9902453	86247	84369	15714
#高等职业学校	14812580	10552120	9578768	8790434	8642540	79777	68117	13080
2.成人高等学校	300657	150982	137062	108067	105276		2791	210
二、中等职业学校	**14830102**	**12801113**	**12149331**	**10580344**	**9614374**	**189417**	**776552**	**2494**
1.中等专业学校	5546159	4699837	4521926	4054075	3715069	54339	284667	2144
2.职业高中	5091839	4700885	4626553	4059814	3629751	43491	386572	
#农村	2877160	2669536	2653723	2340080	2067429	22632	250019	
3.技工学校	2731705	2488223	2089740	1703761	1576127	91588	36046	350
4.成人中等专业学校	1460399	912168	911113	762694	693427		69267	
三、中学	**91354190**	**77523335**	**76304338**	**66132047**	**61361516**	**1251025**	**3519506**	**2708**
1.普通中学	91354190	77523335	76304338	66132047	61361516	1251025	3519506	2708
普通高中	33462359	25562667	24652250	21552395	19761660	730493	1060241	1797
#农村	17963972	13066458	12690827	11194582	10598580	134811	461192	529
普通初中	57891831	51960668	51652088	44579653	41599856	520532	2459265	911
#农村	39124543	35360172	35263279	30468556	28968995	177705	1321857	50
2.成人中学								
四、小学	**85438248**	**77777509**	**77370236**	**66468911**	**63290715**	**481330**	**2696866**	**964**
1.普通小学	85438248	77777509	77370236	66468911	63290715	481330	2696866	964
#农村	60828856	55690665	55543580	47648743	46248898	194482	1205362	128
2.成人小学								
五、特殊教育	**769834**	**766675**	**765759**	**640730**	**631391**		**9339**	
1.特殊教育学校	749246	746087	745170	624330	615150		9179	
2.工读学校	20588	20588	20588	16400	16240		160	
六、幼儿园	**22509399**	**7411814**	**6739941**	**5872147**	**5361204**	**132492**	**378452**	
#农村	13278133	4189023	4054619	3634059	3258442	121855	253763	
七、教育行政单位	**1466028**	**1439403**	**1424599**	**1159551**	**1117484**	**17758**	**24308**	**20**
八、教育事业单位	**3387521**	**3178878**	**2961851**	**2481685**	**2394392**	**14125**	**73168**	**150**
九、其他	**2697582**	**2610671**	**2538852**	**2298324**	**1922383**	**125941**	**250000**	**4904**

教育经费收入情况（地方）

单位：千元

其他	政府性基金预算安排的教育经费	#彩票公益金	企业办学中的企业拨款	校办产业和社会服务收入中用于教育的经费	其他属于国家财政性教育经费	民办学校中举办者投入	捐赠收入	事业收入	#学费	其他教育经费
27357863	**6080380**	**560611**	**82158**	**117693**	**1081874**	**2710952**	**112194**	**55495689**	**47512559**	**2925868**
2747935	**2949105**	**40086**	**15390**	**61245**	**1081874**	**347260**	**57553**	**19627940**	**16470550**	**2268441**
2719149	2949059	40086	15390	47370	1081874	347260	57553	19489698	16344447	2257008
1853647	1385029	38786		47370	1081644	135419	54489	14944261	12423314	2050477
865502	1564030	1300	15390		230	211841	3064	4545437	3921133	206532
775254	957765	1300	15390		197	211841	3064	3869371	3345512	176185
28786	45			13875				138242	126104	11432
1566494	**622130**	**27125**	**26727**	**2924**		**149471**	**532**	**1633463**	**910903**	**245524**
465707	177911	24362				71354	167	634880	312706	139922
566739	71510	2763		2822		35048	186	331566	199770	24155
313643	12991	318		2822		28726	186	173334	93607	5379
385629	371654		26727	102			180	178117	15617	65185
148419	1055					43068		488901	382811	16262
10169582	**1218997**	**226501**				**1190285**	**40049**	**12405188**	**10046551**	**195334**
10169582	1218997	226501				1190285	40049	12405188	10046551	195334
3098058	910417	93187				659036	25556	7098866	5548313	116234
1495716	375631	3328				602199	4798	4232297	3137860	58221
7071525	308580	133314				531249	14493	5306322	4498238	79099
4794673	96893	19720				363778	2956	3379874	2773857	17762
10900362	**407273**	**144404**				**387585**	**8432**	**7183571**	**6108525**	**81151**
10900362	407273	144404				387585	8432	7183571	6108525	81151
7894709	147085	49619				230485	2773	4880099	4035520	24833
125029	**916**	**907**				**200**	**12**	**2675**	**2107**	**272**
120841	916	907				200	12	2675	2107	272
4188										
867794	**631833**	**17453**	**40040**			**636150**	**4750**	**14400816**	**13922103**	**55869**
420560	128550	10472	5854			281087	2287	8803575	8489449	2160
265029	**14804**	**6187**					**275**	**12146**		**14204**
480016	**163503**	**96789**		**53524**			**590**	**164467**		**43586**
235623	**71819**	**1160**						**65424**	**51819**	**21487**

1-5 各级各类教育机构

学校类别	总计	国家财政性教育经费	一般公共预算安排的教育经费	一般公共预算教育经费	教育事业费	基本建设经费	教育费附加	科研经费
总计	**234415902**	**213565272**	**206408852**	**178829940**	**167880033**	**2996210**	**7953696**	**449453**
一、高等学校	**49273029**	**35531061**	**31442883**	**28250564**	**27210604**	**784122**	**255839**	**438214**
1. 普通高等学校	48975695	35380325	31306067	28142744	27105574	784122	253048	438004
普通高等本科学校	33665583	23391045	20881028	18598850	17729752	697874	171224	422290
普通高职高专学校	15310113	11989279	10425039	9543894	9375822	86247	81824	15714
#高等职业学校	12801241	10014498	9056556	8268292	8122943	79777	65572	13080
2. 成人高等学校	297334	150736	136816	107820	105029		2791	210
二、中等职业学校	**13062205**	**12278052**	**11652998**	**10091663**	**9144240**	**189417**	**758006**	**2494**
1. 中等专业学校	4813456	4377533	4199622	3731771	3392765	54339	284667	2144
2. 职业高中	4662640	4551484	4477152	3918066	3505539	43491	369035	
#农村	2664965	2603712	2587899	2279122	2011261	22632	245229	
3. 技工学校	2653249	2445058	2073302	1687323	1560699	91588	35036	350
4. 成人中等专业学校	932860	903977	902922	754503	685236		69267	
三、中学	**78893615**	**75261477**	**74108034**	**64065675**	**59299293**	**1251025**	**3515356**	**2708**
1. 普通中学	78893615	75261477	74108034	64065675	59299293	1251025	3515356	2708
普通高中	28684815	25114120	24210097	21154938	19365598	730493	1058847	1797
#农村	14962084	12731104	12361867	10902558	10307819	134811	459928	529
普通初中	50208800	50147357	49897937	42910736	39933695	520532	2456509	911
#农村	34100686	34088506	33997675	29266242	27768936	177705	1319601	50
2. 成人中学								
四、小学	**75419503**	**75361070**	**75007725**	**64193601**	**61019982**	**481330**	**2692289**	**964**
1. 普通小学	75419503	75361070	75007725	64193601	61019982	481330	2692289	964
#农村	53820521	53801198	53654233	45834545	44438051	194482	1202012	128
2. 成人小学								
五、特殊教育	**765270**	**764760**	**763844**	**638815**	**629476**		**9339**	
1. 特殊教育学校	744682	744171	743255	622415	613235		9179	
2. 工读学校	20588	20588	20588	16400	16240		160	
六、幼儿园	**9446144**	**7134896**	**6503062**	**5650062**	**5142179**	**132492**	**375391**	
#农村	5553036	4009492	3880942	3476852	3102788	121855	252209	
七、教育行政单位	**1466028**	**1439403**	**1424599**	**1159551**	**1117484**	**17758**	**24308**	**20**
八、教育事业单位	**3387521**	**3178878**	**2961851**	**2481685**	**2394392**	**14125**	**73168**	**150**
九、其他	**2702586**	**2615675**	**2543856**	**2298324**	**1922383**	**125941**	**250000**	**4904**

教育经费收入情况（全省教育和其他部门）

单位：千元

其他	政府性基金预算安排的教育经费	#彩票公益金	企业办学中的企业拨款	校办产业和社会服务收入中用于教育的经费	其他属于国家财政性教育经费	民办学校中举办者投入	捐赠收入	事业收入	#学费	其他教育经费
27129458	**5960899**	**453496**		**117693**	**1077829**		**103654**	**18105032**	**13604597**	**2641944**
2754105	**2949105**	**40086**		**61245**	**1077829**		**55716**	**11569431**	**8973393**	**2116820**
2725319	2949059	40086		47370	1077829		55716	11434266	8849471	2105388
1859888	1385029	38786		47370	1077619		52753	8317686	6205744	1904099
865432	1564030	1300			210		2964	3116580	2643727	201289
775184	957765	1300			177		2964	2612837	2227961	170942
28786	45			13875				135165	123922	11432
1558842	**622130**	**27125**		**2924**			**532**	**565239**	**74174**	**218381**
465707	177911	24362					167	307311	61849	128446
559087	71510	2763		2822			186	92095	7620	18876
308777	12991	318		2822			186	59334	2022	1733
385629	371654			102			180	146118	922	61893
148419	1055							19716	3782	9167
10039651	**1153444**	**173313**					**35300**	**3463797**	**2329463**	**133040**
10039651	1153444	173313					35300	3463797	2329463	133040
3053361	904023	93159					23103	3453250	2329463	94342
1458780	369237	3300					2366	2182379	1385933	46234
6986290	249420	80154					12197	10547		38699
4731383	90831	19658					831	4672		6676
10813160	**353345**	**90476**					**8010**	**4484**		**45939**
10813160	353345	90476					8010	4484		45939
7819560	146965	49500					2662	484		16177
125029	**916**	**907**					**12**	**226**	**44**	**272**
120841	916	907					12	226	44	272
4188										
853000	**631833**	**17453**					**3217**	**2259817**	**2175703**	**48214**
404090	128550	10472					935	1541668	1486175	942
265029	**14804**	**6187**					**275**	**12146**		**14204**
480016	**163503**	**96789**		**53524**			**590**	**164467**		**43586**
240627	**71819**	**1160**						**65424**	**51819**	**21487**

1-6 各级各类教育机构

学校类别	总计	国家财政性教育经费	一般公共预算安排的教育经费	一般公共预算教育经费	教育事业费	基本建设经费	教育费附加	科研经费
总计	**402783**	**342764**	**340627**	**315943**	**215943**	**100000**		
一、高等学校	**339400**	**312609**	**310472**	**296644**	**196644**	**100000**		
1.普通高等学校	339400	312609	310472	296644	196644	100000		
普通高等本科学校	339400	312609	310472	296644	196644	100000		
普通高职高专学校								
#高等职业学校								
2.成人高等学校								
二、中等职业学校								
1.中等专业学校								
2.职业高中								
#农村								
3.技工学校								
4.成人中等专业学校								
三、中学	**3192**	**3012**	**3012**	**1969**	**1969**			
1.普通中学	3192	3012	3012	1969	1969			
普通高中								
#农村								
普通初中	3192	3012	3012	1969	1969			
#农村								
2.成人中学								
四、小学	**12592**	**10113**	**10113**	**6990**	**6990**			
1.普通小学	12592	10113	10113	6990	6990			
#农村								
2.成人小学								
五、特殊教育								
1.特殊教育学校								
2.工读学校								
六、幼儿园	**42595**	**12025**	**12025**	**10340**	**10340**			
#农村	2860							
七、教育行政单位								
八、教育事业单位								
九、其他	**5004**	**5004**	**5004**					

教育经费收入情况（中央教育和其他部门）

单位：千元

其他	政府性基金预算安排的教育经费	#彩票公益金	企业办学中的企业拨款	校办产业和社会服务收入中用于教育的经费	其他属于国家财政性教育经费	民办学校中举办者投入	捐赠收入	事业收入	#学费	其他教育经费
24684					**2137**			**51489**	**42923**	**8529**
13828					**2137**			**23248**	**19688**	**3543**
13828					2137			23248	19688	3543
13828					2137			23248	19688	3543
1044										**179**
1044										179
1044										179
3123										**2479**
3123										2479
1685								**28241**	**23235**	**2329**
								2860	2860	
5004										

1-7 各级各类教育机构

学校类别	总计	国家财政性教育经费	一般公共预算安排的教育经费	一般公共预算教育经费	教育事业费	基本建设经费	教育费附加	科研经费
总计	**234013119**	**213222507**	**206068225**	**178513997**	**167664090**	**2896210**	**7953696**	**449453**
一、高等学校	**48933629**	**35218452**	**31132411**	**27953921**	**27013960**	**684122**	**255839**	**438214**
1. 普通高等学校	48636295	35067715	30995595	27846100	26908931	684122	253048	438004
普通高等本科学校	33326183	23078436	20570556	18302207	17533109	597874	171224	422290
普通高职高专学校	15310113	11989279	10425039	9543894	9375822	86247	81824	15714
#高等职业学校	12801241	10014498	9056556	8268292	8122943	79777	65572	13080
2. 成人高等学校	297334	150736	136816	107820	105029		2791	210
二、中等职业学校	**13062205**	**12278052**	**11652998**	**10091663**	**9144240**	**189417**	**758006**	**2494**
1. 中等专业学校	4813456	4377533	4199622	3731771	3392765	54339	284667	2144
2. 职业高中	4662640	4551484	4477152	3918066	3505539	43491	369035	
#农村	2664965	2603712	2587899	2279122	2011261	22632	245229	
3. 技工学校	2653249	2445058	2073302	1687323	1560699	91588	35036	350
4. 成人中等专业学校	932860	903977	902922	754503	685236		69267	
三、中学	**78890423**	**75258465**	**74105021**	**64063706**	**59297324**	**1251025**	**3515356**	**2708**
1. 普通中学	78890423	75258465	74105021	64063706	59297324	1251025	3515356	2708
普通高中	28684815	25114120	24210097	21154938	19365598	730493	1058847	1797
#农村	14962084	12731104	12361867	10902558	10307819	134811	459928	529
普通初中	50205608	50144345	49894925	42908768	39931726	520532	2456509	911
#农村	34100686	34088506	33997675	29266242	27768936	177705	1319601	50
2. 成人中学								
四、小学	**75406912**	**75350957**	**74997612**	**64186611**	**61012991**	**481330**	**2692289**	**964**
1. 普通小学	75406912	75350957	74997612	64186611	61012991	481330	2692289	964
#农村	53820521	53801198	53654233	45834545	44438051	194482	1202012	128
2. 成人小学								
五、特殊教育	**765270**	**764760**	**763844**	**638815**	**629476**		**9339**	
1. 特殊教育学校	744682	744171	743255	622415	613235		9179	
2. 工读学校	20588	20588	20588	16400	16240		160	
六、幼儿园	**9403548**	**7122870**	**6491037**	**5639722**	**5131839**	**132492**	**375391**	
#农村	5550175	4009492	3880942	3476852	3102788	121855	252209	
七、教育行政单位	**1466028**	**1439403**	**1424599**	**1159551**	**1117484**	**17758**	**24308**	**20**
八、教育事业单位	**3387521**	**3178878**	**2961851**	**2481685**	**2394392**	**14125**	**73168**	**150**
九、其他	**2697582**	**2610671**	**2538852**	**2298324**	**1922383**	**125941**	**250000**	**4904**

教育经费收入情况（地方教育和其他部门）

单位：千元

其他	政府性基金预算安排的教育经费	#彩票公益金	企业办学中的企业拨款	校办产业和社会服务收入中用于教育的经费	其他属于国家财政性教育经费	民办学校中举办者投入	捐赠收入	事业收入	#学费	其他教育经费
27104774	**5960899**	**453496**		**117693**	**1075691**		**103654**	**18053543**	**13561674**	**2633415**
2740277	**2949105**	**40086**		**61245**	**1075691**		**55716**	**11546183**	**8953705**	**2113278**
2711491	2949059	40086		47370	1075691		55716	11411018	8829783	2101845
1846059	1385029	38786		47370	1075481		52753	8294438	6186056	1900556
865432	1564030	1300			210		2964	3116580	2643727	201289
775184	957765	1300			177		2964	2612837	2227961	170942
28786	45			13875				135165	123922	11432
1558842	**622130**	**27125**		**2924**			**532**	**565239**	**74174**	**218381**
465707	177911	24362					167	307311	61849	128446
559087	71510	2763		2822			186	92095	7620	18876
308777	12991	318		2822			186	59334	2022	1733
385629	371654			102			180	146118	922	61893
148419	1055							19716	3782	9167
10038607	**1153444**	**173313**					**35300**	**3463797**	**2329463**	**132861**
10038607	1153444	173313					35300	3463797	2329463	132861
3053361	904023	93159					23103	3453250	2329463	94342
1458780	369237	3300					2366	2182379	1385933	46234
6985246	249420	80154					12197	10547		38519
4731383	90831	19658					831	4672		6676
10810037	**353345**	**90476**					**8010**	**4484**		**43460**
10810037	353345	90476					8010	4484		43460
7819560	146965	49500					2662	484		16177
125029	**916**	**907**					**12**	**226**	**44**	**272**
120841	916	907					12	226	44	272
4188										
851315	**631833**	**17453**					**3217**	**2231576**	**2152469**	**45885**
404090	128550	10472					935	1538807	1483315	942
265029	**14804**	**6187**					**275**	**12146**		**14204**
480016	**163503**	**96789**		**53524**			**590**	**164467**		**43586**
235623	**71819**	**1160**						**65424**	**51819**	**21487**

1-8 各级各类教育机构

学校类别	总计	国家财政性教育经费	一般公共预算安排的教育经费	一般公共预算教育经费	教育事业费	基本建设经费	教育费附加	科研经费
总计	**511739**	**139494**	**51279**	**39989**	**39989**			
一、高等学校	**110832**	**15636**	**246**	**246**	**246**			
1. 普通高等学校	107509	15390						
普通高等本科学校								
普通高职高专学校	107509	15390						
#高等职业学校	107509	15390						
2. 成人高等学校	3323	246	246	246	246			
二、中等职业学校	**79668**	**46198**	**13413**	**13413**	**13413**			
1. 中等专业学校	11943	2839	1940	1940	1940			
2. 职业高中								
#农村								
3. 技工学校	67725	43359	11473	11473	11473			
4. 成人中等专业学校								
三、中学	**13399**	**11100**	**11100**	**9462**	**9462**			
1. 普通中学	13399	11100	11100	9462	9462			
普通高中	7656	7205	7205	5567	5567			
#农村	7656	7205	7205	5567	5567			
普通初中	5743	3895	3895	3895	3895			
#农村	3301	3301	3301	3301	3301			
2. 成人中学								
四、小学	**21728**	**17391**	**17391**	**7740**	**7740**			
1. 普通小学	21728	17391	17391	7740	7740			
#农村	16127	16127	16127	6849	6849			
2. 成人小学								
五、特殊教育								
1. 特殊教育学校								
2. 工读学校								
六、幼儿园	**286112**	**49168**	**9128**	**9128**	**9128**			
#农村	15837	6283	429	429	429			
七、教育行政单位								
八、教育事业单位								
九、其他								

教育经费收入情况（企业办）

单位：千元

其他	政府性基金预算安排的教育经费	#彩票公益金	企业办学中的企业拨款	校办产业和社会服务收入中用于教育的经费	其他属于国家财政性教育经费	民办学校中举办者投入	捐赠收入	事业收入	#学费	其他教育经费
11289			**82158**	**6058**				**362561**	**327807**	**9684**
			15390					**92610**	**76064**	**2585**
			15390					89533	73883	2585
			15390					89533	73883	2585
			15390					89533	73883	2585
								3077	2181	
			26727	**6058**				**26678**	**12098**	**6791**
				899				5605	1618	3499
			26727	5159				21073	10481	3293
1638								**2299**	**2157**	
1638								2299	2157	
1638								451	426	
1638								451	426	
								1848	1731	
9651								**4337**	**4144**	
9651								4337	4144	
9278										
			40040					**236637**	**233343**	**308**
			5854					9554	8434	

1-9 各级各类教育机构

学校类别	总计	国家财政性教育经费	一般公共预算安排的教育经费	一般公共预算教育经费	教育事业费	基本建设经费	教育费附加	科研经费
总计	**15761**	**8369**	**2311**	**2311**	**2311**			
一、高等学校								
1.普通高等学校								
普通高等本科学校								
普通高职高专学校								
#高等职业学校								
2.成人高等学校								
二、中等职业学校	**15761**	**8369**	**2311**	**2311**	**2311**			
1.中等专业学校	4729	899						
2.职业高中								
#农村								
3.技工学校	11032	7470	2311	2311	2311			
4.成人中等专业学校								
三、中学								
1.普通中学								
普通高中								
#农村								
普通初中								
#农村								
2.成人中学								
四、小学								
1.普通小学								
#农村								
2.成人小学								
五、特殊教育								
1.特殊教育学校								
2.工读学校								
六、幼儿园								
#农村								
七、教育行政单位								
八、教育事业单位								
九、其他								

教育经费收入情况（中央企业办）

单位：千元

其他	政府性基金预算安排的教育经费	#彩票公益金	企业办学中的企业拨款	校办产业和社会服务收入中用于教育的经费	其他属于国家财政性教育经费	民办学校中举办者投入	捐赠收入	事业收入	#学费	其他教育经费
				6058				**7392**	**3963**	
				6058				**7392**	**3963**	
				899				3830	944	
				5159				3562	3018	

1-10 各级各类教育机构

学校类别	总计	国家财政性教育经费	一般公共预算安排的教育经费	一般公共预算教育经费	教育事业费	基本建设经费	教育费附加	科研经费
总计	**495978**	**131125**	**48967**	**37678**	**37678**			
一、高等学校	**110832**	**15636**	**246**	**246**	**246**			
1.普通高等学校	107509	15390						
普通高等本科学校								
普通高职高专学校	107509	15390						
#高等职业学校	107509	15390						
2.成人高等学校	3323	246	246	246	246			
二、中等职业学校	**63907**	**37829**	**11102**	**11102**	**11102**			
1.中等专业学校	7214	1940	1940	1940	1940			
2.职业高中								
#农村								
3.技工学校	56693	35889	9162	9162	9162			
4.成人中等专业学校								
三、中学	**13399**	**11100**	**11100**	**9462**	**9462**			
1.普通中学	13399	11100	11100	9462	9462			
普通高中	7656	7205	7205	5567	5567			
#农村	7656	7205	7205	5567	5567			
普通初中	5743	3895	3895	3895	3895			
#农村	3301	3301	3301	3301	3301			
2.成人中学								
四、小学	**21728**	**17391**	**17391**	**7740**	**7740**			
1.普通小学	21728	17391	17391	7740	7740			
#农村	16127	16127	16127	6849	6849			
2.成人小学								
五、特殊教育								
1.特殊教育学校								
2.工读学校								
六、幼儿园	**286112**	**49168**	**9128**	**9128**	**9128**			
#农村	15837	6283	429	429	429			
七、教育行政单位								
八、教育事业单位								
九、其他								

教育经费收入情况（地方企业办）

单位：千元

其他	政府性基金预算安排的教育经费	#彩票公益金	企业办学中的企业拨款	校办产业和社会服务收入中用于教育的经费	其他属于国家财政性教育经费	民办学校中举办者投入	捐赠收入	事业收入	#学费	其他教育经费
11289			**82158**					**355169**	**323845**	**9684**
			15390					**92610**	**76064**	**2585**
			15390					89533	73883	2585
			15390					89533	73883	2585
			15390					89533	73883	2585
								3077	2181	
			26727					**19286**	**8136**	**6791**
								1775	673	3499
			26727					17511	7462	3293
1638								**2299**	**2157**	
1638								2299	2157	
1638								451	426	
1638								451	426	
								1848	1731	
9651								**4337**	**4144**	
9651								4337	4144	
9278										
			40040					**236637**	**233343**	**308**
			5854					9554	8434	

1-11 各级各类教育机构

学校类别	总计	国家财政性教育经费	一般公共预算安排的教育经费	一般公共预算教育经费	教育事业费	基本建设经费	教育费附加	科研经费
总计	**46460787**	**6371550**	**6245886**	**6003028**	**5970150**		**32877**	**1059**
一、高等学校	**9472519**	**981698**	**975515**	**966798**	**964253**		**2545**	**1059**
1. 普通高等学校	9472519	981698	975515	966798	964253		2545	1059
普通高等本科学校	7389332	452432	446269	437622	437622			1059
普通高职高专学校	2083187	529265	529245	529176	526631		2545	
#高等职业学校	1903831	522231	522211	522142	519597		2545	
2. 成人高等学校								
二、中等职业学校	**1703991**	**485231**	**485231**	**477579**	**459033**		**18546**	
1. 中等专业学校	725489	320364	320364	320364	320364			
2. 职业高中	429199	149400	149400	141748	124212		17537	
#农村	212195	65824	65824	60958	56168		4790	
3. 技工学校	21763	7276	7276	7276	6266		1010	
4. 成人中等专业学校	527539	8191	8191	8191	8191			
三、中学	**12450368**	**2253769**	**2188216**	**2058879**	**2054730**		**4149**	
1. 普通中学	12450368	2253769	2188216	2058879	2054730		4149	
普通高中	4769888	441341	434947	391889	390495		1394	
#农村	2994232	328148	321754	286457	285193		1263	
普通初中	7680480	1812428	1753269	1666990	1664235		2755	
#农村	5020556	1268365	1262303	1199014	1196758		2255	
2. 成人中学								
四、小学	**10009608**	**2409161**	**2355233**	**2274560**	**2269983**		**4576**	
1. 普通小学	10009608	2409161	2355233	2274560	2269983		4576	
#农村	6992207	1873339	1873220	1807349	1803998		3351	
2. 成人小学								
五、特殊教育	**4564**	**1915**	**1915**	**1915**	**1915**			
1. 特殊教育学校	4564	1915	1915	1915	1915			
2. 工读学校								
六、幼儿园	**12819738**	**239776**	**239776**	**223297**	**220237**		**3060**	
#农村	7712121	173249	173249	156779	155225		1554	
七、教育行政单位								
八、教育事业单位								
九、其他								

教育经费收入情况（民办）

单位：千元

其他	政府性基金预算安排的教育经费	#彩票公益金	企业办学中的企业拨款	校办产业和社会服务收入中用于教育的经费	其他属于国家财政性教育经费	民办学校中举办者投入	捐赠收入	事业收入	#学费	其他教育经费
241799	**119481**	**107115**			**6183**	**2710952**	**8540**	**37086977**	**33627040**	**282769**
7658					**6183**	**347260**	**1837**	**7989147**	**7440781**	**152578**
7658					6183	347260	1837	7989147	7440781	152578
7588					6163	135419	1737	6649823	6237258	149921
70					20	211841	100	1339323	1203523	2657
70					20	211841	100	1167001	1043668	2657
7652						**149471**		**1048937**	**828594**	**20352**
						71354		325793	250183	7977
7652						35048		239471	192150	5280
4866						28726		113999	91585	3646
								14487	7232	
						43068		469186	379029	7095
129337	**65553**	**53188**				**1190285**	**4749**	**8939092**	**7714930**	**62473**
129337	65553	53188				1190285	4749	8939092	7714930	62473
43059	6394	28				659036	2452	3645166	3218423	21893
35298	6394	28				602199	2431	2049467	1751501	11987
86278	59159	53159				531249	2296	5293926	4496507	40580
63289	6063	63				363778	2125	3375202	2773857	11085
80673	**53928**	**53928**				**387585**	**422**	**7174750**	**6104381**	**37690**
80673	53928	53928				387585	422	7174750	6104381	37690
65871	119	119				230485	111	4879616	4035520	8656
						200		**2449**	**2063**	
						200		2449	2063	
16479						**636150**	**1533**	**11932603**	**11536291**	**9676**
16470						281087	1352	7255214	6997700	1218

1-12 各级各类教育机构

学校类别	总计	事业性经费支出	个人部分	工资福利支出	对个人和家庭的补助支出
总计	**278868774**	**276221026**	**170854877**	**150937039**	**19917838**
一、高等学校	**58492916**	**56796747**	**29213277**	**23234721**	**5978556**
1. 普通高等学校	58204087	56512433	29032268	23073770	5958498
普通高等本科学校	41041137	39798709	20925716	16736596	4189120
普通高职高专学校	17162949	16713724	8106551	6337173	1769378
#高等职业学校	14511594	14141036	6989197	5428406	1560791
2. 成人高等学校	288829	284314	181010	160952	20058
二、中等职业学校	**14391707**	**14280135**	**7708158**	**6761008**	**947150**
1. 中等专业学校	5529911	5475603	2844700	2395699	449001
2. 职业高中	5038000	5010298	2968504	2628220	340284
#农村	2854755	2832841	1677978	1510397	167581
3. 技工学校	2479151	2455102	1034649	945332	89317
4. 成人中等专业学校	1344645	1339132	860306	791758	68548
三、中学	**90647900**	**90259921**	**57531727**	**51367168**	**6164559**
1. 普通中学	90647900	90259921	57531727	51367168	6164559
普通高中	33051216	32770897	19228994	17426589	1802405
#农村	17797635	17652557	10199601	9314383	885218
普通初中	57596684	57489023	38302734	33940580	4362154
#农村	38997294	38935187	26337588	23317735	3019853
2. 成人中学					
四、小学	**84880953**	**84789608**	**58959662**	**52954681**	**6004981**
1. 普通小学	84880953	84789608	58959662	52954681	6004981
#农村	60704180	60662429	43072302	38657596	4414706
2. 成人小学					
五、特殊教育	**771151**	**770996**	**581286**	**535786**	**45500**
1. 特殊教育学校	750415	750261	567704	523874	43830
2. 工读学校	20736	20736	13581	11911	1670
六、幼儿园	**22500277**	**22461253**	**13507839**	**13170423**	**337416**
#农村	13267066	13257864	8160665	7962929	197736
七、教育行政单位	**1439283**	**1432137**	**740613**	**606076**	**134537**
八、教育事业单位	**3060067**	**3021996**	**1821331**	**1610680**	**210651**
九、其他	**2684519**	**2408233**	**790983**	**696495**	**94488**

教育经费支出明细（全省）

单位：千元

#奖助学金	公用部分	商品和服务支出	资本性支出	专项公用支出	专项项目支出	资本性支出（基本建设）
11597390	**102131083**	**51071033**	**51060050**	**15140329**	**35919721**	**3235066**
3813737	**26914173**	**13364728**	**13549445**	**6577577**	**6971868**	**669297**
3813475	26810869	13273150	13537719	6573981	6963738	669297
2653550	18272061	10453491	7818570	4285613	3532957	600932
1159925	8538808	2819659	5719149	2288369	3430781	68365
1019916	7089946	2372211	4717735	2029181	2688553	61894
262	103304	91578	11726	3596	8130	
590912	**6327165**	**3179010**	**3148155**	**1344487**	**1803668**	**244811**
303353	2587507	1290622	1296885	468648	828237	43396
233785	2013710	940633	1073077	497108	575969	28084
126357	1132232	467447	664785	216579	448207	22632
26597	1247122	594008	653114	319759	333355	173331
27176	478826	353747	125079	58972	66107	
3579129	**31312969**	**13930875**	**17382094**	**3776757**	**13605337**	**1415224**
3579129	31312969	13930875	17382094	3776757	13605337	1415224
1004713	12867953	5940268	6927685	1813803	5113882	673951
602768	7317186	3457505	3859681	981866	2877815	135770
2574416	18445018	7990608	10454410	1962954	8491455	741273
1894734	12425074	5345070	7080004	1234832	5845172	172525
3388541	**25221806**	**12450309**	**12771497**	**2337784**	**10433712**	**608141**
3388541	25221806	12450309	12771497	2337784	10433712	608141
2686050	17392518	8806194	8586324	1458564	7127759	197609
17991	**189711**	**143343**	**46368**	**20907**	**25461**	
17978	182556	138994	43562	20536	23026	
13	7154	4348	2806	371	2435	
207079	**8825291**	**5863976**	**2961315**	**776652**	**2184663**	**128123**
157285	4988396	3382822	1605574	412838	1192736	108803
	675745	**592688**	**83057**	**60695**	**22362**	**15778**
	1177773	**862124**	**315649**	**157928**	**157721**	**22892**
	1486450	**683980**	**802470**	**87540**	**714930**	**130801**

1-13 各级各类教育机构

学校类别	总计	事业性经费支出			
			个人部分		
				工资福利支出	对个人和家庭的补助支出
总计	**447599**	**441332**	**175544**	**143704**	**31840**
一、高等学校	**364198**	**362168**	**112066**	**84481**	**27585**
1. 普通高等学校	364198	362168	112066	84481	27585
普通高等本科学校	364198	362168	112066	84481	27585
普通高职高专学校					
#高等职业学校					
2. 成人高等学校					
二、中等职业学校	**19359**	**15122**	**12552**	**12338**	**214**
1. 中等专业学校	5082	4702	3939	3912	27
2. 职业高中					
#农村					
3. 技工学校	14277	10421	8614	8427	187
4. 成人中等专业学校					
三、中学	**3345**	**3345**	**2734**	**1881**	**853**
1. 普通中学	3345	3345	2734	1881	853
普通高中					
#农村					
普通初中	3345	3345	2734	1881	853
#农村					
2. 成人中学					
四、小学	**12438**	**12438**	**11263**	**8088**	**3175**
1. 普通小学	12438	12438	11263	8088	3175
#农村					
2. 成人小学					
五、特殊教育					
1. 特殊教育学校					
2. 工读学校					
六、幼儿园	**43255**	**43255**	**36928**	**36915**	**13**
#农村	2839	2839	2117	2117	
七、教育行政单位					
八、教育事业单位					
九、其他	**5004**	**5004**			

教育经费支出明细（中央）

单位：千元

#奖助学金	公用部分	商品和服务支出	资本性支出	专项公用支出	专项项目支出	资本性支出（基本建设）
4492	**115523**	**81187**	**34336**	**34219**	**117**	**150266**
4123	**99836**	**67004**	**32832**	**32832**		**150266**
4123	99836	67004	32832	32832		150266
4123	99836	67004	32832	32832		150266
187	**2571**	**2571**				
	763	763				
187	1807	1807				
83	**611**	**611**				
83	611	611				
83	611	611				
87	**1175**	**1175**				
87	1175	1175				
13	**6327**	**4823**	**1504**	**1387**	**117**	
	722	679	43	43		
	5004	**5004**				

1-14　各级各类教育机构

学校类别	总计	事业性经费支出	个人部分	工资福利支出	对个人和家庭的补助支出
总计	**278421175**	**275779694**	**170679333**	**150793335**	**19885998**
一、高等学校	**58128718**	**56434580**	**29101212**	**23150240**	**5950972**
1. 普通高等学校	57839889	56150265	28920201	22989288	5930913
普通高等本科学校	40676939	39436541	20813650	16652115	4161535
普通高职高专学校	17162949	16713724	8106551	6337173	1769378
#高等职业学校	14511594	14141036	6989197	5428406	1560791
2. 成人高等学校	288829	284314	181010	160952	20058
二、中等职业学校	**14372348**	**14265012**	**7695606**	**6748670**	**946936**
1. 中等专业学校	5524829	5470902	2840762	2391787	448975
2. 职业高中	5038000	5010298	2968504	2628220	340284
#农村	2854755	2832841	1677978	1510397	167581
3. 技工学校	2464874	2444681	1026036	936906	89130
4. 成人中等专业学校	1344645	1339132	860306	791758	68548
三、中学	**90644554**	**90256575**	**57528994**	**51365288**	**6163706**
1. 普通中学	90644554	90256575	57528994	51365288	6163706
普通高中	33051216	32770897	19228994	17426589	1802405
#农村	17797635	17652557	10199601	9314383	885218
普通初中	57593339	57485678	38300000	33938699	4361301
#农村	38997294	38935187	26337588	23317735	3019853
2. 成人中学					
四、小学	**84868515**	**84777170**	**58948398**	**52946593**	**6001805**
1. 普通小学	84868515	84777170	58948398	52946593	6001805
#农村	60704180	60662429	43072302	38657596	4414706
2. 成人小学					
五、特殊教育	**771151**	**770996**	**581286**	**535786**	**45500**
1. 特殊教育学校	750415	750261	567704	523874	43830
2. 工读学校	20736	20736	13581	11911	1670
六、幼儿园	**22457023**	**22417998**	**13470911**	**13133508**	**337403**
#农村	13264227	13255025	8158548	7960812	197736
七、教育行政单位	**1439283**	**1432137**	**740613**	**606076**	**134537**
八、教育事业单位	**3060067**	**3021996**	**1821331**	**1610680**	**210651**
九、其他	**2679515**	**2403229**	**790983**	**696495**	**94488**

教育经费支出明细（地方）

单位：千元

#奖助学金	公用部分	商品和服务支出	资本性支出	专项公用支出	专项项目支出	资本性支出（基本建设）
11592897	**102015561**	**50989847**	**51025714**	**15106110**	**35919604**	**3084800**
3809614	**26814337**	**13297724**	**13516613**	**6544745**	**6971868**	**519031**
3809352	26711033	13206146	13504887	6541149	6963738	519031
2649427	18172225	10386487	7785738	4252781	3532957	450666
1159925	8538808	2819659	5719149	2288369	3430781	68365
1019916	7089946	2372211	4717735	2029181	2688553	61894
262	103304	91578	11726	3596	8130	
590725	**6324595**	**3176440**	**3148155**	**1344487**	**1803668**	**244811**
303353	2586744	1289859	1296885	468648	828237	43396
233785	2013710	940633	1073077	497108	575969	28084
126357	1132232	467447	664785	216579	448207	22632
26410	1245315	592201	653114	319759	333355	173331
27176	478826	353747	125079	58972	66107	
3579047	**31312358**	**13930264**	**17382094**	**3776757**	**13605337**	**1415224**
3579047	31312358	13930264	17382094	3776757	13605337	1415224
1004713	12867953	5940268	6927685	1813803	5113882	673951
602768	7317186	3457505	3859681	981866	2877815	135770
2574334	18444406	7989996	10454410	1962954	8491455	741273
1894734	12425074	5345070	7080004	1234832	5845172	172525
3388454	**25220632**	**12449135**	**12771497**	**2337784**	**10433712**	**608141**
3388454	25220632	12449135	12771497	2337784	10433712	608141
2686050	17392518	8806194	8586324	1458564	7127759	197609
17991	**189711**	**143343**	**46368**	**20907**	**25461**	
17978	182556	138994	43562	20536	23026	
13	7154	4348	2806	371	2435	
207066	**8818964**	**5859153**	**2959811**	**775265**	**2184546**	**128123**
157285	4987675	3382144	1605531	412795	1192736	108803
	675745	**592688**	**83057**	**60695**	**22362**	**15778**
	1177773	**862124**	**315649**	**157928**	**157721**	**22892**
	1481446	**678976**	**802470**	**87540**	**714930**	**130801**

1-15 各级各类教育机构教育经费

学校类别	总计	事业性经费支出			
			个人部分		
				工资福利支出	对个人和家庭的补助支出
总计	**231694730**	**230147933**	**144199853**	**127339609**	**16860244**
一、高等学校	**48544326**	**47613371**	**25247390**	**20556739**	**4690651**
1.普通高等学校	48258949	47332509	25068806	20397967	4670839
普通高等本科学校	33673560	33065199	18048107	14577720	3470387
普通高职高专学校	14585388	14267310	7020698	5820246	1200452
#高等职业学校	12089355	11832511	5951904	4952623	999281
2.成人高等学校	285377	280862	178585	158773	19812
二、中等职业学校	**12716052**	**12627334**	**6912316**	**6140549**	**771767**
1.中等专业学校	4819742	4769721	2559964	2198238	361726
2.职业高中	4617024	4598061	2733133	2459396	273737
#农村	2643966	2625354	1554027	1416948	137079
3.技工学校	2393536	2374308	979866	894798	85068
4.成人中等专业学校	885750	885245	639354	588117	51237
三、中学	**78265795**	**78077753**	**50548279**	**45144624**	**5403655**
1.普通中学	78265795	78077753	50548279	45144624	5403655
普通高中	28317491	28133779	16748214	15123310	1624904
#农村	14790295	14693731	8745453	7973215	772238
普通初中	49948303	49943974	33800064	30021314	3778750
#农村	34019476	34017755	23368883	20727835	2641048
2.成人中学					
四、小学	**74983197**	**74973076**	**52864249**	**47575969**	**5288280**
1.普通小学	74983197	74973076	52864249	47575969	5288280
#农村	53707084	53704873	38668374	34794952	3873422
2.成人小学					
五、特殊教育	**766678**	**766548**	**579260**	**533995**	**45265**
1.特殊教育学校	745942	745812	565679	522084	43595
2.工读学校	20736	20736	13581	11911	1670
六、幼儿园	**9234814**	**9227484**	**4695433**	**4474482**	**220951**
#农村	5506835	5504750	2737568	2631447	106121
七、教育行政单位	**1439283**	**1432137**	**740613**	**606076**	**134537**
八、教育事业单位	**3060067**	**3021996**	**1821331**	**1610680**	**210651**
九、其他	**2684519**	**2408233**	**790983**	**696495**	**94488**

支出明细（全省教育和其他部门）

单位：千元

#奖助学金	公用部分	商品和服务支出	资本性支出	专项公用支出	专项项目支出	资本性支出（基本建设）
9025241	**82713015**	**38229703**	**44483312**	**12879385**	**31603926**	**3235066**
2930325	**21696685**	**11221778**	**10474907**	**5512187**	**4962720**	**669297**
2930310	21594407	11131226	10463181	5508591	4954590	669297
2117723	14416160	8580308	5835852	3387412	2448440	600932
812587	7178246	2550918	4627328	2121179	2506150	68365
679995	5818713	2119229	3699484	1870634	1828850	61894
15	102278	90552	11726	3596	8130	
425562	**5470207**	**2566324**	**2903883**	**1223366**	**1680518**	**244811**
216312	2166361	989070	1177291	422678	754613	43396
175758	1836844	833937	1002907	449071	553836	28084
103296	1048695	413776	634919	200116	434803	22632
23419	1221111	569023	652088	318733	333355	173331
10073	245892	174294	71598	32884	38714	
2849564	**26114251**	**10636490**	**15477761**	**3200712**	**12277050**	**1415224**
2849564	26114251	10636490	15477761	3200712	12277050	1415224
838234	10711613	4774548	5937065	1507562	4429503	673951
498980	5812506	2786444	3026062	735212	2290850	135770
2011330	15402637	5861941	9540696	1693149	7847547	741273
1529293	10476347	4062121	6414226	1055035	5359191	172525
2700878	**21500687**	**9505443**	**11995244**	**2056016**	**9939228**	**608141**
2700878	21500687	9505443	11995244	2056016	9939228	608141
2166829	14838890	6801393	8037497	1265205	6772292	197609
17756	**187288**	**141354**	**45934**	**20847**	**25086**	
17743	180134	137006	43128	20477	22652	
13	7154	4348	2806	371	2435	
101156	**4403929**	**2019523**	**2384406**	**560095**	**1824311**	**128123**
74087	2658380	1302817	1355563	318177	1037386	108803
	675745	**592688**	**83057**	**60695**	**22362**	**15778**
	1177773	**862124**	**315649**	**157928**	**157721**	**22892**
	1486450	**683980**	**802470**	**87540**	**714930**	**130801**

1-16 各级各类教育机构教育经费

学校类别	总计	事业性经费支出	个人部分	工资福利支出	对个人和家庭的补助支出
总计	**428240**	**426210**	**162992**	**131366**	**31626**
一、高等学校	**364198**	**362168**	**112066**	**84481**	**27585**
1. 普通高等学校	364198	362168	112066	84481	27585
普通高等本科学校	364198	362168	112066	84481	27585
普通高职高专学校					
#高等职业学校					
2. 成人高等学校					
二、中等职业学校					
1. 中等专业学校					
2. 职业高中					
#农村					
3. 技工学校					
4. 成人中等专业学校					
三、中学	**3345**	**3345**	**2734**	**1881**	**853**
1. 普通中学	3345	3345	2734	1881	853
普通高中					
#农村					
普通初中	3345	3345	2734	1881	853
#农村					
2. 成人中学					
四、小学	**12438**	**12438**	**11263**	**8088**	**3175**
1. 普通小学	12438	12438	11263	8088	3175
#农村					
2. 成人小学					
五、特殊教育					
1. 特殊教育学校					
2. 工读学校					
六、幼儿园	**43255**	**43255**	**36928**	**36915**	**13**
#农村	2839	2839	2117	2117	
七、教育行政单位					
八、教育事业单位					
九、其他	**5004**	**5004**			

支出明细（中央教育和其他部门）

单位：千元

#奖助学金	公用部分	商品和服务支出	资本性支出	专项公用支出	专项项目支出	资本性支出（基本建设）
4305	**112952**	**78616**	**34336**	**34219**	**117**	**150266**
4123	**99836**	**67004**	**32832**	**32832**		**150266**
4123	99836	67004	32832	32832		150266
4123	99836	67004	32832	32832		150266
83	**611**	**611**				
83	611	611				
83	611	611				
87	**1175**	**1175**				
87	1175	1175				
13	**6327**	**4823**	**1504**	**1387**	**117**	
	722	679	43	43		
	5004	**5004**				

1-17　各级各类教育机构教育经费

学校类别	总计	事业性经费支出	个人部分	工资福利支出	对个人和家庭的补助支出
总计	**231266490**	**229721723**	**144036861**	**127208243**	**16828618**
一、高等学校	**48180128**	**47251203**	**25135324**	**20472258**	**4663066**
1. 普通高等学校	47894751	46970341	24956739	20313485	4643254
普通高等本科学校	33309362	32703031	17936041	14493239	3442802
普通高职高专学校	14585388	14267310	7020698	5820246	1200452
#高等职业学校	12089355	11832511	5951904	4952623	999281
2. 成人高等学校	285377	280862	178585	158773	19812
二、中等职业学校	**12716052**	**12627334**	**6912316**	**6140549**	**771767**
1. 中等专业学校	4819742	4769721	2559964	2198238	361726
2. 职业高中	4617024	4598061	2733133	2459396	273737
#农村	2643966	2625354	1554027	1416948	137079
3. 技工学校	2393536	2374308	979866	894798	85068
4. 成人中等专业学校	885750	885245	639354	588117	51237
三、中学	**78262449**	**78074408**	**50545544**	**45142743**	**5402801**
1. 普通中学	78262449	78074408	50545544	45142743	5402801
普通高中	28317491	28133779	16748214	15123310	1624904
#农村	14790295	14693731	8745453	7973215	772238
普通初中	49944958	49940629	33797330	30019433	3777897
#农村	34019476	34017755	23368883	20727835	2641048
2. 成人中学					
四、小学	**74970759**	**74960638**	**52852985**	**47567881**	**5285104**
1. 普通小学	74970759	74960638	52852985	47567881	5285104
#农村	53707084	53704873	38668374	34794952	3873422
2. 成人小学					
五、特殊教育	**766678**	**766548**	**579260**	**533995**	**45265**
1. 特殊教育学校	745942	745812	565679	522084	43595
2. 工读学校	20736	20736	13581	11911	1670
六、幼儿园	**9191559**	**9184230**	**4658505**	**4437567**	**220938**
#农村	5503996	5501912	2735451	2629330	106121
七、教育行政单位	**1439283**	**1432137**	**740613**	**606076**	**134537**
八、教育事业单位	**3060067**	**3021996**	**1821331**	**1610680**	**210651**
九、其他	**2679515**	**2403229**	**790983**	**696495**	**94488**

支出明细（地方教育和其他部门）

单位：千元

#奖助学金	公用部分	商品和服务支出	资本性支出	专项公用支出	专项项目支出	资本性支出（基本建设）
9020935	**82600062**	**38151086**	**44448976**	**12845166**	**31603810**	**3084800**
2926202	**21596849**	**11154774**	**10442075**	**5479355**	**4962720**	**519031**
2926187	21494571	11064222	10430349	5475759	4954590	519031
2113600	14316324	8513304	5803020	3354580	2448440	450666
812587	7178246	2550918	4627328	2121179	2506150	68365
679995	5818713	2119229	3699484	1870634	1828850	61894
15	102278	90552	11726	3596	8130	
425562	**5470207**	**2566324**	**2903883**	**1223366**	**1680518**	**244811**
216312	2166361	989070	1177291	422678	754613	43396
175758	1836844	833937	1002907	449071	553836	28084
103296	1048695	413776	634919	200116	434803	22632
23419	1221111	569023	652088	318733	333355	173331
10073	245892	174294	71598	32884	38714	
2849482	**26113639**	**10635878**	**15477761**	**3200712**	**12277050**	**1415224**
2849482	26113639	10635878	15477761	3200712	12277050	1415224
838234	10711613	4774548	5937065	1507562	4429503	673951
498980	5812506	2786444	3026062	735212	2290850	135770
2011248	15402026	5861330	9540696	1693149	7847547	741273
1529293	10476347	4062121	6414226	1055035	5359191	172525
2700791	**21499512**	**9504268**	**11995244**	**2056016**	**9939228**	**608141**
2700791	21499512	9504268	11995244	2056016	9939228	608141
2166829	14838890	6801393	8037497	1265205	6772292	197609
17756	**187288**	**141354**	**45934**	**20847**	**25086**	
17743	180134	137006	43128	20477	22652	
13	7154	4348	2806	371	2435	
101143	**4397602**	**2014700**	**2382902**	**558708**	**1824195**	**128123**
74087	2657658	1302138	1355520	318134	1037386	108803
	675745	**592688**	**83057**	**60695**	**22362**	**15778**
	1177773	**862124**	**315649**	**157928**	**157721**	**22892**
	1481446	**678976**	**802470**	**87540**	**714930**	**130801**

1-18 各级各类教育机构

学校类别	总计	事业性经费支出	个人部分	工资福利支出	对个人和家庭的补助支出
总计	**517957**	**511261**	**377291**	**353384**	**23907**
一、高等学校	**112551**	**112551**	**79505**	**60067**	**19438**
1. 普通高等学校	109098	109098	77080	57888	19192
普通高等本科学校					
普通高职高专学校	109098	109098	77080	57888	19192
#高等职业学校	109098	109098	77080	57888	19192
2. 成人高等学校	3452	3452	2425	2179	246
二、中等职业学校	**77368**	**71746**	**50445**	**49760**	**685**
1. 中等专业学校	14180	13380	9942	9915	27
2. 职业高中					
#农村					
3. 技工学校	63188	58366	40503	39845	658
4. 成人中等专业学校					
三、中学	**13399**	**13399**	**11166**	**9378**	**1788**
1. 普通中学	13399	13399	11166	9378	1788
普通高中	7656	7656	6525	4737	1788
#农村	7656	7656	6525	4737	1788
普通初中	5743	5743	4641	4641	
#农村	3301	3301	3092	3092	
2. 成人中学					
四、小学	**21728**	**21728**	**18978**	**17171**	**1807**
1. 普通小学	21728	21728	18978	17171	1807
#农村	16127	16127	14921	13487	1434
2. 成人小学					
五、特殊教育					
1. 特殊教育学校					
2. 工读学校					
六、幼儿园	**292912**	**291837**	**217198**	**217008**	**190**
#农村	17324	17140	13523	13496	27
七、教育行政单位					
八、教育事业单位					
九、其他					

教育经费支出明细（企业办）

单位：千元

#奖助学金	公用部分	商品和服务支出	资本性支出	专项公用支出	专项项目支出	资本性支出（基本建设）
20296	**133970**	**111670**	**22300**	**12185**	**10114**	
19438	**33045**	**23842**	**9203**	**4782**	**4422**	
19192	32019	22816	9203	4782	4422	
19192	32019	22816	9203	4782	4422	
19192	32019	22816	9203	4782	4422	
246	1027	1027				
597	**21302**	**20867**	**435**	**435**		
	3438	3042	396	396		
597	17864	17825	39	39		
150	**2233**	**1836**	**397**	**130**	**267**	
150	2233	1836	397	130	267	
150	1132	835	297	130	167	
150	1132	835	297	130	167	
	1102	1002	100		100	
	208	208				
2	**2750**	**2632**	**118**	**18**	**100**	
2	2750	2632	118	18	100	
2	1206	1188	18	18		
108	**74638**	**62492**	**12146**	**6821**	**5325**	
2	3618	3276	342	182	160	

1-19 各级各类教育机构

学校类别	总计	事业性经费支出	个人部分	工资福利支出	对个人和家庭的补助支出
总计	**19359**	**15122**	**12552**	**12338**	**214**
一、高等学校					
1. 普通高等学校					
普通高等本科学校					
普通高职高专学校					
#高等职业学校					
2. 成人高等学校					
二、中等职业学校	**19359**	**15122**	**12552**	**12338**	**214**
1. 中等专业学校	5082	4702	3939	3912	27
2. 职业高中					
#农村					
3. 技工学校	14277	10421	8614	8427	187
4. 成人中等专业学校					
三、中学					
1. 普通中学					
普通高中					
#农村					
普通初中					
#农村					
2. 成人中学					
四、小学					
1. 普通小学					
#农村					
2. 成人小学					
五、特殊教育					
1. 特殊教育学校					
2. 工读学校					
六、幼儿园					
#农村					
七、教育行政单位					
八、教育事业单位					
九、其他					

教育经费支出明细（中央企业办）

单位：千元

#奖助学金	公用部分	商品和服务支出	资本性支出	专项公用支出	专项项目支出	资本性支出（基本建设）
187	**2571**	**2571**				
187	**2571**	**2571**				
	763	763				
187	1807	1807				

1-20 各级各类教育机构

学校类别	总计	事业性经费支出	个人部分	工资福利支出	对个人和家庭的补助支出
总计	**498599**	**496138**	**364740**	**341046**	**23694**
一、高等学校	**112551**	**112551**	**79505**	**60067**	**19438**
1. 普通高等学校	109098	109098	77080	57888	19192
普通高等本科学校					
普通高职高专学校	109098	109098	77080	57888	19192
#高等职业学校	109098	109098	77080	57888	19192
2. 成人高等学校	3452	3452	2425	2179	246
二、中等职业学校	**58009**	**56624**	**37892**	**37421**	**471**
1. 中等专业学校	9099	8678	6003	6003	
2. 职业高中					
#农村					
3. 技工学校	48911	47945	31889	31418	471
4. 成人中等专业学校					
三、中学	**13399**	**13399**	**11166**	**9378**	**1788**
1. 普通中学	13399	13399	11166	9378	1788
普通高中	7656	7656	6525	4737	1788
#农村	7656	7656	6525	4737	1788
普通初中	5743	5743	4641	4641	
#农村	3301	3301	3092	3092	
2. 成人中学					
四、小学	**21728**	**21728**	**18978**	**17171**	**1807**
1. 普通小学	21728	21728	18978	17171	1807
#农村	16127	16127	14921	13487	1434
2. 成人小学					
五、特殊教育					
1. 特殊教育学校					
2. 工读学校					
六、幼儿园	**292912**	**291837**	**217198**	**217008**	**190**
#农村	17324	17140	13523	13496	27
七、教育行政单位					
八、教育事业单位					
九、其他					

教育经费支出明细（地方企业办）

单位：千元

#奖助学金	公用部分	商品和服务支出	资本性支出	专项公用支出	专项项目支出	资本性支出（基本建设）
20109	**131399**	**109099**	**22300**	**12185**	**10114**	
19438	**33045**	**23842**	**9203**	**4782**	**4422**	
19192	32019	22816	9203	4782	4422	
19192	32019	22816	9203	4782	4422	
19192	32019	22816	9203	4782	4422	
246	1027	1027				
410	**18731**	**18296**	**435**	**435**		
	2675	2279	396	396		
410	16056	16017	39	39		
150	**2233**	**1836**	**397**	**130**	**267**	
150	2233	1836	397	130	267	
150	1132	835	297	130	167	
150	1132	835	297	130	167	
	1102	1002	100		100	
	208	208				
2	**2750**	**2632**	**118**	**18**	**100**	
2	2750	2632	118	18	100	
2	1206	1188	18	18		
108	**74638**	**62492**	**12146**	**6821**	**5325**	
2	3618	3276	342	182	160	

1-21 各级各类教育机构

学校类别	总计	事业性经费支出			
			个人部分		
				工资福利支出	对个人和家庭的补助支出
总计	**46656086**	**45561832**	**26277733**	**23244046**	**3033687**
一、高等学校	**9836040**	**9070826**	**3886383**	**2617915**	**1268468**
1. 普通高等学校	9836040	9070826	3886383	2617915	1268468
普通高等本科学校	7367577	6733510	2877609	2158876	718733
普通高职高专学校	2468463	2337316	1008773	459039	549734
#高等职业学校	2313141	2199427	960213	417895	542318
2. 成人高等学校					
二、中等职业学校	**1598287**	**1581054**	**745398**	**570700**	**174698**
1. 中等专业学校	695988	692503	274795	187546	87249
2. 职业高中	420975	412237	235370	168823	66547
#农村	210790	207487	123949	93448	30501
3. 技工学校	22428	22428	14280	10690	3590
4. 成人中等专业学校	458895	453887	220953	203641	17312
三、中学	**12368706**	**12168768**	**6972283**	**6213167**	**759116**
1. 普通中学	12368706	12168768	6972283	6213167	759116
普通高中	4726068	4629462	2474255	2298542	175713
#农村	2999684	2951171	1447623	1336431	111192
普通初中	7642638	7539306	4498029	3914625	583404
#农村	4974517	4914132	2965612	2586807	378805
2. 成人中学					
四、小学	**9876029**	**9794804**	**6076435**	**5361541**	**714894**
1. 普通小学	9876029	9794804	6076435	5361541	714894
#农村	6980969	6941429	4389007	3849157	539850
2. 成人小学					
五、特殊教育	**4473**	**4448**	**2026**	**1791**	**235**
1. 特殊教育学校	4473	4448	2026	1791	235
2. 工读学校					
六、幼儿园	**12972552**	**12941931**	**8595208**	**8478933**	**116275**
#农村	7742906	7735973	5409574	5317987	91587
七、教育行政单位					
八、教育事业单位					
九、其他					

教育经费支出明细（民办）

单位：千元

#奖助学金	公用部分	商品和服务支出	资本性支出	专项公用支出	专项项目支出	资本性支出（基本建设）
2551853	**19284100**	**12729661**	**6554439**	**2248758**	**4305680**	
863974	**5184443**	**2119108**	**3065335**	**1060609**	**2004726**	
863974	5184443	2119108	3065335	1060609	2004726	
535827	3855900	1873183	1982717	898201	1084517	
328146	1328543	245926	1082617	162408	920209	
320730	1239214	230167	1009047	153766	855282	
164753	**835657**	**591820**	**243837**	**120686**	**123150**	
87042	417707	298510	119197	45574	73623	
58027	176866	106696	70170	48037	22133	
23061	83538	53671	29867	16463	13404	
2581	8147	7160	987	987		
17103	232935	179453	53482	26088	27393	
729415	**5196485**	**3292549**	**1903936**	**575916**	**1328020**	
729415	5196485	3292549	1903936	575916	1328020	
166329	2155207	1164884	990323	306111	684212	
103638	1503548	670226	833322	246524	586798	
563086	3041278	2127665	913613	269805	643809	
365440	1948520	1282741	665779	179797	485981	
687661	**3718368**	**2942234**	**776134**	**281750**	**494384**	
687661	3718368	2942234	776134	281750	494384	
519218	2552421	2003612	548809	193341	355468	
235	**2423**	**1989**	**434**	**60**	**374**	
235	2423	1989	434	60	374	
105815	**4346724**	**3781961**	**564763**	**209737**	**355026**	
83196	2326399	2076730	249669	94479	155190	

1-22 各级各类教育机构

学校类别	总计	事业性经费支出	个人部分	工资福利支出	对个人和家庭的补助支出
总计	215488047	214982024	136415538	118994640	17420898
一、高等学校	33976557	33917734	17368073	13426150	3941923
1. 普通高等学校	33846993	33788169	17265233	13334587	3930646
普通高等本科学校	21885872	21872738	11228954	8816559	2412395
普通高职高专学校	11961120	11915431	6036279	4518028	1518251
#高等职业学校	10146020	10106580	5204066	3867439	1336627
2. 成人高等学校	129564	129564	102840	91563	11277
二、中等职业学校	12321538	12261222	6784817	5885271	899546
1. 中等专业学校	4623659	4592101	2430646	2006145	424501
2. 职业高中	4616736	4606025	2780547	2445841	334706
#农村	2622516	2612115	1581624	1416976	164648
3. 技工学校	2218748	2200721	928995	847495	81500
4. 成人中等专业学校	862394	862375	644631	585791	58840
三、中学	77138190	77028529	50705900	44847636	5858264
1. 普通中学	77138190	77028529	50705900	44847636	5858264
普通高中	25449302	25344624	16097824	14511812	1586012
#农村	13052391	13009883	8399620	7656544	743076
普通初中	51688888	51683904	34608075	30335824	4272251
#农村	35272422	35269805	23975824	21009514	2966310
2. 成人中学					
四、小学	77297401	77287896	53766869	47821080	5945789
1. 普通小学	77297401	77287896	53766869	47821080	5945789
#农村	55546185	55544358	39414373	35038392	4375981
2. 成人小学					
五、特殊教育	767078	766948	579113	533775	45338
1. 特殊教育学校	746429	746299	565618	521950	43668
2. 工读学校	20649	20649	13495	11825	1670
六、幼儿园	7163922	7159649	3882697	3589970	292727
#农村	4139983	4139696	2287667	2115209	172458
七、教育行政单位	1424007	1416860	738354	604150	134204
八、教育事业单位	2814999	2807552	1799603	1590920	208683
九、其他	2584356	2335634	790111	695686	94425

财政补助支出明细（全省）

单位：千元

#奖助学金	公用部分	商品和服务支出	资本性支出	专项公用支出	专项项目支出	资本性支出（基本建设）
10507039	**75331420**	**33951153**	**41380267**	**11337608**	**30042659**	**3235066**
2979712	**15880364**	**7982356**	**7898008**	**4200343**	**3697666**	**669297**
2979450	15853640	7965658	7887982	4197892	3690090	669297
1933553	10042852	6006340	4036512	2409992	1626520	600932
1045897	5810787	1959318	3851469	1787900	2063570	68365
915259	4840620	1695337	3145283	1628522	1516761	61894
262	26725	16698	10027	2451	7576	
572448	**5231593**	**2499334**	**2732259**	**1207757**	**1524502**	**244811**
296198	2118059	1068163	1049896	416618	633277	43396
232328	1797394	781432	1015962	461244	554718	28084
124906	1007860	376409	631451	197630	433821	22632
25904	1098397	497271	601126	296269	304857	173331
18018	217745	152469	65276	33626	31650	
3405661	**24907405**	**9741276**	**15166129**	**3021773**	**12144357**	**1415224**
3405661	24907405	9741276	15166129	3021773	12144357	1415224
904327	8572849	3032687	5540162	1301253	4238909	673951
539238	4474493	1634378	2840115	654720	2185395	135770
2501334	16334557	6708589	9625968	1720520	7905448	741273
1846510	11121455	4637586	6483869	1073241	5410628	172525
3346916	**22912886**	**10839112**	**12073774**	**2089140**	**9984634**	**608141**
3346916	22912886	10839112	12073774	2089140	9984634	608141
2656405	15932377	7843890	8088487	1283455	6805033	197609
17924	**187834**	**141916**	**45918**	**20671**	**25247**	
17911	180681	137568	43113	20300	22813	
13	7154	4348	2806	371	2435	
184378	**3148829**	**835741**	**2313088**	**525566**	**1787522**	**128123**
140654	1743226	417626	1325600	310104	1015496	108803
	662728	**579771**	**82957**	**60595**	**22362**	**15778**
	985056	**693246**	**291810**	**135467**	**156343**	**22892**
	1414723	**638400**	**776323**	**76297**	**700026**	**130801**

1-23 各级各类教育机构

学校类别	总计	事业性经费支出			
			个人部分		
				工资福利支出	对个人和家庭的补助支出
总计	**391748**	**391748**	**137163**	**105405**	**31758**
一、高等学校	**358577**	**358577**	**112018**	**84433**	**27585**
1.普通高等学校	358577	358577	112018	84433	27585
普通高等本科学校	358577	358577	112018	84433	27585
普通高职高专学校					
#高等职业学校					
2.成人高等学校					
二、中等职业学校	**3017**	**3017**	**2273**	**2086**	**187**
1.中等专业学校					
2.职业高中					
#农村					
3.技工学校	3017	3017	2273	2086	187
4.成人中等专业学校					
三、中学	**3012**	**3012**	**2473**	**1623**	**850**
1.普通中学	3012	3012	2473	1623	850
普通高中					
#农村					
普通初中	3012	3012	2473	1623	850
#农村					
2.成人中学					
四、小学	**10113**	**10113**	**8978**	**5855**	**3123**
1.普通小学	10113	10113	8978	5855	3123
#农村					
2.成人小学					
五、特殊教育					
1.特殊教育学校					
2.工读学校					
六、幼儿园	**12025**	**12025**	**11420**	**11407**	**13**
#农村					
七、教育行政单位					
八、教育事业单位					
九、其他	**5004**	**5004**			

财政补助支出明细（中央）

单位：千元

#奖助学金	公用部分	商品和服务支出	资本性支出	专项公用支出	专项项目支出	资本性支出（基本建设）
4492	**104321**	**72178**	**32143**	**32143**		**150266**
4123	**96293**	**64314**	**31979**	**31979**		**150266**
4123	96293	64314	31979	31979		150266
4123	96293	64314	31979	31979		150266
187	**743**	**743**				
187	743	743				
83	**540**	**540**				
83	540	540				
83	540	540				
87	**1135**	**1135**				
87	1135	1135				
13	**606**	**442**	**164**	**164**		
	5004	**5004**				

1-24 各级各类教育机构

学校类别	总计	事业性经费支出	个人部分		
				工资福利支出	对个人和家庭的补助支出
总计	**215096299**	**214590275**	**136278376**	**118889235**	**17389141**
一、高等学校	**33617980**	**33559157**	**17256055**	**13341717**	**3914338**
1.普通高等学校	33488416	33429593	17153215	13250154	3903061
普通高等本科学校	21527295	21514161	11116936	8732126	2384810
普通高职高专学校	11961120	11915431	6036279	4518028	1518251
#高等职业学校	10146020	10106580	5204066	3867439	1336627
2.成人高等学校	129564	129564	102840	91563	11277
二、中等职业学校	**12318521**	**12258205**	**6782544**	**5883185**	**899359**
1.中等专业学校	4623659	4592101	2430646	2006145	424501
2.职业高中	4616736	4606025	2780547	2445841	334706
#农村	2622516	2612115	1581624	1416976	164648
3.技工学校	2215732	2197705	926721	845408	81313
4.成人中等专业学校	862394	862375	644631	585791	58840
三、中学	**77135178**	**77025516**	**50703427**	**44846013**	**5857414**
1.普通中学	77135178	77025516	50703427	44846013	5857414
普通高中	25449302	25344624	16097824	14511812	1586012
#农村	13052391	13009883	8399620	7656544	743076
普通初中	51685875	51680892	34605602	30334201	4271401
#农村	35272422	35269805	23975824	21009514	2966310
2.成人中学					
四、小学	**77287288**	**77277783**	**53757891**	**47815225**	**5942666**
1.普通小学	77287288	77277783	53757891	47815225	5942666
#农村	55546185	55544358	39414373	35038392	4375981
2.成人小学					
五、特殊教育	**767078**	**766948**	**579113**	**533775**	**45338**
1.特殊教育学校	746429	746299	565618	521950	43668
2.工读学校	20649	20649	13495	11825	1670
六、幼儿园	**7151897**	**7147624**	**3871278**	**3578564**	**292714**
#农村	4139983	4139696	2287667	2115209	172458
七、教育行政单位	**1424007**	**1416860**	**738354**	**604150**	**134204**
八、教育事业单位	**2814999**	**2807552**	**1799603**	**1590920**	**208683**
九、其他	**2579352**	**2330630**	**790111**	**695686**	**94425**

财政补助支出明细（地方）

单位：千元

#奖助学金	公用部分	商品和服务支出	资本性支出	专项公用支出	专项项目支出	资本性支出（基本建设）
10502546	**75227099**	**33878975**	**41348124**	**11305465**	**30042659**	**3084800**
2975589	**15784071**	**7918041**	**7866030**	**4168364**	**3697666**	**519031**
2975327	15757347	7901344	7856003	4165913	3690090	519031
1929431	9946560	5942026	4004534	2378014	1626520	450666
1045897	5810787	1959318	3851469	1787900	2063570	68365
915259	4840620	1695337	3145283	1628522	1516761	61894
262	26725	16698	10027	2451	7576	
572261	**5230849**	**2498590**	**2732259**	**1207757**	**1524502**	**244811**
296198	2118059	1068163	1049896	416618	633277	43396
232328	1797394	781432	1015962	461244	554718	28084
124906	1007860	376409	631451	197630	433821	22632
25717	1097654	496528	601126	296269	304857	173331
18018	217745	152469	65276	33626	31650	
3405578	**24906865**	**9740736**	**15166129**	**3021773**	**12144357**	**1415224**
3405578	24906865	9740736	15166129	3021773	12144357	1415224
904327	8572849	3032687	5540162	1301253	4238909	673951
539238	4474493	1634378	2840115	654720	2185395	135770
2501251	16334018	6708050	9625968	1720520	7905448	741273
1846510	11121455	4637586	6483869	1073241	5410628	172525
3346829	**22911752**	**10837978**	**12073774**	**2089140**	**9984634**	**608141**
3346829	22911752	10837978	12073774	2089140	9984634	608141
2656405	15932377	7843890	8088487	1283455	6805033	197609
17924	**187834**	**141916**	**45918**	**20671**	**25247**	
17911	180681	137568	43113	20300	22813	
13	7154	4348	2806	371	2435	
184365	**3148224**	**835300**	**2312924**	**525402**	**1787522**	**128123**
140654	1743226	417626	1325600	310104	1015496	108803
	662728	**579771**	**82957**	**60595**	**22362**	**15778**
	985056	**693246**	**291810**	**135467**	**156343**	**22892**
	1409719	**633396**	**776323**	**76297**	**700026**	**130801**

1-25 各级各类教育机构财政补助

学校类别	总计	事业性经费支出	个人部分	工资福利支出	对个人和家庭的补助支出
总计	**208902493**	**208398895**	**132832698**	**118026187**	**14806511**
一、高等学校	**32792339**	**32733516**	**16265688**	**13387127**	**2878561**
1.普通高等学校	32663022	32604198	16163094	13295564	2867530
普通高等本科学校	21289245	21276111	10679800	8795708	1884092
普通高职高专学校	11373777	11328087	5483295	4499856	983439
#高等职业学校	9567902	9528463	4658128	3849266	808862
2.成人高等学校	129318	129318	102594	91563	11031
二、中等职业学校	**11840869**	**11781088**	**6586414**	**5847136**	**739278**
1.中等专业学校	4306123	4275100	2343065	2001521	341544
2.职业高中	4483864	4473152	2686268	2416858	269410
#农村	2558894	2548494	1526575	1391680	134895
3.技工学校	2198678	2180651	920537	842967	77570
4.成人中等专业学校	852205	852186	636545	585791	50754
三、中学	**74876234**	**74767790**	**49484166**	**44260316**	**5223850**
1.普通中学	74876234	74767790	49484166	44260316	5223850
普通高中	25001738	24897060	15717696	14265918	1451778
#农村	12716313	12673805	8125456	7465076	660380
普通初中	49874496	49870730	33766470	29994398	3772072
#农村	34002726	34001326	23363502	20722653	2640849
2.成人中学					
四、小学	**74875094**	**74865898**	**52813420**	**47530151**	**5283269**
1.普通小学	74875094	74865898	52813420	47530151	5283269
#农村	53662530	53661012	38659526	34787855	3871671
2.成人小学					
五、特殊教育	**765152**	**765022**	**578879**	**533775**	**45104**
1.特殊教育学校	744503	744373	565383	521950	43433
2.工读学校	20649	20649	13495	11825	1670
六、幼儿园	**6929442**	**6925534**	**3776063**	**3576925**	**199138**
#农村	3969384	3969352	2200757	2103563	97194
七、教育行政单位	**1424007**	**1416860**	**738354**	**604150**	**134204**
八、教育事业单位	**2814999**	**2807552**	**1799603**	**1590920**	**208683**
九、其他	**2584356**	**2335634**	**790111**	**695686**	**94425**

支出明细（全省教育和其他部门）

单位：千元

#奖助学金	公用部分	商品和服务支出	资本性支出	专项公用支出	专项项目支出	资本性支出（基本建设）
8315409	**72331133**	**31314480**	**41016653**	**11136787**	**29879865**	**3235066**
2294554	**15798532**	**7960039**	**7838493**	**4160276**	**3678218**	**669297**
2294538	15771807	7943341	7828466	4157825	3670642	669297
1564273	9995379	5985956	4009423	2382903	1626520	600932
730266	5776428	1957385	3819043	1774922	2044122	68365
606676	4808440	1693404	3115036	1617723	1497313	61894
15	26725	16698	10027	2451	7576	
421288	**4949863**	**2278465**	**2671398**	**1154702**	**1516696**	**244811**
213351	1888639	867363	1021276	390805	630471	43396
175021	1758800	772034	986766	437048	549718	28084
102562	999286	369966	629320	195499	433821	22632
22984	1086784	486605	600179	295322	304857	173331
9932	215640	152463	63177	31527	31650	
2786638	**23868399**	**8827723**	**15040676**	**2968499**	**12072177**	**1415224**
2786638	23868399	8827723	15040676	2968499	12072177	1415224
775525	8505413	2993677	5511736	1280422	4231314	673951
461220	4412579	1599173	2813406	635606	2177800	135770
2011114	15362988	5834047	9528941	1688077	7840864	741273
1529293	10465299	4053020	6412279	1054470	5357809	172525
2700702	**21444338**	**9462283**	**11982055**	**2050783**	**9931272**	**608141**
2700702	21444338	9462283	11982055	2050783	9931272	608141
2166740	14803878	6777742	8026136	1261691	6764446	197609
17689	**186144**	**140436**	**45708**	**20621**	**25086**	
17676	178990	136088	42902	20251	22652	
13	7154	4348	2806	371	2435	
94538	**3021349**	**734116**	**2287233**	**509548**	**1777685**	**128123**
69016	1659793	351549	1308244	300960	1007284	108803
	662728	**579771**	**82957**	**60595**	**22362**	**15778**
	985056	**693246**	**291810**	**135467**	**156343**	**22892**
	1414723	**638400**	**776323**	**76297**	**700026**	**130801**

1-26 各级各类教育机构财政补助

学校类别	总计	事业性经费支出			
			个人部分		
				工资福利支出	对个人和家庭的补助支出
总计	**388732**	**388732**	**134889**	**103318**	**31571**
一、高等学校	**358577**	**358577**	**112018**	**84433**	**27585**
1. 普通高等学校	358577	358577	112018	84433	27585
普通高等本科学校	358577	358577	112018	84433	27585
普通高职高专学校					
#高等职业学校					
2. 成人高等学校					
二、中等职业学校					
1. 中等专业学校					
2. 职业高中					
#农村					
3. 技工学校					
4. 成人中等专业学校					
三、中学	**3012**	**3012**	**2473**	**1623**	**850**
1. 普通中学	3012	3012	2473	1623	850
普通高中					
#农村					
普通初中	3012	3012	2473	1623	850
#农村					
2. 成人中学					
四、小学	**10113**	**10113**	**8978**	**5855**	**3123**
1. 普通小学	10113	10113	8978	5855	3123
#农村					
2. 成人小学					
五、特殊教育					
1. 特殊教育学校					
2. 工读学校					
六、幼儿园	**12025**	**12025**	**11420**	**11407**	**13**
#农村					
七、教育行政单位					
八、教育事业单位					
九、其他	**5004**	**5004**			

支出明细（中央教育和其他部门）

单位：千元

#奖助学金	公用部分	商品和服务支出	资本性支出	专项公用支出	专项项目支出	资本性支出（基本建设）
4305	**103577**	**71434**	**32143**	**32143**		**150266**
4123	**96293**	**64314**	**31979**	**31979**		**150266**
4123	96293	64314	31979	31979		150266
4123	96293	64314	31979	31979		150266
83	**540**	**540**				
83	540	540				
83	540	540				
87	**1135**	**1135**				
87	1135	1135				
13	**606**	**442**	**164**	**164**		
	5004	**5004**				

1-27　各级各类教育机构财政补助

学校类别	总计	事业性经费支出	个人部分	工资福利支出	对个人和家庭的补助支出
总计	**208513761**	**208010164**	**132697809**	**117922869**	**14774940**
一、高等学校	**32433763**	**32374940**	**16153669**	**13302693**	**2850976**
1. 普通高等学校	32304445	32245622	16051076	13211130	2839946
普通高等本科学校	20930668	20917534	10567782	8711275	1856507
普通高职高专学校	11373777	11328087	5483295	4499856	983439
#高等职业学校	9567902	9528463	4658128	3849266	808862
2. 成人高等学校	129318	129318	102594	91563	11031
二、中等职业学校	**11840869**	**11781088**	**6586414**	**5847136**	**739278**
1. 中等专业学校	4306123	4275100	2343065	2001521	341544
2. 职业高中	4483864	4473152	2686268	2416858	269410
#农村	2558894	2548494	1526575	1391680	134895
3. 技工学校	2198678	2180651	920537	842967	77570
4. 成人中等专业学校	852205	852186	636545	585791	50754
三、中学	**74873222**	**74764777**	**49481693**	**44258693**	**5223000**
1. 普通中学	74873222	74764777	49481693	44258693	5223000
普通高中	25001738	24897060	15717696	14265918	1451778
#农村	12716313	12673805	8125456	7465076	660380
普通初中	49871484	49867717	33763997	29992775	3771222
#农村	34002726	34001326	23363502	20722653	2640849
2. 成人中学					
四、小学	**74864981**	**74855785**	**52804441**	**47524295**	**5280146**
1. 普通小学	74864981	74855785	52804441	47524295	5280146
#农村	53662530	53661012	38659526	34787855	3871671
2. 成人小学					
五、特殊教育	**765152**	**765022**	**578879**	**533775**	**45104**
1. 特殊教育学校	744503	744373	565383	521950	43433
2. 工读学校	20649	20649	13495	11825	1670
六、幼儿园	**6917417**	**6913508**	**3764643**	**3565518**	**199125**
#农村	3969384	3969352	2200757	2103563	97194
七、教育行政单位	**1424007**	**1416860**	**738354**	**604150**	**134204**
八、教育事业单位	**2814999**	**2807552**	**1799603**	**1590920**	**208683**
九、其他	**2579352**	**2330630**	**790111**	**695686**	**94425**

支出明细（地方教育和其他部门）

单位：千元

#奖助学金	公用部分	商品和服务支出	资本性支出	专项公用支出	专项项目支出	资本性支出（基本建设）
8311104	**72227555**	**31243045**	**40984510**	**11104645**	**29879865**	**3084800**
2290431	**15702240**	**7895725**	**7806515**	**4128297**	**3678218**	**519031**
2290416	15675515	7879027	7796488	4125846	3670642	519031
1560150	9899087	5921642	3977445	2350925	1626520	450666
730266	5776428	1957385	3819043	1774922	2044122	68365
606676	4808440	1693404	3115036	1617723	1497313	61894
15	26725	16698	10027	2451	7576	
421288	**4949863**	**2278465**	**2671398**	**1154702**	**1516696**	**244811**
213351	1888639	867363	1021276	390805	630471	43396
175021	1758800	772034	986766	437048	549718	28084
102562	999286	369966	629320	195499	433821	22632
22984	1086784	486605	600179	295322	304857	173331
9932	215640	152463	63177	31527	31650	
2786556	**23867860**	**8827184**	**15040676**	**2968499**	**12072177**	**1415224**
2786556	23867860	8827184	15040676	2968499	12072177	1415224
775525	8505413	2993677	5511736	1280422	4231314	673951
461220	4412579	1599173	2813406	635606	2177800	135770
2011031	15362448	5833507	9528941	1688077	7840864	741273
1529293	10465299	4053020	6412279	1054470	5357809	172525
2700615	**21443203**	**9461148**	**11982055**	**2050783**	**9931272**	**608141**
2700615	21443203	9461148	11982055	2050783	9931272	608141
2166740	14803878	6777742	8026136	1261691	6764446	197609
17689	**186144**	**140436**	**45708**	**20621**	**25086**	
17676	178990	136088	42902	20251	22652	
13	7154	4348	2806	371	2435	
94525	**3020742**	**733674**	**2287068**	**509384**	**1777685**	**128123**
69016	1659793	351549	1308244	300960	1007284	108803
	662728	**579771**	**82957**	**60595**	**22362**	**15778**
	985056	**693246**	**291810**	**135467**	**156343**	**22892**
	1409719	**633396**	**776323**	**76297**	**700026**	**130801**

1-28 各级各类教育机构

学校类别	总计	事业性经费支出	个人部分	工资福利支出	对个人和家庭的补助支出
总计	**44927**	**44507**	**30073**	**25806**	**4267**
一、高等学校	**246**	**246**	**246**		**246**
1. 普通高等学校					
普通高等本科学校					
普通高职高专学校					
#高等职业学校					
2. 成人高等学校	246	246	246		246
二、中等职业学校	**14108**	**13687**	**5279**	**4940**	**339**
1. 中等专业学校	1917	1497	412	412	
2. 职业高中					
#农村					
3. 技工学校	12191	12191	4867	4528	339
4. 成人中等专业学校					
三、中学	**11100**	**11100**	**9167**	**7379**	**1788**
1. 普通中学	11100	11100	9167	7379	1788
普通高中	7205	7205	6074	4286	1788
#农村	7205	7205	6074	4286	1788
普通初中	3895	3895	3092	3092	
#农村	3301	3301	3092	3092	
2. 成人中学					
四、小学	**17391**	**17391**	**15294**	**13487**	**1807**
1. 普通小学	17391	17391	15294	13487	1807
#农村	16127	16127	14921	13487	1434
2. 成人小学					
五、特殊教育					
1. 特殊教育学校					
2. 工读学校					
六、幼儿园	**2082**	**2082**	**86**		**86**
#农村	429	429	2		2
七、教育行政单位					
八、教育事业单位					
九、其他					

财政补助支出明细（企业办）

单位：千元

#奖助学金	公用部分	商品和服务支出	资本性支出	专项公用支出	专项项目支出	资本性支出（基本建设）
824	**14435**	**12784**	**1651**	**1179**	**471**	
246						
246						
339	**8408**	**8012**	**396**	**396**		
	1084	688	396	396		
339	7324	7324				
150	**1934**	**1637**	**297**	**130**	**167**	
150	1934	1637	297	130	167	
150	1132	835	297	130	167	
150	1132	835	297	130	167	
	802	802				
	208	208				
2	**2097**	**2079**	**18**	**18**		
2	2097	2079	18	18		
2	1206	1188	18	18		
86	**1995**	**1056**	**939**	**635**	**304**	
2	427	192	235	75	160	

1-29 各级各类教育机构

学校类别	总计	事业性经费支出			
			个人部分		
				工资福利支出	对个人和家庭的补助支出
总计	3017	3017	2273	2086	187
一、高等学校					
1. 普通高等学校					
普通高等本科学校					
普通高职高专学校					
#高等职业学校					
2. 成人高等学校					
二、中等职业学校	3017	3017	2273	2086	187
1. 中等专业学校					
2. 职业高中					
#农村					
3. 技工学校	3017	3017	2273	2086	187
4. 成人中等专业学校					
三、中学					
1. 普通中学					
普通高中					
#农村					
普通初中					
#农村					
2. 成人中学					
四、小学					
1. 普通小学					
#农村					
2. 成人小学					
五、特殊教育					
1. 特殊教育学校					
2. 工读学校					
六、幼儿园					
#农村					
七、教育行政单位					
八、教育事业单位					
九、其他					

财政补助支出明细（中央企业办）

单位：千元

#奖助学金	公用部分	商品和服务支出	资本性支出	专项公用支出	专项项目支出	资本性支出（基本建设）
187	**743**	**743**				
187	**743**	**743**				
187	743	743				

1-30 各级各类教育机构

学校类别	总计	事业性经费支出	个人部分	工资福利支出	对个人和家庭的补助支出
总计	**41911**	**41490**	**27799**	**23719**	**4080**
一、高等学校	**246**	**246**	**246**		**246**
1. 普通高等学校					
普通高等本科学校					
普通高职高专学校					
#高等职业学校					
2. 成人高等学校	246	246	246		246
二、中等职业学校	**11091**	**10671**	**3006**	**2854**	**152**
1. 中等专业学校	1917	1497	412	412	
2. 职业高中					
#农村					
3. 技工学校	9174	9174	2593	2441	152
4. 成人中等专业学校					
三、中学	**11100**	**11100**	**9167**	**7379**	**1788**
1. 普通中学	11100	11100	9167	7379	1788
普通高中	7205	7205	6074	4286	1788
#农村	7205	7205	6074	4286	1788
普通初中	3895	3895	3092	3092	
#农村	3301	3301	3092	3092	
2. 成人中学					
四、小学	**17391**	**17391**	**15294**	**13487**	**1807**
1. 普通小学	17391	17391	15294	13487	1807
#农村	16127	16127	14921	13487	1434
2. 成人小学					
五、特殊教育					
1. 特殊教育学校					
2. 工读学校					
六、幼儿园	**2082**	**2082**	**86**		**86**
#农村	429	429	2		2
七、教育行政单位					
八、教育事业单位					
九、其他					

财政补助支出明细（地方企业办）

单位：千元

#奖助学金	公用部分	商品和服务支出	资本性支出	专项公用支出	专项项目支出	资本性支出（基本建设）
637	**13692**	**12041**	**1651**	**1179**	**471**	
246						
246						
152	**7664**	**7268**	**396**	**396**		
	1084	688	396	396		
152	6580	6580				
150	**1934**	**1637**	**297**	**130**	**167**	
150	1934	1637	297	130	167	
150	1132	835	297	130	167	
150	1132	835	297	130	167	
	802	802				
	208	208				
2	**2097**	**2079**	**18**	**18**		
2	2097	2079	18	18		
2	1206	1188	18	18		
86	**1995**	**1056**	**939**	**635**	**304**	
2	427	192	235	75	160	

1-31 各级各类教育机构

学校类别	总计	事业性经费支出	个人部分	工资福利支出	对个人和家庭的补助支出
总计	**6540628**	**6538621**	**3552768**	**942647**	**2610121**
一、高等学校	**1183971**	**1183971**	**1102140**	**39024**	**1063116**
1.普通高等学校	1183971	1183971	1102140	39024	1063116
普通高等本科学校	596627	596627	549154	20851	528303
普通高职高专学校	587344	587344	552984	18172	534812
#高等职业学校	578118	578118	545937	18172	527765
2.成人高等学校					
二、中等职业学校	**466561**	**466446**	**193124**	**33195**	**159929**
1.中等专业学校	315619	315504	87169	4212	82957
2.职业高中	132873	132873	94279	28983	65296
#农村	63621	63621	55049	25296	29753
3.技工学校	7880	7880	3590		3590
4.成人中等专业学校	10189	10189	8086		8086
三、中学	**2250855**	**2249639**	**1212567**	**579941**	**632626**
1.普通中学	2250855	2249639	1212567	579941	632626
普通高中	440359	440359	374054	241608	132446
#农村	328872	328872	268090	187182	80908
普通初中	1810497	1809280	838513	338334	500179
#农村	1266395	1265178	609230	283769	325461
2.成人中学					
四、小学	**2404916**	**2404607**	**938155**	**277442**	**660713**
1.普通小学	2404916	2404607	938155	277442	660713
#农村	1867527	1867218	739926	237050	502876
2.成人小学					
五、特殊教育	**1926**	**1926**	**235**		**235**
1.特殊教育学校	1926	1926	235		235
2.工读学校					
六、幼儿园	**232399**	**232033**	**106548**	**13045**	**93503**
#农村	170171	169915	86909	11647	75262
七、教育行政单位					
八、教育事业单位					
九、其他					

财政补助支出明细（民办）

单位：千元

#奖助学金	公用部分	商品和服务支出	资本性支出	专项公用支出	专项项目支出	资本性支出（基本建设）
2190805	**2985853**	**2623889**	**361964**	**199641**	**162322**	
684912	**81832**	**22317**	**59515**	**40067**	**19448**	
684912	81832	22317	59515	40067	19448	
369281	47473	20384	27089	27089		
315631	34359	1933	32426	12978	19448	
308584	32180	1933	30247	10799	19448	
150821	**273322**	**212857**	**60465**	**52658**	**7806**	
82847	228335	200112	28223	25417	2806	
57307	38594	9398	29196	24196	5000	
22345	8573	6442	2131	2131		
2581	4289	3342	947	947		
8086	2103	5	2098	2098		
618873	**1037071**	**911915**	**125156**	**53144**	**72012**	
618873	1037071	911915	125156	53144	72012	
128653	66304	38175	28129	20701	7428	
77868	60783	34371	26412	18984	7428	
490220	970767	873740	97027	32443	64584	
317217	655948	584358	71590	18771	52819	
646211	**1466451**	**1374750**	**91701**	**38339**	**53362**	
646211	1466451	1374750	91701	38339	53362	
489663	1127292	1064959	62333	21746	40587	
235	**1691**	**1480**	**211**	**50**	**161**	
235	1691	1480	211	50	161	
89754	**125485**	**100569**	**24916**	**15383**	**9533**	
71636	83006	65885	17121	9069	8053	

1-32 各级各类教育机构一般公共预算

学校类别	总计	事业性经费支出	个人部分	工资福利支出	对个人和家庭的补助支出
总计	**174548398**	**174103434**	**109936738**	**97400788**	**12535950**
一、高等学校	**27934681**	**27876185**	**14748142**	**11222518**	**3525624**
1. 普通高等学校	27842251	27783755	14673730	11149230	3524500
普通高等本科学校	18461243	18448108	9393677	7218540	2175137
普通高职高专学校	9381009	9335647	5280054	3930690	1349364
#高等职业学校	8191418	8152305	4521821	3330081	1191740
2. 成人高等学校	92430	92430	74412	73288	1124
二、中等职业学校	**9618431**	**9574771**	**5488925**	**4852629**	**636296**
1. 中等专业学校	3697098	3682094	2019610	1687952	331658
2. 职业高中	3585570	3574858	2214571	1978696	235875
#农村	2035930	2025530	1274964	1135166	139798
3. 技工学校	1649519	1631594	754781	714391	40390
4. 成人中等专业学校	686244	686225	499963	471589	28374
三、中学	**62246722**	**62168018**	**40651478**	**36676148**	**3975330**
1. 普通中学	62246722	62168018	40651478	36676148	3975330
普通高中	20308369	20232583	13054929	11978988	1075941
#农村	10717027	10697692	6943051	6306964	636087
普通初中	41938353	41935435	27596549	24697160	2899389
#农村	29069054	29066838	19209378	17124389	2084989
2. 成人中学					
四、小学	**63368658**	**63364930**	**42996079**	**38948943**	**4047136**
1. 普通小学	63368658	63364930	42996079	38948943	4047136
#农村	46300195	46298663	31620639	28514088	3106551
2. 成人小学					
五、特殊教育	**631469**	**631339**	**454016**	**433582**	**20434**
1. 特殊教育学校	615168	615038	444664	424282	20382
2. 工读学校	16301	16301	9351	9299	52
六、幼儿园	**5470138**	**5465864**	**3163981**	**2959803**	**204178**
#农村	3347929	3347641	1872852	1732679	140173
七、教育行政单位	**1132588**	**1125441**	**527676**	**475017**	**52659**
八、教育事业单位	**2133159**	**2133054**	**1342966**	**1289058**	**53908**
九、其他	**2012552**	**1763831**	**563474**	**543090**	**20384**

教育事业费支出明细（全省）

单位：千元

#奖助学金	公用部分	商品和服务支出	其他资本性支出	专项公用支出	专项项目支出
10236385	**61419112**	**31813952**	**29605160**	**9048841**	**20556320**
2848480	**12470219**	**7461292**	**5008927**	**3665678**	**1343249**
2848219	12452201	7445679	5006522	3664701	1341821
1836112	8458914	5540621	2918293	2165712	752581
1012107	3993287	1905058	2088229	1498988	589241
887195	3574650	1654226	1920424	1390982	529442
262	18018	15613	2405	977	1427
553195	**3928942**	**2312826**	**1616116**	**976307**	**639809**
294299	1620088	997050	623038	360230	262808
217127	1332202	714355	617847	373617	244230
123245	727934	358478	369456	163291	206165
23752	790390	460934	329456	219169	110287
18018	186262	140487	45775	23291	22484
3363731	**20355337**	**9129744**	**11225593**	**2209562**	**9016031**
3363731	20355337	9129744	11225593	2209562	9016031
898064	6545169	2841266	3703903	971883	2732020
536238	3618871	1558935	2059936	422237	1637699
2465667	13810169	6288479	7521690	1237679	6284011
1814163	9688653	4494191	5194462	746671	4447790
3291986	**19880612**	**10281832**	**9598780**	**1641781**	**7956999**
3291986	19880612	10281832	9598780	1641781	7956999
2602060	14485001	7577908	6907093	1040574	5866519
16364	**177324**	**136877**	**40447**	**18281**	**22165**
16351	170373	132572	37801	17911	19890
13	6951	4305	2646	371	2275
162628	**2178941**	**746970**	**1431971**	**341062**	**1090909**
118909	1371167	376583	994584	183612	810972
	581987	**517879**	**64108**	**44638**	**19470**
	776196	**604199**	**171997**	**81586**	**90411**
	1069555	**622333**	**447222**	**69946**	**377277**

1-33 各级各类教育机构一般公共预算

学校类别	总计	事业性经费支出			
			个人部分		
				工资福利支出	对个人和家庭的补助支出
总计	**367329**	**367329**	**117857**	**96390**	**21467**
一、高等学校	**345013**	**345013**	**98467**	**77370**	**21097**
1. 普通高等学校	345013	345013	98467	77370	21097
普通高等本科学校	345013	345013	98467	77370	21097
普通高职高专学校					
#高等职业学校					
2. 成人高等学校					
二、中等职业学校	**3017**	**3017**	**2273**	**2086**	**187**
1. 中等专业学校					
2. 职业高中					
#农村					
3. 技工学校	3017	3017	2273	2086	187
4. 成人中等专业学校					
三、中学	**1969**	**1969**	**1430**	**1347**	**83**
1. 普通中学	1969	1969	1430	1347	83
普通高中					
#农村					
普通初中	1969	1969	1430	1347	83
#农村					
2. 成人中学					
四、小学	**6990**	**6990**	**5942**	**5855**	**87**
1. 普通小学	6990	6990	5942	5855	87
#农村					
2. 成人小学					
五、特殊教育					
1. 特殊教育学校					
2. 工读学校					
六、幼儿园	**10340**	**10340**	**9744**	**9731**	**13**
#农村					
七、教育行政单位					
八、教育事业单位					
九、其他					

教育事业费支出明细（中央）

单位：千元

#奖助学金	公用部分	商品和服务支出	其他资本性支出	专项公用支出	专项项目支出
4492	**99207**	**67064**	**32143**	**32143**	
4123	**96281**	**64302**	**31979**	**31979**	
4123	96281	64302	31979	31979	
4123	96281	64302	31979	31979	
187	**743**	**743**			
187	743	743			
83	**540**	**540**			
83	540	540			
83	540	540			
87	**1048**	**1048**			
87	1048	1048			
13	**596**	**432**	**164**	**164**	

1-34 各级各类教育机构一般公共预算

学校类别	总计	事业性经费支出	个人部分	工资福利支出	对个人和家庭的补助支出
总计	**174181068**	**173736104**	**109818881**	**97304398**	**12514483**
一、高等学校	**27589668**	**27531172**	**14649675**	**11145148**	**3504527**
1. 普通高等学校	27497238	27438742	14575263	11071860	3503403
普通高等本科学校	18116229	18103095	9295209	7141170	2154039
普通高职高专学校	9381009	9335647	5280054	3930690	1349364
#高等职业学校	8191418	8152305	4521821	3330081	1191740
2. 成人高等学校	92430	92430	74412	73288	1124
二、中等职业学校	**9615414**	**9571754**	**5486652**	**4850543**	**636109**
1. 中等专业学校	3697098	3682094	2019610	1687952	331658
2. 职业高中	3585570	3574858	2214571	1978696	235875
#农村	2035930	2025530	1274964	1135166	139798
3. 技工学校	1646503	1628577	752508	712305	40203
4. 成人中等专业学校	686244	686225	499963	471589	28374
三、中学	**62244753**	**62166049**	**40650050**	**36674802**	**3975248**
1. 普通中学	62244753	62166049	40650050	36674802	3975248
普通高中	20308369	20232583	13054929	11978988	1075941
#农村	10717027	10697692	6943051	6306964	636087
普通初中	41936384	41933466	27595120	24695814	2899306
#农村	29069054	29066838	19209378	17124389	2084989
2. 成人中学					
四、小学	**63361668**	**63357940**	**42990137**	**38943087**	**4047050**
1. 普通小学	63361668	63357940	42990137	38943087	4047050
#农村	46300195	46298663	31620639	28514088	3106551
2. 成人小学					
五、特殊教育	**631469**	**631339**	**454016**	**433582**	**20434**
1. 特殊教育学校	615168	615038	444664	424282	20382
2. 工读学校	16301	16301	9351	9299	52
六、幼儿园	**5459798**	**5455524**	**3154237**	**2950072**	**204165**
#农村	3347929	3347641	1872852	1732679	140173
七、教育行政单位	**1132588**	**1125441**	**527676**	**475017**	**52659**
八、教育事业单位	**2133159**	**2133054**	**1342966**	**1289058**	**53908**
九、其他	**2012552**	**1763831**	**563474**	**543090**	**20384**

教育事业费支出明细（地方）

单位：千元

#奖助学金	公用部分	商品和服务支出	其他资本性支出	专项公用支出	专项项目支出
10231893	**61319905**	**31746888**	**29573017**	**9016698**	**20556320**
2844358	**12373938**	**7396990**	**4976948**	**3633700**	**1343249**
2844096	12355921	7381377	4974544	3632722	1341821
1831989	8362633	5476319	2886314	2133734	752581
1012107	3993287	1905058	2088229	1498988	589241
887195	3574650	1654226	1920424	1390982	529442
262	18018	15613	2405	977	1427
553008	**3928198**	**2312082**	**1616116**	**976307**	**639809**
294299	1620088	997050	623038	360230	262808
217127	1332202	714355	617847	373617	244230
123245	727934	358478	369456	163291	206165
23565	789647	460191	329456	219169	110287
18018	186262	140487	45775	23291	22484
3363648	**20354798**	**9129205**	**11225593**	**2209562**	**9016031**
3363648	20354798	9129205	11225593	2209562	9016031
898064	6545169	2841266	3703903	971883	2732020
536238	3618871	1558935	2059936	422237	1637699
2465584	13809629	6287939	7521690	1237679	6284011
1814163	9688653	4494191	5194462	746671	4447790
3291899	**19879564**	**10280784**	**9598780**	**1641781**	**7956999**
3291899	19879564	10280784	9598780	1641781	7956999
2602060	14485001	7577908	6907093	1040574	5866519
16364	**177324**	**136877**	**40447**	**18281**	**22165**
16351	170373	132572	37801	17911	19890
13	6951	4305	2646	371	2275
162615	**2178344**	**746538**	**1431806**	**340898**	**1090909**
118909	1371167	376583	994584	183612	810972
	581987	**517879**	**64108**	**44638**	**19470**
	776196	**604199**	**171997**	**81586**	**90411**
	1069555	**622333**	**447222**	**69946**	**377277**

1-35 各级各类教育机构一般公共预算

学校类别	总计	事业性经费支出	个人部分	工资福利支出	对个人和家庭的补助支出
总计	**168513913**	**168071376**	**106720094**	**96637304**	**10082790**
一、高等学校	**26902963**	**26844467**	**13776271**	**11205229**	**2571042**
1.普通高等学校	26810779	26752283	13702106	11131941	2570165
普通高等本科学校	17968400	17955266	8938253	7201251	1737002
普通高职高专学校	8842379	8797017	4763853	3930690	833163
#高等职业学校	7659822	7620710	4012654	3330081	682573
2.成人高等学校	92184	92184	74165	73288	877
二、中等职业学校	**9164200**	**9121075**	**5310407**	**4819814**	**490593**
1.中等专业学校	3379562	3365093	1932029	1683328	248701
2.职业高中	3478125	3467413	2139168	1955033	184135
#农村	1981965	1971565	1225519	1114655	110864
3.技工学校	1630459	1612533	747333	709863	37470
4.成人中等专业学校	676054	676035	491877	471589	20288
三、中学	**60188164**	**60110676**	**39546597**	**36198874**	**3347723**
1.普通中学	60188164	60110676	39546597	36198874	3347723
普通高中	19914652	19838866	12719420	11775095	944325
#农村	10426929	10407594	6705769	6150024	555745
普通初中	40273512	40271810	26827176	24423779	2403397
#农村	27872254	27871254	18660218	16897251	1762967
2.成人中学					
四、小学	**61095384**	**61091966**	**42125114**	**38723994**	**3401120**
1.普通小学	61095384	61091966	42125114	38723994	3401120
#农村	44495363	44494140	30939700	28321793	2617907
2.成人小学					
五、特殊教育	**629543**	**629414**	**453781**	**433582**	**20199**
1.特殊教育学校	613242	613112	444430	424282	20148
2.工读学校	16301	16301	9351	9299	52
六、幼儿园	**5255361**	**5251453**	**3073808**	**2948647**	**125161**
#农村	3195313	3195282	1802399	1722921	79478
七、教育行政单位	**1132588**	**1125441**	**527676**	**475017**	**52659**
八、教育事业单位	**2133159**	**2133054**	**1342966**	**1289058**	**53908**
九、其他	**2012552**	**1763831**	**563474**	**543090**	**20384**

教育事业费支出明细（全省教育和其他部门）

单位：千元

#奖助学金	公用部分	商品和服务支出	其他资本性支出	专项公用支出	专项项目支出
8198370	**58603699**	**29321999**	**29281700**	**8868616**	**20413083**
2271447	**12410371**	**7445095**	**4965276**	**3640675**	**1324601**
2271432	12392353	7429482	4962871	3639698	1323173
1556688	8421494	5526286	2895208	2142627	752581
714744	3970858	1903195	2067663	1497070	570593
596866	3552221	1652363	1899858	1389064	510794
15	18018	15613	2405	977	1427
415588	**3653765**	**2095889**	**1557876**	**925873**	**632003**
211451	1390668	796250	594418	334416	260002
173373	1300161	708889	591272	352042	239230
101716	723413	355967	367446	161281	206165
20832	778777	450268	328509	218222	110287
9932	184159	140482	43677	21193	22484
2748389	**19402877**	**8284584**	**11118293**	**2158914**	**8959379**
2748389	19402877	8284584	11118293	2158914	8959379
769754	6486961	2803322	3683639	952848	2730790
458712	3566054	1524665	2041389	404920	1636470
1978635	12915917	5481262	7434655	1206066	6228589
1500116	9042230	3911755	5130475	728341	4402133
2659483	**18478612**	**8968321**	**9510291**	**1603424**	**7906866**
2659483	18478612	8968321	9510291	1603424	7906866
2126082	13361418	6513446	6847972	1018810	5829162
16130	**175633**	**135397**	**40236**	**18232**	**22004**
16116	168682	131092	37590	17861	19729
13	6951	4305	2646	371	2275
87333	**2054702**	**648301**	**1406401**	**325329**	**1081072**
61812	1289260	311983	977277	174518	802759
	581987	**517879**	**64108**	**44638**	**19470**
	776196	**604199**	**171997**	**81586**	**90411**
	1069555	**622333**	**447222**	**69946**	**377277**

1-36 各级各类教育机构一般公共预算

学校类别	总计	事业性经费支出	个人部分	工资福利支出	对个人和家庭的补助支出
总计	**364313**	**364313**	**115583**	**94303**	**21280**
一、高等学校	**345013**	**345013**	**98467**	**77370**	**21097**
1.普通高等学校	345013	345013	98467	77370	21097
普通高等本科学校	345013	345013	98467	77370	21097
普通高职高专学校					
#高等职业学校					
2.成人高等学校					
二、中等职业学校					
1.中等专业学校					
2.职业高中					
#农村					
3.技工学校					
4.成人中等专业学校					
三、中学	**1969**	**1969**	**1430**	**1347**	**83**
1.普通中学	1969	1969	1430	1347	83
普通高中					
#农村					
普通初中	1969	1969	1430	1347	83
#农村					
2.成人中学					
四、小学	**6990**	**6990**	**5942**	**5855**	**87**
1.普通小学	6990	6990	5942	5855	87
#农村					
2.成人小学					
五、特殊教育					
1.特殊教育学校					
2.工读学校					
六、幼儿园	**10340**	**10340**	**9744**	**9731**	**13**
#农村					
七、教育行政单位					
八、教育事业单位					
九、其他					

教育事业费支出明细（中央教育和其他部门）

单位：千元

#奖助学金	公用部分	商品和服务支出	其他资本性支出	专项公用支出	专项项目支出
4305	**98464**	**66321**	**32143**	**32143**	
4123	**96281**	**64302**	**31979**	**31979**	
4123	96281	64302	31979	31979	
4123	96281	64302	31979	31979	
83	**540**	**540**			
83	540	540			
83	540	540			
87	**1048**	**1048**			
87	1048	1048			
13	**596**	**432**	**164**	**164**	

1-37 各级各类教育机构一般公共预算

学校类别	总计	事业性经费支出			
			个人部分		
				工资福利支出	对个人和家庭的补助支出
总计	168149601	167707063	106604511	96543001	10061510
一、高等学校	26557949	26499453	13677805	11127860	2549945
1. 普通高等学校	26465765	26407269	13603638	11054571	2549067
普通高等本科学校	17623386	17610252	8839785	7123881	1715904
普通高职高专学校	8842379	8797017	4763853	3930690	833163
#高等职业学校	7659822	7620710	4012654	3330081	682573
2. 成人高等学校	92184	92184	74165	73288	877
二、中等职业学校	9164200	9121075	5310407	4819814	490593
1. 中等专业学校	3379562	3365093	1932029	1683328	248701
2. 职业高中	3478125	3467413	2139168	1955033	184135
#农村	1981965	1971565	1225519	1114655	110864
3. 技工学校	1630459	1612533	747333	709863	37470
4. 成人中等专业学校	676054	676035	491877	471589	20288
三、中学	60186195	60108708	39545167	36197527	3347640
1. 普通中学	60186195	60108708	39545167	36197527	3347640
普通高中	19914652	19838866	12719420	11775095	944325
#农村	10426929	10407594	6705769	6150024	555745
普通初中	40271543	40269841	26825747	24422432	2403315
#农村	27872254	27871254	18660218	16897251	1762967
2. 成人中学					
四、小学	61088394	61084976	42119173	38718139	3401034
1. 普通小学	61088394	61084976	42119173	38718139	3401034
#农村	44495363	44494140	30939700	28321793	2617907
2. 成人小学					
五、特殊教育	629543	629414	453781	433582	20199
1. 特殊教育学校	613242	613112	444430	424282	20148
2. 工读学校	16301	16301	9351	9299	52
六、幼儿园	5245021	5241113	3064063	2938915	125148
#农村	3195313	3195282	1802399	1722921	79478
七、教育行政单位	1132588	1125441	527676	475017	52659
八、教育事业单位	2133159	2133054	1342966	1289058	53908
九、其他	2012552	1763831	563474	543090	20384

教育事业费支出明细（地方教育和其他部门）

单位：千元

#奖助学金	公用部分	商品和服务支出	其他资本性支出	专项公用支出	专项项目支出
8194065	**58505235**	**29255678**	**29249557**	**8836474**	**20413083**
2267324	**12314090**	**7380793**	**4933297**	**3608697**	**1324601**
2267309	12296073	7365180	4930893	3607719	1323173
1552565	8325215	5461985	2863230	2110649	752581
714744	3970858	1903195	2067663	1497070	570593
596866	3552221	1652363	1899858	1389064	510794
15	18018	15613	2405	977	1427
415588	**3653765**	**2095889**	**1557876**	**925873**	**632003**
211451	1390668	796250	594418	334416	260002
173373	1300161	708889	591272	352042	239230
101716	723413	355967	367446	161281	206165
20832	778777	450268	328509	218222	110287
9932	184159	140482	43677	21193	22484
2748307	**19402338**	**8284045**	**11118293**	**2158914**	**8959379**
2748307	19402338	8284045	11118293	2158914	8959379
769754	6486961	2803322	3683639	952848	2730790
458712	3566054	1524665	2041389	404920	1636470
1978552	12915378	5480723	7434655	1206066	6228589
1500116	9042230	3911755	5130475	728341	4402133
2659396	**18477564**	**8967273**	**9510291**	**1603424**	**7906866**
2659396	18477564	8967273	9510291	1603424	7906866
2126082	13361418	6513446	6847972	1018810	5829162
16130	**175633**	**135397**	**40236**	**18232**	**22004**
16116	168682	131092	37590	17861	19729
13	6951	4305	2646	371	2275
87320	**2054107**	**647870**	**1406237**	**325165**	**1081072**
61812	1289260	311983	977277	174518	802759
	581987	**517879**	**64108**	**44638**	**19470**
	776196	**604199**	**171997**	**81586**	**90411**
	1069555	**622333**	**447222**	**69946**	**377277**

1-38 各级各类教育机构一般公共预算

学校类别	总计	事业性经费支出	个人部分	工资福利支出	对个人和家庭的补助支出
总计	**33638**	**33218**	**18783**	**17959**	**824**
一、高等学校	**246**	**246**	**246**		**246**
1. 普通高等学校					
普通高等本科学校					
普通高职高专学校					
#高等职业学校					
2. 成人高等学校	246	246	246		246
二、中等职业学校	**14108**	**13687**	**5279**	**4940**	**339**
1. 中等专业学校	1917	1497	412	412	
2. 职业高中					
#农村					
3. 技工学校	12191	12191	4867	4528	339
4. 成人中等专业学校					
三、中学	**9462**	**9462**	**7529**	**7379**	**150**
1. 普通中学	9462	9462	7529	7379	150
普通高中	5567	5567	4436	4286	150
#农村	5567	5567	4436	4286	150
普通初中	3895	3895	3092	3092	
#农村	3301	3301	3092	3092	
2. 成人中学					
四、小学	**7740**	**7740**	**5642**	**5640**	**2**
1. 普通小学	7740	7740	5642	5640	2
#农村	6849	6849	5642	5640	2
2. 成人小学					
五、特殊教育					
1. 特殊教育学校					
2. 工读学校					
六、幼儿园	**2082**	**2082**	**86**		**86**
#农村	429	429	2		2
七、教育行政单位					
八、教育事业单位					
九、其他					

教育事业费支出明细（企业办）

单位：千元

#奖助学金	公用部分	商品和服务支出	其他资本性支出	专项公用支出	专项项目支出
824	**14435**	**12784**	**1651**	**1179**	**471**
246					
246					
339	**8408**	**8012**	**396**	**396**	
	1084	688	396	396	
339	7324	7324			
150	**1934**	**1637**	**297**	**130**	**167**
150	1934	1637	297	130	167
150	1132	835	297	130	167
150	1132	835	297	130	167
	802	802			
	208	208			
2	**2097**	**2079**	**18**	**18**	
2	2097	2079	18	18	
2	1206	1188	18	18	
86	**1995**	**1056**	**939**	**635**	**304**
2	427	192	235	75	160

1-39 各级各类教育机构一般公共预算

学校类别	总计	事业性经费支出	个人部分	工资福利支出	对个人和家庭的补助支出
总计	**3017**	**3017**	**2273**	**2086**	**187**
一、高等学校					
1.普通高等学校					
普通高等本科学校					
普通高职高专学校					
#高等职业学校					
2.成人高等学校					
二、中等职业学校	**3017**	**3017**	**2273**	**2086**	**187**
1.中等专业学校					
2.职业高中					
#农村					
3.技工学校	3017	3017	2273	2086	187
4.成人中等专业学校					
三、中学					
1.普通中学					
普通高中					
#农村					
普通初中					
#农村					
2.成人中学					
四、小学					
1.普通小学					
#农村					
2.成人小学					
五、特殊教育					
1.特殊教育学校					
2.工读学校					
六、幼儿园					
#农村					
七、教育行政单位					
八、教育事业单位					
九、其他					

教育事业费支出明细（中央企业办）

单位：千元

#奖助学金	公用部分	商品和服务支出	其他资本性支出	专项公用支出	专项项目支出
187	**743**	**743**			
187	**743**	**743**			
187	743	743			

1-40 各级各类教育机构一般公共预算

学校类别	总计	事业性经费支出			
			个人部分		
				工资福利支出	对个人和家庭的补助支出
总计	**30621**	**30201**	**16509**	**15872**	**637**
一、高等学校	**246**	**246**	**246**		**246**
1.普通高等学校					
普通高等本科学校					
普通高职高专学校					
#高等职业学校					
2.成人高等学校	246	246	246		246
二、中等职业学校	**11091**	**10671**	**3006**	**2854**	**152**
1.中等专业学校	1917	1497	412	412	
2.职业高中					
#农村					
3.技工学校	9174	9174	2593	2441	152
4.成人中等专业学校					
三、中学	**9462**	**9462**	**7529**	**7379**	**150**
1.普通中学	9462	9462	7529	7379	150
普通高中	5567	5567	4436	4286	150
#农村	5567	5567	4436	4286	150
普通初中	3895	3895	3092	3092	
#农村	3301	3301	3092	3092	
2.成人中学					
四、小学	**7740**	**7740**	**5642**	**5640**	**2**
1.普通小学	7740	7740	5642	5640	2
#农村	6849	6849	5642	5640	2
2.成人小学					
五、特殊教育					
1.特殊教育学校					
2.工读学校					
六、幼儿园	**2082**	**2082**	**86**		**86**
#农村	429	429	2		2
七、教育行政单位					
八、教育事业单位					
九、其他					

教育事业费支出明细（地方企业办）

单位：千元

#奖助学金	公用部分	商品和服务支出	其他资本性支出	专项公用支出	专项项目支出
637	**13692**	**12041**	**1651**	**1179**	**471**
246					
246					
152	**7664**	**7268**	**396**	**396**	
	1084	688	396	396	
152	6580	6580			
150	**1934**	**1637**	**297**	**130**	**167**
150	1934	1637	297	130	167
150	1132	835	297	130	167
150	1132	835	297	130	167
	802	802			
	208	208			
2	**2097**	**2079**	**18**	**18**	
2	2097	2079	18	18	
2	1206	1188	18	18	
86	**1995**	**1056**	**939**	**635**	**304**
2	427	192	235	75	160

1-41 各级各类教育机构一般公共预算

学校类别	总计	事业性经费支出	个人部分	工资福利支出	对个人和家庭的补助支出
总计	**6000846**	**5998840**	**3197861**	**745525**	**2452336**
一、高等学校	**1031472**	**1031472**	**971625**	**17289**	**954336**
1.普通高等学校	1031472	1031472	971625	17289	954336
普通高等本科学校	492843	492843	455424	17289	438135
普通高职高专学校	538630	538630	516201		516201
#高等职业学校	531596	531596	509167		509167
2.成人高等学校					
二、中等职业学校	**440123**	**440008**	**173238**	**27875**	**145363**
1.中等专业学校	315619	315504	87169	4212	82957
2.职业高中	107445	107445	75403	23663	51740
#农村	53966	53966	49445	20511	28934
3.技工学校	6870	6870	2581		2581
4.成人中等专业学校	10189	10189	8086		8086
三、中学	**2049096**	**2047879**	**1097354**	**469896**	**627458**
1.普通中学	2049096	2047879	1097354	469896	627458
普通高中	388150	388150	331073	199607	131466
#农村	284531	284531	232846	152653	80193
普通初中	1660946	1659730	766280	270289	495991
#农村	1193499	1192283	546068	224046	322022
2.成人中学					
四、小学	**2265534**	**2265225**	**865323**	**219309**	**646014**
1.普通小学	2265534	2265225	865323	219309	646014
#农村	1797983	1797674	675297	186655	488642
2.成人小学					
五、特殊教育	**1926**	**1926**	**235**		**235**
1.特殊教育学校	1926	1926	235		235
2.工读学校					
六、幼儿园	**212695**	**212330**	**90086**	**11156**	**78930**
#农村	152186	151931	70451	9758	60693
七、教育行政单位					
八、教育事业单位					
九、其他					

教育事业费支出明细（民办）

单位：千元

#奖助学金	公用部分	商品和服务支出	其他资本性支出	专项公用支出	专项项目支出
2037191	**2800980**	**2479170**	**321810**	**179045**	**142765**
576787	**59848**	**16197**	**43651**	**25003**	**18648**
576787	59848	16197	43651	25003	18648
279424	37419	14334	23085	23085	
297363	22429	1863	20566	1918	18648
290329	22429	1863	20566	1918	18648
137268	**266769**	**208925**	**57844**	**50038**	**7806**
82847	228335	200112	28223	25417	2806
43754	32041	5466	26575	21575	5000
21529	4520	2510	2010	2010	
2581	4289	3342	947	947	
8086	2103	5	2098	2098	
615192	**950526**	**843523**	**107003**	**50518**	**56484**
615192	950526	843523	107003	50518	56484
128160	57076	37109	19967	18905	1062
77376	51685	33435	18250	17188	1062
487032	893449	806414	87035	31613	55422
314047	646215	582228	63987	18330	45657
632501	**1399902**	**1311431**	**88471**	**38339**	**50132**
632501	1399902	1311431	88471	38339	50132
475976	1122377	1063274	59103	21746	37357
235	**1691**	**1480**	**211**	**50**	**161**
235	1691	1480	211	50	161
75209	**122243**	**97612**	**24631**	**15097**	**9533**
57095	81480	64408	17072	9019	8053

1-42 各级各类学校生均教育经费投入（全省教育和其他部门）

单位：元

学校类别	教育经费投入	国家财政性教育经费	财政补助收入	一般公共预算教育经费	教育事业费
总计	**12891.88**	**11880.81**	**11814.30**	**9948.46**	**9339.30**
一、高等学校	**23659.01**	**18949.34**	**18341.85**	**15066.52**	**14511.89**
1.普通高等学校	24467.90	18868.94	18268.86	15009.02	14455.88
普通高等本科学校	27539.86	21080.64	20066.77	16761.78	15978.53
普通高职高专学校	19648.53	15662.89	15662.62	12468.22	12248.65
#高等职业学校	18945.31	15127.37	15127.10	12489.64	12270.09
2.成人高等学校	3670.70				
二、中等职业学校	**12862.97**	**12090.78**	**12087.90**	**9937.74**	**9004.76**
1.中等专业学校	10959.15	9966.65	9966.65	8496.40	7724.56
2.职业高中	13758.12	13430.13	13421.80	11561.09	10343.84
#农村	12597.33	12307.78	12294.44	10773.44	9507.26
3.技工学校	12001.43	11059.72	11059.26	7632.26	7059.50
4.成人中等专业学校	57257.60	55484.82	55484.82	46310.34	42058.82
三、中学	**14559.82**	**13889.51**	**13889.51**	**11823.32**	**10943.69**
1.普通中学	14559.82	13889.51	13889.51	11823.32	10943.69
普通高中	16759.39	14673.18	14673.18	12359.99	11314.55
#农村	13810.53	11751.25	11751.25	10063.44	9514.48
普通初中	13544.25	13527.68	13527.68	11575.54	10772.45
#农村	12508.02	12503.56	12503.56	10734.77	10185.56
2.成人中学					
四、小学	**9006.44**	**8999.47**	**8999.47**	**7665.87**	**7286.88**
1.普通小学	9006.44	8999.47	8999.47	7665.87	7286.88
#农村	8779.25	8776.10	8776.10	7476.57	7248.78
2.成人小学					
五、特殊教育	**33131.93**	**33109.83**	**33109.83**	**27657.10**	**27252.78**
1.特殊教育学校	32525.01	32502.72	32502.72	27184.82	26783.90
2.工读学校	101922.49	101922.49	101922.49	81188.02	80397.42
六、幼儿园	**7456.20**	**5631.85**	**5631.85**	**4459.81**	**4058.92**
#农村	5503.91	3974.02	3974.02	3446.09	3075.34

1-43 各级各类学校生均教育经费投入（地方教育和其他部门）

单位：元

学校类别	教育经费投入	国家财政性教育经费	财政补助收入	一般公共预算教育经费	教育事业费
总计	**12877.97**	**11869.43**	**11803.00**	**9937.31**	**9333.33**
一、高等学校	**23551.01**	**18831.43**	**18223.51**	**14947.06**	**14444.46**
1. 普通高等学校	24357.49	18750.83	18150.33	14889.41	14388.30
普通高等本科学校	27371.05	20890.42	19874.02	16567.01	15870.83
普通高职高专学校	19648.53	15662.89	15662.62	12468.22	12248.65
#高等职业学校	18945.31	15127.37	15127.10	12489.64	12270.09
2. 成人高等学校	3670.70				
二、中等职业学校	**12862.97**	**12090.78**	**12087.90**	**9937.74**	**9004.76**
1. 中等专业学校	10959.15	9966.65	9966.65	8496.40	7724.56
2. 职业高中	13758.12	13430.13	13421.80	11561.09	10343.84
#农村	12597.33	12307.78	12294.44	10773.44	9507.26
3. 技工学校	12001.43	11059.72	11059.26	7632.26	7059.50
4. 成人中等专业学校	57257.60	55484.82	55484.82	46310.34	42058.82
三、中学	**14559.86**	**13889.55**	**13889.55**	**11823.47**	**10943.79**
1. 普通中学	14559.86	13889.55	13889.55	11823.47	10943.79
普通高中	16759.39	14673.18	14673.18	12359.99	11314.55
#农村	13810.53	11751.25	11751.25	10063.44	9514.48
普通初中	13544.24	13527.72	13527.72	11575.74	10772.60
#农村	12508.02	12503.56	12503.56	10734.77	10185.56
2. 成人中学					
四、小学	**9005.52**	**8998.84**	**8998.84**	**7665.53**	**7286.52**
1. 普通小学	9005.52	8998.84	8998.84	7665.53	7286.52
#农村	8779.25	8776.10	8776.10	7476.57	7248.78
2. 成人小学					
五、特殊教育	**33131.93**	**33109.83**	**33109.83**	**27657.10**	**27252.78**
1. 特殊教育学校	32525.01	32502.72	32502.72	27184.82	26783.90
2. 工读学校	101922.49	101922.49	101922.49	81188.02	80397.42
六、幼儿园	**7457.90**	**5649.11**	**5649.11**	**4472.83**	**4070.03**
#农村	5506.55	3977.98	3977.98	3449.52	3078.40

1-44 各级各类学校生均教育经费支出（全省教育和其他部门）

单位：元

学校类别	教育经费支出	事业性经费支出	#个人部分	#公用部分	其他教育经费支出
总计	**12742.23**	**12657.16**	**7930.38**	**4548.86**	**85.07**
一、高等学校	**23309.12**	**22862.11**	**12122.83**	**10417.91**	**447.01**
1. 普通高等学校	24109.82	23646.98	12524.19	10788.41	462.84
普通高等本科学校	27546.38	27048.72	14764.11	11793.02	497.67
普通高职高专学校	18718.44	18310.23	9010.15	9212.34	408.21
#高等职业学校	17891.75	17511.63	8808.57	8611.46	380.12
2. 成人高等学校	3523.08	3467.35	2204.70	1262.65	55.73
二、中等职业学校	**12522.10**	**12434.73**	**6806.88**	**5386.77**	**87.36**
1. 中等专业学校	10973.46	10859.57	5828.46	4932.31	113.89
2. 职业高中	13623.52	13567.56	8064.69	5420.00	55.96
#农村	12498.06	12410.09	7345.91	4957.19	87.98
3. 技工学校	10826.67	10739.70	4432.23	5523.45	86.97
4. 成人中等专业学校	54366.06	54335.08	39242.58	15092.50	30.99
三、中学	**14443.95**	**14409.25**	**9328.69**	**4819.39**	**34.70**
1. 普通中学	14443.95	14409.25	9328.69	4819.39	34.70
普通高中	16544.78	16437.45	9785.31	6258.37	107.34
#农村	13651.96	13562.83	8072.36	5365.15	89.13
普通初中	13473.98	13472.81	9117.86	4154.99	1.17
#农村	12478.24	12477.61	8571.63	3842.69	0.63
2. 成人中学					
四、小学	**8954.34**	**8953.13**	**6312.94**	**2567.57**	**1.21**
1. 普通小学	8954.34	8953.13	6312.94	2567.57	1.21
#农村	8760.75	8760.39	6307.62	2420.53	0.36
2. 成人小学					
五、特殊教育	**33192.86**	**33187.25**	**25078.74**	**8108.51**	**5.61**
1. 特殊教育学校	32580.05	32574.39	24706.79	7867.60	5.66
2. 工读学校	102651.32	102651.32	67236.96	35414.36	
六、幼儿园	**7289.39**	**7283.61**	**3706.28**	**3476.19**	**5.79**
#农村	5458.11	5456.05	2713.35	2634.86	2.07

1-45 各级各类学校生均教育经费支出（地方教育和其他部门）

单位：元

学校类别	教育经费支出	事业性经费支出	#个人部分	#公用部分	其他教育经费支出
总计	**12726.82**	**12641.81**	**7926.49**	**4545.56**	**85.01**
一、高等学校	**23188.37**	**22741.29**	**12097.25**	**10394.24**	**447.08**
1. 普通高等学校	23986.12	23523.16	12498.56	10764.67	462.95
普通高等本科学校	27357.23	26859.25	14731.01	11758.11	497.98
普通高职高专学校	18718.44	18310.23	9010.15	9212.34	408.21
#高等职业学校	17891.75	17511.63	8808.57	8611.46	380.12
2. 成人高等学校	3523.08	3467.35	2204.70	1262.65	55.73
二、中等职业学校	**12522.10**	**12434.73**	**6806.88**	**5386.77**	**87.36**
1. 中等专业学校	10973.46	10859.57	5828.46	4932.31	113.89
2. 职业高中	13623.52	13567.56	8064.69	5420.00	55.96
#农村	12498.06	12410.09	7345.91	4957.19	87.98
3. 技工学校	10826.67	10739.70	4432.23	5523.45	86.97
4. 成人中等专业学校	54366.06	54335.08	39242.58	15092.50	30.99
三、中学	**14443.96**	**14409.25**	**9328.58**	**4819.48**	**34.70**
1. 普通中学	14443.96	14409.25	9328.58	4819.48	34.70
普通高中	16544.78	16437.45	9785.31	6258.37	107.34
#农村	13651.96	13562.83	8072.36	5365.15	89.13
普通初中	13473.93	13472.76	9117.69	4155.09	1.17
#农村	12478.24	12477.61	8571.63	3842.69	0.63
2. 成人中学					
四、小学	**8953.44**	**8952.23**	**6312.01**	**2567.59**	**1.21**
1. 普通小学	8953.44	8952.23	6312.01	2567.59	1.21
#农村	8760.75	8760.39	6307.62	2420.53	0.36
2. 成人小学					
五、特殊教育	**33192.86**	**33187.25**	**25078.74**	**8108.51**	**5.61**
1. 特殊教育学校	32580.05	32574.39	24706.79	7867.60	5.66
2. 工读学校	102651.32	102651.32	67236.96	35414.36	
六、幼儿园	**7289.78**	**7283.96**	**3694.63**	**3487.71**	**5.81**
#农村	5460.73	5458.67	2713.95	2636.77	2.07

1-46 各级各类学校生均一般公共预算教育事业费和基本建设支出（全省教育和其他部门）

单位：元

学校类别	一般公共预算教育事业费和基本建设支出	事业费支出			资本性支出（基本建设）
			个人部分	公用部分	
总计	**9205.16**	**9013.40**	**5724.56**	**3288.84**	**172.84**
一、高等学校	**15529.90**	**15054.50**	**7495.95**	**7558.55**	**407.49**
1.普通高等学校	15475.61	15000.20	7452.62	7547.59	407.49
普通高等本科学校	17085.88	16503.61	8044.24	8459.37	555.06
普通高职高专学校	12808.86	12510.42	6472.83	6037.58	163.10
#高等职业学校	12999.72	12665.89	6423.34	6242.55	189.19
2.成人高等学校					
二、中等职业学校	**9369.26**	**9251.24**	**5488.65**	**3762.59**	**71.34**
1.中等专业学校	7726.55	7639.63	4712.61	2927.02	60.29
2.职业高中	10955.91	10846.13	6619.80	4226.33	106.84
#农村	9990.21	9828.98	5794.06	4034.92	159.66
3.技工学校	7871.91	7748.44	3546.43	4202.02	45.22
4.成人中等专业学校	43638.30	42529.56	30489.11	12040.45	
三、中学	**10632.77**	**10429.08**	**7066.18**	**3362.89**	**185.60**
1.普通中学	10632.77	10429.08	7066.18	3362.89	185.60
普通高中	10506.93	10309.09	7126.33	3182.76	144.48
#农村	8743.54	8651.31	5841.04	2810.27	33.63
普通初中	10691.14	10484.73	7038.28	3446.45	204.67
#农村	9767.76	9700.09	6543.42	3156.67	65.36
2.成人中学					
四、小学	**7070.36**	**6951.27**	**4751.47**	**2199.80**	**115.58**
1.普通小学	7070.36	6951.27	4751.47	2199.80	115.58
#农村	6858.82	6835.65	4727.68	2107.98	21.69
2.成人小学					
五、特殊教育	**30894.12**	**30894.12**	**21498.35**	**9395.77**	
1.特殊教育学校	30275.38	30275.38	21130.63	9144.75	
2.工读学校	98811.95	98811.95	61861.90	36950.05	
六、幼儿园	**3592.81**	**3528.28**	**2164.94**	**1363.34**	**58.56**
#农村	2598.99	2552.84	1553.72	999.12	44.47

1-47 各级各类学校生均一般公共预算教育事业费和基本建设支出（地方教育和其他部门）

单位：元

学校类别	一般公共预算教育事业费和基本建设支出	事业费支出	个人部分	公用部分	资本性支出（基本建设）
总计	**9360.36**	**9191.14**	**5934.34**	**3256.80**	**144.58**
一、高等学校	**14200.63**	**13897.96**	**7313.57**	**6584.39**	**271.39**
1.普通高等学校	14151.34	13848.67	7273.91	6574.75	271.39
普通高等本科学校	15952.55	15537.62	8001.70	7535.92	403.04
普通高职高专学校	11551.76	11411.10	6223.54	5187.56	81.40
#高等职业学校	11570.52	11427.10	6061.30	5365.80	84.34
2.成人高等学校					
二、中等职业学校	**9024.42**	**8827.44**	**5229.41**	**3598.03**	**154.51**
1.中等专业学校	7694.50	7565.03	4398.79	3166.24	96.53
2.职业高中	10262.95	10148.48	6312.07	3836.40	82.87
#农村	9368.78	9212.63	5793.05	3419.59	106.98
3.技工学校	7375.05	6903.05	3380.41	3522.64	390.92
4.成人中等专业学校	41495.25	41494.09	30190.72	11303.37	
三、中学	**11107.84**	**10879.23**	**7298.38**	**3580.86**	**214.31**
1.普通中学	11107.84	10879.23	7298.38	3580.86	214.31
普通高中	11635.34	11221.52	7431.45	3790.07	369.54
#农村	9624.42	9481.25	6189.66	3291.59	125.32
普通初中	10864.28	10721.18	7236.93	3484.25	142.63
#农村	10223.46	10161.17	6844.51	3316.66	61.92
2.成人中学					
四、小学	**7295.52**	**7236.81**	**5030.11**	**2206.70**	**58.31**
1.普通小学	7295.52	7236.81	5030.11	2206.70	58.31
#农村	7258.13	7226.44	5046.91	2179.53	31.49
2.成人小学					
五、特殊教育	**27255.71**	**27250.09**	**19646.17**	**7603.92**	
1.特殊教育学校	26784.19	26778.53	19411.10	7367.43	
2.工读学校	80699.93	80699.93	46290.95	34408.98	
六、幼儿园	**4159.80**	**4059.19**	**2430.09**	**1629.10**	**97.51**
#农村	3170.20	3067.36	1788.23	1279.13	102.81

第二部分

各地区按来源分类教育经费收入

2-1 教育经费总收入

单位：千元

地区	总计			教育部门和其他部门			企业办学			民办学校
	合计	中央	地方	合计	中央	地方	合计	中央	地方	地方
河南省	**281388428**	**1165676**	**280222752**	**234425617**	**1149916**	**233275701**	**509499**	**15761**	**493738**	**46453312**
河南省本级	48158024	1092950	47065074	39488911	1088479	38400432	133959	4471	129488	8535154
郑州市	34416194	20484	34395710	28038122	20484	28017638	88967		88967	6289104
开封市	10362801	2980	10359821	8231493	2980	8228512	13791		13791	2117517
洛阳市	16054244	9661	16044582	13697476	9661	13687815	103389		103389	2253378
平顶山市	11203136	1697	11201438	9422527	1697	9420830	48373		48373	1732235
安阳市	12286574		12286574	10329744		10329744	9945		9945	1946885
鹤壁市	3826751		3826751	3247538		3247538	9879		9879	569334
新乡市	13763186	4540	13758646	10929230	4540	10924690	21709		21709	2812247
焦作市	7303717	27	7303691	5773541	27	5773515	5990		5990	1524186
濮阳市	10143988		10143988	8750416		8750416	7334		7334	1386238
许昌市	9977969	853	9977116	8054169	853	8053316	7670		7670	1916129
漯河市	5765381		5765381	5062036		5062036				703345
三门峡市	5966423	15324	5951099	5412861	8764	5404098	17734	6561	11173	535829
南阳市	22887991	11148	22876843	20162147	6419	20155728	4729	4729		2721115
商丘市	15032228		15032228	12386937		12386937	4374		4374	2640918
信阳市	16770630	5438	16765192	14742258	5438	14736820				2028372
周口市	18777734		18777734	14365921		14365921	31296		31296	4380517
驻马店市	16554157	573	16553584	14342458	573	14341884	360		360	2211340
济源示范区	2137301		2137301	1987832		1987832				149468

2-2 国家财政性教育经费

单位：千元

地区	总计			教育部门和其他部门			企业办学			民办学校
	合计	中央	地方	合计	中央	地方	合计	中央	地方	地方
河南省	**220076316**	**1098266**	**218978050**	**213574987**	**1089897**	**212485090**	**137254**	**8369**	**128885**	**6364074**
河南省本级	28703673	1063260	27640413	27767875	1061689	26706186	34218	1571	32647	901580
郑州市	27854410	13126	27841285	27226709	13126	27213583	6227		6227	621474
开封市	8042162		8042162	7824778		7824778	640		640	216743
洛阳市	13636610	7950	13628659	13329716	7950	13321765	23779		23779	283115
平顶山市	9100380		9100380	8923851		8923851	19478		19478	157051
安阳市	10039528		10039528	9853809		9853809	373		373	185346
鹤壁市	3169938		3169938	3144340		3144340	3932		3932	21667
新乡市	10598577	2458	10596119	10392455	2458	10389998	1135		1135	204986
焦作市	5629558	27	5629532	5501547	27	5501521				128011
濮阳市	8688678		8688678	8417210		8417210	1277		1277	270190
许昌市	7968392		7968392	7756949		7756949	1485		1485	209958
漯河市	4729009		4729009	4610987		4610987				118022
三门峡市	5275873	6013	5269860	5201404	114	5201290	13162	5899	7263	61307
南阳市	19588800	899	19587901	19085674		19085674	899	899		502226
商丘市	11614791		11614791	11273759		11273759				341032
信阳市	14335291	3961	14331330	13975408	3961	13971447				359883
周口市	14983794		14983794	13790461		13790461	30308		30308	1163026
驻马店市	14286703	573	14286130	13677634	573	13677060	340		340	608730
济源示范区	1830150		1830150	1820422		1820422				9727

2-3　一般公共预算安排的教育经费

单位：千元

地区	总计			教育部门和其他部门			企业办学			民办学校
	合计	中央	地方	合计	中央	地方	合计	中央	地方	地方
河南省	**212706016**	**384998**	**212321018**	**206418567**	**382687**	**206035880**	**49039**	**2311**	**46727**	**6238410**
河南省本级	26430379	359107	26071272	25530969	357536	25173433	4012	1571	2441	895397
郑州市	27095338	13126	27082212	26579654	13126	26566528	1115		1115	514569
开封市	7790803		7790803	7574060		7574060				216743
洛阳市	13049322	7950	13041372	12758364	7950	12750414	7844		7844	283115
平顶山市	9013264		9013264	8855757		8855757	6822		6822	150685
安阳市	9790141		9790141	9604422		9604422	373		373	185346
鹤壁市	3154235		3154235	3132568		3132568				21667
新乡市	10087574		10087574	9882631		9882631	7		7	204936
焦作市	5515123		5515123	5387112		5387112				128011
濮阳市	8152457		8152457	7882267		7882267				270190
许昌市	7914546		7914546	7703103		7703103	1485		1485	209958
漯河市	4505816		4505816	4387793		4387793				118022
三门峡市	5089721	854	5088867	5027666	114	5027552	748	740	8	61307
南阳市	18623055		18623055	18120829		18120829				502226
商丘市	11584111		11584111	11243080		11243080				341032
信阳市	14165851	3961	14161890	13805968	3961	13802007				359883
周口市	14710809		14710809	13521490		13521490	26294		26294	1163026
驻马店市	14211112		14211112	13608203		13608203	340		340	602570
济源示范区	1822359		1822359	1812632		1812632				9727

2-4　一般公共预算教育经费

单位：千元

地区	总计			教育部门和其他部门			企业办学			民办学校
	合计	中央	地方	合计	中央	地方	合计	中央	地方	地方
河南省	**184872957**	**342221**	**184530735**	**178836087**	**339910**	**178496177**	**37749**	**2311**	**35438**	**5999120**
河南省本级	23713047	322182	23390865	22815154	320611	22494543	4012	1571	2441	893881
郑州市	22786429	8959	22777470	22289923	8959	22280964	1115		1115	495391
开封市	6656136		6656136	6442177		6442177				213959
洛阳市	11987286	7184	11980102	11700985	7184	11693801	7844		7844	278458
平顶山市	7952250		7952250	7795704		7795704	6822		6822	149724
安阳市	8127209		8127209	7944811		7944811				182398
鹤壁市	2551377		2551377	2529710		2529710				21667
新乡市	8818107		8818107	8614083		8614083	7		7	204018
焦作市	4845225		4845225	4717287		4717287				127938
濮阳市	7007258		7007258	6745596		6745596				261661
许昌市	7159315		7159315	6947872		6947872	1485		1485	209958
漯河市	3843155		3843155	3727167		3727167				115988
三门峡市	4406383	854	4405529	4349021	114	4348907	748	740	8	56614
南阳市	16463576		16463576	15979119		15979119				484456
商丘市	9866189		9866189	9527283		9527283				338907
信阳市	12215550	3042	12212508	11877594	3042	11874551				337956
周口市	13009930		13009930	11881886		11881886	15456		15456	1112588
驻马店市	11886939		11886939	11382846		11382846	261		261	503832
济源示范区	1577598		1577598	1567870		1567870				9727

2-5 教育事业费

单位：千元

地区	总计			教育部门和其他部门			企业办学			民办学校
	合计	中央	地方	合计	中央	地方	合计	中央	地方	地方
河南省	**173890172**	**242221**	**173647951**	**167886180**	**239910**	**167646270**	**37749**	**2311**	**35438**	**5966243**
河南省本级	22986915	222182	22764733	22089022	220611	21868412	4012	1571	2441	893881
郑州市	19459722	8959	19450763	18963829	8959	18954870	1115		1115	494778
开封市	6383537		6383537	6169578		6169578				213959
洛阳市	11110167	7184	11102983	10826297	7184	10819113	7844		7844	276026
平顶山市	7195147		7195147	7038601		7038601	6822		6822	149724
安阳市	7546018		7546018	7365314		7365314				180704
鹤壁市	2470400		2470400	2448778		2448778				21622
新乡市	8337282		8337282	8133558		8133558	7		7	203717
焦作市	4610549		4610549	4482623		4482623				127926
濮阳市	6670790		6670790	6409129		6409129				261661
许昌市	6668834		6668834	6457391		6457391	1485		1485	209958
漯河市	3647300		3647300	3546506		3546506				100794
三门峡市	4167420	854	4166566	4110058	114	4109944	748	740	8	56614
南阳市	15876992		15876992	15393336		15393336				483656
商丘市	9452531		9452531	9113624		9113624				338907
信阳市	11785412	3042	11782369	11453499	3042	11450457				331912
周口市	12676914		12676914	11548870		11548870	15456		15456	1112588
驻马店市	11405440		11405440	10905347		10905347	261		261	499832
济源示范区	1438803		1438803	1430820		1430820				7983

2-6 基本建设经费

单位：千元

地区	总计			教育部门和其他部门			企业办学			民办学校
	合计	中央	地方	合计	中央	地方	合计	中央	地方	地方
河南省	**2996210**	**100000**	**2896210**	**2996210**	**100000**	**2896210**				
河南省本级	726132	100000	626132	726132	100000	626132				
郑州市	974112		974112	974112		974112				
开封市	21634		21634	21634		21634				
洛阳市	94871		94871	94871		94871				
平顶山市	440779		440779	440779		440779				
安阳市	99906		99906	99906		99906				
鹤壁市										
新乡市	82695		82695	82695		82695				
焦作市	35816		35816	35816		35816				
濮阳市	133720		133720	133720		133720				
许昌市	53535		53535	53535		53535				
漯河市										
三门峡市										
南阳市	56335		56335	56335		56335				
商丘市	53777		53777	53777		53777				
信阳市	138151		138151	138151		138151				
周口市	9942		9942	9942		9942				
驻马店市	74805		74805	74805		74805				
济源示范区										

2-7 教育费附加

单位：千元

地区	总计			教育部门和其他部门			企业办学			民办学校
	合计	中央	地方	合计	中央	地方	合计	中央	地方	地方
河南省	**7986574**		**7986574**	**7953696**		**7953696**				**32877**
河南省本级										
郑州市	2352596		2352596	2351982		2351982				613
开封市	250965		250965	250965		250965				
洛阳市	782248		782248	779816		779816				2432
平顶山市	316325		316325	316325		316325				
安阳市	481284		481284	479591		479591				1693
鹤壁市	80976		80976	80932		80932				45
新乡市	398130		398130	397829		397829				301
焦作市	198860		198860	198848		198848				12
濮阳市	202747		202747	202747		202747				
许昌市	436946		436946	436946		436946				
漯河市	195855		195855	180662		180662				15193
三门峡市	238963		238963	238963		238963				
南阳市	530249		530249	529449		529449				800
商丘市	359881		359881	359881		359881				
信阳市	291988		291988	285944		285944				6044
周口市	323074		323074	323074		323074				
驻马店市	406694		406694	402694		402694				4000
济源示范区	138795		138795	137050		137050				1744

2-8 其他一般公共预算安排的教育经费

单位：千元

地区	总计			教育部门和其他部门			企业办学			民办学校
	合计	中央	地方	合计	中央	地方	合计	中央	地方	地方
河南省	**27833060**	**42777**	**27790282**	**27582480**	**42777**	**27539702**	**11289**		**11289**	**239291**
河南省本级	2717332	36926	2680407	2715815	36926	2678890				1517
郑州市	4308909	4167	4304742	4289731	4167	4285564				19178
开封市	1134667		1134667	1131883		1131883				2784
洛阳市	1062036	766	1061270	1057379	766	1056613				4657
平顶山市	1061014		1061014	1060053		1060053				961
安阳市	1662932		1662932	1659611		1659611	373		373	2949
鹤壁市	602858		602858	602858		602858				
新乡市	1269467		1269467	1268549		1268549				918
焦作市	669898		669898	669826		669826				73
濮阳市	1145200		1145200	1136671		1136671				8529
许昌市	755231		755231	755231		755231				
漯河市	662661		662661	660626		660626				2035
三门峡市	683338		683338	678645		678645				4693
南阳市	2159479		2159479	2141709		2141709				17770
商丘市	1717922		1717922	1715797		1715797				2125
信阳市	1950301	919	1949382	1928374	919	1927456				21927
周口市	1700880		1700880	1639604		1639604	10838		10838	50438
驻马店市	2324173		2324173	2225357		2225357	78		78	98738
济源示范区	244761		244761	244761		244761				

2-9 科研经费

单位：千元

地区	总计			教育部门和其他部门			企业办学			民办学校
	合计	中央	地方	合计	中央	地方	合计	中央	地方	地方
河南省	**450512**	**18093**	**432419**	**449453**	**18093**	**431360**				**1059**
河南省本级	421709	18093	403616	420650	18093	402557				1059
郑州市	4454		4454	4454		4454				
开封市	490		490	490		490				
洛阳市	1521		1521	1521		1521				
平顶山市	1044		1044	1044		1044				
安阳市	4170		4170	4170		4170				
鹤壁市	483		483	483		483				
新乡市	3823		3823	3823		3823				
焦作市	164		164	164		164				
濮阳市										
许昌市	60		60	60		60				
漯河市	3090		3090	3090		3090				
三门峡市	130		130	130		130				
南阳市	3877		3877	3877		3877				
商丘市	40		40	40		40				
信阳市	538		538	538		538				
周口市	50		50	50		50				
驻马店市	4346		4346	4346		4346				
济源示范区	524		524	524		524				

2-10 其他经费

单位：千元

地区	总计			教育部门和其他部门			企业办学			民办学校
	合计	中央	地方	合计	中央	地方	合计	中央	地方	地方
河南省	**27382547**	**24684**	**27357863**	**27133026**	**24684**	**27108342**	**11289**		**11289**	**238232**
河南省本级	2295623	18832	2276791	2295165	18832	2276333				458
郑州市	4304455	4167	4300288	4285277	4167	4281111				19178
开封市	1134177		1134177	1131393		1131393				2784
洛阳市	1060515	766	1059748	1055858	766	1055091				4657
平顶山市	1059970		1059970	1059009		1059009				961
安阳市	1658762		1658762	1655441		1655441	373		373	2949
鹤壁市	602375		602375	602375		602375				
新乡市	1265644		1265644	1264726		1264726				918
焦作市	669734		669734	669662		669662				73
濮阳市	1145200		1145200	1136671		1136671				8529
许昌市	755171		755171	755171		755171				
漯河市	659571		659571	657536		657536				2035
三门峡市	683208		683208	678515		678515				4693
南阳市	2155603		2155603	2137833		2137833				17770
商丘市	1717882		1717882	1715757		1715757				2125
信阳市	1949763	919	1948844	1927836	919	1926918				21927
周口市	1700830		1700830	1639554		1639554	10838		10838	50438
驻马店市	2319827		2319827	2221011		2221011	78		78	98738
济源示范区	244237		244237	244237		244237				

2-11　政府性基金预算安排的教育经费

单位：千元

地区	总计			教育部门和其他部门			企业办学			民办学校
	合计	中央	地方	合计	中央	地方	合计	中央	地方	地方
河南省	**6080380**		**6080380**	**5960899**		**5960899**				**119481**
河南省本级	1049900		1049900	1049900		1049900				
郑州市	753961		753961	647055		647055				106905
开封市	250719		250719	250719		250719				
洛阳市	571352		571352	571352		571352				
平顶山市	73086		73086	66720		66720				6366
安阳市	249387		249387	249387		249387				
鹤壁市	11765		11765	11765		11765				
新乡市	507028		507028	506978		506978				50
焦作市	114408		114408	114408		114408				
濮阳市	534773		534773	534773		534773				
许昌市	53846		53846	53846		53846				
漯河市	222796		222796	222796		222796				
三门峡市	173737		173737	173737		173737				
南阳市	962421		962421	962421		962421				
商丘市	30679		30679	30679		30679				
信阳市	169440		169440	169440		169440				
周口市	268971		268971	268971		268971				
驻马店市	74320		74320	68160		68160				6160
济源示范区	7791		7791	7791		7791				

2-12 彩票公益金

单位：千元

地区	总计			教育部门和其他部门			企业办学			民办学校
	合计	中央	地方	合计	中央	地方	合计	中央	地方	地方
河南省	**560611**		**560611**	**453496**		**453496**				**107115**
河南省本级	49900		49900	49900		49900				
郑州市	329890		329890	222985		222985				106905
开封市	3337		3337	3337		3337				
洛阳市	22868		22868	22868		22868				
平顶山市	22120		22120	22120		22120				
安阳市	10075		10075	10075		10075				
鹤壁市	2860		2860	2860		2860				
新乡市	16741		16741	16691		16691				50
焦作市	4378		4378	4378		4378				
濮阳市	4356		4356	4356		4356				
许昌市	310		310	310		310				
漯河市	5135		5135	5135		5135				
三门峡市	10477		10477	10477		10477				
南阳市	16275		16275	16275		16275				
商丘市	10679		10679	10679		10679				
信阳市	1810		1810	1810		1810				
周口市	6541		6541	6541		6541				
驻马店市	36996		36996	36836		36836				160
济源示范区	5861		5861	5861		5861				

2-13 企业办学中的企业拨款

单位：千元

地区	总计			教育部门和其他部门			企业办学			民办学校
	合计	中央	地方	合计	中央	地方	合计	中央	地方	地方
河南省	**82158**		**82158**				**82158**		**82158**	
河南省本级	30206		30206				30206		30206	
郑州市	5112		5112				5112		5112	
开封市	640		640				640		640	
洛阳市	15936		15936				15936		15936	
平顶山市	12656		12656				12656		12656	
安阳市										
鹤壁市	3932		3932				3932		3932	
新乡市	1129		1129				1129		1129	
焦作市										
濮阳市	1277		1277				1277		1277	
许昌市										
漯河市										
三门峡市	7256		7256				7256		7256	
南阳市										
商丘市										
信阳市										
周口市	4014		4014				4014		4014	
驻马店市										
济源示范区										

2-14 校办产业和社会服务收入用于教育的经费

单位：千元

地区	总计			教育部门和其他部门			企业办学			民办学校
	合计	中央	地方	合计	中央	地方	合计	中央	地方	地方
河南省	**123750**	**6058**	**117693**	**117693**		**117693**	**6058**	**6058**		
河南省本级	114870		114870	114870		114870				
郑州市										
开封市										
洛阳市										
平顶山市										
安阳市										
鹤壁市										
新乡市										
焦作市										
濮阳市										
许昌市										
漯河市	398		398	398		398				
三门峡市	5159	5159					5159	5159		
南阳市	3323	899	2424	2424		2424	899	899		
商丘市										
信阳市										
周口市										
驻马店市										
济源示范区										

2-15　其他属于国家财政性教育经费

单位：千元

地区	总　计			教育部门和其他部门			企业办学			民办学校
	合计	中央	地方	合计	中央	地方	合计	中央	地方	地方
河南省	**1084012**	**707210**	**376802**	**1077829**	**707210**	**370619**				**6183**
河南省本级	1078318	704153	374165	1072135	704153	367982				6183
郑州市										
开封市										
洛阳市										
平顶山市	1374		1374	1374		1374				
安阳市										
鹤壁市	7		7	7		7				
新乡市	2846	2458	389	2846	2458	389				
焦作市	27	27		27	27					
濮阳市	170		170	170		170				
许昌市										
漯河市										
三门峡市										
南阳市										
商丘市										
信阳市										
周口市										
驻马店市	1271	573	698	1271	573	698				
济源示范区										

2-16 民办学校中举办者投入

单位：千元

地区	总计			教育部门和其他部门			企业办学			民办学校
	合计	中央	地方	合计	中央	地方	合计	中央	地方	地方
河南省	**2710952**		**2710952**							**2710952**
河南省本级	366705		366705							366705
郑州市	330177		330177							330177
开封市	42903		42903							42903
洛阳市	76618		76618							76618
平顶山市	336271		336271							336271
安阳市	97811		97811							97811
鹤壁市	18211		18211							18211
新乡市	350711		350711							350711
焦作市	50501		50501							50501
濮阳市	77387		77387							77387
许昌市	42189		42189							42189
漯河市	28652		28652							28652
三门峡市	100711		100711							100711
南阳市	206569		206569							206569
商丘市	46730		46730							46730
信阳市	213549		213549							213549
周口市	123302		123302							123302
驻马店市	192425		192425							192425
济源示范区	9532		9532							9532

2-17 捐赠收入

单位：千元

地区	总计			教育部门和其他部门			企业办学			民办学校
	合计	中央	地方	合计	中央	地方	合计	中央	地方	地方
河南省	**112194**		**112194**	**103654**		**103654**				**8540**
河南省本级	83527		83527	81691		81691				1837
郑州市	2823		2823	152		152				2671
开封市	622		622	622		622				
洛阳市	582		582	246		246				336
平顶山市	1764		1764	63		63				1701
安阳市	903		903	624		624				278
鹤壁市	1544		1544	544		544				1000
新乡市	790		790	605		605				186
焦作市	582		582	582		582				
濮阳市	6861		6861	6690		6690				171
许昌市	113		113	112		112				1
漯河市	371		371	371		371				
三门峡市	312		312	103		103				209
南阳市	4522		4522	4522		4522				
商丘市	1028		1028	878		878				150
信阳市	1494		1494	1494		1494				
周口市	2310		2310	2310		2310				
驻马店市	2046		2046	2046		2046				
济源示范区										

2-18 港澳台及海外捐赠

单位：千元

地区	总计			教育部门和其他部门			企业办学			民办学校
	合计	中央	地方	合计	中央	地方	合计	中央	地方	地方
河南省	**119**		**119**	**119**		**119**				
河南省本级	119		119	119		119				
郑州市										
开封市										
洛阳市										
平顶山市										
安阳市										
鹤壁市										
新乡市										
焦作市										
濮阳市										
许昌市										
漯河市										
三门峡市										
南阳市										
商丘市										
信阳市										
周口市										
驻马店市										
济源示范区										

2-19 事业收入

单位：千元

地区	总计			教育部门和其他部门			企业办学			民办学校
	合计	中央	地方	合计	中央	地方	合计	中央	地方	地方
河南省	**55554570**	**58881**	**55495689**	**18105032**	**51489**	**18053543**	**362561**	**7392**	**355169**	**37086977**
河南省本级	16561062	26148	16534914	9344646	23248	9321398	94363	2900	91463	7122053
郑州市	6132679	4700	6127979	768358	4700	763658	82005		82005	5282316
开封市	2259577	2980	2256597	393499	2980	390519	13151		13151	1852927
洛阳市	2308878	1711	2307167	354149	1711	352438	76088		76088	1878641
平顶山市	1727346	697	1726649	469998	697	469301	28848		28848	1228500
安阳市	2128245		2128245	466995		466995	9572		9572	1651677
鹤壁市	628991		628991	94587		94587	5947		5947	528457
新乡市	2779221	780	2778441	519838	780	519058	20571		20571	2238812
焦作市	1600075		1600075	254606		254606	5990		5990	1339478
濮阳市	1296382		1296382	255310		255310	6057		6057	1035015
许昌市	1962825	853	1961972	292666	853	291813	6185		6185	1663974
漯河市	983336		983336	427130		427130				556206
三门峡市	570182	9312	560870	193834	8650	185185	4572	662	3910	371776
南阳市	3078793	10223	3068570	1064044	6393	1057651	3830	3830		2010919
商丘市	3353764		3353764	1096398		1096398	4374		4374	2252993
信阳市	2194319	1477	2192843	742309	1477	740832				1452011
周口市	3652317		3652317	567295		567295	988		988	3084034
驻马店市	2040466		2040466	632590		632590	20		20	1407857
济源示范区	296112		296112	166781		166781				129331

2-20 学费

单位：千元

地区	总计			教育部门和其他部门			企业办学			民办学校
	合计	中央	地方	合计	中央	地方	合计	中央	地方	地方
河南省	**47559444**	**46885**	**47512559**	**13604597**	**42923**	**13561674**	**327807**	**3963**	**323845**	**33627040**
河南省本级	13711392	22153	13689238	6986554	19688	6966866	76459	2465	73994	6648378
郑州市	5537516	2103	5535413	568474	2103	566371	79821		79821	4889221
开封市	1947954	1052	1946902	235474	1052	234422	12826		12826	1699653
洛阳市	1997778	1711	1996067	232357	1711	230646	73068		73068	1692352
平顶山市	1548407	697	1547710	388925	697	388228	28848		28848	1130634
安阳市	1965614		1965614	392139		392139	2993		2993	1570481
鹤壁市	545307		545307	65590		65590	4554		4554	475164
新乡市	2522644	780	2521864	436328	780	435548	20571		20571	2065745
焦作市	1459210		1459210	204832		204832	5990		5990	1248388
濮阳市	1182193		1182193	225802		225802	6057		6057	950334
许昌市	1745575	373	1745202	226595	373	226222	5875		5875	1513105
漯河市	836327		836327	331964		331964				504362
三门峡市	498261	9203	489059	139144	8650	130494	4443	553	3890	354675
南阳市	2676440	7337	2669103	855130	6393	848737	944	944		1820366
商丘市	2637279		2637279	759296		759296	4374		4374	1873609
信阳市	1805175	1477	1803698	512384	1477	510907				1292790
周口市	3161957		3161957	438736		438736	964		964	2722258
驻马店市	1566557		1566557	517069		517069	20		20	1049468
济源示范区	213860		213860	87804		87804				126055

2-21 其他教育经费

单位：千元

地区	总计			教育部门和其他部门			企业办学			民办学校
	合计	中央	地方	合计	中央	地方	合计	中央	地方	地方
河南省	**2934397**	**8529**	**2925868**	**2641944**	**8529**	**2633415**	**9684**		**9684**	**282769**
河南省本级	2443058	3543	2439515	2294700	3543	2291158	5378		5378	142980
郑州市	96104	2658	93446	42903	2658	40245	735		735	52466
开封市	17538		17538	12594		12594				4944
洛阳市	31556		31556	13366		13366	3522		3522	14669
平顶山市	37375	1000	36375	28616	1000	27616	47		47	8712
安阳市	20087		20087	8315		8315				11772
鹤壁市	8067		8067	8067		8067				
新乡市	33887	1303	32585	16332	1303	15030	3		3	17552
焦作市	23002		23002	16806		16806				6196
濮阳市	74681		74681	71206		71206				3475
许昌市	4450		4450	4442		4442				8
漯河市	24013		24013	23548		23548				465
三门峡市	19345		19345	17520		17520				1825
南阳市	9308	26	9281	7907	26	7881				1400
商丘市	15915		15915	15902		15902				13
信阳市	25976		25976	23047		23047				2929
周口市	16010		16010	5855		5855				10155
驻马店市	32518		32518	30189		30189				2329
济源示范区	1507		1507	629		629				878

第三部分

各地区各级各类教育机构教育经费收入

3-1 教育经费收入情况

地区	总计	国家财政性教育经费	一般公共预算安排的教育经费	一般公共预算教育经费	教育事业费	基本建设经费	教育费附加
河南省	**281388428**	**220076316**	**212706016**	**184872957**	**173890172**	**2996210**	**7986574**
河南省本级	48158024	28703673	26430379	23713047	22986915	726132	
郑州市	34416194	27854410	27095338	22786429	19459722	974112	2352596
开封市	10362801	8042162	7790803	6656136	6383537	21634	250965
洛阳市	16054244	13636610	13049322	11987286	11110167	94871	782248
平顶山市	11203136	9100380	9013264	7952250	7195147	440779	316325
安阳市	12286574	10039528	9790141	8127209	7546018	99906	481284
鹤壁市	3826751	3169938	3154235	2551377	2470400		80976
新乡市	13763186	10598577	10087574	8818107	8337282	82695	398130
焦作市	7303717	5629558	5515123	4845225	4610549	35816	198860
濮阳市	10143988	8688678	8152457	7007258	6670790	133720	202747
许昌市	9977969	7968392	7914546	7159315	6668834	53535	436946
漯河市	5765381	4729009	4505816	3843155	3647300		195855
三门峡市	5966423	5275873	5089721	4406383	4167420		238963
南阳市	22887991	19588800	18623055	16463576	15876992	56335	530249
商丘市	15032228	11614791	11584111	9866189	9452531	53777	359881
信阳市	16770630	14335291	14165851	12215550	11785412	138151	291988
周口市	18777734	14983794	14710809	13009930	12676914	9942	323074
驻马店市	16554157	14286703	14211112	11886939	11405440	74805	406694
济源示范区	2137301	1830150	1822359	1577598	1438803		138795

（各级各类教育机构）

单位：千元

科研经费	其他	政府性基金预算安排的教育经费	#彩票公益金	企业办学中的企业拨款	校办产业和社会服务收入中用于教育的经费	其他属于国家财政性教育经费	民办学校中举办者投入	捐赠收入	事业收入	#学费	其他教育经费
450512	**27382547**	**6080380**	**560611**	**82158**	**123750**	**1084012**	**2710952**	**112194**	**55554570**	**47559444**	**2934397**
421709	2295623	1049900	49900	30206	114870	1078318	366705	83527	16561062	13711392	2443058
4454	4304455	753961	329890	5112			330177	2823	6132679	5537516	96104
490	1134177	250719	3337	640			42903	622	2259577	1947954	17538
1521	1060515	571352	22868	15936			76618	582	2308878	1997778	31556
1044	1059970	73086	22120	12656		1374	336271	1764	1727346	1548407	37375
4170	1658762	249387	10075				97811	903	2128245	1965614	20087
483	602375	11765	2860	3932		7	18211	1544	628991	545307	8067
3823	1265644	507028	16741	1129		2846	350711	790	2779221	2522644	33887
164	669734	114408	4378			27	50501	582	1600075	1459210	23002
	1145200	534773	4356	1277		170	77387	6861	1296382	1182193	74681
60	755171	53846	310				42189	113	1962825	1745575	4450
3090	659571	222796	5135		398		28652	371	983336	836327	24013
130	683208	173737	10477	7256	5159		100711	312	570182	498261	19345
3877	2155603	962421	16275		3323		206569	4522	3078793	2676440	9308
40	1717882	30679	10679				46730	1028	3353764	2637279	15915
538	1949763	169440	1810				213549	1494	2194319	1805175	25976
50	1700830	268971	6541	4014			123302	2310	3652317	3161957	16010
4346	2319827	74320	36996			1271	192425	2046	2040466	1566557	32518
524	244237	7791	5861				9532		296112	213860	1507

3-2 教育经费收入情况

地区	总计	国家财政性教育经费	一般公共预算安排的教育经费	一般公共预算教育经费	教育事业费	基本建设经费	教育费附加
河南省	**280969884**	**219725183**	**212363078**	**184554703**	**173671919**	**2896210**	**7986574**
河南省本级	47809149	28384489	26113332	23414832	22788701	626132	
郑州市	34395710	27841285	27082212	22777470	19450763	974112	2352596
开封市	10359821	8042162	7790803	6656136	6383537	21634	250965
洛阳市	16044582	13628659	13041372	11980102	11102983	94871	782248
平顶山市	11201438	9100380	9013264	7952250	7195147	440779	316325
安阳市	12286574	10039528	9790141	8127209	7546018	99906	481284
鹤壁市	3826751	3169938	3154235	2551377	2470400		80976
新乡市	13761103	10598577	10087574	8818107	8337282	82695	398130
焦作市	7303717	5629558	5515123	4845225	4610549	35816	198860
濮阳市	10143988	8688678	8152457	7007258	6670790	133720	202747
许昌市	9977116	7968392	7914546	7159315	6668834	53535	436946
漯河市	5765381	4729009	4505816	3843155	3647300		195855
三门峡市	5951099	5269860	5088867	4405529	4166566		238963
南阳市	22876843	19587901	18623055	16463576	15876992	56335	530249
商丘市	15032228	11614791	11584111	9866189	9452531	53777	359881
信阳市	16765192	14331330	14161890	12212508	11782369	138151	291988
周口市	18777734	14983794	14710809	13009930	12676914	9942	323074
驻马店市	16554157	14286703	14211112	11886939	11405440	74805	406694
济源示范区	2137301	1830150	1822359	1577598	1438803		138795

（地方各级各类教育机构）

单位：千元

科研经费	其他	政府性基金预算安排的教育经费	#彩票公益金	企业办学中的企业拨款	校办产业和社会服务收入中用于教育的经费	其他属于国家财政性教育经费	民办学校中举办者投入	捐赠收入	事业收入	#学费	其他教育经费
450512	**27357863**	**6080380**	**560611**	**82158**	**117693**	**1081874**	**2710952**	**112194**	**55495689**	**47512559**	**2925868**
421709	2276791	1049900	49900	30206	114870	1076181	366705	83527	16534914	13689238	2439515
4454	4300288	753961	329890	5112			330177	2823	6127979	5535413	93446
490	1134177	250719	3337	640			42903	622	2256597	1946902	17538
1521	1059748	571352	22868	15936			76618	582	2307167	1996067	31556
1044	1059970	73086	22120	12656		1374	336271	1764	1726649	1547710	36375
4170	1658762	249387	10075				97811	903	2128245	1965614	20087
483	602375	11765	2860	3932		7	18211	1544	628991	545307	8067
3823	1265644	507028	16741	1129		2846	350711	790	2778441	2521864	32585
164	669734	114408	4378			27	50501	582	1600075	1459210	23002
	1145200	534773	4356	1277		170	77387	6861	1296382	1182193	74681
60	755171	53846	310				42189	113	1961972	1745202	4450
3090	659571	222796	5135		398		28652	371	983336	836327	24013
130	683208	173737	10477	7256			100711	312	560870	489059	19345
3877	2155603	962421	16275		2424		206569	4522	3068570	2669103	9281
40	1717882	30679	10679				46730	1028	3353764	2637279	15915
538	1948844	169440	1810				213549	1494	2192843	1803698	25976
50	1700830	268971	6541	4014			123302	2310	3652317	3161957	16010
4346	2319827	74320	36996			1271	192425	2046	2040466	1566557	32518
524	244237	7791	5861				9532		296112	213860	1507

3-3 教育经费收入情况

地区	总计	国家财政性教育经费	一般公共预算安排的教育经费	一般公共预算教育经费	教育事业费	基本建设经费	教育费附加
河南省	**58856380**	**36528395**	**32418644**	**29217608**	**28175103**	**784122**	**258384**
河南省本级	43764702	25271040	23079197	20822459	20120074	702384	
郑州市	2193552	1682799	1590203	1249347	1207610	41737	
开封市	484595	446393	396393	360348	360348		
洛阳市	843379	613173	396923	352228	248299		103928
平顶山市	793979	606069	604696	542102	498282	40000	3820
安阳市	874565	668274	634274	549518	441176		108341
鹤壁市	303064	253796	253589	252471	251353		1118
新乡市	1354816	1128855	716609	697439	681569		15870
焦作市	891187	436400	386374	377150	377150		
濮阳市	816426	754659	325489	298670	298670		
许昌市	522166	411260	411260	393425	393425		
漯河市	600987	280429	244429	236400	226310		10090
三门峡市	334707	329886	329786	291522	291522		
南阳市	1584775	1127597	682929	658465	651665		6800
商丘市	786437	599570	579570	528388	526925		1463
信阳市	1101956	809175	704175	604493	604493		
周口市	417935	209905	209905	196671	196671		
驻马店市	896390	673759	647488	581536	575536		6000
济源示范区	290760	225355	225355	224978	224024		954

（高等学校）

单位：千元

科研经费	其他	政府性基金预算安排的教育经费	#彩票公益金	企业办学中的企业拨款	校办产业和社会服务收入中用于教育的经费	其他属于国家财政性教育经费	民办学校中举办者投入	捐赠收入	事业收入	#学费	其他教育经费
439273	**2761763**	**2949105**	**40086**	**15390**	**61245**	**1084012**	**347260**	**57553**	**19651188**	**16490238**	**2271983**
417675	1839063	1036890	36890	15390	61245	1078318	307760	56456	15955001	13355358	2174445
3705	337151	92596	2596						510372	438828	381
350	35695	50000							33816	25391	4386
1000	43696	216250							230206	203565	
674	61920					1374	2600	58	169688	146643	15564
4120	80636	34000					3000		202271	176590	1020
383	735	200	200			7	3900	204	44820	34995	344
2373	16798	409400	400			2846		199	214070	185961	11693
114	9110	50000				27			443455	413379	11332
	26819	429000				170		340	52215	42490	9212
10	17825								107750	84598	3155
2090	5939	36000							312822	267967	7736
80	38185	100									4821
1626	22838	444669					30000		421606	345642	5572
40	51142	20000							186867	155843	
460	99222	105000						50	282441	197752	10291
50	13184								196266	171160	11764
4226	61726	25000				1271		246	222118	194112	267
297	81								65404	49966	

3-4 教育经费收入情况

地区	总计	国家财政性教育经费	一般公共预算安排的教育经费	一般公共预算教育经费	教育事业费	基本建设经费	教育费附加
河南省	**58516980**	**36215786**	**32108172**	**28920965**	**27978459**	**684122**	**258384**
河南省本级	43425302	24958430	22768725	20525815	19923431	602384	
郑州市	2193552	1682799	1590203	1249347	1207610	41737	
开封市	484595	446393	396393	360348	360348		
洛阳市	843379	613173	396923	352228	248299		103928
平顶山市	793979	606069	604696	542102	498282	40000	3820
安阳市	874565	668274	634274	549518	441176		108341
鹤壁市	303064	253796	253589	252471	251353		1118
新乡市	1354816	1128855	716609	697439	681569		15870
焦作市	891187	436400	386374	377150	377150		
濮阳市	816426	754659	325489	298670	298670		
许昌市	522166	411260	411260	393425	393425		
漯河市	600987	280429	244429	236400	226310		10090
三门峡市	334707	329886	329786	291522	291522		
南阳市	1584775	1127597	682929	658465	651665		6800
商丘市	786437	599570	579570	528388	526925		1463
信阳市	1101956	809175	704175	604493	604493		
周口市	417935	209905	209905	196671	196671		
驻马店市	896390	673759	647488	581536	575536		6000
济源示范区	290760	225355	225355	224978	224024		954

（地方高等学校）

单位：千元

科研经费	其他	政府性基金预算安排的教育经费	#彩票公益金	企业办学中的企业拨款	校办产业和社会服务收入中用于教育的经费	其他属于国家财政性教育经费	民办学校中举办者投入	捐赠收入	事业收入	#学费	其他教育经费
439273	**2747935**	**2949105**	**40086**	**15390**	**61245**	**1081874**	**347260**	**57553**	**19627940**	**16470550**	**2268441**
417675	1825235	1036890	36890	15390	61245	1076181	307760	56456	15931753	13335670	2170902
3705	337151	92596	2596						510372	438828	381
350	35695	50000							33816	25391	4386
1000	43696	216250							230206	203565	
674	61920					1374	2600	58	169688	146643	15564
4120	80636	34000					3000		202271	176590	1020
383	735	200	200			7	3900	204	44820	34995	344
2373	16798	409400	400			2846		199	214070	185961	11693
114	9110	50000				27			443455	413379	11332
	26819	429000				170		340	52215	42490	9212
10	17825								107750	84598	3155
2090	5939	36000							312822	267967	7736
80	38185	100									4821
1626	22838	444669					30000		421606	345642	5572
40	51142	20000							186867	155843	
460	99222	105000						50	282441	197752	10291
50	13184								196266	171160	11764
4226	61726	25000				1271		246	222118	194112	267
297	81								65404	49966	

3-5 教育经费收入情况

地区	总计	国家财政性教育经费	一般公共预算安排的教育经费	一般公共预算教育经费	教育事业费	基本建设经费	教育费附加
河南省	**58555723**	**36377413**	**32281581**	**29109542**	**28069827**	**784122**	**255593**
河南省本级	43571388	25191948	23013980	20768303	20065918	702384	
郑州市	2189019	1681026	1588429	1248973	1207236	41737	
开封市	484595	446393	396393	360348	360348		
洛阳市	816051	597002	380752	340931	237002		103928
平顶山市	793979	606069	604696	542102	498282	40000	3820
安阳市	874565	668274	634274	549518	441176		108341
鹤壁市	303064	253796	253589	252471	251353		1118
新乡市	1313768	1091375	679129	669376	654298		15079
焦作市	883604	436400	386374	377150	377150		
濮阳市	816426	754659	325489	298670	298670		
许昌市	522166	411260	411260	393425	393425		
漯河市	600987	280429	244429	236400	226310		10090
三门峡市	334707	329886	329786	291522	291522		
南阳市	1567073	1118479	673856	650447	645647		4800
商丘市	786437	599570	579570	528388	526925		1463
信阳市	1092808	801827	696827	598333	598333		
周口市	417935	209905	209905	196671	196671		
驻马店市	896390	673759	647488	581536	575536		6000
济源示范区	290760	225355	225355	224978	224024		954

（普通高等学校）

单位：千元

科研经费	其他	政府性基金预算安排的教育经费	#彩票公益金	企业办学中的企业拨款	校办产业和社会服务收入中用于教育的经费	其他属于国家财政性教育经费	民办学校中举办者投入	捐赠收入	事业收入	#学费	其他教育经费
439063	**2732977**	**2949059**	**40086**	**15390**	**47370**	**1084012**	**347260**	**57553**	**19512946**	**16364135**	**2260551**
417465	1828212	1036890	36890	15390	47370	1078318	307760	56456	15850490	13259630	2164734
3705	335751	92596	2596						507613	438030	381
350	35695	50000							33816	25391	4386
1000	38821	216250							219049	193303	
674	61920					1374	2600	58	169688	146643	15564
4120	80636	34000					3000		202271	176590	1020
383	735	200	200			7	3900	204	44820	34995	344
2373	7380	409400	400			2846		199	210501	182393	11693
114	9110	50000				27			437593	407615	9611
	26819	429000				170		340	52215	42490	9212
10	17825								107750	84598	3155
2090	5939	36000							312822	267967	7736
80	38185	100									4821
1626	21784	444623					30000		413021	337057	5572
40	51142	20000							186867	155843	
460	98033	105000						50	280641	196352	10291
50	13184								196266	171160	11764
4226	61726	25000				1271		246	222118	194112	267
297	81								65404	49966	

3-6 教育经费收入情况

地区	总计	国家财政性教育经费	一般公共预算安排的教育经费	一般公共预算教育经费	教育事业费	基本建设经费	教育费附加
河南省	**58216323**	**36064803**	**31971110**	**28812898**	**27873184**	**684122**	**255593**
河南省本级	43231988	24879339	22703508	20471659	19869275	602384	
郑州市	2189019	1681026	1588429	1248973	1207236	41737	
开封市	484595	446393	396393	360348	360348		
洛阳市	816051	597002	380752	340931	237002		103928
平顶山市	793979	606069	604696	542102	498282	40000	3820
安阳市	874565	668274	634274	549518	441176		108341
鹤壁市	303064	253796	253589	252471	251353		1118
新乡市	1313768	1091375	679129	669376	654298		15079
焦作市	883604	436400	386374	377150	377150		
濮阳市	816426	754659	325489	298670	298670		
许昌市	522166	411260	411260	393425	393425		
漯河市	600987	280429	244429	236400	226310		10090
三门峡市	334707	329886	329786	291522	291522		
南阳市	1567073	1118479	673856	650447	645647		4800
商丘市	786437	599570	579570	528388	526925		1463
信阳市	1092808	801827	696827	598333	598333		
周口市	417935	209905	209905	196671	196671		
驻马店市	896390	673759	647488	581536	575536		6000
济源示范区	290760	225355	225355	224978	224024		954

（地方普通高等学校）

单位：千元

科研经费	其他	政府性基金预算安排的教育经费	#彩票公益金	企业办学中的企业拨款	校办产业和社会服务收入中用于教育的经费	其他属于国家财政性教育经费	民办学校中举办者投入	捐赠收入	事业收入	#学费	其他教育经费
439063	**2719149**	**2949059**	**40086**	**15390**	**47370**	**1081874**	**347260**	**57553**	**19489698**	**16344447**	**2257008**
417465	1814384	1036890	36890	15390	47370	1076181	307760	56456	15827242	13239942	2161191
3705	335751	92596	2596						507613	438030	381
350	35695	50000							33816	25391	4386
1000	38821	216250							219049	193303	
674	61920					1374	2600	58	169688	146643	15564
4120	80636	34000					3000		202271	176590	1020
383	735	200	200			7	3900	204	44820	34995	344
2373	7380	409400	400			2846		199	210501	182393	11693
114	9110	50000				27			437593	407615	9611
	26819	429000				170		340	52215	42490	9212
10	17825								107750	84598	3155
2090	5939	36000							312822	267967	7736
80	38185	100									4821
1626	21784	444623					30000		413021	337057	5572
40	51142	20000							186867	155843	
460	98033	105000						50	280641	196352	10291
50	13184								196266	171160	11764
4226	61726	25000				1271		246	222118	194112	267
297	81								65404	49966	

3-7　教育经费收入情况

地区	总计	国家财政性教育经费	一般公共预算安排的教育经费	一般公共预算教育经费	教育事业费	基本建设经费	教育费附加
河南省	**41054914**	**23843478**	**21327297**	**19036472**	**18167374**	**697874**	**171224**
河南省本级	35736780	19948516	18086665	16235772	15593696	642076	
郑州市	972942	821237	768641	528468	512670	15798	
开封市							
洛阳市	106526	106526	106526	106526	2598		103928
平顶山市	484644	380554	379181	341859	301859	40000	
安阳市	525388	414688	390688	334260	267919		66341
鹤壁市							
新乡市	793995	648569	388723	386752	386752		
焦作市	263820	2951	2951	2951	2951		
濮阳市	2329	2329	2329	2329	2329		
许昌市							
漯河市	230	230	230	230	230		
三门峡市	4088	4088	4088	4088	4088		
南阳市	736974	524411	339168	332730	332730		
商丘市	2747	2747	2747	2747	2747		
信阳市	622762	508256	403256	355455	355455		
周口市	204092	37671	37671	34109	34109		
驻马店市	596640	439746	413475	367237	367237		
济源示范区	959	959	959	959	5		954

（普通高等本科学校）

单位：千元

科研经费	其他	政府性基金预算安排的教育经费	#彩票公益金	企业办学中的企业拨款	校办产业和社会服务收入中用于教育的经费	其他属于国家财政性教育经费	民办学校中举办者投入	捐赠收入	事业收入	#学费	其他教育经费
423349	**1867476**	**1385029**	**38786**		**47370**	**1083782**	**135419**	**54489**	**14967509**	**12443002**	**2054019**
407501	1443392	736190	36190		47370	1078292	135419	53936	13582973	11254584	2015935
3649	236523	52596	2596						151705	130187	
674	36648					1374		58	88467	73838	15564
4010	52417	24000							109680	92000	1020
1933	38	257000				2846		199	139359	120083	5869
									260869	248527	
1356	5082	185243							208525	155258	4037
	47801	105000						50	113283	94393	1173
	3563								156266	137560	10155
4226	42012	25000				1271		246	156381	136573	267

3-8 教育经费收入情况

地区	总计	国家财政性教育经费	一般公共预算安排的教育经费	一般公共预算教育经费	教育事业费	基本建设经费	教育费附加
河南省	**40715514**	**23530868**	**21016825**	**18739829**	**17970731**	**597874**	**171224**
河南省本级	35397380	19635907	17776193	15939129	15397052	542076	
郑州市	972942	821237	768641	528468	512670	15798	
开封市							
洛阳市	106526	106526	106526	106526	2598		103928
平顶山市	484644	380554	379181	341859	301859	40000	
安阳市	525388	414688	390688	334260	267919		66341
鹤壁市							
新乡市	793995	648569	388723	386752	386752		
焦作市	263820	2951	2951	2951	2951		
濮阳市	2329	2329	2329	2329	2329		
许昌市							
漯河市	230	230	230	230	230		
三门峡市	4088	4088	4088	4088	4088		
南阳市	736974	524411	339168	332730	332730		
商丘市	2747	2747	2747	2747	2747		
信阳市	622762	508256	403256	355455	355455		
周口市	204092	37671	37671	34109	34109		
驻马店市	596640	439746	413475	367237	367237		
济源示范区	959	959	959	959	5		954

（地方普通高等本科学校）

单位：千元

科研经费	其他	政府性基金预算安排的教育经费	#彩票公益金	企业办学中的企业拨款	校办产业和社会服务收入中用于教育的经费	其他属于国家财政性教育经费	民办学校中举办者投入	捐赠收入	事业收入	#学费	其他教育经费
423349	**1853647**	**1385029**	**38786**		**47370**	**1081644**	**135419**	**54489**	**14944261**	**12423314**	**2050477**
407501	1429563	736190	36190		47370	1076154	135419	53936	13559725	11234896	2012392
3649	236523	52596	2596						151705	130187	
674	36648					1374		58	88467	73838	15564
4010	52417	24000							109680	92000	1020
1933	38	257000				2846		199	139359	120083	5869
									260869	248527	
1356	5082	185243							208525	155258	4037
	47801	105000						50	113283	94393	1173
	3563								156266	137560	10155
4226	42012	25000				1271		246	156381	136573	267

3-9 教育经费收入情况

地区	总计	国家财政性教育经费	一般公共预算安排的教育经费	一般公共预算教育经费	教育事业费	基本建设经费	教育费附加
河南省	**17500808**	**12533935**	**10954285**	**10073069**	**9902453**	**86247**	**84369**
河南省本级	7834609	5243432	4927315	4532531	4472222	60308	
郑州市	1216077	859789	819789	720505	694566	25939	
开封市	484595	446393	396393	360348	360348		
洛阳市	709525	490476	274226	234405	234405		
平顶山市	309336	225515	225515	200243	196423		3820
安阳市	349177	253586	243586	215257	173257		42000
鹤壁市	303064	253796	253589	252471	251353		1118
新乡市	519773	442806	290406	282624	267546		15079
焦作市	619784	433449	383422	374199	374199		
濮阳市	814097	752330	323160	296341	296341		
许昌市	522166	411260	411260	393425	393425		
漯河市	600758	280199	244199	236171	226081		10090
三门峡市	330620	325799	325699	287434	287434		
南阳市	830099	594068	334688	317716	312916		4800
商丘市	783691	596823	576823	525641	524178		1463
信阳市	470046	293570	293570	242878	242878		
周口市	213843	172234	172234	162562	162562		
驻马店市	299750	234013	234013	214299	208299		6000
济源示范区	289801	224396	224396	224019	224019		

（普通高职高专学校）

单位：千元

科研经费	其他	政府性基金预算安排的教育经费	#彩票公益金	企业办学中的企业拨款	校办产业和社会服务收入中用于教育的经费	其他属于国家财政性教育经费	民办学校中举办者投入	捐赠收入	事业收入	#学费	其他教育经费
15714	**865502**	**1564030**	**1300**	**15390**		**230**	**211841**	**3064**	**4545437**	**3921133**	**206532**
9964	384821	300700	700	15390		27	172341	2520	2267517	2005046	148799
56	99228	40000							355908	307843	381
350	35695	50000							33816	25391	4386
1000	38821	216250							219049	193303	
	25272						2600		81220	72805	
110	28219	10000					3000		92591	84590	
383	735	200	200			7	3900	204	44820	34995	344
440	7342	152400	400						71142	62310	5824
114	9110	50000				27			176724	159088	9611
	26819	429000				170		340	52215	42490	9212
10	17825								107750	84598	3155
2090	5939	36000							312822	267967	7736
80	38185	100									4821
270	16702	259380					30000		204496	181800	1535
40	51142	20000							186867	155843	
460	50232								167358	101959	9118
50	9622								40000	33600	1609
	19714								65737	57539	
297	81								65404	49966	

3-10 教育经费收入情况

地区	总计	国家财政性教育经费	一般公共预算安排的教育经费	一般公共预算教育经费	教育事业费	基本建设经费	教育费附加
河南省	**17500808**	**12533935**	**10954285**	**10073069**	**9902453**	**86247**	**84369**
河南省本级	7834609	5243432	4927315	4532531	4472222	60308	
郑州市	1216077	859789	819789	720505	694566	25939	
开封市	484595	446393	396393	360348	360348		
洛阳市	709525	490476	274226	234405	234405		
平顶山市	309336	225515	225515	200243	196423		3820
安阳市	349177	253586	243586	215257	173257		42000
鹤壁市	303064	253796	253589	252471	251353		1118
新乡市	519773	442806	290406	282624	267546		15079
焦作市	619784	433449	383422	374199	374199		
濮阳市	814097	752330	323160	296341	296341		
许昌市	522166	411260	411260	393425	393425		
漯河市	600758	280199	244199	236171	226081		10090
三门峡市	330620	325799	325699	287434	287434		
南阳市	830099	594068	334688	317716	312916		4800
商丘市	783691	596823	576823	525641	524178		1463
信阳市	470046	293570	293570	242878	242878		
周口市	213843	172234	172234	162562	162562		
驻马店市	299750	234013	234013	214299	208299		6000
济源示范区	289801	224396	224396	224019	224019		

（地方普通高职高专学校）

单位：千元

科研经费	其他	政府性基金预算安排的教育经费	#彩票公益金	企业办学中的企业拨款	校办产业和社会服务收入中用于教育的经费	其他属于国家财政性教育经费	民办学校中举办者投入	捐赠收入	事业收入	#学费	其他教育经费
15714	**865502**	**1564030**	**1300**	**15390**		**230**	**211841**	**3064**	**4545437**	**3921133**	**206532**
9964	384821	300700	700	15390		27	172341	2520	2267517	2005046	148799
56	99228	40000							355908	307843	381
350	35695	50000							33816	25391	4386
1000	38821	216250							219049	193303	
	25272						2600		81220	72805	
110	28219	10000					3000		92591	84590	
383	735	200	200			7	3900	204	44820	34995	344
440	7342	152400	400						71142	62310	5824
114	9110	50000				27			176724	159088	9611
	26819	429000				170		340	52215	42490	9212
10	17825								107750	84598	3155
2090	5939	36000							312822	267967	7736
80	38185	100									4821
270	16702	259380					30000		204496	181800	1535
40	51142	20000							186867	155843	
460	50232								167358	101959	9118
50	9622								40000	33600	1609
	19714								65737	57539	
297	81								65404	49966	

3-11 教育经费收入情况

地区	总计	国家财政性教育经费	一般公共预算安排的教育经费	一般公共预算教育经费	教育事业费	基本建设经费	教育费附加
河南省	**300657**	**150982**	**137062**	**108067**	**105276**		**2791**
河南省本级	193314	79091	65217	54156	54156		
郑州市	4533	1774	1774	374	374		
开封市							
洛阳市	27328	16171	16171	11297	11297		
平顶山市							
安阳市							
鹤壁市							
新乡市	41049	37480	37480	28062	27271		791
焦作市	7583						
濮阳市							
许昌市							
漯河市							
三门峡市							
南阳市	17703	9118	9072	8018	6018		2000
商丘市							
信阳市	9148	7348	7348	6159	6159		
周口市							
驻马店市							
济源示范区							

（成人高等学校）

单位：千元

科研经费	其他	政府性基金预算安排的教育经费	#彩票公益金	企业办学中的企业拨款	校办产业和社会服务收入中用于教育的经费	其他属于国家财政性教育经费	民办学校中举办者投入	捐赠收入	事业收入	#学费	其他教育经费
210	**28786**	**45**			**13875**				**138242**	**126104**	**11432**
210	10851				13875				104512	95727	9711
	1400								2759	798	
	4874								11157	10261	
	9418								3568	3568	
									5861	5764	1721
	1054	45							8585	8585	
	1189								1800	1400	

3-12 教育经费收入情况

地区	总计	国家财政性教育经费	一般公共预算安排的教育经费	一般公共预算教育经费	教育事业费	基本建设经费	教育费附加
河南省	**300657**	**150982**	**137062**	**108067**	**105276**		**2791**
河南省本级	193314	79091	65217	54156	54156		
郑州市	4533	1774	1774	374	374		
开封市							
洛阳市	27328	16171	16171	11297	11297		
平顶山市							
安阳市							
鹤壁市							
新乡市	41049	37480	37480	28062	27271		791
焦作市	7583						
濮阳市							
许昌市							
漯河市							
三门峡市							
南阳市	17703	9118	9072	8018	6018		2000
商丘市							
信阳市	9148	7348	7348	6159	6159		
周口市							
驻马店市							
济源示范区							

（地方成人高等学校）

单位：千元

科研经费	其他	政府性基金预算安排的教育经费	#彩票公益金	企业办学中的企业拨款	校办产业和社会服务收入中用于教育的经费	其他属于国家财政性教育经费	民办学校中举办者投入	捐赠收入	事业收入	#学费	其他教育经费
210	**28786**	**45**			**13875**				**138242**	**126104**	**11432**
210	10851				13875				104512	95727	9711
	1400								2759	798	
	4874								11157	10261	
	9418								3568	3568	
									5861	5764	1721
	1054	45							8585	8585	
	1189								1800	1400	

3-13 教育经费收入情况

地区	总计	国家财政性教育经费	一般公共预算安排的教育经费	一般公共预算教育经费	教育事业费	基本建设经费	教育费附加
河南省	**14845863**	**12809482**	**12151643**	**10582655**	**9616685**	**189417**	**776552**
河南省本级	2594269	2075398	2060481	1747001	1724354	22647	
郑州市	2572753	1895990	1874998	1674397	1534648	68835	70913
开封市	416053	383974	382714	305602	291391		14212
洛阳市	1022262	889178	832968	759827	687161	30799	41867
平顶山市	545035	527816	503513	444328	411355	16000	16973
安阳市	556659	524773	517026	419940	401471		18469
鹤壁市	192191	178918	175016	144242	140667		3574
新乡市	565169	527330	523355	461978	409438		52540
焦作市	573117	538194	476399	412100	357433	24759	29907
濮阳市	498431	474803	474803	419348	379320	20000	20028
许昌市	556600	541129	513824	465799	328920		136879
漯河市	608362	537366	382394	319082	292126		26956
三门峡市	388624	369446	245244	220813	143644		77169
南阳市	1175949	1071987	916916	822568	756675	5700	60193
商丘市	529077	486534	486534	423968	398672	676	24620
信阳市	675059	544075	544075	479468	459097		20371
周口市	609702	554344	554027	484253	425964		58289
驻马店市	582576	571487	570614	490836	398687		92149
济源示范区	183974	116741	116741	87106	75662		11443

（中等职业学校）

单位：千元

科研经费	其他	政府性基金预算安排的教育经费	#彩票公益金	企业办学中的企业拨款	校办产业和社会服务收入中用于教育的经费	其他属于国家财政性教育经费	民办学校中举办者投入	捐赠收入	事业收入	#学费	其他教育经费
2494	**1566494**	**622130**	**27125**	**26727**	**8982**		**149471**	**532**	**1640855**	**914866**	**245524**
1620	311860			14816	102		58944		283213	105960	176714
334	200266	20017		975			52568		616220	460077	7975
20	77091	1260	1260				2490	167	26838	15622	2584
	73141	51458	4732	4752			2747		118466	78427	11872
	59185	22020	2020	2283			760		15867	4012	592
	97087	7747	7747						31886	16117	
	30774			3902					9683	4797	3590
400	60977	3975							37379	28519	461
	64299	61795	1795				22		33965	9846	937
	55455						339		4533	505	18756
	48025	27305							14622	3563	849
	63312	154573	1573		398		3000	180	63500	29142	4316
	24431	119043	953		5159				12585	4827	6594
	94349	151747	5854		3323		28216	186	75296	38314	265
	62566								40238	4733	2305
	64608								124653	74352	6331
	69774	318	318				385		54315	30591	658
120	79658	873	873						10993	1400	96
	29635								66604	4063	629

3-14 教育经费收入情况

地区	总计	国家财政性教育经费	一般公共预算安排的教育经费	一般公共预算教育经费	教育事业费	基本建设经费	教育费附加
河南省	**14830102**	**12801113**	**12149331**	**10580344**	**9614374**	**189417**	**776552**
河南省本级	2589798	2073827	2058910	1745430	1722783	22647	
郑州市	2572753	1895990	1874998	1674397	1534648	68835	70913
开封市	416053	383974	382714	305602	291391		14212
洛阳市	1022262	889178	832968	759827	687161	30799	41867
平顶山市	545035	527816	503513	444328	411355	16000	16973
安阳市	556659	524773	517026	419940	401471		18469
鹤壁市	192191	178918	175016	144242	140667		3574
新乡市	565169	527330	523355	461978	409438		52540
焦作市	573117	538194	476399	412100	357433	24759	29907
濮阳市	498431	474803	474803	419348	379320	20000	20028
许昌市	556600	541129	513824	465799	328920		136879
漯河市	608362	537366	382394	319082	292126		26956
三门峡市	382064	363547	244504	220073	142904		77169
南阳市	1171220	1071088	916916	822568	756675	5700	60193
商丘市	529077	486534	486534	423968	398672	676	24620
信阳市	675059	544075	544075	479468	459097		20371
周口市	609702	554344	554027	484253	425964		58289
驻马店市	582576	571487	570614	490836	398687		92149
济源示范区	183974	116741	116741	87106	75662		11443

（地方中等职业学校）

单位：千元

科研经费	其他	政府性基金预算安排的教育经费	#彩票公益金	企业办学中的企业拨款	校办产业和社会服务收入中用于教育的经费	其他属于国家财政性教育经费	民办学校中举办者投入	捐赠收入	事业收入	#学费	其他教育经费
2494	**1566494**	**622130**	**27125**	**26727**	**2924**		**149471**	**532**	**1633463**	**910903**	**245524**
1620	311860			14816	102		58944		280313	103494	176714
334	200266	20017		975			52568		616220	460077	7975
20	77091	1260	1260				2490	167	26838	15622	2584
	73141	51458	4732	4752			2747		118466	78427	11872
	59185	22020	2020	2283			760		15867	4012	592
	97087	7747	7747						31886	16117	
	30774			3902					9683	4797	3590
400	60977	3975							37379	28519	461
	64299	61795	1795				22		33965	9846	937
	55455						339		4533	505	18756
	48025	27305							14622	3563	849
	63312	154573	1573		398		3000	180	63500	29142	4316
	24431	119043	953						11923	4274	6594
	94349	151747	5854		2424		28216	186	71466	37370	265
	62566								40238	4733	2305
	64608								124653	74352	6331
	69774	318	318				385		54315	30591	658
120	79658	873	873						10993	1400	96
	29635								66604	4063	629

3-15 教育经费收入情况

地区	总计	国家财政性教育经费	一般公共预算安排的教育经费	一般公共预算教育经费	教育事业费	基本建设经费	教育费附加
河南省	**5550888**	**4700736**	**4521926**	**4054075**	**3715069**	**54339**	**284667**
河南省本级	1624264	1247659	1247659	1115133	1112486	2647	
郑州市	554562	447604	427604	400846	396526	4216	105
开封市	164874	150541	149281	125208	118678		6530
洛阳市	759285	645191	606139	562377	511278	30799	20300
平顶山市	302729	294943	292923	255640	223736	16000	15904
安阳市	43644	41505	33759	26645	26645		
鹤壁市	86746	81862	81862	63094	59802		3292
新乡市	153348	151963	151963	138516	133297		5219
焦作市	205391	178186	176391	142208	139561		2647
濮阳市	90607	89751	89751	86491	86491		
许昌市	319126	314787	287482	273492	142642		130850
漯河市	5060	5060	5060	5060	4941		119
三门峡市	191144	176348	143895	127657	100383		27274
南阳市	336172	305966	258788	239456	234839		4617
商丘市	177229	154350	154350	142464	137128	676	4660
信阳市	178819	129236	129236	117476	115476		2000
周口市	80461	74084	74084	67465	62465		5000
驻马店市	118488	114940	114940	95190	49137		46053
济源示范区	158937	96761	96761	69655	59557		10098

（中等专业学校）

单位：千元

科研经费	其他	政府性基金预算安排的教育经费	#彩票公益金	企业办学中的企业拨款	校办产业和社会服务收入中用于教育的经费	其他属于国家财政性教育经费	民办学校中举办者投入	捐赠收入	事业收入	#学费	其他教育经费
2144	**465707**	**177911**	**24362**		**899**		**71354**	**167**	**638710**	**313650**	**139922**
1620	130906						58944		203589	103000	114072
4	26754	20000					9500		97458	74396	
	24073	1260	1260					167	12077	7259	2090
	43762	39052	4732				2740		99581	70766	11772
	37283	2020	2020				170		7574	872	42
	7113	7747	7747						2139	1518	
	18768								4884	1764	
400	13047								1386	14	
	34183	1795	1795						27130	9841	75
	3260								701		156
	13990	27305							3490		849
	16238	32453	953						9779	4136	5018
	19332	46279	5854		899				30207	13502	
	11885								21587	2453	1292
	11760								45656	23974	3926
	6619								6378	156	
120	19629								3548		
	27106								61547		629

3-16　教育经费收入情况

地区	总计	国家财政性教育经费	一般公共预算安排的教育经费	一般公共预算教育经费	教育事业费	基本建设经费	教育费附加
河南省	**5546159**	**4699837**	**4521926**	**4054075**	**3715069**	**54339**	**284667**
河南省本级	1624264	1247659	1247659	1115133	1112486	2647	
郑州市	554562	447604	427604	400846	396526	4216	105
开封市	164874	150541	149281	125208	118678		6530
洛阳市	759285	645191	606139	562377	511278	30799	20300
平顶山市	302729	294943	292923	255640	223736	16000	15904
安阳市	43644	41505	33759	26645	26645		
鹤壁市	86746	81862	81862	63094	59802		3292
新乡市	153348	151963	151963	138516	133297		5219
焦作市	205391	178186	176391	142208	139561		2647
濮阳市	90607	89751	89751	86491	86491		
许昌市	319126	314787	287482	273492	142642		130850
漯河市	5060	5060	5060	5060	4941		119
三门峡市	191144	176348	143895	127657	100383		27274
南阳市	331443	305066	258788	239456	234839		4617
商丘市	177229	154350	154350	142464	137128	676	4660
信阳市	178819	129236	129236	117476	115476		2000
周口市	80461	74084	74084	67465	62465		5000
驻马店市	118488	114940	114940	95190	49137		46053
济源示范区	158937	96761	96761	69655	59557		10098

（地方中等专业学校）

单位：千元

科研经费	其他	政府性基金预算安排的教育经费	#彩票公益金	企业办学中的企业拨款	校办产业和社会服务收入中用于教育的经费	其他属于国家财政性教育经费	民办学校中举办者投入	捐赠收入	事业收入	#学费	其他教育经费
2144	**465707**	**177911**	**24362**				**71354**	**167**	**634880**	**312706**	**139922**
1620	130906						58944		203589	103000	114072
4	26754	20000					9500		97458	74396	
	24073	1260	1260					167	12077	7259	2090
	43762	39052	4732				2740		99581	70766	11772
	37283	2020	2020				170		7574	872	42
	7113	7747	7747						2139	1518	
	18768								4884	1764	
400	13047								1386	14	
	34183	1795	1795						27130	9841	75
	3260								701		156
	13990	27305							3490		849
	16238	32453	953						9779	4136	5018
	19332	46279	5854						26377	12557	
	11885								21587	2453	1292
	11760								45656	23974	3926
	6619								6378	156	
120	19629								3548		
	27106								61547		629

3-17 教育经费收入情况

地区	总计	国家财政性教育经费	一般公共预算安排的教育经费	一般公共预算教育经费	教育事业费	基本建设经费	教育费附加
河南省	**5091839**	**4700885**	**4626553**	**4059814**	**3629751**	**43491**	**386572**
河南省本级	34076	32755	32755	32755	32755		
郑州市	930727	918436	918419	810427	731912	17791	60723
开封市	128231	115360	115360	87561	79879		7682
洛阳市	159137	153474	141069	117941	107904		10037
平顶山市	1205	615	615	615	615		
安阳市	442693	422806	422806	348369	329950		18419
鹤壁市	86278	82275	82275	72126	71844		282
新乡市	353156	318100	315180	277016	235481		41535
焦作市	178279	175775	175775	159483	132332		27150
濮阳市	315161	298510	298510	266213	226285	20000	19928
许昌市	188783	177726	177726	151206	146527		4679
漯河市	340103	289748	234777	212305	192581		19723
三门峡市	24023	21357	21357	18072	18072		
南阳市	574841	502402	499573	456048	402770	5700	47578
商丘市	247561	231845	231845	203253	183313		19940
信阳市	403934	324056	324056	281816	263445		18371
周口市	379874	337967	337650	300259	247130		53129
驻马店市	303775	297679	296806	264350	226954		37396
济源示范区							

（职业高中）

单位：千元

科研经费	其他	政府性基金预算安排的教育经费	#彩票公益金	企业办学中的企业拨款	校办产业和社会服务收入中用于教育的经费	其他属于国家财政性教育经费	民办学校中举办者投入	捐赠收入	事业收入	#学费	其他教育经费
	566739	**71510**	**2763**		**2822**		**35048**	**186**	**331566**	**199770**	**24155**
									1050		271
	107992	17							11911	4223	380
	27799						2490		10233	8364	148
	23129	12405					7		5656	3689	
							590				
	74437								19887	13020	
	10149								414		3590
	38164	2920							35006	28505	50
	16292						22		2082	5	401
	32297						339		3833	505	12480
	26519								11057	3563	
	22472	54573	1573		398		3000		45946	29142	1409
	3284								1096	139	1570
	43525	405			2424		28216	186	43772	24515	265
	28592								15188	1888	528
	42240								77474	50378	2404
	37391	318	318				385		40864	30435	658
	32456	873	873						6097	1400	

3-18 教育经费收入情况

地区	总计	国家财政性教育经费	一般公共预算安排的教育经费	一般公共预算教育经费	教育事业费	基本建设经费	教育费附加
河南省	**5091839**	**4700885**	**4626553**	**4059814**	**3629751**	**43491**	**386572**
河南省本级	34076	32755	32755	32755	32755		
郑州市	930727	918436	918419	810427	731912	17791	60723
开封市	128231	115360	115360	87561	79879		7682
洛阳市	159137	153474	141069	117941	107904		10037
平顶山市	1205	615	615	615	615		
安阳市	442693	422806	422806	348369	329950		18419
鹤壁市	86278	82275	82275	72126	71844		282
新乡市	353156	318100	315180	277016	235481		41535
焦作市	178279	175775	175775	159483	132332		27150
濮阳市	315161	298510	298510	266213	226285	20000	19928
许昌市	188783	177726	177726	151206	146527		4679
漯河市	340103	289748	234777	212305	192581		19723
三门峡市	24023	21357	21357	18072	18072		
南阳市	574841	502402	499573	456048	402770	5700	47578
商丘市	247561	231845	231845	203253	183313		19940
信阳市	403934	324056	324056	281816	263445		18371
周口市	379874	337967	337650	300259	247130		53129
驻马店市	303775	297679	296806	264350	226954		37396
济源示范区							

（地方职业高中）

单位：千元

科研经费	其他	政府性基金预算安排的教育经费	#彩票公益金	企业办学中的企业拨款	校办产业和社会服务收入中用于教育的经费	其他属于国家财政性教育经费	民办学校中举办者投入	捐赠收入	事业收入	#学费	其他教育经费
	566739	**71510**	**2763**		**2822**		**35048**	**186**	**331566**	**199770**	**24155**
									1050		271
	107992	17							11911	4223	380
	27799						2490		10233	8364	148
	23129	12405					7		5656	3689	
							590				
	74437								19887	13020	
	10149								414		3590
	38164	2920							35006	28505	50
	16292						22		2082	5	401
	32297						339		3833	505	12480
	26519								11057	3563	
	22472	54573	1573		398		3000		45946	29142	1409
	3284								1096	139	1570
	43525	405			2424		28216	186	43772	24515	265
	28592								15188	1888	528
	42240								77474	50378	2404
	37391	318	318				385		40864	30435	658
	32456	873	873						6097	1400	

3-19 教育经费收入情况

地区	总计	国家财政性教育经费	一般公共预算安排的教育经费	一般公共预算教育经费	教育事业费	基本建设经费	教育费附加
河南省	**2877160**	**2669536**	**2653723**	**2340080**	**2067429**	**22632**	**250019**
河南省本级	34076	32755	32755	32755	32755		
郑州市	188930	186019	186019	163315	133766	16932	12617
开封市	62628	59982	59982	50098	46446		3652
洛阳市	139647	134089	121683	101690	91803		9887
平顶山市							
安阳市	233723	215688	215688	180416	170716		9700
鹤壁市	55529	55369	55369	47220	47220		
新乡市	176472	143906	143638	124521	111138		13383
焦作市	98063	96513	96513	85634	65758		19876
濮阳市	220150	215617	215617	190544	181617		8928
许昌市	66704	64205	64205	53876	49197		4679
漯河市	86609	80983	80585	70662	66679		3983
三门峡市	22323	21349	21349	18064	18064		
南阳市	520090	458745	456321	418224	366255	5700	46269
商丘市	176248	165020	165020	146762	126822		19940
信阳市	267548	229966	229966	203200	194690		8510
周口市	240600	227606	227289	200876	149676		51200
驻马店市	287820	281723	281723	252222	214826		37396
济源示范区							

（农村职业高中）

单位：千元

科研经费	其他	政府性基金预算安排的教育经费	#彩票公益金	企业办学中的企业拨款	校办产业和社会服务收入中用于教育的经费	其他属于国家财政性教育经费	民办学校中举办者投入	捐赠收入	事业收入	#学费	其他教育经费
	313643	**12991**	**318**		**2822**		**28726**	**186**	**173334**	**93607**	**5379**
									1050		271
	22704								2911	1406	
	9884								2646	908	
	19993	12405							5558	3679	
	35272								18035	13013	
	8150								100		60
	19117	268							32526	28505	40
	10879						22		1127	5	401
	25073						339		2785	505	1409
	10329								2500		
	9923				398		3000		2625	832	1
	3284								974	37	
	38097				2424		24980	186	35913	21361	265
	18258								10700		528
	26766								35237	15747	2346
	26412	318	318				385		12551	6209	58
	29501								6097	1400	

3-20 教育经费收入情况

地区	总计	国家财政性教育经费	一般公共预算安排的教育经费	一般公共预算教育经费	教育事业费	基本建设经费	教育费附加
河南省	**2877160**	**2669536**	**2653723**	**2340080**	**2067429**	**22632**	**250019**
河南省本级	34076	32755	32755	32755	32755		
郑州市	188930	186019	186019	163315	133766	16932	12617
开封市	62628	59982	59982	50098	46446		3652
洛阳市	139647	134089	121683	101690	91803		9887
平顶山市							
安阳市	233723	215688	215688	180416	170716		9700
鹤壁市	55529	55369	55369	47220	47220		
新乡市	176472	143906	143638	124521	111138		13383
焦作市	98063	96513	96513	85634	65758		19876
濮阳市	220150	215617	215617	190544	181617		8928
许昌市	66704	64205	64205	53876	49197		4679
漯河市	86609	80983	80585	70662	66679		3983
三门峡市	22323	21349	21349	18064	18064		
南阳市	520090	458745	456321	418224	366255	5700	46269
商丘市	176248	165020	165020	146762	126822		19940
信阳市	267548	229966	229966	203200	194690		8510
周口市	240600	227606	227289	200876	149676		51200
驻马店市	287820	281723	281723	252222	214826		37396
济源示范区							

（地方农村职业高中）

单位：千元

科研经费	其他	政府性基金预算安排的教育经费	#彩票公益金	企业办学中的企业拨款	校办产业和社会服务收入中用于教育的经费	其他属于国家财政性教育经费	民办学校中举办者投入	捐赠收入	事业收入	#学费	其他教育经费
	313643	**12991**	**318**		**2822**		**28726**	**186**	**173334**	**93607**	**5379**
									1050		271
	22704								2911	1406	
	9884								2646	908	
	19993	12405							5558	3679	
	35272								18035	13013	
	8150								100		60
	19117	268							32526	28505	40
	10879						22		1127	5	401
	25073						339		2785	505	1409
	10329								2500		
	9923				398		3000		2625	832	1
	3284								974	37	
	38097				2424		24980	186	35913	21361	265
	18258								10700		528
	26766								35237	15747	2346
	26412	318	318				385		12551	6209	58
	29501								6097	1400	

3-21 教育经费收入情况

地区	总计	国家财政性教育经费	一般公共预算安排的教育经费	一般公共预算教育经费	教育事业费	基本建设经费	教育费附加
河南省	**2742737**	**2495693**	**2092051**	**1706072**	**1578438**	**91588**	**36046**
河南省本级	870721	738830	723913	555087	535087	20000	
郑州市	496011	457854	456879	406801	356282	46828	3690
开封市	92751	88292	88292	69127	69127		
洛阳市	32874	25703	20951	20911	13401		7510
平顶山市	185462	177652	155370	143180	143080		100
安阳市	44923	37633	37633	27583	27583		
鹤壁市	8288	3902					
新乡市	1490	1490	1490	1386	1386		
焦作市	162821	159947	99947	89331	64472	24759	100
濮阳市	51806	45686	45686	33264	33164		100
许昌市							
漯河市	245742	225440	125440	89116	82002		7113
三门峡市	106451	105789	14040	11898	11898		
南阳市	198379	197912	92848	71403	63734		7668
商丘市	41922	39915	39915	28236	28236		
信阳市	34624	33841	33841	30315	30315		
周口市	62387	56125	56125	44991	44991		
驻马店市	91070	89723	89723	73483	64783		8700
济源示范区	15017	9960	9960	9960	8895		1065

（技工学校）

单位：千元

科研经费	其他	政府性基金预算安排的教育经费	#彩票公益金	企业办学中的企业拨款	校办产业和社会服务收入中用于教育的经费	其他属于国家财政性教育经费	民办学校中举办者投入	捐赠收入	事业收入	#学费	其他教育经费
350	**385629**	**371654**		**26727**	**5260**			**180**	**181678**	**18635**	**65185**
	168827			14816	102				77244	2960	54647
330	49748			975					37657	3021	500
20	19145								4458		
	40			4752					7171	930	
	12190	20000		2283					7259	3140	550
	10050								7290	452	
				3902					4386	3033	
	104										
	10615	60000							2413		460
	12422										6120
	36324	100000						180	17215		2907
	2143	86590			5159				662	553	
	21445	105064							467	297	
	11678								2007	187	
	3525								783		
	11134								6262		
	16240								1348		
									5057	4063	

3-22 教育经费收入情况

地区	总计	国家财政性教育经费	一般公共预算安排的教育经费	一般公共预算教育经费	教育事业费	基本建设经费	教育费附加
河南省	**2731705**	**2488223**	**2089740**	**1703761**	**1576127**	**91588**	**36046**
河南省本级	866250	737259	722342	553516	533516	20000	
郑州市	496011	457854	456879	406801	356282	46828	3690
开封市	92751	88292	88292	69127	69127		
洛阳市	32874	25703	20951	20911	13401		7510
平顶山市	185462	177652	155370	143180	143080		100
安阳市	44923	37633	37633	27583	27583		
鹤壁市	8288	3902					
新乡市	1490	1490	1490	1386	1386		
焦作市	162821	159947	99947	89331	64472	24759	100
濮阳市	51806	45686	45686	33264	33164		100
许昌市							
漯河市	245742	225440	125440	89116	82002		7113
三门峡市	99890	99890	13300	11158	11158		
南阳市	198379	197912	92848	71403	63734		7668
商丘市	41922	39915	39915	28236	28236		
信阳市	34624	33841	33841	30315	30315		
周口市	62387	56125	56125	44991	44991		
驻马店市	91070	89723	89723	73483	64783		8700
济源示范区	15017	9960	9960	9960	8895		1065

（地方技工学校）

单位：千元

科研经费	其他	政府性基金预算安排的教育经费	#彩票公益金	企业办学中的企业拨款	校办产业和社会服务收入中用于教育的经费	其他属于国家财政性教育经费	民办学校中举办者投入	捐赠收入	事业收入	#学费	其他教育经费
350	**385629**	**371654**		**26727**	**102**			**180**	**178117**	**15617**	**65185**
	168827			14816	102				74344	495	54647
330	49748			975					37657	3021	500
20	19145								4458		
	40			4752					7171	930	
	12190	20000		2283					7259	3140	550
	10050								7290	452	
				3902					4386	3033	
	104										
	10615	60000							2413		460
	12422										6120
	36324	100000						180	17215		2907
	2143	86590									
	21445	105064							467	297	
	11678								2007	187	
	3525								783		
	11134								6262		
	16240								1348		
									5057	4063	

3-23 教育经费收入情况

地区	总计	国家财政性教育经费	一般公共预算安排的教育经费	一般公共预算教育经费	教育事业费	基本建设经费	教育费附加
河南省	**1460399**	**912168**	**911113**	**762694**	**693427**		**69267**
河南省本级	65207	56153	56153	44026	44026		
郑州市	591453	72096	72096	56323	49928		6395
开封市	30196	29780	29780	23706	23706		
洛阳市	70966	64809	64809	58598	54578		4020
平顶山市	55640	54606	54606	44893	43924		969
安阳市	25399	22829	22829	17342	17292		50
鹤壁市	10879	10879	10879	9022	9022		
新乡市	57175	55778	54723	45061	39274		5787
焦作市	26626	24286	24286	21077	21067		10
濮阳市	40857	40857	40857	33380	33380		
许昌市	48691	48616	48616	41100	39750		1350
漯河市	17457	17117	17117	12602	12602		
三门峡市	67007	65953	65953	63186	13291		49895
南阳市	66558	65707	65707	55662	55332		330
商丘市	62366	60425	60425	50014	49994		20
信阳市	57682	56943	56943	49860	49860		
周口市	86979	86168	86168	71538	71378		160
驻马店市	69242	69146	69146	57813	57813		
济源示范区	10020	10020	10020	7491	7210		281

（成人中等专业学校）

单位：千元

科研经费	其他	政府性基金预算安排的教育经费	#彩票公益金	企业办学中的企业拨款	校办产业和社会服务收入中用于教育的经费	其他属于国家财政性教育经费	民办学校中举办者投入	捐赠收入	事业收入	#学费	其他教育经费
	148419	**1055**					**43068**		**488901**	**382811**	**16262**
	12127								1330		7724
	15772						43068		469194	378436	7095
	6074								70		346
	6211								6058	3042	99
	9713								1034		
	5487								2570	1127	
	1857										
	9662	1055							987		411
	3209								2340		
	7477										
	7516								75		
	4515								340		
	2767								1048		6
	10046								850		
	10411								1456	205	485
	7082								739		
	14630								811		
	11333										96
	2529										

3-24 教育经费收入情况

地区	总计	国家财政性教育经费	一般公共预算安排的教育经费	一般公共预算教育经费	教育事业费	基本建设经费	教育费附加
河南省	**1460399**	**912168**	**911113**	**762694**	**693427**		**69267**
河南省本级	65207	56153	56153	44026	44026		
郑州市	591453	72096	72096	56323	49928		6395
开封市	30196	29780	29780	23706	23706		
洛阳市	70966	64809	64809	58598	54578		4020
平顶山市	55640	54606	54606	44893	43924		969
安阳市	25399	22829	22829	17342	17292		50
鹤壁市	10879	10879	10879	9022	9022		
新乡市	57175	55778	54723	45061	39274		5787
焦作市	26626	24286	24286	21077	21067		10
濮阳市	40857	40857	40857	33380	33380		
许昌市	48691	48616	48616	41100	39750		1350
漯河市	17457	17117	17117	12602	12602		
三门峡市	67007	65953	65953	63186	13291		49895
南阳市	66558	65707	65707	55662	55332		330
商丘市	62366	60425	60425	50014	49994		20
信阳市	57682	56943	56943	49860	49860		
周口市	86979	86168	86168	71538	71378		160
驻马店市	69242	69146	69146	57813	57813		
济源示范区	10020	10020	10020	7491	7210		281

（地方成人中等专业学校）

单位：千元

科研经费	其他	政府性基金预算安排的教育经费	#彩票公益金	企业办学中的企业拨款	校办产业和社会服务收入中用于教育的经费	其他属于国家财政性教育经费	民办学校中举办者投入	捐赠收入	事业收入	#学费	其他教育经费
	148419	**1055**					**43068**		**488901**	**382811**	**16262**
	12127								1330		7724
	15772						43068		469194	378436	7095
	6074								70		346
	6211								6058	3042	99
	9713								1034		
	5487								2570	1127	
	1857										
	9662	1055							987		411
	3209								2340		
	7477										
	7516								75		
	4515								340		
	2767								1048		6
	10046								850		
	10411								1456	205	485
	7082								739		
	14630								811		
	11333										96
	2529										

3-25 教育经费收入情况

地区	总计	国家财政性教育经费	一般公共预算安排的教育经费	一般公共预算教育经费	教育事业费	基本建设经费	教育费附加
河南省	**91357382**	**77526347**	**76307350**	**66134016**	**61363485**	**1251025**	**3519506**
河南省本级	543328	363870	351210	303413	303413		
郑州市	13392969	11545115	11220794	9560372	7813900	601986	1144485
开封市	3980907	3039339	2929062	2528496	2388025	5070	135401
洛阳市	6195414	5608967	5454388	4944771	4687499	38733	218540
平顶山市	4293584	3569691	3547001	3152042	2694127	270799	187117
安阳市	4895044	4116118	4038148	3338598	3090056	75000	173542
鹤壁市	1402076	1161825	1155510	965333	936575		28758
新乡市	5420232	4159483	4146751	3621258	3377045	66788	177425
焦作市	2459635	2034175	2033646	1765114	1693240		71874
濮阳市	3979240	3465616	3366887	2891088	2750080	42090	98918
许昌市	3738570	3196217	3177716	2856064	2655802	28066	172197
漯河市	1987957	1829878	1827209	1548439	1481365		67075
三门峡市	2274881	2063965	2060465	1756222	1671656		84566
南阳市	9791844	8737333	8496744	7604361	7323750	25245	255366
商丘市	5522066	4278081	4277456	3606537	3405977	48575	151986
信阳市	6849866	5876290	5854000	5047114	4885724	7230	154160
周口市	7429798	6013478	5945045	5272449	5110936	5676	155837
驻马店市	6490713	5792260	5755481	4793966	4595616	35768	162581
济源示范区	709258	674645	669838	578376	498699		79678

（中学）

单位：千元

科研经费	其他	政府性基金预算安排的教育经费	#彩票公益金	企业办学中的企业拨款	校办产业和社会服务收入中用于教育的经费	其他属于国家财政性教育经费	民办学校中举办者投入	捐赠收入	事业收入	#学费	其他教育经费
2708	**10170626**	**1218997**	**226501**				**1190285**	**40049**	**12405188**	**10046551**	**195513**
901	46896	12660	12660					21120	127882	121923	30456
397	1660026	324322	155686				94238	1791	1717706	1488363	34119
10	400555	110277	277				13969	90	922817	724908	4693
180	509437	154579	2856				11822	256	563366	428421	11003
	394958	22691	5451				235840	1706	477808	404685	8539
50	699500	77970	305				27836	330	740817	662729	9943
24	190153	6315	315				4572	1000	234604	188409	75
900	524592	12732	2572				300721	286	948371	843293	11371
	268532	529	529				2844	476	417785	369329	4355
	475798	98729	1890				46209	4683	449585	390703	13147
50	321602	18502	140				25445	78	516829	457852	
	278769	2669	2401				497	191	147871	113036	9519
50	304194	3499	3499				20165	29	184439	134285	6282
	892383	240589	990				119556	2314	929915	758138	2726
	670918	625	625				18306	176	1218663	847090	6841
	806887	22290	290				163377	1415	802519	608848	6265
	672596	68432	429				57184	2310	1353239	1051322	3588
	961515	36779	30779				45617	1800	619321	424263	31714
147	91314	4807	4807				2084		31651	28952	878

3-26　教育经费收入情况

地区	总计	国家财政性教育经费	一般公共预算安排的教育经费	一般公共预算教育经费	教育事业费	基本建设经费	教育费附加
河南省	**91354190**	**77523335**	**76304338**	**66132047**	**61361516**	**1251025**	**3519506**
河南省本级	543328	363870	351210	303413	303413		
郑州市	13389777	11542103	11217782	9558403	7811932	601986	1144485
开封市	3980907	3039339	2929062	2528496	2388025	5070	135401
洛阳市	6195414	5608967	5454388	4944771	4687499	38733	218540
平顶山市	4293584	3569691	3547001	3152042	2694127	270799	187117
安阳市	4895044	4116118	4038148	3338598	3090056	75000	173542
鹤壁市	1402076	1161825	1155510	965333	936575		28758
新乡市	5420232	4159483	4146751	3621258	3377045	66788	177425
焦作市	2459635	2034175	2033646	1765114	1693240		71874
濮阳市	3979240	3465616	3366887	2891088	2750080	42090	98918
许昌市	3738570	3196217	3177716	2856064	2655802	28066	172197
漯河市	1987957	1829878	1827209	1548439	1481365		67075
三门峡市	2274881	2063965	2060465	1756222	1671656		84566
南阳市	9791844	8737333	8496744	7604361	7323750	25245	255366
商丘市	5522066	4278081	4277456	3606537	3405977	48575	151986
信阳市	6849866	5876290	5854000	5047114	4885724	7230	154160
周口市	7429798	6013478	5945045	5272449	5110936	5676	155837
驻马店市	6490713	5792260	5755481	4793966	4595616	35768	162581
济源示范区	709258	674645	669838	578376	498699		79678

（地方中学）

单位：千元

科研经费	其他	政府性基金预算安排的教育经费	#彩票公益金	企业办学中的企业拨款	校办产业和社会服务收入中用于教育的经费	其他属于国家财政性教育经费	民办学校中举办者投入	捐赠收入	事业收入	#学费	其他教育经费
2708	**10169582**	**1218997**	**226501**				**1190285**	**40049**	**12405188**	**10046551**	**195334**
901	46896	12660	12660					21120	127882	121923	30456
397	1658982	324322	155686				94238	1791	1717706	1488363	33940
10	400555	110277	277				13969	90	922817	724908	4693
180	509437	154579	2856				11822	256	563366	428421	11003
	394958	22691	5451				235840	1706	477808	404685	8539
50	699500	77970	305				27836	330	740817	662729	9943
24	190153	6315	315				4572	1000	234604	188409	75
900	524592	12732	2572				300721	286	948371	843293	11371
	268532	529	529				2844	476	417785	369329	4355
	475798	98729	1890				46209	4683	449585	390703	13147
50	321602	18502	140				25445	78	516829	457852	
	278769	2669	2401				497	191	147871	113036	9519
50	304194	3499	3499				20165	29	184439	134285	6282
	892383	240589	990				119556	2314	929915	758138	2726
	670918	625	625				18306	176	1218663	847090	6841
	806887	22290	290				163377	1415	802519	608848	6265
	672596	68432	429				57184	2310	1353239	1051322	3588
	961515	36779	30779				45617	1800	619321	424263	31714
147	91314	4807	4807				2084		31651	28952	878

3-27 教育经费收入情况

地区	总计	国家财政性教育经费	一般公共预算安排的教育经费	一般公共预算教育经费	教育事业费	基本建设经费	教育费附加
河南省	**91357382**	**77526347**	**76307350**	**66134016**	**61363485**	**1251025**	**3519506**
河南省本级	543328	363870	351210	303413	303413		
郑州市	13392969	11545115	11220794	9560372	7813900	601986	1144485
开封市	3980907	3039339	2929062	2528496	2388025	5070	135401
洛阳市	6195414	5608967	5454388	4944771	4687499	38733	218540
平顶山市	4293584	3569691	3547001	3152042	2694127	270799	187117
安阳市	4895044	4116118	4038148	3338598	3090056	75000	173542
鹤壁市	1402076	1161825	1155510	965333	936575		28758
新乡市	5420232	4159483	4146751	3621258	3377045	66788	177425
焦作市	2459635	2034175	2033646	1765114	1693240		71874
濮阳市	3979240	3465616	3366887	2891088	2750080	42090	98918
许昌市	3738570	3196217	3177716	2856064	2655802	28066	172197
漯河市	1987957	1829878	1827209	1548439	1481365		67075
三门峡市	2274881	2063965	2060465	1756222	1671656		84566
南阳市	9791844	8737333	8496744	7604361	7323750	25245	255366
商丘市	5522066	4278081	4277456	3606537	3405977	48575	151986
信阳市	6849866	5876290	5854000	5047114	4885724	7230	154160
周口市	7429798	6013478	5945045	5272449	5110936	5676	155837
驻马店市	6490713	5792260	5755481	4793966	4595616	35768	162581
济源示范区	709258	674645	669838	578376	498699		79678

（普通中学）

单位：千元

科研经费	其他	政府性基金预算安排的教育经费	#彩票公益金	企业办学中的企业拨款	校办产业和社会服务收入中用于教育的经费	其他属于国家财政性教育经费	民办学校中举办者投入	捐赠收入	事业收入	#学费	其他教育经费
2708	**10170626**	**1218997**	**226501**				**1190285**	**40049**	**12405188**	**10046551**	**195513**
901	46896	12660	12660					21120	127882	121923	30456
397	1660026	324322	155686				94238	1791	1717706	1488363	34119
10	400555	110277	277				13969	90	922817	724908	4693
180	509437	154579	2856				11822	256	563366	428421	11003
	394958	22691	5451				235840	1706	477808	404685	8539
50	699500	77970	305				27836	330	740817	662729	9943
24	190153	6315	315				4572	1000	234604	188409	75
900	524592	12732	2572				300721	286	948371	843293	11371
	268532	529	529				2844	476	417785	369329	4355
	475798	98729	1890				46209	4683	449585	390703	13147
50	321602	18502	140				25445	78	516829	457852	
	278769	2669	2401				497	191	147871	113036	9519
50	304194	3499	3499				20165	29	184439	134285	6282
	892383	240589	990				119556	2314	929915	758138	2726
	670918	625	625				18306	176	1218663	847090	6841
	806887	22290	290				163377	1415	802519	608848	6265
	672596	68432	429				57184	2310	1353239	1051322	3588
	961515	36779	30779				45617	1800	619321	424263	31714
147	91314	4807	4807				2084		31651	28952	878

3-28 教育经费收入情况

地区	总计	国家财政性教育经费	一般公共预算安排的教育经费	一般公共预算教育经费	教育事业费	基本建设经费	教育费附加
河南省	**91354190**	**77523335**	**76304338**	**66132047**	**61361516**	**1251025**	**3519506**
河南省本级	543328	363870	351210	303413	303413		
郑州市	13389777	11542103	11217782	9558403	7811932	601986	1144485
开封市	3980907	3039339	2929062	2528496	2388025	5070	135401
洛阳市	6195414	5608967	5454388	4944771	4687499	38733	218540
平顶山市	4293584	3569691	3547001	3152042	2694127	270799	187117
安阳市	4895044	4116118	4038148	3338598	3090056	75000	173542
鹤壁市	1402076	1161825	1155510	965333	936575		28758
新乡市	5420232	4159483	4146751	3621258	3377045	66788	177425
焦作市	2459635	2034175	2033646	1765114	1693240		71874
濮阳市	3979240	3465616	3366887	2891088	2750080	42090	98918
许昌市	3738570	3196217	3177716	2856064	2655802	28066	172197
漯河市	1987957	1829878	1827209	1548439	1481365		67075
三门峡市	2274881	2063965	2060465	1756222	1671656		84566
南阳市	9791844	8737333	8496744	7604361	7323750	25245	255366
商丘市	5522066	4278081	4277456	3606537	3405977	48575	151986
信阳市	6849866	5876290	5854000	5047114	4885724	7230	154160
周口市	7429798	6013478	5945045	5272449	5110936	5676	155837
驻马店市	6490713	5792260	5755481	4793966	4595616	35768	162581
济源示范区	709258	674645	669838	578376	498699		79678

（地方普通中学）

单位：千元

科研经费	其他	政府性基金预算安排的教育经费	#彩票公益金	企业办学中的企业拨款	校办产业和社会服务收入中用于教育的经费	其他属于国家财政性教育经费	民办学校中举办者投入	捐赠收入	事业收入	#学费	其他教育经费
2708	**10169582**	**1218997**	**226501**				**1190285**	**40049**	**12405188**	**10046551**	**195334**
901	46896	12660	12660					21120	127882	121923	30456
397	1658982	324322	155686				94238	1791	1717706	1488363	33940
10	400555	110277	277				13969	90	922817	724908	4693
180	509437	154579	2856				11822	256	563366	428421	11003
	394958	22691	5451				235840	1706	477808	404685	8539
50	699500	77970	305				27836	330	740817	662729	9943
24	190153	6315	315				4572	1000	234604	188409	75
900	524592	12732	2572				300721	286	948371	843293	11371
	268532	529	529				2844	476	417785	369329	4355
	475798	98729	1890				46209	4683	449585	390703	13147
50	321602	18502	140				25445	78	516829	457852	
	278769	2669	2401				497	191	147871	113036	9519
50	304194	3499	3499				20165	29	184439	134285	6282
	892383	240589	990				119556	2314	929915	758138	2726
	670918	625	625				18306	176	1218663	847090	6841
	806887	22290	290				163377	1415	802519	608848	6265
	672596	68432	429				57184	2310	1353239	1051322	3588
	961515	36779	30779				45617	1800	619321	424263	31714
147	91314	4807	4807				2084		31651	28952	878

3-29 教育经费收入情况

地区	总计	国家财政性教育经费	一般公共预算安排的教育经费	一般公共预算教育经费	教育事业费	基本建设经费	教育费附加
河南省	**33462359**	**25562667**	**24652250**	**21552395**	**19761660**	**730493**	**1060241**
河南省本级	229280	148704	142211	113370	113370		
郑州市	5471266	4616418	4431287	3826954	3145458	380854	300642
开封市	1631794	1082384	972384	851556	769559		81997
洛阳市	2272779	2031719	1893916	1660401	1560740	25273	74388
平顶山市	1726066	1165950	1159584	1042844	795562	189899	57383
安阳市	1684463	1260708	1183040	985203	854585	75000	55618
鹤壁市	475403	312142	306142	257439	250581		6858
新乡市	1968677	1182814	1174190	1018979	989663	12697	16619
焦作市	922196	631444	631444	567086	540441		26645
濮阳市	1392892	1113241	1022614	868712	835004		33708
许昌市	1053194	811700	811700	729849	702720		27129
漯河市	656336	533658	531313	452130	436424		15706
三门峡市	976915	834925	832275	728131	671633		56499
南阳市	3617195	2941387	2705625	2461923	2380447	1300	80175
商丘市	1898989	1148499	1148499	977033	915542	45471	16020
信阳市	2567860	1978823	1966823	1716335	1654099		62237
周口市	2583690	1937212	1937212	1765683	1732335		33348
驻马店市	2033291	1555397	1526549	1290919	1217719		73200
济源示范区	300070	275542	275442	237847	195778		42069

（普通高中）

单位：千元

科研经费	其他	政府性基金预算安排的教育经费	#彩票公益金	企业办学中的企业拨款	校办产业和社会服务收入中用于教育的经费	其他属于国家财政性教育经费	民办学校中举办者投入	捐赠收入	事业收入	#学费	其他教育经费
1797	**3098058**	**910417**	**93187**				**659036**	**25556**	**7098866**	**5548313**	**116234**
800	28041	6493	6493					13947	49461	47191	17168
397	603936	185131	52505				21182	142	817012	690855	16512
	120828	110000					5100	90	542149	381795	2071
180	233335	137803					5520	120	233717	140626	1703
	116740	6366					207587	1701	342360	285899	8469
50	197787	77668	68				5410	283	414065	373162	3997
	48703	6000					4000	551	158710	117355	
320	154891	8624	304				298860	175	485511	436261	1317
	64358						1400	50	287826	254491	1476
	153902	90628					2210	1183	271364	245739	4894
50	81802						12516		228978	192732	
	79183	2345	2220						117607	87658	5071
	104143	2650	2650					4	135762	90100	6225
	243702	235762					45683	1957	627290	502772	878
	171466						2101	146	742477	477990	5768
	250487	12000					42315	1097	539464	406226	6161
	171529						4953	2310	635627	447397	3588
	235630	28848	28848				200	1800	445835	348329	30058
	37595	100	100						23651	21735	878

3-30 教育经费收入情况

地区	总计	国家财政性教育经费	一般公共预算安排的教育经费	一般公共预算教育经费	教育事业费	基本建设经费	教育费附加
河南省	**33462359**	**25562667**	**24652250**	**21552395**	**19761660**	**730493**	**1060241**
河南省本级	229280	148704	142211	113370	113370		
郑州市	5471266	4616418	4431287	3826954	3145458	380854	300642
开封市	1631794	1082384	972384	851556	769559		81997
洛阳市	2272779	2031719	1893916	1660401	1560740	25273	74388
平顶山市	1726066	1165950	1159584	1042844	795562	189899	57383
安阳市	1684463	1260708	1183040	985203	854585	75000	55618
鹤壁市	475403	312142	306142	257439	250581		6858
新乡市	1968677	1182814	1174190	1018979	989663	12697	16619
焦作市	922196	631444	631444	567086	540441		26645
濮阳市	1392892	1113241	1022614	868712	835004		33708
许昌市	1053194	811700	811700	729849	702720		27129
漯河市	656336	533658	531313	452130	436424		15706
三门峡市	976915	834925	832275	728131	671633		56499
南阳市	3617195	2941387	2705625	2461923	2380447	1300	80175
商丘市	1898989	1148499	1148499	977033	915542	45471	16020
信阳市	2567860	1978823	1966823	1716335	1654099		62237
周口市	2583690	1937212	1937212	1765683	1732335		33348
驻马店市	2033291	1555397	1526549	1290919	1217719		73200
济源示范区	300070	275542	275442	237847	195778		42069

（地方普通高中）

单位：千元

科研经费	其他	政府性基金预算安排的教育经费	#彩票公益金	企业办学中的企业拨款	校办产业和社会服务收入中用于教育的经费	其他属于国家财政性教育经费	民办学校中举办者投入	捐赠收入	事业收入	#学费	其他教育经费
1797	**3098058**	**910417**	**93187**				**659036**	**25556**	**7098866**	**5548313**	**116234**
800	28041	6493	6493					13947	49461	47191	17168
397	603936	185131	52505				21182	142	817012	690855	16512
	120828	110000					5100	90	542149	381795	2071
180	233335	137803					5520	120	233717	140626	1703
	116740	6366					207587	1701	342360	285899	8469
50	197787	77668	68				5410	283	414065	373162	3997
	48703	6000					4000	551	158710	117355	
320	154891	8624	304				298860	175	485511	436261	1317
	64358						1400	50	287826	254491	1476
	153902	90628					2210	1183	271364	245739	4894
50	81802						12516		228978	192732	
	79183	2345	2220						117607	87658	5071
	104143	2650	2650					4	135762	90100	6225
	243702	235762					45683	1957	627290	502772	878
	171466						2101	146	742477	477990	5768
	250487	12000					42315	1097	539464	406226	6161
	171529						4953	2310	635627	447397	3588
	235630	28848	28848				200	1800	445835	348329	30058
	37595	100	100						23651	21735	878

3-31 教育经费收入情况

地区	总计	国家财政性教育经费	一般公共预算安排的教育经费	一般公共预算教育经费	教育事业费	基本建设经费	教育费附加
河南省	**17963972**	**13066458**	**12690827**	**11194582**	**10598580**	**134811**	**461192**
河南省本级							
郑州市	1306049	1107760	974123	876791	638336	101135	137320
开封市	973543	668773	668773	604868	544536		60332
洛阳市	1314550	1161531	1023901	944681	900934	25000	18747
平顶山市	899426	420730	414365	359010	346678		12332
安阳市	939141	704918	704918	594246	553127		41118
鹤壁市	232613	121792	121792	96851	96529		323
新乡市	952673	456112	454594	389481	380428	7376	1678
焦作市	520494	319657	319657	287301	277167		10133
濮阳市	928909	758551	667923	556372	533364		23008
许昌市	271148	204671	204671	192685	187685		5000
漯河市	323601	267641	265417	231138	224091		7047
三门峡市	273377	214921	214921	181019	179652		1368
南阳市	2444427	1965167	1961587	1782684	1741260	1300	40124
商丘市	1092850	604616	604616	509891	493871		16020
信阳市	2062893	1559009	1559009	1361824	1353723		8101
周口市	1663757	1200434	1200434	1084369	1084369		
驻马店市	1673601	1239870	1239870	1062113	1006713		55400
济源示范区	90919	90305	90255	79258	56116		23142

（农村普通高中）

单位：千元

科研经费	其他	政府性基金预算安排的教育经费	#彩票公益金	企业办学中的企业拨款	校办产业和社会服务收入中用于教育的经费	其他属于国家财政性教育经费	民办学校中举办者投入	捐赠收入	事业收入	#学费	其他教育经费
529	**1495716**	**375631**	**3328**				**602199**	**4798**	**4232297**	**3137860**	**58221**
349	96983	133637	1030				12447		185695	167210	148
	63905						2100		302451	169232	218
180	79040	137630					4703	120	146774	82895	1421
	55355	6366					207587	1701	261006	220195	8401
	110672						5410	123	225901	199858	2789
	24941						4000	551	106270	94066	
	65113	1518	28				298860	154	197386	179402	161
	32357						1400	50	197930	178985	1456
	111551	90628							167389	149756	2969
	11986						11366		55112	40463	
	34279	2224	2220						55848	38391	112
	33902							4	58308	35659	144
	178904	3579					7718	1949	469401	366285	193
	94725							146	482324	267833	5764
	197185						42315		457183	333961	4387
	116065						4193		459130	303795	
	177757						100		403572	309875	30058
	10997	50	50						614		

3-32 教育经费收入情况

地区	总计	国家财政性教育经费	一般公共预算安排的教育经费	一般公共预算教育经费	教育事业费	基本建设经费	教育费附加
河南省	**17963972**	**13066458**	**12690827**	**11194582**	**10598580**	**134811**	**461192**
河南省本级							
郑州市	1306049	1107760	974123	876791	638336	101135	137320
开封市	973543	668773	668773	604868	544536		60332
洛阳市	1314550	1161531	1023901	944681	900934	25000	18747
平顶山市	899426	420730	414365	359010	346678		12332
安阳市	939141	704918	704918	594246	553127		41118
鹤壁市	232613	121792	121792	96851	96529		323
新乡市	952673	456112	454594	389481	380428	7376	1678
焦作市	520494	319657	319657	287301	277167		10133
濮阳市	928909	758551	667923	556372	533364		23008
许昌市	271148	204671	204671	192685	187685		5000
漯河市	323601	267641	265417	231138	224091		7047
三门峡市	273377	214921	214921	181019	179652		1368
南阳市	2444427	1965167	1961587	1782684	1741260	1300	40124
商丘市	1092850	604616	604616	509891	493871		16020
信阳市	2062893	1559009	1559009	1361824	1353723		8101
周口市	1663757	1200434	1200434	1084369	1084369		
驻马店市	1673601	1239870	1239870	1062113	1006713		55400
济源示范区	90919	90305	90255	79258	56116		23142

（地方农村普通高中）

单位：千元

科研经费	其他	政府性基金预算安排的教育经费	#彩票公益金	企业办学中的企业拨款	校办产业和社会服务收入中用于教育的经费	其他属于国家财政性教育经费	民办学校中举办者投入	捐赠收入	事业收入	#学费	其他教育经费
529	**1495716**	**375631**	**3328**				**602199**	**4798**	**4232297**	**3137860**	**58221**
349	96983	133637	1030				12447		185695	167210	148
	63905						2100		302451	169232	218
180	79040	137630					4703	120	146774	82895	1421
	55355	6366					207587	1701	261006	220195	8401
	110672						5410	123	225901	199858	2789
	24941						4000	551	106270	94066	
	65113	1518	28				298860	154	197386	179402	161
	32357						1400	50	197930	178985	1456
	111551	90628							167389	149756	2969
	11986						11366		55112	40463	
	34279	2224	2220						55848	38391	112
	33902							4	58308	35659	144
	178904	3579					7718	1949	469401	366285	193
	94725							146	482324	267833	5764
	197185						42315		457183	333961	4387
	116065						4193		459130	303795	
	177757						100		403572	309875	30058
	10997	50	50						614		

3-33 教育经费收入情况

地区	总计	国家财政性教育经费	一般公共预算安排的教育经费	一般公共预算教育经费	教育事业费	基本建设经费	教育费附加
河南省	**57895023**	**51963680**	**51655101**	**44581621**	**41601825**	**520532**	**2459265**
河南省本级	314048	215166	208999	190043	190043		
郑州市	7921703	6928697	6789507	5733418	4668443	221132	843844
开封市	2349113	1956954	1956677	1676940	1618466	5070	53404
洛阳市	3922634	3577248	3560473	3284370	3126759	13460	144152
平顶山市	2567518	2403741	2387416	2109199	1898565	80900	129734
安阳市	3210581	2855411	2855109	2353395	2235472		117924
鹤壁市	926673	849683	849368	707894	685994		21900
新乡市	3451555	2976669	2972560	2602280	2387382	54091	160806
焦作市	1537438	1402731	1402202	1198027	1152798		45229
濮阳市	2586348	2352375	2344273	2022376	1915076	42090	65210
许昌市	2685375	2384517	2366015	2126215	1953082	28066	145068
漯河市	1331621	1296220	1295896	1096310	1044941		51369
三门峡市	1297965	1229040	1228191	1028090	1000023		28067
南阳市	6174650	5795946	5791119	5142439	4943303	23945	175191
商丘市	3623077	3129582	3128957	2629504	2490435	3104	135966
信阳市	4282007	3897468	3887178	3330778	3231625	7230	91923
周口市	4846108	4076265	4007833	3506766	3378601	5676	122489
驻马店市	4457421	4236862	4228932	3503047	3377897	35768	89381
济源示范区	409187	399103	394396	340529	302921		37609

（普通初中）

单位：千元

科研经费	其他	政府性基金预算安排的教育经费	#彩票公益金	企业办学中的企业拨款	校办产业和社会服务收入中用于教育的经费	其他属于国家财政性教育经费	民办学校中举办者投入	捐赠收入	事业收入	#学费	其他教育经费
911	**7072568**	**308580**	**133314**				**531249**	**14493**	**5306322**	**4498238**	**79279**
101	18856	6167	6167					7173	78421	74732	13288
	1056089	139190	103181				73057	1649	900694	797508	17607
10	279727	277	277				8869		380667	343112	2622
	276102	16776	2856				6302	136	329648	287795	9300
	278218	16325	5451				28253	5	135449	118786	70
	501713	302	237				22426	47	326752	289568	5945
24	141451	315	315				572	449	75894	71054	75
580	369701	4108	2268				1861	111	462860	407031	10055
	204174	529	529				1444	426	129959	114838	2878
	321897	8102	1890				43999	3500	178221	144964	8253
	239800	18502	140				12929	78	287851	265120	
	199586	324	181				497	191	30264	25378	4449
50	200051	849	849				20165	25	48677	44185	58
	648680	4827	990				73873	357	302626	255365	1848
	499453	625	625				16206	30	476186	369100	1073
	556400	10290	290				121062	318	263055	202623	104
	501066	68432	429				52231		717612	603924	
	725885	7931	1931				45417		173486	75935	1656
147	53719	4707	4707				2084		8000	7217	

3-34 教育经费收入情况

地区	总计	国家财政性教育经费	一般公共预算安排的教育经费	一般公共预算教育经费	教育事业费	基本建设经费	教育费附加
河南省	**57891831**	**51960668**	**51652088**	**44579653**	**41599856**	**520532**	**2459265**
河南省本级	314048	215166	208999	190043	190043		
郑州市	7918511	6925685	6786495	5731449	4666474	221132	843844
开封市	2349113	1956954	1956677	1676940	1618466	5070	53404
洛阳市	3922634	3577248	3560473	3284370	3126759	13460	144152
平顶山市	2567518	2403741	2387416	2109199	1898565	80900	129734
安阳市	3210581	2855411	2855109	2353395	2235472		117924
鹤壁市	926673	849683	849368	707894	685994		21900
新乡市	3451555	2976669	2972560	2602280	2387382	54091	160806
焦作市	1537438	1402731	1402202	1198027	1152798		45229
濮阳市	2586348	2352375	2344273	2022376	1915076	42090	65210
许昌市	2685375	2384517	2366015	2126215	1953082	28066	145068
漯河市	1331621	1296220	1295896	1096310	1044941		51369
三门峡市	1297965	1229040	1228191	1028090	1000023		28067
南阳市	6174650	5795946	5791119	5142439	4943303	23945	175191
商丘市	3623077	3129582	3128957	2629504	2490435	3104	135966
信阳市	4282007	3897468	3887178	3330778	3231625	7230	91923
周口市	4846108	4076265	4007833	3506766	3378601	5676	122489
驻马店市	4457421	4236862	4228932	3503047	3377897	35768	89381
济源示范区	409187	399103	394396	340529	302921		37609

（地方普通初中）

单位：千元

科研经费	其他	政府性基金预算安排的教育经费	#彩票公益金	企业办学中的企业拨款	校办产业和社会服务收入中用于教育的经费	其他属于国家财政性教育经费	民办学校中举办者投入	捐赠收入	事业收入	#学费	其他教育经费
911	**7071525**	**308580**	**133314**				**531249**	**14493**	**5306322**	**4498238**	**79099**
101	18856	6167	6167					7173	78421	74732	13288
	1055046	139190	103181				73057	1649	900694	797508	17427
10	279727	277	277				8869		380667	343112	2622
	276102	16776	2856				6302	136	329648	287795	9300
	278218	16325	5451				28253	5	135449	118786	70
	501713	302	237				22426	47	326752	289568	5945
24	141451	315	315				572	449	75894	71054	75
580	369701	4108	2268				1861	111	462860	407031	10055
	204174	529	529				1444	426	129959	114838	2878
	321897	8102	1890				43999	3500	178221	144964	8253
	239800	18502	140				12929	78	287851	265120	
	199586	324	181				497	191	30264	25378	4449
50	200051	849	849				20165	25	48677	44185	58
	648680	4827	990				73873	357	302626	255365	1848
	499453	625	625				16206	30	476186	369100	1073
	556400	10290	290				121062	318	263055	202623	104
	501066	68432	429				52231		717612	603924	
	725885	7931	1931				45417		173486	75935	1656
147	53719	4707	4707				2084		8000	7217	

3-35 教育经费收入情况

地区	总计	国家财政性教育经费	一般公共预算安排的教育经费	一般公共预算教育经费	教育事业费	基本建设经费	教育费附加
河南省	**39124543**	**35360172**	**35263279**	**30468556**	**28968995**	**177705**	**1321857**
河南省本级	25420						
郑州市	3271287	2872420	2833008	2405530	1937003	18796	449730
开封市	1534896	1295444	1295273	1110568	1073989	5070	31508
洛阳市	2655082	2512066	2495946	2329335	2232305	10000	87030
平顶山市	1747233	1629673	1615658	1445265	1375837	16900	52528
安阳市	2007443	1790476	1790246	1467731	1426169		41562
鹤壁市	467868	395355	395135	320141	307375		12766
新乡市	2105467	1789088	1785924	1564611	1483792	13771	67048
焦作市	875371	806115	805679	694895	680357		14538
濮阳市	1746492	1553828	1545727	1302905	1245532	17090	40283
许昌市	1471561	1333395	1333395	1193576	1104684	23126	65766
漯河市	835140	824943	824798	707145	674980		32165
三门峡市	697519	676657	675867	561398	544485		16913
南阳市	5322880	5056122	5051345	4490923	4330256	23945	136721
商丘市	2930383	2496201	2495606	2098992	2008282	3104	87606
信阳市	3801959	3423329	3423039	2965637	2875580	7230	82827
周口市	3464593	2960229	2959889	2545834	2511251	2904	31679
驻马店市	3983476	3764572	3756641	3109358	3016057	35768	57532
济源示范区	180474	180258	180102	154714	141060		13654

（农村普通初中）

单位：千元

科研经费	其他	政府性基金预算安排的教育经费	#彩票公益金	企业办学中的企业拨款	校办产业和社会服务收入中用于教育的经费	其他属于国家财政性教育经费	民办学校中举办者投入	捐赠收入	事业收入	#学费	其他教育经费
50	**4794673**	**96893**	**19720**				**363778**	**2956**	**3379874**	**2773857**	**17762**
									25420	23682	
	427478	39412	4682				35039	1629	360392	313111	1808
	184705	171	171				3169		236279	211656	4
	166611	16120	2200				6230	100	135055	106940	1630
	170393	14015	3141				23105		94423	81446	32
	322515	230	230						216231	190106	736
	74994	220	220				572	449	71417	69471	75
	221313	3164	1564				1345	42	305322	265397	9670
	110784	436	436				1280	32	67286	59887	659
	242821	8102	1890				43498		148534	119835	631
	139819						229	2	137935	127805	
	117654	145	145				497		9584	7983	116
50	114420	789	789					25	20836	19686	1
	560422	4777	940				38169	337	227801	196214	450
	396614	595	595				4599	30	429260	327582	293
	457402	290	290				120362	310	257956	201390	1
	414055	340	340				40266		464098	376536	
	647284	7931	1931				45417		171831	74920	1656
	25388	156	156						215	209	

3-36 教育经费收入情况

地区	总计	国家财政性教育经费	一般公共预算安排的教育经费	一般公共预算教育经费	教育事业费	基本建设经费	教育费附加
河南省	**39124543**	**35360172**	**35263279**	**30468556**	**28968995**	**177705**	**1321857**
河南省本级	25420						
郑州市	3271287	2872420	2833008	2405530	1937003	18796	449730
开封市	1534896	1295444	1295273	1110568	1073989	5070	31508
洛阳市	2655082	2512066	2495946	2329335	2232305	10000	87030
平顶山市	1747233	1629673	1615658	1445265	1375837	16900	52528
安阳市	2007443	1790476	1790246	1467731	1426169		41562
鹤壁市	467868	395355	395135	320141	307375		12766
新乡市	2105467	1789088	1785924	1564611	1483792	13771	67048
焦作市	875371	806115	805679	694895	680357		14538
濮阳市	1746492	1553828	1545727	1302905	1245532	17090	40283
许昌市	1471561	1333395	1333395	1193576	1104684	23126	65766
漯河市	835140	824943	824798	707145	674980		32165
三门峡市	697519	676657	675867	561398	544485		16913
南阳市	5322880	5056122	5051345	4490923	4330256	23945	136721
商丘市	2930383	2496201	2495606	2098992	2008282	3104	87606
信阳市	3801959	3423329	3423039	2965637	2875580	7230	82827
周口市	3464593	2960229	2959889	2545834	2511251	2904	31679
驻马店市	3983476	3764572	3756641	3109358	3016057	35768	57532
济源示范区	180474	180258	180102	154714	141060		13654

（地方农村普通初中）

单位：千元

科研经费	其他	政府性基金预算安排的教育经费	#彩票公益金	企业办学中的企业拨款	校办产业和社会服务收入中用于教育的经费	其他属于国家财政性教育经费	民办学校中举办者投入	捐赠收入	事业收入	#学费	其他教育经费
50	**4794673**	**96893**	**19720**				**363778**	**2956**	**3379874**	**2773857**	**17762**
									25420	23682	
	427478	39412	4682				35039	1629	360392	313111	1808
	184705	171	171				3169		236279	211656	4
	166611	16120	2200				6230	100	135055	106940	1630
	170393	14015	3141				23105		94423	81446	32
	322515	230	230						216231	190106	736
	74994	220	220				572	449	71417	69471	75
	221313	3164	1564				1345	42	305322	265397	9670
	110784	436	436				1280	32	67286	59887	659
	242821	8102	1890				43498		148534	119835	631
	139819						229	2	137935	127805	
	117654	145	145				497		9584	7983	116
50	114420	789	789					25	20836	19686	1
	560422	4777	940				38169	337	227801	196214	450
	396614	595	595				4599	30	429260	327582	293
	457402	290	290				120362	310	257956	201390	1
	414055	340	340				40266		464098	376536	
	647284	7931	1931				45417		171831	74920	1656
	25388	156	156						215	209	

3-37 教育经费收入情况

地区	总计	国家财政性教育经费	一般公共预算安排的教育经费	一般公共预算教育经费	教育事业费	基本建设经费	教育费附加
河南省							
河南省本级							
郑州市							
开封市							
洛阳市							
平顶山市							
安阳市							
鹤壁市							
新乡市							
焦作市							
濮阳市							
许昌市							
漯河市							
三门峡市							
南阳市							
商丘市							
信阳市							
周口市							
驻马店市							
济源示范区							

（成人中学）

单位：千元

科研经费	其他	政府性基金预算安排的教育经费	#彩票公益金	企业办学中的企业拨款	校办产业和社会服务收入中用于教育的经费	其他属于国家财政性教育经费	民办学校中举办者投入	捐赠收入	事业收入	#学费	其他教育经费

3-38 教育经费收入情况

地区	总计	国家财政性教育经费	一般公共预算安排的教育经费	一般公共预算教育经费	教育事业费	基本建设经费	教育费附加
河南省	**85450840**	**77787622**	**77380349**	**66475901**	**63297705**	**481330**	**2696866**
河南省本级	197732	153076	153076	146316	146316		
郑州市	11347979	10303333	10163813	8377406	7221565	256921	898920
开封市	4055650	3553203	3526722	3011179	2914917	12786	83476
洛阳市	5759774	5349793	5323034	4952260	4768881	20340	163040
平顶山市	3685562	3291959	3275756	2848844	2738321	7990	102533
安阳市	4442348	4027744	4009820	3313471	3163681		149791
鹤壁市	1337903	1234870	1229620	1016247	973005		43242
新乡市	4675179	4108477	4078660	3502728	3343569	13103	146056
焦作市	2387034	2139867	2138634	1863940	1794957	246	68737
濮阳市	3620246	3393993	3387023	2894624	2755816	64630	74178
许昌市	3787821	3269041	3261001	2944308	2797334	25470	121505
漯河市	1864137	1764785	1764133	1494802	1415627		79175
三门峡市	1987044	1841702	1839682	1576394	1502354		74040
南阳市	8130737	7598862	7534219	6523730	6329704	25390	168636
商丘市	6273516	5546840	5544542	4711732	4538548	4526	168658
信阳市	6294181	6077283	6075763	5220143	5104604	9580	105959
周口市	8030385	7004822	6951519	6133291	6023034	3137	107119
驻马店市	6911876	6491586	6488002	5413460	5269019	37212	107230
济源示范区	661734	636384	635331	531026	496452		34573

（小学）

单位：千元

科研经费	其他	政府性基金预算安排的教育经费	#彩票公益金	企业办学中的企业拨款	校办产业和社会服务收入中用于教育的经费	其他属于国家财政性教育经费	民办学校中举办者投入	捐赠收入	事业收入	#学费	其他教育经费
964	**10903485**	**407273**	**144404**				**387585**	**8432**	**7183571**	**6108525**	**83629**
99	6660							4808	27351	26858	12497
	1786407	139520	100217				44707	11	966057	884155	33872
110	515433	26481	1100				20159	15	479630	423757	2642
	370774	26759	9630				13273	310	390973	333341	5425
370	426542	16203	3477				28316		364589	318357	698
	696348	17924	1960				43105	561	365512	338152	5426
76	213297	5250	2345				976		100580	82613	1478
50	575883	29817	7506				3184	306	556542	474462	6670
50	274644	1234	1204				3791	106	239615	206751	3654
	492399	6970	2430				9603	766	213135	188823	2749
	316694	8039	170				2321	29	516428	447779	2
	269331	652	651				2718		96165	83818	469
	263288	2020	1950				71399		73290	64685	653
50	1010438	64643	2110				15882	1507	514081	441567	404
	832810	2298	2298				10749	13	711397	581762	4518
78	855542	1520	1520				21925		192503	164471	2471
	818228	53304	1198				42224		983339	848650	
	1074542	3584	3584				47255		373035	180276	
80	104225	1054	1054				6000		19350	18249	

3-39 教育经费收入情况

地区	总计	国家财政性教育经费	一般公共预算安排的教育经费	一般公共预算教育经费	教育事业费	基本建设经费	教育费附加
河南省	**85438248**	**77777509**	**77370236**	**66468911**	**63290715**	**481330**	**2696866**
河南省本级	197732	153076	153076	146316	146316		
郑州市	11335387	10293220	10153699	8370416	7214575	256921	898920
开封市	4055650	3553203	3526722	3011179	2914917	12786	83476
洛阳市	5759774	5349793	5323034	4952260	4768881	20340	163040
平顶山市	3685562	3291959	3275756	2848844	2738321	7990	102533
安阳市	4442348	4027744	4009820	3313471	3163681		149791
鹤壁市	1337903	1234870	1229620	1016247	973005		43242
新乡市	4675179	4108477	4078660	3502728	3343569	13103	146056
焦作市	2387034	2139867	2138634	1863940	1794957	246	68737
濮阳市	3620246	3393993	3387023	2894624	2755816	64630	74178
许昌市	3787821	3269041	3261001	2944308	2797334	25470	121505
漯河市	1864137	1764785	1764133	1494802	1415627		79175
三门峡市	1987044	1841702	1839682	1576394	1502354		74040
南阳市	8130737	7598862	7534219	6523730	6329704	25390	168636
商丘市	6273516	5546840	5544542	4711732	4538548	4526	168658
信阳市	6294181	6077283	6075763	5220143	5104604	9580	105959
周口市	8030385	7004822	6951519	6133291	6023034	3137	107119
驻马店市	6911876	6491586	6488002	5413460	5269019	37212	107230
济源示范区	661734	636384	635331	531026	496452		34573

（地方小学）

单位：千元

科研经费	其他	政府性基金预算安排的教育经费	#彩票公益金	企业办学中的企业拨款	校办产业和社会服务收入中用于教育的经费	其他属于国家财政性教育经费	民办学校中举办者投入	捐赠收入	事业收入	#学费	其他教育经费
964	**10900362**	**407273**	**144404**				**387585**	**8432**	**7183571**	**6108525**	**81151**
99	6660							4808	27351	26858	12497
	1783284	139520	100217				44707	11	966057	884155	31394
110	515433	26481	1100				20159	15	479630	423757	2642
	370774	26759	9630				13273	310	390973	333341	5425
370	426542	16203	3477				28316		364589	318357	698
	696348	17924	1960				43105	561	365512	338152	5426
76	213297	5250	2345				976		100580	82613	1478
50	575883	29817	7506				3184	306	556542	474462	6670
50	274644	1234	1204				3791	106	239615	206751	3654
	492399	6970	2430				9603	766	213135	188823	2749
	316694	8039	170				2321	29	516428	447779	2
	269331	652	651				2718		96165	83818	469
	263288	2020	1950				71399		73290	64685	653
50	1010438	64643	2110				15882	1507	514081	441567	404
	832810	2298	2298				10749	13	711397	581762	4518
78	855542	1520	1520				21925		192503	164471	2471
	818228	53304	1198				42224		983339	848650	
	1074542	3584	3584				47255		373035	180276	
80	104225	1054	1054				6000		19350	18249	

3-40 教育经费收入情况

地区	总计	国家财政性教育经费	一般公共预算安排的教育经费	一般公共预算教育经费	教育事业费	基本建设经费	教育费附加
河南省	**85450840**	**77787622**	**77380349**	**66475901**	**63297705**	**481330**	**2696866**
河南省本级	197732	153076	153076	146316	146316		
郑州市	11347979	10303333	10163813	8377406	7221565	256921	898920
开封市	4055650	3553203	3526722	3011179	2914917	12786	83476
洛阳市	5759774	5349793	5323034	4952260	4768881	20340	163040
平顶山市	3685562	3291959	3275756	2848844	2738321	7990	102533
安阳市	4442348	4027744	4009820	3313471	3163681		149791
鹤壁市	1337903	1234870	1229620	1016247	973005		43242
新乡市	4675179	4108477	4078660	3502728	3343569	13103	146056
焦作市	2387034	2139867	2138634	1863940	1794957	246	68737
濮阳市	3620246	3393993	3387023	2894624	2755816	64630	74178
许昌市	3787821	3269041	3261001	2944308	2797334	25470	121505
漯河市	1864137	1764785	1764133	1494802	1415627		79175
三门峡市	1987044	1841702	1839682	1576394	1502354		74040
南阳市	8130737	7598862	7534219	6523730	6329704	25390	168636
商丘市	6273516	5546840	5544542	4711732	4538548	4526	168658
信阳市	6294181	6077283	6075763	5220143	5104604	9580	105959
周口市	8030385	7004822	6951519	6133291	6023034	3137	107119
驻马店市	6911876	6491586	6488002	5413460	5269019	37212	107230
济源示范区	661734	636384	635331	531026	496452		34573

（普通小学）

单位：千元

科研经费	其他	政府性基金预算安排的教育经费	#彩票公益金	企业办学中的企业拨款	校办产业和社会服务收入中用于教育的经费	其他属于国家财政性教育经费	民办学校中举办者投入	捐赠收入	事业收入	#学费	其他教育经费
964	**10903485**	**407273**	**144404**				**387585**	**8432**	**7183571**	**6108525**	**83629**
99	6660							4808	27351	26858	12497
	1786407	139520	100217				44707	11	966057	884155	33872
110	515433	26481	1100				20159	15	479630	423757	2642
	370774	26759	9630				13273	310	390973	333341	5425
370	426542	16203	3477				28316		364589	318357	698
	696348	17924	1960				43105	561	365512	338152	5426
76	213297	5250	2345				976		100580	82613	1478
50	575883	29817	7506				3184	306	556542	474462	6670
50	274644	1234	1204				3791	106	239615	206751	3654
	492399	6970	2430				9603	766	213135	188823	2749
	316694	8039	170				2321	29	516428	447779	2
	269331	652	651				2718		96165	83818	469
	263288	2020	1950				71399		73290	64685	653
50	1010438	64643	2110				15882	1507	514081	441567	404
	832810	2298	2298				10749	13	711397	581762	4518
78	855542	1520	1520				21925		192503	164471	2471
	818228	53304	1198				42224		983339	848650	
	1074542	3584	3584				47255		373035	180276	
80	104225	1054	1054				6000		19350	18249	

3-41 教育经费收入情况

地区	总计	国家财政性教育经费	一般公共预算安排的教育经费	一般公共预算教育经费	教育事业费	基本建设经费	教育费附加
河南省	**85438248**	**77777509**	**77370236**	**66468911**	**63290715**	**481330**	**2696866**
河南省本级	197732	153076	153076	146316	146316		
郑州市	11335387	10293220	10153699	8370416	7214575	256921	898920
开封市	4055650	3553203	3526722	3011179	2914917	12786	83476
洛阳市	5759774	5349793	5323034	4952260	4768881	20340	163040
平顶山市	3685562	3291959	3275756	2848844	2738321	7990	102533
安阳市	4442348	4027744	4009820	3313471	3163681		149791
鹤壁市	1337903	1234870	1229620	1016247	973005		43242
新乡市	4675179	4108477	4078660	3502728	3343569	13103	146056
焦作市	2387034	2139867	2138634	1863940	1794957	246	68737
濮阳市	3620246	3393993	3387023	2894624	2755816	64630	74178
许昌市	3787821	3269041	3261001	2944308	2797334	25470	121505
漯河市	1864137	1764785	1764133	1494802	1415627		79175
三门峡市	1987044	1841702	1839682	1576394	1502354		74040
南阳市	8130737	7598862	7534219	6523730	6329704	25390	168636
商丘市	6273516	5546840	5544542	4711732	4538548	4526	168658
信阳市	6294181	6077283	6075763	5220143	5104604	9580	105959
周口市	8030385	7004822	6951519	6133291	6023034	3137	107119
驻马店市	6911876	6491586	6488002	5413460	5269019	37212	107230
济源示范区	661734	636384	635331	531026	496452		34573

（地方普通小学）

单位：千元

科研经费	其他	政府性基金预算安排的教育经费	#彩票公益金	企业办学中的企业拨款	校办产业和社会服务收入中用于教育的经费	其他属于国家财政性教育经费	民办学校中举办者投入	捐赠收入	事业收入	#学费	其他教育经费
964	**10900362**	**407273**	**144404**				**387585**	**8432**	**7183571**	**6108525**	**81151**
99	6660							4808	27351	26858	12497
	1783284	139520	100217				44707	11	966057	884155	31394
110	515433	26481	1100				20159	15	479630	423757	2642
	370774	26759	9630				13273	310	390973	333341	5425
370	426542	16203	3477				28316		364589	318357	698
	696348	17924	1960				43105	561	365512	338152	5426
76	213297	5250	2345				976		100580	82613	1478
50	575883	29817	7506				3184	306	556542	474462	6670
50	274644	1234	1204				3791	106	239615	206751	3654
	492399	6970	2430				9603	766	213135	188823	2749
	316694	8039	170				2321	29	516428	447779	2
	269331	652	651				2718		96165	83818	469
	263288	2020	1950				71399		73290	64685	653
50	1010438	64643	2110				15882	1507	514081	441567	404
	832810	2298	2298				10749	13	711397	581762	4518
78	855542	1520	1520				21925		192503	164471	2471
	818228	53304	1198				42224		983339	848650	
	1074542	3584	3584				47255		373035	180276	
80	104225	1054	1054				6000		19350	18249	

3-42 教育经费收入情况

地区	总计	国家财政性教育经费	一般公共预算安排的教育经费	一般公共预算教育经费	教育事业费	基本建设经费	教育费附加
河南省	**60828856**	**55690665**	**55543580**	**47648743**	**46248898**	**194482**	**1205362**
河南省本级	4947						
郑州市	4415130	4100386	4080516	3296840	3071510	13337	211993
开封市	2903688	2507328	2506778	2097163	2040675	12786	43702
洛阳市	3867859	3624140	3605956	3377232	3261418	17840	97973
平顶山市	2603086	2299606	2283853	2001945	1941657		60289
安阳市	2952906	2745432	2728058	2252223	2203657		48565
鹤壁市	685624	587236	582971	464758	452912		11846
新乡市	3057318	2709417	2680782	2322448	2247136		75312
焦作市	1453755	1273778	1272725	1097522	1075919	246	21357
濮阳市	3005814	2800257	2793287	2357511	2246322	57630	53559
许昌市	2369846	2088325	2088295	1861914	1795678	12798	53438
漯河市	1200438	1155650	1155255	969871	947293		22579
三门峡市	1015168	993217	991597	847538	825909		21629
南阳市	7148484	6679497	6656454	5762029	5626148	25390	110492
商丘市	5303538	4704804	4702506	4009581	3879729	4526	125326
信阳市	5713840	5510136	5508616	4769771	4661956	9580	98236
周口市	6565348	5765232	5764227	5053286	4999798	3137	50351
驻马店市	6240907	5825137	5821582	4846962	4734369	37212	75381
济源示范区	321160	321088	320124	260149	236812		23337

（农村普通小学）

单位：千元

科研经费	其他	政府性基金预算安排的教育经费	#彩票公益金	企业办学中的企业拨款	校办产业和社会服务收入中用于教育的经费	其他属于国家财政性教育经费	民办学校中举办者投入	捐赠收入	事业收入	#学费	其他教育经费
128	**7894709**	**147085**	**49619**				**230485**	**2773**	**4880099**	**4035520**	**24833**
									4947	4488	
	783676	19870	10964				29677		279282	244163	5784
	409615	550	450				17859	15	378483	334504	3
	228724	18184	9010				11196		229498	184238	3026
	281907	15753	3027				25427		277943	238191	111
	475835	17374	1430				3473	518	202917	186348	566
	118213	4265	1370				976		95965	80886	1448
	358334	28635	6548				700	306	340477	280787	6417
	175203	1054	1024				2605	106	175156	148835	2110
	435775	6970	2430				9407	666	195482	172815	2
	226381	30	30				1011	20	280491	239771	
	185383	395	395				2618		42159	36779	12
	144059	1620	1590						21951	19704	
50	894374	23043	2010				15222	1142	452346	397088	277
	692924	2298	2298				6216		589911	467975	2607
78	738766	1520	1520				20625		180609	156968	2471
	710942	1005	1005				36319		763797	664785	
	974620	3554	3554				47155		368616	177126	
	59975	964	964						72	69	

3-43　教育经费收入情况

地区	总计	国家财政性教育经费	一般公共预算安排的教育经费	一般公共预算教育经费	教育事业费	基本建设经费	教育费附加
河南省	**60828856**	**55690665**	**55543580**	**47648743**	**46248898**	**194482**	**1205362**
河南省本级	4947						
郑州市	4415130	4100386	4080516	3296840	3071510	13337	211993
开封市	2903688	2507328	2506778	2097163	2040675	12786	43702
洛阳市	3867859	3624140	3605956	3377232	3261418	17840	97973
平顶山市	2603086	2299606	2283853	2001945	1941657		60289
安阳市	2952906	2745432	2728058	2252223	2203657		48565
鹤壁市	685624	587236	582971	464758	452912		11846
新乡市	3057318	2709417	2680782	2322448	2247136		75312
焦作市	1453755	1273778	1272725	1097522	1075919	246	21357
濮阳市	3005814	2800257	2793287	2357511	2246322	57630	53559
许昌市	2369846	2088325	2088295	1861914	1795678	12798	53438
漯河市	1200438	1155650	1155255	969871	947293		22579
三门峡市	1015168	993217	991597	847538	825909		21629
南阳市	7148484	6679497	6656454	5762029	5626148	25390	110492
商丘市	5303538	4704804	4702506	4009581	3879729	4526	125326
信阳市	5713840	5510136	5508616	4769771	4661956	9580	98236
周口市	6565348	5765232	5764227	5053286	4999798	3137	50351
驻马店市	6240907	5825137	5821582	4846962	4734369	37212	75381
济源示范区	321160	321088	320124	260149	236812		23337

（地方农村普通小学）

单位：千元

科研经费	其他	政府性基金预算安排的教育经费	#彩票公益金	企业办学中的企业拨款	校办产业和社会服务收入中用于教育的经费	其他属于国家财政性教育经费	民办学校中举办者投入	捐赠收入	事业收入	#学费	其他教育经费
128	**7894709**	**147085**	**49619**				**230485**	**2773**	**4880099**	**4035520**	**24833**
									4947	4488	
	783676	19870	10964				29677		279282	244163	5784
	409615	550	450				17859	15	378483	334504	3
	228724	18184	9010				11196		229498	184238	3026
	281907	15753	3027				25427		277943	238191	111
	475835	17374	1430				3473	518	202917	186348	566
	118213	4265	1370				976		95965	80886	1448
	358334	28635	6548				700	306	340477	280787	6417
	175203	1054	1024				2605	106	175156	148835	2110
	435775	6970	2430				9407	666	195482	172815	2
	226381	30	30				1011	20	280491	239771	
	185383	395	395				2618		42159	36779	12
	144059	1620	1590						21951	19704	
50	894374	23043	2010				15222	1142	452346	397088	277
	692924	2298	2298				6216		589911	467975	2607
78	738766	1520	1520				20625		180609	156968	2471
	710942	1005	1005				36319		763797	664785	
	974620	3554	3554				47155		368616	177126	
	59975	964	964						72	69	

3-44 教育经费收入情况

地区	总计	国家财政性教育经费	一般公共预算安排的教育经费	一般公共预算教育经费	教育事业费	基本建设经费	教育费附加
河南省							
河南省本级							
郑州市							
开封市							
洛阳市							
平顶山市							
安阳市							
鹤壁市							
新乡市							
焦作市							
濮阳市							
许昌市							
漯河市							
三门峡市							
南阳市							
商丘市							
信阳市							
周口市							
驻马店市							
济源示范区							

（成人小学）

单位：千元

科研经费	其他	政府性基金预算安排的教育经费	#彩票公益金	企业办学中的企业拨款	校办产业和社会服务收入中用于教育的经费	其他属于国家财政性教育经费	民办学校中举办者投入	捐赠收入	事业收入	#学费	其他教育经费

3-45 教育经费收入情况

地区	总计	国家财政性教育经费	一般公共预算安排的教育经费	一般公共预算教育经费	教育事业费	基本建设经费	教育费附加
河南省	**769834**	**766675**	**765759**	**640730**	**631391**		**9339**
河南省本级							
郑州市	121462	121443	121434	99788	98001		1787
开封市	34012	34012	34012	27239	26639		600
洛阳市	74780	74780	74780	64939	64654		284
平顶山市	39313	39313	39271	33508	32227		1281
安阳市	36135	35309	35309	28081	27436		645
鹤壁市	10313	10313	10313	8058	7822		237
新乡市	37097	37067	36320	30531	30471		60
焦作市	33837	33837	33837	28887	28471		416
濮阳市	34323	33895	33859	29765	29765		
许昌市	18135	18134	18134	15915	15715		200
漯河市	19490	17689	17689	14813	14477		335
三门峡市	17775	17775	17775	14779	14779		
南阳市	62254	62254	62173	54021	52730		1291
商丘市	60838	60785	60785	51481	51348		133
信阳市	47661	47661	47661	38322	36787		1536
周口市	52827	52827	52827	45483	45253		230
驻马店市	57827	57827	57827	45181	45081		100
济源示范区	11755	11755	11755	9940	9735		205

（特殊教育）

单位：千元

科研经费	其他	政府性基金预算安排的教育经费	#彩票公益金	企业办学中的企业拨款	校办产业和社会服务收入中用于教育的经费	其他属于国家财政性教育经费	民办学校中举办者投入	捐赠收入	事业收入	#学费	其他教育经费
	125029	**916**	**907**				**200**	**12**	**2675**	**2107**	**272**
	21646	9									20
	6773										
	9841										
	5763	42	42								
	7229							11	745	359	70
	2254										
	5789	748	748								30
	4950										1
	4094	36	36				200		161	161	66
	2220							1			
	2876	1							1725	1543	76
	2996										
	8152	81	81								
	9304								44	44	10
	9338										
	7343										
	12646										
	1815										

3-46 教育经费收入情况

地区	总计	国家财政性教育经费	一般公共预算安排的教育经费	一般公共预算教育经费	教育事业费	基本建设经费	教育费附加
河南省	**749246**	**746087**	**745170**	**624330**	**615150**		**9179**
河南省本级							
郑州市	109551	109532	109523	89540	87753		1787
开封市	32431	32431	32431	26250	25650		600
洛阳市	67683	67683	67683	59775	59650		125
平顶山市	39313	39313	39271	33508	32227		1281
安阳市	36135	35309	35309	28081	27436		645
鹤壁市	10313	10313	10313	8058	7822		237
新乡市	37097	37067	36320	30531	30471		60
焦作市	33837	33837	33837	28887	28471		416
濮阳市	34323	33895	33859	29765	29765		
许昌市	18135	18134	18134	15915	15715		200
漯河市	19490	17689	17689	14813	14477		335
三门峡市	17775	17775	17775	14779	14779		
南阳市	62254	62254	62173	54021	52730		1291
商丘市	60838	60785	60785	51481	51348		133
信阳市	47661	47661	47661	38322	36787		1536
周口市	52827	52827	52827	45483	45253		230
驻马店市	57827	57827	57827	45181	45081		100
济源示范区	11755	11755	11755	9940	9735		205

（特殊教育学校）

单位：千元

科研经费	其他	政府性基金预算安排的教育经费	#彩票公益金	企业办学中的企业拨款	校办产业和社会服务收入中用于教育的经费	其他属于国家财政性教育经费	民办学校中举办者投入	捐赠收入	事业收入	#学费	其他教育经费
	120841	**916**	**907**				**200**	**12**	**2675**	**2107**	**272**
	19982	9									20
	6181										
	7907										
	5763	42	42								
	7229							11	745	359	70
	2254										
	5789	748	748								30
	4950										1
	4094	36	36				200		161	161	66
	2220							1			
	2876	1							1725	1543	76
	2996										
	8152	81	81								
	9304								44	44	10
	9338										
	7343										
	12646										
	1815										

3-47 教育经费收入情况

地区	总计	国家财政性教育经费	一般公共预算安排的教育经费	一般公共预算教育经费	教育事业费	基本建设经费	教育费附加
河南省	**20588**	**20588**	**20588**	**16400**	**16240**		**160**
河南省本级							
郑州市	11911	11911	11911	10248	10248		
开封市	1580	1580	1580	989	989		
洛阳市	7097	7097	7097	5163	5004		160
平顶山市							
安阳市							
鹤壁市							
新乡市							
焦作市							
濮阳市							
许昌市							
漯河市							
三门峡市							
南阳市							
商丘市							
信阳市							
周口市							
驻马店市							
济源示范区							

（工读学校）

单位：千元

科研经费	其他	政府性基金预算安排的教育经费	#彩票公益金	企业办学中的企业拨款	校办产业和社会服务收入中用于教育的经费	其他属于国家财政性教育经费	民办学校中举办者投入	捐赠收入	事业收入	#学费	其他教育经费
	4188										
	1663										
	591										
	1934										

3-48 教育经费收入情况

地区	总计	国家财政性教育经费	一般公共预算安排的教育经费	一般公共预算教育经费	教育事业费	基本建设经费	教育费附加
河南省	**22551994**	**7423840**	**6751966**	**5882487**	**5371544**	**132492**	**378452**
河南省本级	253472	180662	180662	170960	169860	1100	
郑州市	3967173	1490887	1364669	1185767	959744		226024
开封市	1094992	307642	245002	210777	197707	2200	10871
洛阳市	1447489	407019	326835	316122	307182	5000	3940
平顶山市	1175448	408095	396687	356536	333592	21990	954
安阳市	1122341	322618	247055	215109	185127		29981
鹤壁市	445104	197692	197662	59148	59100		48
新乡市	1404846	348183	312317	284521	279953		4568
焦作市	726410	220560	220560	204829	192434	3218	9176
濮阳市	881323	277199	275885	254265	244641		9624
许昌市	1052925	235236	235236	213154	206988		6165
漯河市	512200	129934	129874	112840	109290		3550
三门峡市	553845	245410	193154	169119	165930		3188
南阳市	1685695	551593	501593	444937	429538		15399
商丘市	1516163	313328	313328	271120	264754		6366
信阳市	1297818	487582	457582	402504	298509	96030	7966
周口市	1894986	806318	659984	595085	592359	1128	1598
驻马店市	1352963	441209	441209	367004	334195	1825	30985
济源示范区	166802	52671	52671	48689	40640		8049

（幼儿园）

单位：千元

科研经费	其他	政府性基金预算安排的教育经费	#彩票公益金	企业办学中的企业拨款	校办产业和社会服务收入中用于教育的经费	其他属于国家财政性教育经费	民办学校中举办者投入	捐赠收入	事业收入	#学费	其他教育经费
	869479	**631833**	**17453**	**40040**			**636150**	**4750**	**14429057**	**13945338**	**58197**
	9702							1143	53743	53743	17923
	178902	122081	17295	4137			138664	1022	2320001	2266093	16600
	34225	62000		640			6285	100	780552	758276	413
	10712	69000		11184			48776	16	989317	954025	2361
	40151	1035	35	10374			68754		695663	674709	2935
	31947	75563	63				23870		772758	767398	3094
	138514			30			8763		238649	234493	
	27797	34737		1129			46806		1007221	990409	2637
	15731						43844		460674	459905	1332
	21619	37		1277			21036	1071	574041	559511	7976
	22083						14422	6	803201	751783	60
	17034	60	60				22437		358251	340821	1578
	24035	45000		7256			9147	283	298545	294463	461
	56657	50000					12915	240	1120841	1092779	106
	42207						17676	840	1184311	1047808	10
	55078	30000					28247	30	781665	759751	294
	64899	142320		4014			23509		1065158	1060235	
	74204						99552		811784	766506	418
	3982						1448		112682	112630	

3-49 教育经费收入情况

地区	总计	国家财政性教育经费	一般公共预算安排的教育经费	一般公共预算教育经费	教育事业费	基本建设经费	教育费附加
河南省	**22509399**	**7411814**	**6739941**	**5872147**	**5361204**	**132492**	**378452**
河南省本级	253472	180662	180662	170960	169860	1100	
郑州市	3962473	1490887	1364669	1185767	959744		226024
开封市	1092011	307642	245002	210777	197707	2200	10871
洛阳市	1437827	399068	318885	308939	299998	5000	3940
平顶山市	1173750	408095	396687	356536	333592	21990	954
安阳市	1122341	322618	247055	215109	185127		29981
鹤壁市	445104	197692	197662	59148	59100		48
新乡市	1402764	348183	312317	284521	279953		4568
焦作市	726410	220560	220560	204829	192434	3218	9176
濮阳市	881323	277199	275885	254265	244641		9624
许昌市	1052072	235236	235236	213154	206988		6165
漯河市	512200	129934	129874	112840	109290		3550
三门峡市	545082	245296	193040	169005	165816		3188
南阳市	1679276	551593	501593	444937	429538		15399
商丘市	1516163	313328	313328	271120	264754		6366
信阳市	1292380	483621	453621	399462	295466	96030	7966
周口市	1894986	806318	659984	595085	592359	1128	1598
驻马店市	1352963	441209	441209	367004	334195	1825	30985
济源示范区	166802	52671	52671	48689	40640		8049

（地方幼儿园）

单位：千元

科研经费	其他	政府性基金预算安排的教育经费	#彩票公益金	企业办学中的企业拨款	校办产业和社会服务收入中用于教育的经费	其他属于国家财政性教育经费	民办学校中举办者投入	捐赠收入	事业收入	#学费	其他教育经费
	867794	**631833**	**17453**	**40040**			**636150**	**4750**	**14400816**	**13922103**	**55869**
	9702							1143	53743	53743	17923
	178902	122081	17295	4137			138664	1022	2315300	2263990	16600
	34225	62000		640			6285	100	777571	757225	413
	9946	69000		11184			48776	16	987606	952314	2361
	40151	1035	35	10374			68754		694966	674012	1935
	31947	75563	63				23870		772758	767398	3094
	138514			30			8763		238649	234493	
	27797	34737		1129			46806		1006441	989629	1334
	15731						43844		460674	459905	1332
	21619	37		1277			21036	1071	574041	559511	7976
	22083						14422	6	802348	751410	60
	17034	60	60				22437		358251	340821	1578
	24035	45000		7256			9147	283	289896	285814	461
	56657	50000					12915	240	1114448	1086387	80
	42207						17676	840	1184311	1047808	10
	54159	30000					28247	30	780188	758274	294
	64899	142320		4014			23509		1065158	1060235	
	74204						99552		811784	766506	418
	3982						1448		112682	112630	

3-50　教育经费收入情况

地区	总计	国家财政性教育经费	一般公共预算安排的教育经费	一般公共预算教育经费	教育事业费	基本建设经费	教育费附加
河南省	**13280993**	**4189023**	**4054619**	**3634059**	**3258442**	**121855**	**253763**
河南省本级							
郑州市	1496303	708141	682656	610544	418753		191791
开封市	643171	107502	107502	96442	94076		2367
洛阳市	886121	276466	213666	206920	200056	5000	1864
平顶山市	720551	287087	286052	260260	240306	19000	954
安阳市	622343	114997	114997	103862	95382		8480
鹤壁市	149564	15994	15994	13918	13882		37
新乡市	729570	195568	163696	154579	152155		2424
焦作市	371977	106930	106930	96309	95338		971
濮阳市	651380	207840	207803	193919	184335		9584
许昌市	538786	130321	130321	115769	113483		2286
漯河市	258395	79156	79156	71800	71800		
三门峡市	204468	68781	66941	57630	56256		1374
南阳市	1298317	430745	430745	383189	380045		3144
商丘市	1123232	211574	211574	185990	183490		2500
信阳市	1020092	420019	420019	375767	271772	96030	7966
周口市	1370630	457121	445787	396282	396282		
驻马店市	1160382	366471	366471	306569	289310	1825	15435
济源示范区	35710	4309	4309	4309	1721		2588

（农村幼儿园）

单位：千元

科研经费	其他	政府性基金预算安排的教育经费	#彩票公益金	企业办学中的企业拨款	校办产业和社会服务收入中用于教育的经费	其他属于国家财政性教育经费	民办学校中举办者投入	捐赠收入	事业收入	#学费	其他教育经费
	420560	**128550**	**10472**	**5854**			**281087**	**2287**	**8806436**	**8492309**	**2160**
	72112	25486	10437				50986	1002	735766	699428	408
	11060						2315		533281	516878	73
	6745	62800					13254		595626	571761	775
	25793	1035	35				23103		410335	393738	26
	11135						5040		502305	500535	1
	2076						8073		125497	123538	
	9117	31872					7658		526344	513991	
	10620						3671		261286	260932	91
	13884	37					13062		430478	418727	
	14552						3102	5	405357	377760	
	7357						102		178732	171446	404
	9311			1840			6567	200	128920	125858	
	47556						3964	210	863399	842445	
	25585						14089	840	896720	830505	10
	44252						27947	30	572096	551061	
	49504	7320		4014			21468		892041	887147	
	59902						76235		717304	675610	371
							453		30949	30949	

3-51 教育经费收入情况

地区	总计	国家财政性教育经费	一般公共预算安排的教育经费	一般公共预算教育经费	教育事业费	基本建设经费	教育费附加
河南省	**13278133**	**4189023**	**4054619**	**3634059**	**3258442**	**121855**	**253763**
河南省本级							
郑州市	1496303	708141	682656	610544	418753		191791
开封市	643171	107502	107502	96442	94076		2367
洛阳市	886121	276466	213666	206920	200056	5000	1864
平顶山市	720551	287087	286052	260260	240306	19000	954
安阳市	622343	114997	114997	103862	95382		8480
鹤壁市	149564	15994	15994	13918	13882		37
新乡市	729570	195568	163696	154579	152155		2424
焦作市	371977	106930	106930	96309	95338		971
濮阳市	651380	207840	207803	193919	184335		9584
许昌市	538786	130321	130321	115769	113483		2286
漯河市	258395	79156	79156	71800	71800		
三门峡市	204468	68781	66941	57630	56256		1374
南阳市	1295457	430745	430745	383189	380045		3144
商丘市	1123232	211574	211574	185990	183490		2500
信阳市	1020092	420019	420019	375767	271772	96030	7966
周口市	1370630	457121	445787	396282	396282		
驻马店市	1160382	366471	366471	306569	289310	1825	15435
济源示范区	35710	4309	4309	4309	1721		2588

（地方农村幼儿园）

单位：千元

科研经费	其他	政府性基金预算安排的教育经费	#彩票公益金	企业办学中的企业拨款	校办产业和社会服务收入中用于教育的经费	其他属于国家财政性教育经费	民办学校中举办者投入	捐赠收入	事业收入	#学费	其他教育经费
	420560	**128550**	**10472**	**5854**			**281087**	**2287**	**8803575**	**8489449**	**2160**
	72112	25486	10437				50986	1002	735766	699428	408
	11060						2315		533281	516878	73
	6745	62800					13254		595626	571761	775
	25793	1035	35				23103		410335	393738	26
	11135						5040		502305	500535	1
	2076						8073		125497	123538	
	9117	31872					7658		526344	513991	
	10620						3671		261286	260932	91
	13884	37					13062		430478	418727	
	14552						3102	5	405357	377760	
	7357						102		178732	171446	404
	9311			1840			6567	200	128920	125858	
	47556						3964	210	860538	839584	
	25585						14089	840	896720	830505	10
	44252						27947	30	572096	551061	
	49504	7320		4014			21468		892041	887147	
	59902						76235		717304	675610	371
							453		30949	30949	

3-52 教育经费收入情况

地区	总计	国家财政性教育经费	一般公共预算安排的教育经费	一般公共预算教育经费	教育事业费	基本建设经费	教育费附加
河南省	**1466028**	**1439403**	**1424599**	**1159551**	**1117484**	**17758**	**24308**
河南省本级	131228	123296	122946	104306	104306		
郑州市	139567	139567	138247	114224	112390		1834
开封市	79574	74781	74781	62604	60157		2446
洛阳市	77546	77546	75766	65614	65614		
平顶山市	114003	113379	112418	73976	73976		
安阳市	62477	61995	61995	50552	50552		
鹤壁市	33944	33942	33942	24688	24688		
新乡市	56348	55818	53159	40692	40569		123
焦作市	46208	45952	45952	39448	34786		4662
濮阳市	46989	44643	44643	38293	38293		
许昌市	72074	71162	71162	63246	63246		
漯河市	47740	47328	47004	38803	38419		383
三门峡市	50773	50773	50773	44170	44170		
南阳市	99541	96160	95616	71860	61700		10160
商丘市	78932	73976	73436	62605	60408		2197
信阳市	117505	117505	117505	99586	79830	17758	1997
周口市	128424	128424	128424	105654	105654		
驻马店市	77808	77808	71483	55579	55579		
济源示范区	5348	5348	5348	3650	3146		505

（教育行政单位）

单位：千元

科研经费	其他	政府性基金预算安排的教育经费	#彩票公益金	企业办学中的企业拨款	校办产业和社会服务收入中用于教育的经费	其他属于国家财政性教育经费	民办学校中举办者投入	捐赠收入	事业收入	#学费	其他教育经费
20	**265029**	**14804**	**6187**					**275**	**12146**		**14204**
	18640	350	350								7931
	24023	1320									
	12177								2708		2085
	10152	1780	1780								
	38442	961	961						89		535
	11443								482		
	9254										2
20	12447	2660	2556						490		40
	6504										256
	6350										2346
	7916								912		
	8201	324							403		8
	6603										
	23756	544						275	2875		230
	10831	540	540						4187		770
	17919										
	22770										
	15905	6324									
	1697										

3-53 教育经费收入情况

地区	总计	国家财政性教育经费	一般公共预算安排的教育经费	一般公共预算教育经费	教育事业费	基本建设经费	教育费附加
河南省	**1466028**	**1439403**	**1424599**	**1159551**	**1117484**	**17758**	**24308**
河南省本级	131228	123296	122946	104306	104306		
郑州市	139567	139567	138247	114224	112390		1834
开封市	79574	74781	74781	62604	60157		2446
洛阳市	77546	77546	75766	65614	65614		
平顶山市	114003	113379	112418	73976	73976		
安阳市	62477	61995	61995	50552	50552		
鹤壁市	33944	33942	33942	24688	24688		
新乡市	56348	55818	53159	40692	40569		123
焦作市	46208	45952	45952	39448	34786		4662
濮阳市	46989	44643	44643	38293	38293		
许昌市	72074	71162	71162	63246	63246		
漯河市	47740	47328	47004	38803	38419		383
三门峡市	50773	50773	50773	44170	44170		
南阳市	99541	96160	95616	71860	61700		10160
商丘市	78932	73976	73436	62605	60408		2197
信阳市	117505	117505	117505	99586	79830	17758	1997
周口市	128424	128424	128424	105654	105654		
驻马店市	77808	77808	71483	55579	55579		
济源示范区	5348	5348	5348	3650	3146		505

（地方教育行政单位）

单位：千元

科研经费	其他	政府性基金预算安排的教育经费	#彩票公益金	企业办学中的企业拨款	校办产业和社会服务收入中用于教育的经费	其他属于国家财政性教育经费	民办学校中举办者投入	捐赠收入	事业收入	#学费	其他教育经费
20	**265029**	**14804**	**6187**					**275**	**12146**		**14204**
	18640	350	350								7931
	24023	1320									
	12177								2708		2085
	10152	1780	1780								
	38442	961	961						89		535
	11443								482		
	9254										2
20	12447	2660	2556						490		40
	6504										256
	6350										2346
	7916								912		
	8201	324							403		8
	6603										
	23756	544						275	2875		230
	10831	540	540						4187		770
	17919										
	22770										
	15905	6324									
	1697										

3-54 教育经费收入情况

地区	总计	国家财政性教育经费	一般公共预算安排的教育经费	一般公共预算教育经费	教育事业费	基本建设经费	教育费附加
河南省	**3387521**	**3178878**	**2961851**	**2481685**	**2394392**	**14125**	**73168**
河南省本级	325819	240159	186636	172551	172551		
郑州市	444418	440606	386510	321292	312086	573	8633
开封市	129175	119281	118581	77308	73348		3960
洛阳市	200645	186555	182685	160197	159550		648
平顶山市	135634	123980	115006	93040	89393		3647
安阳市	154169	144251	108100	87229	86713		515
鹤壁市	65797	63242	63242	51271	47271		4000
新乡市	159497	144180	141220	113034	111546		1488
焦作市	126739	122291	121441	103352	83265	6000	14087
濮阳市	185250	177108	177108	124140	124140		
许昌市	57641	54263	54263	47034	47034		
漯河市	73385	71468	42953	35621	27330		8291
三门峡市	314650	313120	309045	296484	296484		
南阳市	290407	276749	267011	231339	218935		12404
商丘市	172218	163798	156582	127107	122649		4458
信阳市	230790	220197	220197	189941	182389	7552	
周口市	145883	145883	141286	119275	119275		
驻马店市	136895	133658	131898	103500	95851		7649
济源示范区	38509	38089	38089	27970	24582		3388

（教育事业单位）

单位：千元

科研经费	其他	政府性基金预算安排的教育经费	#彩票公益金	企业办学中的企业拨款	校办产业和社会服务收入中用于教育的经费	其他属于国家财政性教育经费	民办学校中举办者投入	捐赠收入	事业收入	#学费	其他教育经费
150	**480016**	**163503**	**96789**		**53524**			**590**	**164467**		**43586**
30	14054				53524				66322		19337
	65218	54096	54096						675		3138
	41273	700	700					250	9000		644
60	22428	3870	3870						13205		885
	21966	8974	8974						3642		8012
	20872	36151							9504		414
	11971							340	190		2024
60	28126	2960	2960						14331		986
	18089	850	850						3962		487
	52968								2712		5429
	7229								2995		384
	7331	28516	450						1607		309
	12561	4075	4075						1323		207
	35672	9738	7240						13658		
	29475	7216	7216						7437		983
	30256								10269		324
	22011	4597	4597								
	28398	1760	1760						3215		22
	10118								421		

3-55 教育经费收入情况

地区	总计	国家财政性教育经费	一般公共预算安排的教育经费	一般公共预算教育经费	教育事业费	基本建设经费	教育费附加
河南省	**3387521**	**3178878**	**2961851**	**2481685**	**2394392**	**14125**	**73168**
河南省本级	325819	240159	186636	172551	172551		
郑州市	444418	440606	386510	321292	312086	573	8633
开封市	129175	119281	118581	77308	73348		3960
洛阳市	200645	186555	182685	160197	159550		648
平顶山市	135634	123980	115006	93040	89393		3647
安阳市	154169	144251	108100	87229	86713		515
鹤壁市	65797	63242	63242	51271	47271		4000
新乡市	159497	144180	141220	113034	111546		1488
焦作市	126739	122291	121441	103352	83265	6000	14087
濮阳市	185250	177108	177108	124140	124140		
许昌市	57641	54263	54263	47034	47034		
漯河市	73385	71468	42953	35621	27330		8291
三门峡市	314650	313120	309045	296484	296484		
南阳市	290407	276749	267011	231339	218935		12404
商丘市	172218	163798	156582	127107	122649		4458
信阳市	230790	220197	220197	189941	182389	7552	
周口市	145883	145883	141286	119275	119275		
驻马店市	136895	133658	131898	103500	95851		7649
济源示范区	38509	38089	38089	27970	24582		3388

（地方教育事业单位）

单位：千元

科研经费	其他	政府性基金预算安排的教育经费	#彩票公益金	企业办学中的企业拨款	校办产业和社会服务收入中用于教育的经费	其他属于国家财政性教育经费	民办学校中举办者投入	捐赠收入	事业收入	#学费	其他教育经费
150	**480016**	**163503**	**96789**		**53524**			**590**	**164467**		**43586**
30	14054				53524				66322		19337
	65218	54096	54096						675		3138
	41273	700	700					250	9000		644
60	22428	3870	3870						13205		885
	21966	8974	8974						3642		8012
	20872	36151							9504		414
	11971							340	190		2024
60	28126	2960	2960						14331		986
	18089	850	850						3962		487
	52968								2712		5429
	7229								2995		384
	7331	28516	450						1607		309
	12561	4075	4075						1323		207
	35672	9738	7240						13658		
	29475	7216	7216						7437		983
	30256								10269		324
	22011	4597	4597								
	28398	1760	1760						3215		22
	10118								421		

3-56 教育经费收入情况

地区	总计	国家财政性教育经费	一般公共预算安排的教育经费	一般公共预算教育经费	教育事业费	基本建设经费	教育费附加
河南省	**2702586**	**2615675**	**2543856**	**2298324**	**1922383**	**125941**	**250000**
河南省本级	347475	296171	296171	246040	246040		
郑州市	236320	234671	234671	203836	199776	4060	
开封市	87844	83538	83538	72583	71005	1578	
洛阳市	432955	429599	381942	371328	121328		250000
平顶山市	420577	420077	418917	407874	323874	84000	
安阳市	142835	138446	138413	124712	99806	24906	
鹤壁市	36359	35341	35341	29918	29918		
新乡市	90001	89182	79182	65925	63121	2804	
焦作市	59550	58281	58281	50406	48813	1593	
濮阳市	81761	66761	66761	57064	50064	7000	
许昌市	172037	171950	171950	160371	160371		
漯河市	51122	50132	50132	42354	42354		
三门峡市	44124	43796	43796	36881	36881		
南阳市	66788	66263	65854	52295	52295		
商丘市	92980	91878	91878	83250	83250		
信阳市	155793	155523	144893	133980	133980		
周口市	67794	67794	67794	57769	57769		
驻马店市	47109	47109	47109	35876	35876		
济源示范区	69162	69162	67232	65863	65863		

（其他教育机构）

单位：千元

科研经费	其他	政府性基金预算安排的教育经费	#彩票公益金	企业办学中的企业拨款	校办产业和社会服务收入中用于教育的经费	其他属于国家财政性教育经费	民办学校中举办者投入	捐赠收入	事业收入	#学费	其他教育经费
4904	**240627**	**71819**	**1160**						**65424**	**51819**	**21487**
1384	48747								47550	47550	3754
18	30817								1649		
	10954								4216		90
281	10333	47657							3346		10
	11042	1160	1160								500
	13701	33							4269	4269	120
	5423								465		553
20	13237	10000							818		
	7875								620		649
	9697										15000
	11579								87		
1000	6778								990		1
	6915										328
2201	11359	409							522		3
	8629								622		480
	10913	10630							270		
	10025										
	11233										
	1370	1930									

3-57 教育经费收入情况

地区	总计	国家财政性教育经费	一般公共预算安排的教育经费	一般公共预算教育经费	教育事业费	基本建设经费	教育费附加
河南省	**2697582**	**2610671**	**2538852**	**2298324**	**1922383**	**125941**	**250000**
河南省本级	342471	291167	291167	246040	246040		
郑州市	236320	234671	234671	203836	199776	4060	
开封市	87844	83538	83538	72583	71005	1578	
洛阳市	432955	429599	381942	371328	121328		250000
平顶山市	420577	420077	418917	407874	323874	84000	
安阳市	142835	138446	138413	124712	99806	24906	
鹤壁市	36359	35341	35341	29918	29918		
新乡市	90001	89182	79182	65925	63121	2804	
焦作市	59550	58281	58281	50406	48813	1593	
濮阳市	81761	66761	66761	57064	50064	7000	
许昌市	172037	171950	171950	160371	160371		
漯河市	51122	50132	50132	42354	42354		
三门峡市	44124	43796	43796	36881	36881		
南阳市	66788	66263	65854	52295	52295		
商丘市	92980	91878	91878	83250	83250		
信阳市	155793	155523	144893	133980	133980		
周口市	67794	67794	67794	57769	57769		
驻马店市	47109	47109	47109	35876	35876		
济源示范区	69162	69162	67232	65863	65863		

（地方其他教育机构）

单位：千元

科研经费	其他	政府性基金预算安排的教育经费	#彩票公益金	企业办学中的企业拨款	校办产业和社会服务收入中用于教育的经费	其他属于国家财政性教育经费	民办学校中举办者投入	捐赠收入	事业收入	#学费	其他教育经费
4904	**235623**	**71819**	**1160**						**65424**	**51819**	**21487**
1384	43743								47550	47550	3754
18	30817								1649		
	10954								4216		90
281	10333	47657							3346		10
	11042	1160	1160								500
	13701	33							4269	4269	120
	5423								465		553
20	13237	10000							818		
	7875								620		649
	9697										15000
	11579								87		
1000	6778								990		1
	6915										328
2201	11359	409							522		3
	8629								622		480
	10913	10630							270		
	10025										
	11233										
	1370	1930									

第四部分

各地区各级各类教育机构教育经费支出明细

4-1 教育经费支出明细

地区	总计	事业性经费支出			
			个人部分		
				工资福利支出	对个人和家庭的补助支出
河南省	**278868774**	**276221026**	**170854877**	**150937039**	**19917838**
河南省本级	48149128	46683911	24314726	19245950	5068776
郑州市	34411512	34331060	20618701	18796155	1822546
开封市	10181496	10121672	6692751	5792363	900388
洛阳市	15640831	15597589	10134235	8910421	1223814
平顶山市	10850744	10546682	6702823	6040659	662164
安阳市	12311760	12269624	8191144	7443163	747981
鹤壁市	3773728	3737398	2587018	2361102	225916
新乡市	13812166	13731220	8598269	7754771	843498
焦作市	7180601	7130478	4902812	4476774	426038
濮阳市	9877679	9825350	6501369	5955209	546160
许昌市	9892651	9846416	6488407	5949139	539268
漯河市	5815196	5731547	3845945	3493378	352567
三门峡市	5371931	5367321	3522875	3234926	287949
南阳市	22663094	22623598	13150111	11810762	1339349
商丘市	14838712	14809673	10094059	9122673	971386
信阳市	16661185	16521556	10696296	9521275	1175021
周口市	18749063	18669688	12165025	10612916	1552109
驻马店市	16604795	16596940	10211705	9121098	1090607
济源示范区	2082502	2079302	1436609	1294307	142302

（各级各类教育机构）

单位：千元

#奖助学金	公用部分	商品和服务支出	资本性支出	专项公用支出	专项项目支出	资本性支出（基本建设）
11597390	**102131083**	**51071033**	**51060050**	**15140329**	**35919721**	**3235066**
3190851	21736773	12233096	9503677	5231392	4272285	632412
559855	12398583	7378832	5019751	2389220	2630531	1313776
415406	3407660	1814181	1593479	278753	1314725	21262
564862	5383619	2580365	2803254	512276	2290978	79735
435185	3460032	1803237	1656795	507393	1149402	383827
436496	3962441	1944178	2018263	402272	1615991	116040
99047	1150381	571760	578621	123829	454792	
378044	4989066	2169051	2820015	830448	1989567	143884
187325	2183084	1211895	971189	289062	682127	44583
290564	3204703	1342528	1862175	608965	1253210	119279
243232	3300512	1751217	1549295	223791	1325504	57497
191652	1883968	767727	1116241	311377	804863	1635
143365	1844446	897404	947042	257829	689214	
981509	9399114	4340433	5058681	720671	4338010	74373
707381	4698198	2407623	2290575	530726	1759849	17415
845019	5684408	2222757	3461651	586693	2874958	140853
1130927	6494720	3145109	3349611	548266	2801346	9942
757906	6306683	2140028	4166655	657039	3509616	78552
38763	642694	349613	293081	130329	162752	

4-2 教育经费支出明细

地区	总计	事业性经费支出	个人部分		
				工资福利支出	对个人和家庭的补助支出
河南省	**278421175**	**275779694**	**170679333**	**150793335**	**19885998**
河南省本级	47776066	46312880	24199163	19157971	5041192
郑州市	34391027	34310575	20600716	18782199	1818517
开封市	10176837	10117013	6689020	5788632	900388
洛阳市	15631364	15588122	10125842	8902028	1223814
平顶山市	10849120	10545057	6701461	6039297	662164
安阳市	12311760	12269624	8191144	7443163	747981
鹤壁市	3773728	3737398	2587018	2361102	225916
新乡市	13810082	13729136	8596303	7752805	843498
焦作市	7180601	7130478	4902812	4476774	426038
濮阳市	9877679	9825350	6501369	5955209	546160
许昌市	9891799	9845564	6487578	5948310	539268
漯河市	5815196	5731547	3845945	3493378	352567
三门峡市	5352660	5351906	3509998	3222249	287749
南阳市	22651647	22612531	13141063	11801740	1339323
商丘市	14838712	14809673	10094059	9122673	971386
信阳市	16656537	16516909	10692507	9517486	1175021
周口市	18749063	18669688	12165025	10612916	1552109
驻马店市	16604795	16596940	10211705	9121098	1090607
济源示范区	2082502	2079302	1436609	1294307	142302

（地方各级各类教育机构）

单位：千元

	公用部分					资本性支出（基本建设）
		商品和服务支出	资本性支出			
#奖助学金				专项公用支出	专项项目支出	
11592897	**102015561**	**50989847**	**51025714**	**15106110**	**35919604**	**3084800**
3186728	21631571	12160726	9470845	5198559	4272285	482146
559685	12396083	7376644	5019439	2388908	2630531	1313776
415406	3406732	1814018	1592714	278105	1314609	21262
564862	5382545	2579512	2803033	512054	2290978	79735
435185	3459769	1802977	1656792	507390	1149402	383827
436496	3962441	1944178	2018263	402272	1615991	116040
99047	1150381	571760	578621	123829	454792	
378044	4988949	2168934	2820015	830448	1989567	143884
187325	2183084	1211895	971189	289062	682127	44583
290564	3204703	1342528	1862175	608965	1253210	119279
243232	3300490	1751198	1549292	223788	1325504	57497
191652	1883968	767727	1116241	311377	804863	1635
143165	1841909	894989	946920	257706	689214	
981509	9397095	4338481	5058614	720604	4338010	74373
707381	4698198	2407623	2290575	530726	1759849	17415
845019	5683549	2221908	3461641	586683	2874958	140853
1130927	6494720	3145109	3349611	548266	2801346	9942
757906	6306683	2140028	4166655	657039	3509616	78552
38763	642694	349613	293081	130329	162752	

4-3 教育经费支出明细

地区	总计	事业性经费支出			
			个人部分		
				工资福利支出	对个人和家庭的补助支出
河南省	**58492916**	**56796747**	**29213277**	**23234721**	**5978556**
河南省本级	43803080	42450239	22291721	17412798	4878923
郑州市	2186962	2172692	1062974	923879	139095
开封市	502770	485263	245143	193933	51210
洛阳市	794201	790767	218109	185951	32158
平顶山市	789623	748341	489596	418422	71174
安阳市	1102348	1092635	457402	385354	72048
鹤壁市	343414	312493	163650	140723	22927
新乡市	1244556	1226855	657830	553414	104416
焦作市	817587	804357	451553	377970	73583
濮阳市	668700	659669	230812	202257	28555
许昌市	427224	419021	235087	191888	43199
漯河市	726597	668003	300400	238902	61498
三门峡市	308586	308586	213154	181339	31815
南阳市	1487554	1477120	620374	518083	102291
商丘市	668899	662668	374144	295061	79083
信阳市	1062325	963203	419488	341535	77953
周口市	380140	380127	209680	176477	33203
驻马店市	899569	895928	454841	394995	59846
济源示范区	278781	278781	117317	101739	15578

（高等学校）

单位：千元

#奖助学金	公用部分	商品和服务支出	资本性支出	专项公用支出	专项项目支出	资本性支出（基本建设）
3813737	**26914173**	**13364728**	**13549445**	**6577577**	**6971868**	**669297**
3110980	19626258	10845665	8780593	4828611	3951983	532259
89683	1067981	570097	497884	298686	199198	41737
29422	240120	98957	141163	25868	115295	
18023	572659	97910	474749	73330	401419	
46201	218745	143068	75677	66941	8735	40000
50640	635233	191520	443713	77480	366233	
19830	148844	43108	105736	28832	76904	
48748	539616	139920	399696	154785	244911	29408
55963	352803	180385	172418	85286	87133	
21771	428856	65695	363161	37014	326147	
18482	179828	46389	133439	73208	60230	4106
41386	367602	89376	278226	76382	201844	
25548	95431	65371	30060	20108	9952	
66495	838708	296718	541990	246422	295568	18038
44926	288525	93480	195045	128821	66224	
49379	543715	153891	389824	144407	245417	
23738	170447	64314	106133	33903	72229	
36945	437339	110740	326599	158806	167794	3748
15577	161464	68124	93340	18688	74653	

4-4 教育经费支出明细

地区	总计	事业性经费支出	个人部分	工资福利支出	对个人和家庭的补助支出
河南省	**58128718**	**56434580**	**29101212**	**23150240**	**5950972**
河南省本级	43438882	42088071	22179656	17328317	4851339
郑州市	2186962	2172692	1062974	923879	139095
开封市	502770	485263	245143	193933	51210
洛阳市	794201	790767	218109	185951	32158
平顶山市	789623	748341	489596	418422	71174
安阳市	1102348	1092635	457402	385354	72048
鹤壁市	343414	312493	163650	140723	22927
新乡市	1244556	1226855	657830	553414	104416
焦作市	817587	804357	451553	377970	73583
濮阳市	668700	659669	230812	202257	28555
许昌市	427224	419021	235087	191888	43199
漯河市	726597	668003	300400	238902	61498
三门峡市	308586	308586	213154	181339	31815
南阳市	1487554	1477120	620374	518083	102291
商丘市	668899	662668	374144	295061	79083
信阳市	1062325	963203	419488	341535	77953
周口市	380140	380127	209680	176477	33203
驻马店市	899569	895928	454841	394995	59846
济源示范区	278781	278781	117317	101739	15578

（地方高等学校）

单位：千元

#奖助学金	公用部分	商品和服务支出	资本性支出	专项公用支出	专项项目支出	资本性支出（基本建设）
3809614	**26814337**	**13297724**	**13516613**	**6544745**	**6971868**	**519031**
3106857	19526422	10778661	8747761	4795779	3951983	381993
89683	1067981	570097	497884	298686	199198	41737
29422	240120	98957	141163	25868	115295	
18023	572659	97910	474749	73330	401419	
46201	218745	143068	75677	66941	8735	40000
50640	635233	191520	443713	77480	366233	
19830	148844	43108	105736	28832	76904	
48748	539616	139920	399696	154785	244911	29408
55963	352803	180385	172418	85286	87133	
21771	428856	65695	363161	37014	326147	
18482	179828	46389	133439	73208	60230	4106
41386	367602	89376	278226	76382	201844	
25548	95431	65371	30060	20108	9952	
66495	838708	296718	541990	246422	295568	18038
44926	288525	93480	195045	128821	66224	
49379	543715	153891	389824	144407	245417	
23738	170447	64314	106133	33903	72229	
36945	437339	110740	326599	158806	167794	3748
15577	161464	68124	93340	18688	74653	

4-5 教育经费支出明细

地区	总计	事业性经费支出	个人部分	工资福利支出	对个人和家庭的补助支出
河南省	**58204087**	**56512433**	**29032268**	**23073770**	**5958498**
河南省本级	43621903	42270934	22189575	17320123	4869452
郑州市	2182429	2168159	1059345	920840	138505
开封市	502770	485263	245143	193933	51210
洛阳市	766471	763038	199287	169809	29478
平顶山市	789623	748341	489596	418422	71174
安阳市	1102348	1092635	457402	385354	72048
鹤壁市	343414	312493	163650	140723	22927
新乡市	1204110	1186409	622996	523470	99526
焦作市	809245	798657	446278	372695	73583
濮阳市	668700	659669	230812	202257	28555
许昌市	427224	419021	235087	191888	43199
漯河市	726597	668003	300400	238902	61498
三门峡市	308586	308586	213154	181339	31815
南阳市	1469733	1459299	610906	510535	100371
商丘市	668899	662668	374144	295061	79083
信阳市	1053544	954423	412653	335206	77447
周口市	380140	380127	209680	176477	33203
驻马店市	899569	895928	454841	394995	59846
济源示范区	278781	278781	117317	101739	15578

（普通高等学校）

单位：千元

#奖助学金	公用部分	商品和服务支出	资本性支出	专项公用支出	专项项目支出	资本性支出（基本建设）
3813475	**26810869**	**13273150**	**13537719**	**6573981**	**6963738**	**669297**
3110965	19549101	10776023	8773078	4827639	3945439	532259
89683	1067077	569193	497884	298686	199198	41737
29422	240120	98957	141163	25868	115295	
17777	563750	89392	474358	72939	401419	
46201	218745	143068	75677	66941	8735	40000
50640	635233	191520	443713	77480	366233	
19830	148844	43108	105736	28832	76904	
48748	534005	136064	397941	154140	243801	29408
55963	352379	179961	172418	85286	87133	
21771	428856	65695	363161	37014	326147	
18482	179828	46389	133439	73208	60230	4106
41386	367602	89376	278226	76382	201844	
25548	95431	65371	30060	20108	9952	
66495	830355	290431	539924	244834	295091	18038
44926	288525	93480	195045	128821	66224	
49379	541770	151946	389824	144407	245417	
23738	170447	64314	106133	33903	72229	
36945	437339	110740	326599	158806	167794	3748
15577	161464	68124	93340	18688	74653	

4-6 教育经费支出明细

地区	总计	事业性经费支出			
			个人部分		
				工资福利支出	对个人和家庭的补助支出
河南省	**57839889**	**56150265**	**28920201**	**22989288**	**5930913**
河南省本级	43257705	41908767	22077509	17235642	4841867
郑州市	2182429	2168159	1059345	920840	138505
开封市	502770	485263	245143	193933	51210
洛阳市	766471	763038	199287	169809	29478
平顶山市	789623	748341	489596	418422	71174
安阳市	1102348	1092635	457402	385354	72048
鹤壁市	343414	312493	163650	140723	22927
新乡市	1204110	1186409	622996	523470	99526
焦作市	809245	798657	446278	372695	73583
濮阳市	668700	659669	230812	202257	28555
许昌市	427224	419021	235087	191888	43199
漯河市	726597	668003	300400	238902	61498
三门峡市	308586	308586	213154	181339	31815
南阳市	1469733	1459299	610906	510535	100371
商丘市	668899	662668	374144	295061	79083
信阳市	1053544	954423	412653	335206	77447
周口市	380140	380127	209680	176477	33203
驻马店市	899569	895928	454841	394995	59846
济源示范区	278781	278781	117317	101739	15578

（地方普通高等学校）

单位：千元

#奖助学金	公用部分	商品和服务支出	资本性支出	专项公用支出	专项项目支出	资本性支出（基本建设）
3809352	**26711033**	**13206146**	**13504887**	**6541149**	**6963738**	**519031**
3106842	19449265	10709019	8740246	4794807	3945439	381993
89683	1067077	569193	497884	298686	199198	41737
29422	240120	98957	141163	25868	115295	
17777	563750	89392	474358	72939	401419	
46201	218745	143068	75677	66941	8735	40000
50640	635233	191520	443713	77480	366233	
19830	148844	43108	105736	28832	76904	
48748	534005	136064	397941	154140	243801	29408
55963	352379	179961	172418	85286	87133	
21771	428856	65695	363161	37014	326147	
18482	179828	46389	133439	73208	60230	4106
41386	367602	89376	278226	76382	201844	
25548	95431	65371	30060	20108	9952	
66495	830355	290431	539924	244834	295091	18038
44926	288525	93480	195045	128821	66224	
49379	541770	151946	389824	144407	245417	
23738	170447	64314	106133	33903	72229	
36945	437339	110740	326599	158806	167794	3748
15577	161464	68124	93340	18688	74653	

4-7 教育经费支出明细

地区	总计	事业性经费支出	个人部分	工资福利支出	对个人和家庭的补助支出
河南省	**41041137**	**39798709**	**20925716**	**16736596**	**4189120**
河南省本级	36008425	34830447	18381907	14591143	3790764
郑州市	973793	968972	549104	477059	72045
开封市					
洛阳市	106526	106526	1053		1053
平顶山市	491114	488327	301062	256420	44642
安阳市	472137	472137	297357	253925	43432
鹤壁市					
新乡市	701929	695615	388793	326513	62280
焦作市	262805	262805	113893	99383	14510
濮阳市	2329	2329	2329		2329
许昌市					
漯河市	230	230	230		230
三门峡市	4088	4088	4088		4088
南阳市	662330	660487	320024	260310	59714
商丘市	2727	2727	2727		2727
信阳市	621250	576206	188913	152390	36523
周口市	147985	147985	40717	32452	8265
驻马店市	582517	578876	332569	287002	45567
济源示范区	954	954	954		954

（普通高等本科学校）

单位：千元

#奖助学金	公用部分	商品和服务支出	资本性支出	专项公用支出	专项项目支出	资本性支出（基本建设）
2653550	**18272061**	**10453491**	**7818570**	**4285613**	**3532957**	**600932**
2395875	15925192	9381194	6543998	3719971	2824028	523348
41893	404070	290893	113177	108167	5010	15798
1053	105473		105473		105473	
30122	147265	102162	45103	42585	2518	40000
32698	174779	124627	50152	7890	42262	
35317	306823	99151	207672	121208	86464	
14450	148912	115018	33894	10575	23319	
2329						
230						
4088						
34167	322425	146454	175971	72641	103330	18038
2727						
22458	387294	71169	316125	104689	211436	
7807	107269	24508	82761	13253	69508	
27383	242559	98315	144244	84634	59610	3748
954						

4-8 教育经费支出明细

地区	总计	事业性经费支出	个人部分	工资福利支出	对个人和家庭的补助支出
河南省	**40676939**	**39436541**	**20813650**	**16652115**	**4161535**
河南省本级	35644228	34468280	18269841	14506662	3763179
郑州市	973793	968972	549104	477059	72045
开封市					
洛阳市	106526	106526	1053		1053
平顶山市	491114	488327	301062	256420	44642
安阳市	472137	472137	297357	253925	43432
鹤壁市					
新乡市	701929	695615	388793	326513	62280
焦作市	262805	262805	113893	99383	14510
濮阳市	2329	2329	2329		2329
许昌市					
漯河市	230	230	230		230
三门峡市	4088	4088	4088		4088
南阳市	662330	660487	320024	260310	59714
商丘市	2727	2727	2727		2727
信阳市	621250	576206	188913	152390	36523
周口市	147985	147985	40717	32452	8265
驻马店市	582517	578876	332569	287002	45567
济源示范区	954	954	954		954

（地方普通高等本科学校）

单位：千元

#奖助学金	公用部分	商品和服务支出	资本性支出	专项公用支出	专项项目支出	资本性支出（基本建设）
2649427	**18172225**	**10386487**	**7785738**	**4252781**	**3532957**	**450666**
2391752	15825356	9314190	6511166	3687138	2824028	373082
41893	404070	290893	113177	108167	5010	15798
1053	105473		105473		105473	
30122	147265	102162	45103	42585	2518	40000
32698	174779	124627	50152	7890	42262	
35317	306823	99151	207672	121208	86464	
14450	148912	115018	33894	10575	23319	
2329						
230						
4088						
34167	322425	146454	175971	72641	103330	18038
2727						
22458	387294	71169	316125	104689	211436	
7807	107269	24508	82761	13253	69508	
27383	242559	98315	144244	84634	59610	3748
954						

4-9 教育经费支出明细

地区	总计	事业性经费支出			
			个人部分		
				工资福利支出	对个人和家庭的补助支出
河南省	**17162949**	**16713724**	**8106551**	**6337173**	**1769378**
河南省本级	7613477	7440487	3807668	2728980	1078688
郑州市	1208636	1199187	510241	443781	66460
开封市	502770	485263	245143	193933	51210
洛阳市	659945	656512	198234	169809	28425
平顶山市	298509	260015	188535	162003	26532
安阳市	630211	620498	160045	131429	28616
鹤壁市	343414	312493	163650	140723	22927
新乡市	502181	490793	234203	196957	37246
焦作市	546440	535852	332385	273312	59073
濮阳市	666371	657340	228483	202257	26226
许昌市	427224	419021	235087	191888	43199
漯河市	726367	667773	300170	238902	61268
三门峡市	304498	304498	209067	181339	27728
南阳市	807403	798812	290882	250225	40657
商丘市	666172	659942	371418	295061	76357
信阳市	432295	378217	223741	182817	40924
周口市	232155	232142	168963	144025	24938
驻马店市	317052	317052	122272	107993	14279
济源示范区	277827	277827	116363	101739	14624

（普通高职高专学校）

单位：千元

#奖助学金	公用部分	商品和服务支出	资本性支出	专项公用支出	专项项目支出	资本性支出（基本建设）
1159925	**8538808**	**2819659**	**5719149**	**2288369**	**3430781**	**68365**
715090	3623908	1394828	2229080	1107668	1121412	8911
47789	663007	278300	384707	190519	194188	25939
29422	240120	98957	141163	25868	115295	
16724	458277	89392	368885	72939	295946	
16078	71480	40906	30574	24357	6217	
17942	460453	66892	393561	69590	323971	
19830	148844	43108	105736	28832	76904	
13431	227182	36913	190269	32931	157337	29408
41514	203466	64942	138524	74711	63813	
19442	428856	65695	363161	37014	326147	
18482	179828	46389	133439	73208	60230	4106
41156	367602	89376	278226	76382	201844	
21461	95431	65371	30060	20108	9952	
32327	507931	143977	363954	172193	191761	
42199	288525	93480	195045	128821	66224	
26922	154476	80777	73699	39718	33981	
15931	63179	39807	23372	20650	2722	
9562	194780	12425	182355	74171	108184	
14624	161464	68124	93340	18688	74653	

4-10 教育经费支出明细

地区	总计	事业性经费支出	个人部分	工资福利支出	对个人和家庭的补助支出
河南省	**17162949**	**16713724**	**8106551**	**6337173**	**1769378**
河南省本级	7613477	7440487	3807668	2728980	1078688
郑州市	1208636	1199187	510241	443781	66460
开封市	502770	485263	245143	193933	51210
洛阳市	659945	656512	198234	169809	28425
平顶山市	298509	260015	188535	162003	26532
安阳市	630211	620498	160045	131429	28616
鹤壁市	343414	312493	163650	140723	22927
新乡市	502181	490793	234203	196957	37246
焦作市	546440	535852	332385	273312	59073
濮阳市	666371	657340	228483	202257	26226
许昌市	427224	419021	235087	191888	43199
漯河市	726367	667773	300170	238902	61268
三门峡市	304498	304498	209067	181339	27728
南阳市	807403	798812	290882	250225	40657
商丘市	666172	659942	371418	295061	76357
信阳市	432295	378217	223741	182817	40924
周口市	232155	232142	168963	144025	24938
驻马店市	317052	317052	122272	107993	14279
济源示范区	277827	277827	116363	101739	14624

（地方普通高职高专学校）

单位：千元

#奖助学金	公用部分	商品和服务支出	资本性支出	专项公用支出	专项项目支出	资本性支出（基本建设）
1159925	**8538808**	**2819659**	**5719149**	**2288369**	**3430781**	**68365**
715090	3623908	1394828	2229080	1107668	1121412	8911
47789	663007	278300	384707	190519	194188	25939
29422	240120	98957	141163	25868	115295	
16724	458277	89392	368885	72939	295946	
16078	71480	40906	30574	24357	6217	
17942	460453	66892	393561	69590	323971	
19830	148844	43108	105736	28832	76904	
13431	227182	36913	190269	32931	157337	29408
41514	203466	64942	138524	74711	63813	
19442	428856	65695	363161	37014	326147	
18482	179828	46389	133439	73208	60230	4106
41156	367602	89376	278226	76382	201844	
21461	95431	65371	30060	20108	9952	
32327	507931	143977	363954	172193	191761	
42199	288525	93480	195045	128821	66224	
26922	154476	80777	73699	39718	33981	
15931	63179	39807	23372	20650	2722	
9562	194780	12425	182355	74171	108184	
14624	161464	68124	93340	18688	74653	

4-11 教育经费支出明细

地区	总计	事业性经费支出	个人部分	工资福利支出	对个人和家庭的补助支出
河南省	**288829**	**284314**	**181010**	**160952**	**20058**
河南省本级	181178	179304	102146	92675	9471
郑州市	4533	4533	3629	3039	590
开封市					
洛阳市	27730	27730	18821	16141	2680
平顶山市					
安阳市					
鹤壁市					
新乡市	40446	40446	34835	29944	4891
焦作市	8341	5700	5276	5276	
濮阳市					
许昌市					
漯河市					
三门峡市					
南阳市	17821	17821	9469	7548	1921
商丘市					
信阳市	8780	8780	6835	6329	506
周口市					
驻马店市					
济源示范区					

（成人高等学校）

单位：千元

#奖助学金	公用部分	商品和服务支出	资本性支出	专项公用支出	专项项目支出	资本性支出（基本建设）
262	**103304**	**91578**	**11726**	**3596**	**8130**	
15	77158	69643	7515	972	6543	
	904	904				
246	8909	8518	391	391		
	5612	3857	1755	645	1110	
	425	425				
	8352	6287	2065	1588	477	
	1945	1945				

4-12 教育经费支出明细

地区	总计	事业性经费支出			
			个人部分		
				工资福利支出	对个人和家庭的补助支出
河南省	**288829**	**284314**	**181010**	**160952**	**20058**
河南省本级	181178	179304	102146	92675	9471
郑州市	4533	4533	3629	3039	590
开封市					
洛阳市	27730	27730	18821	16141	2680
平顶山市					
安阳市					
鹤壁市					
新乡市	40446	40446	34835	29944	4891
焦作市	8341	5700	5276	5276	
濮阳市					
许昌市					
漯河市					
三门峡市					
南阳市	17821	17821	9469	7548	1921
商丘市					
信阳市	8780	8780	6835	6329	506
周口市					
驻马店市					
济源示范区					

（地方成人高等学校）

单位：千元

#奖助学金	公用部分	商品和服务支出	资本性支出	专项公用支出	专项项目支出	资本性支出（基本建设）
262	**103304**	**91578**	**11726**	**3596**	**8130**	
15	77158	69643	7515	972	6543	
	904	904				
246	8909	8518	391	391		
	5612	3857	1755	645	1110	
	425	425				
	8352	6287	2065	1588	477	
	1945	1945				

4-13　教育经费支出明细

地区	总计	事业性经费支出			
			个人部分		
				工资福利支出	对个人和家庭的补助支出
河南省	**14391707**	**14280135**	**7708158**	**6761008**	**947150**
河南省本级	2601879	2550978	1276503	1148553	127950
郑州市	2502628	2496801	1136695	987767	148928
开封市	420886	416418	275490	232793	42697
洛阳市	983571	969165	478422	398430	79992
平顶山市	494511	492318	279233	246468	32765
安阳市	531652	531652	387914	353149	34765
鹤壁市	185166	184205	130074	116122	13952
新乡市	554653	551524	342685	305702	36983
焦作市	570407	569921	327512	292544	34968
濮阳市	489015	488522	284814	271889	12925
许昌市	660974	660667	294787	235034	59753
漯河市	545094	532555	245089	194983	50106
三门峡市	188859	185003	131521	121836	9685
南阳市	1120944	1117907	618364	550209	68155
商丘市	518094	518094	303536	270956	32580
信阳市	674646	671476	422637	342838	79799
周口市	601645	595906	361107	322743	38364
驻马店市	582532	582471	312311	278156	34155
济源示范区	164552	164552	99463	90836	8627

（中等职业学校）

单位：千元

#奖助学金	公用部分	商品和服务支出	资本性支出	专项公用支出	专项项目支出	资本性支出（基本建设）
590912	**6327165**	**3179010**	**3148155**	**1344487**	**1803668**	**244811**
73339	1175421	559319	616102	332268	283834	99053
91050	1287580	912449	375131	283506	91625	72525
14095	139281	72120	67161	35025	32136	1647
49412	459945	196809	263136	62983	200153	30799
15321	212085	105762	106323	56790	49533	1000
17955	143738	93656	50082	23889	26193	
9657	54132	35254	18878	10293	8584	
20299	208839	110941	97898	59918	37979	
13241	217649	99204	118445	27911	90534	24759
4877	199115	130620	68495	52800	15696	4593
45423	365881	68503	297378	25688	271690	
45622	287466	73875	213591	68874	144717	
6132	53482	31453	22029	13805	8224	
44780	493842	219203	274639	82065	192575	5700
27578	209824	112626	97198	75682	21516	4734
61445	248839	104191	144648	46460	98188	
29161	234798	127828	106970	20602	86368	
19718	270160	72579	197581	53457	144123	
1807	65089	52617	12472	12472		

4-14 教育经费支出明细

地区	总计	事业性经费支出	个人部分	工资福利支出	对个人和家庭的补助支出
河南省	**14372348**	**14265012**	**7695606**	**6748670**	**946936**
河南省本级	2598019	2547118	1273005	1145055	127950
郑州市	2502628	2496801	1136695	987767	148928
开封市	420886	416418	275490	232793	42697
洛阳市	983571	969165	478422	398430	79992
平顶山市	494511	492318	279233	246468	32765
安阳市	531652	531652	387914	353149	34765
鹤壁市	185166	184205	130074	116122	13952
新乡市	554653	551524	342685	305702	36983
焦作市	570407	569921	327512	292544	34968
濮阳市	489015	488522	284814	271889	12925
许昌市	660974	660667	294787	235034	59753
漯河市	545094	532555	245089	194983	50106
三门峡市	178442	178442	126405	116907	9498
南阳市	1115862	1113205	614426	546298	68128
商丘市	518094	518094	303536	270956	32580
信阳市	674646	671476	422637	342838	79799
周口市	601645	595906	361107	322743	38364
驻马店市	582532	582471	312311	278156	34155
济源示范区	164552	164552	99463	90836	8627

（地方中等职业学校）

单位：千元

#奖助学金	公用部分	商品和服务支出	资本性支出	专项公用支出	专项项目支出	资本性支出（基本建设）
590725	**6324595**	**3176440**	**3148155**	**1344487**	**1803668**	**244811**
73339	1175059	558957	616102	332268	283834	99053
91050	1287580	912449	375131	283506	91625	72525
14095	139281	72120	67161	35025	32136	1647
49412	459945	196809	263136	62983	200153	30799
15321	212085	105762	106323	56790	49533	1000
17955	143738	93656	50082	23889	26193	
9657	54132	35254	18878	10293	8584	
20299	208839	110941	97898	59918	37979	
13241	217649	99204	118445	27911	90534	24759
4877	199115	130620	68495	52800	15696	4593
45423	365881	68503	297378	25688	271690	
45622	287466	73875	213591	68874	144717	
5945	52037	30008	22029	13805	8224	
44780	493079	218440	274639	82065	192575	5700
27578	209824	112626	97198	75682	21516	4734
61445	248839	104191	144648	46460	98188	
29161	234798	127828	106970	20602	86368	
19718	270160	72579	197581	53457	144123	
1807	65089	52617	12472	12472		

4-15 教育经费支出明细

地区	总计	事业性经费支出	个人部分		
				工资福利支出	对个人和家庭的补助支出
河南省	**5529911**	**5475603**	**2844700**	**2395699**	**449001**
河南省本级	1649939	1608623	858580	754294	104286
郑州市	547870	547052	221931	152284	69647
开封市	169085	167615	107025	85475	21550
洛阳市	734294	730229	317599	260455	57144
平顶山市	264617	263100	179666	159367	20299
安阳市	42563	42563	24381	14065	10316
鹤壁市	87878	86917	58830	48927	9903
新乡市	148977	148977	96821	83413	13408
焦作市	191642	191642	129801	114696	15105
濮阳市	108192	108192	36730	34970	1760
许昌市	421804	421499	122023	93400	28623
漯河市	5060	5060	595		595
三门峡市	119223	119223	86446	79039	7407
南阳市	359827	359447	221405	192769	28636
商丘市	169719	169719	89566	80573	8993
信阳市	177409	175464	119215	87349	31866
周口市	75730	74200	45081	36465	8616
驻马店市	114780	114780	46475	41227	5248
济源示范区	141302	141302	82530	76930	5600

（中等专业学校）

单位：千元

#奖助学金	公用部分	商品和服务支出	资本性支出	专项公用支出	专项项目支出	资本性支出（基本建设）
303353	**2587507**	**1290622**	**1296885**	**468648**	**828237**	**43396**
69495	747396	346044	401352	192694	208658	2647
62894	320905	260560	60345	28014	32331	4216
9967	60590	32209	28381	21647	6734	
38205	381831	151663	230168	62032	168136	30799
10335	82434	52680	29754	15345	14409	1000
9163	18182	14153	4029	3909	120	
7043	28087	14582	13505	9507	3998	
3596	52156	32053	20103	16486	3617	
3910	61841	36827	25014	8935	16078	
134	71462	70443	1019	1019		
22828	299477	35327	264150	13089	251061	
595	4465	4465				
5098	32778	15247	17531	10713	6818	
20321	138041	82279	55762	21750	34012	
7019	75419	46566	28853	26148	2705	4734
23261	56249	25464	30785	15335	15450	
6324	29119	13416	15703	546	15157	
1786	68305	10187	58118	9165	48953	
1380	58772	46457	12315	12315		

4-16 教育经费支出明细

地区	总计	事业性经费支出			
			个人部分		
				工资福利支出	对个人和家庭的补助支出
河南省	**5524829**	**5470902**	**2840762**	**2391787**	**448975**
河南省本级	1649939	1608623	858580	754294	104286
郑州市	547870	547052	221931	152284	69647
开封市	169085	167615	107025	85475	21550
洛阳市	734294	730229	317599	260455	57144
平顶山市	264617	263100	179666	159367	20299
安阳市	42563	42563	24381	14065	10316
鹤壁市	87878	86917	58830	48927	9903
新乡市	148977	148977	96821	83413	13408
焦作市	191642	191642	129801	114696	15105
濮阳市	108192	108192	36730	34970	1760
许昌市	421804	421499	122023	93400	28623
漯河市	5060	5060	595		595
三门峡市	119223	119223	86446	79039	7407
南阳市	354745	354745	217467	188857	28610
商丘市	169719	169719	89566	80573	8993
信阳市	177409	175464	119215	87349	31866
周口市	75730	74200	45081	36465	8616
驻马店市	114780	114780	46475	41227	5248
济源示范区	141302	141302	82530	76930	5600

（地方中等专业学校）

单位：千元

#奖助学金	公用部分	商品和服务支出	资本性支出	专项公用支出	专项项目支出	资本性支出（基本建设）
303353	**2586744**	**1289859**	**1296885**	**468648**	**828237**	**43396**
69495	747396	346044	401352	192694	208658	2647
62894	320905	260560	60345	28014	32331	4216
9967	60590	32209	28381	21647	6734	
38205	381831	151663	230168	62032	168136	30799
10335	82434	52680	29754	15345	14409	1000
9163	18182	14153	4029	3909	120	
7043	28087	14582	13505	9507	3998	
3596	52156	32053	20103	16486	3617	
3910	61841	36827	25014	8935	16078	
134	71462	70443	1019	1019		
22828	299477	35327	264150	13089	251061	
595	4465	4465				
5098	32778	15247	17531	10713	6818	
20321	137278	81516	55762	21750	34012	
7019	75419	46566	28853	26148	2705	4734
23261	56249	25464	30785	15335	15450	
6324	29119	13416	15703	546	15157	
1786	68305	10187	58118	9165	48953	
1380	58772	46457	12315	12315		

4-17 教育经费支出明细

地区	总计	事业性经费支出	个人部分	工资福利支出	对个人和家庭的补助支出
河南省	**5038000**	**5010298**	**2968504**	**2628220**	**340284**
河南省本级	50329	42217	27539	25489	2050
郑州市	936293	936293	489163	449858	39305
开封市	127189	127189	89966	76055	13911
洛阳市	146617	136277	96418	81736	14682
平顶山市	1098	1098	615	590	25
安阳市	421552	421552	305457	286498	18959
鹤壁市	79149	79149	55284	51536	3748
新乡市	349327	346198	206911	185809	21102
焦作市	190338	190338	119892	110424	9468
濮阳市	291515	291039	185241	178571	6670
许昌市	189803	189801	133047	105263	27784
漯河市	326843	326746	184982	136733	48249
三门峡市	24008	24008	17445	16527	918
南阳市	566626	566575	302388	272424	29964
商丘市	243283	243283	141706	121171	20535
信阳市	406513	405289	237367	201023	36344
周口市	384020	379811	220852	194699	26153
驻马店市	303497	303436	154230	133813	20417
济源示范区					

（职业高中）

单位：千元

#奖助学金	公用部分	商品和服务支出	资本性支出	专项公用支出	专项项目支出	资本性支出（基本建设）
233785	**2013710**	**940633**	**1073077**	**497108**	**575969**	**28084**
757	14678	9772	4906	4906		
6573	429339	240746	188593	171996	16597	17791
3568	37224	18239	18985	3433	15552	
7806	39860	16420	23440	286	23154	
25	484	484				
8558	116094	71312	44782	19382	25400	
2614	23865	18492	5373	787	4586	
16703	139286	70909	68377	41047	27331	
6808	70445	36858	33587	13043	20544	
4738	101205	42260	58945	43249	15696	4593
22595	56754	26132	30622	12297	18325	
44877	141764	49354	92410	25072	67338	
447	6564	3115	3449	2604	845	
21643	258486	104092	154394	53653	100741	5700
19458	101577	53622	47955	29301	18654	
28685	167922	67079	100843	30740	70104	
22548	158958	75760	83198	15574	67624	
15383	149206	35988	113218	29740	83479	

4-18 教育经费支出明细

地区	总计	事业性经费支出	个人部分	工资福利支出	对个人和家庭的补助支出
河南省	**5038000**	**5010298**	**2968504**	**2628220**	**340284**
河南省本级	50329	42217	27539	25489	2050
郑州市	936293	936293	489163	449858	39305
开封市	127189	127189	89966	76055	13911
洛阳市	146617	136277	96418	81736	14682
平顶山市	1098	1098	615	590	25
安阳市	421552	421552	305457	286498	18959
鹤壁市	79149	79149	55284	51536	3748
新乡市	349327	346198	206911	185809	21102
焦作市	190338	190338	119892	110424	9468
濮阳市	291515	291039	185241	178571	6670
许昌市	189803	189801	133047	105263	27784
漯河市	326843	326746	184982	136733	48249
三门峡市	24008	24008	17445	16527	918
南阳市	566626	566575	302388	272424	29964
商丘市	243283	243283	141706	121171	20535
信阳市	406513	405289	237367	201023	36344
周口市	384020	379811	220852	194699	26153
驻马店市	303497	303436	154230	133813	20417
济源示范区					

（地方职业高中）

单位：千元

#奖助学金	公用部分	商品和服务支出	资本性支出			资本性支出（基本建设）
				专项公用支出	专项项目支出	
233785	**2013710**	**940633**	**1073077**	**497108**	**575969**	**28084**
757	14678	9772	4906	4906		
6573	429339	240746	188593	171996	16597	17791
3568	37224	18239	18985	3433	15552	
7806	39860	16420	23440	286	23154	
25	484	484				
8558	116094	71312	44782	19382	25400	
2614	23865	18492	5373	787	4586	
16703	139286	70909	68377	41047	27331	
6808	70445	36858	33587	13043	20544	
4738	101205	42260	58945	43249	15696	4593
22595	56754	26132	30622	12297	18325	
44877	141764	49354	92410	25072	67338	
447	6564	3115	3449	2604	845	
21643	258486	104092	154394	53653	100741	5700
19458	101577	53622	47955	29301	18654	
28685	167922	67079	100843	30740	70104	
22548	158958	75760	83198	15574	67624	
15383	149206	35988	113218	29740	83479	

4-19 教育经费支出明细

地区	总计	事业性经费支出	个人部分		
				工资福利支出	对个人和家庭的补助支出
河南省	**2854755**	**2832841**	**1677978**	**1510397**	**167581**
河南省本级	50329	42217	27539	25489	2050
郑州市	193688	193688	115152	103993	11159
开封市	62713	62713	38593	35578	3015
洛阳市	127335	116995	79273	70569	8704
平顶山市					
安阳市	213980	213980	147050	139272	7778
鹤壁市	48701	48701	34582	32561	2021
新乡市	179019	175898	112461	99377	13084
焦作市	107553	107553	60934	57478	3456
濮阳市	220290	220117	144883	139291	5592
许昌市	66006	66006	38101	30272	7829
漯河市	85417	85360	60795	51865	8930
三门峡市	22323	22323	15970	15060	910
南阳市	505846	505796	257144	232312	24832
商丘市	176257	176257	97277	79775	17502
信阳市	267528	267528	172241	146305	25936
周口市	240479	240479	135943	123108	12835
驻马店市	287291	287231	140042	128093	11949
济源示范区					

（农村职业高中）

单位：千元

#奖助学金	公用部分	商品和服务支出	资本性支出	专项公用支出	专项项目支出	资本性支出（基本建设）
126357	**1132232**	**467447**	**664785**	**216579**	**448207**	**22632**
757	14678	9772	4906	4906		
3247	61603	34368	27235	10638	16597	16932
1244	24120	8880	15240	189	15052	
2601	37721	14483	23238	84	23154	
4605	66930	47882	19048	9348	9700	
1194	14119	11882	2237	520	1717	
10977	63438	19880	43558	20679	22879	
2091	46619	19302	27317	12248	15070	
4658	75234	29825	45409	31783	13626	
7283	27906	7764	20142	2080	18062	
7879	24566	12656	11910	1641	10268	
439	6354	2905	3449	2604	845	
19545	242952	92713	150239	49498	100741	5700
17001	78979	36415	42564	25514	17050	
24331	95286	43617	51669	12185	39484	
10342	104536	39911	64625	4143	60482	
8164	147189	35192	111997	28519	83479	

4-20 教育经费支出明细

地区	总计	事业性经费支出	个人部分	工资福利支出	对个人和家庭的补助支出
河南省	**2854755**	**2832841**	**1677978**	**1510397**	**167581**
河南省本级	50329	42217	27539	25489	2050
郑州市	193688	193688	115152	103993	11159
开封市	62713	62713	38593	35578	3015
洛阳市	127335	116995	79273	70569	8704
平顶山市					
安阳市	213980	213980	147050	139272	7778
鹤壁市	48701	48701	34582	32561	2021
新乡市	179019	175898	112461	99377	13084
焦作市	107553	107553	60934	57478	3456
濮阳市	220290	220117	144883	139291	5592
许昌市	66006	66006	38101	30272	7829
漯河市	85417	85360	60795	51865	8930
三门峡市	22323	22323	15970	15060	910
南阳市	505846	505796	257144	232312	24832
商丘市	176257	176257	97277	79775	17502
信阳市	267528	267528	172241	146305	25936
周口市	240479	240479	135943	123108	12835
驻马店市	287291	287231	140042	128093	11949
济源示范区					

（地方农村职业高中）

单位：千元

#奖助学金	公用部分	商品和服务支出	资本性支出	专项公用支出	专项项目支出	资本性支出（基本建设）
126357	**1132232**	**467447**	**664785**	**216579**	**448207**	**22632**
757	14678	9772	4906	4906		
3247	61603	34368	27235	10638	16597	16932
1244	24120	8880	15240	189	15052	
2601	37721	14483	23238	84	23154	
4605	66930	47882	19048	9348	9700	
1194	14119	11882	2237	520	1717	
10977	63438	19880	43558	20679	22879	
2091	46619	19302	27317	12248	15070	
4658	75234	29825	45409	31783	13626	
7283	27906	7764	20142	2080	18062	
7879	24566	12656	11910	1641	10268	
439	6354	2905	3449	2604	845	
19545	242952	92713	150239	49498	100741	5700
17001	78979	36415	42564	25514	17050	
24331	95286	43617	51669	12185	39484	
10342	104536	39911	64625	4143	60482	
8164	147189	35192	111997	28519	83479	

4-21 教育经费支出明细

地区	总计	事业性经费支出	个人部分		
				工资福利支出	对个人和家庭的补助支出
河南省	**2479151**	**2455102**	**1034649**	**945332**	**89317**
河南省本级	833659	832186	357638	338254	19384
郑州市	496011	496011	156839	139825	17014
开封市	93819	90821	50506	45031	5475
洛阳市	33103	33103	16297	12112	4185
平顶山市	173354	172678	54077	46047	8030
安阳市	39369	39369	36537	32678	3859
鹤壁市	7162	7162	6222	6222	
新乡市	1488	1488	1224	1216	8
焦作市	161801	161801	59041	49182	9859
濮阳市	51151	51134	35313	33541	1772
许昌市					
漯河市	195702	183280	43628	42962	666
三门峡市	25969	22113	14729	14044	685
南阳市	129310	126704	48526	41626	6900
商丘市	43467	43467	23708	22316	1392
信阳市	33124	33124	18309	17628	681
周口市	54916	54916	34410	33794	616
驻马店市	92514	92514	69969	62669	7300
济源示范区	13230	13230	7675	6183	1492

（技工学校）

单位：千元

#奖助学金	公用部分	商品和服务支出	资本性支出	专项公用支出	专项项目支出	资本性支出（基本建设）
26597	**1247122**	**594008**	**653114**	**319759**	**333355**	**173331**
2893	378142	185176	192966	125603	67363	96406
4435	288654	222335	66319	53069	13250	50518
560	38668	18872	19796	9945	9851	1647
3242	16805	9192	7613	41	7572	
4957	118601	44354	74247	40184	34062	
227	2833	2759	74	74		
	940	940				
	264	264				
2523	78001	18998	59003	5128	53874	24759
5	15821	9168	6653	6653		
150	139652	18496	121156	43777	77379	
587	7385	7385				
2815	78178	15407	62771	5514	57257	
801	19759	2711	17048	17048		
425	14815	3284	11531	331	11200	
	20505	18786	1719	1719		
2550	22545	10326	12219	10672	1547	
427	5555	5555				

4-22 教育经费支出明细

地区	总计	事业性经费支出	个人部分		
				工资福利支出	对个人和家庭的补助支出
河南省	**2464874**	**2444681**	**1026036**	**936906**	**89130**
河南省本级	829799	828326	354141	334757	19384
郑州市	496011	496011	156839	139825	17014
开封市	93819	90821	50506	45031	5475
洛阳市	33103	33103	16297	12112	4185
平顶山市	173354	172678	54077	46047	8030
安阳市	39369	39369	36537	32678	3859
鹤壁市	7162	7162	6222	6222	
新乡市	1488	1488	1224	1216	8
焦作市	161801	161801	59041	49182	9859
濮阳市	51151	51134	35313	33541	1772
许昌市					
漯河市	195702	183280	43628	42962	666
三门峡市	15553	15553	9613	9115	498
南阳市	129310	126704	48526	41626	6900
商丘市	43467	43467	23708	22316	1392
信阳市	33124	33124	18309	17628	681
周口市	54916	54916	34410	33794	616
驻马店市	92514	92514	69969	62669	7300
济源示范区	13230	13230	7675	6183	1492

（地方技工学校）

单位：千元

#奖助学金	公用部分	商品和服务支出	资本性支出	专项公用支出	专项项目支出	资本性支出（基本建设）
26410	**1245315**	**592201**	**653114**	**319759**	**333355**	**173331**
2893	377780	184814	192966	125603	67363	96406
4435	288654	222335	66319	53069	13250	50518
560	38668	18872	19796	9945	9851	1647
3242	16805	9192	7613	41	7572	
4957	118601	44354	74247	40184	34062	
227	2833	2759	74	74		
	940	940				
	264	264				
2523	78001	18998	59003	5128	53874	24759
5	15821	9168	6653	6653		
150	139652	18496	121156	43777	77379	
400	5940	5940				
2815	78178	15407	62771	5514	57257	
801	19759	2711	17048	17048		
425	14815	3284	11531	331	11200	
	20505	18786	1719	1719		
2550	22545	10326	12219	10672	1547	
427	5555	5555				

4-23 教育经费支出明细

地区	总计	事业性经费支出			
			个人部分		
				工资福利支出	对个人和家庭的补助支出
河南省	**1344645**	**1339132**	**860306**	**791758**	**68548**
河南省本级	67952	67952	32746	30515	2231
郑州市	522453	517444	268762	245800	22962
开封市	30793	30793	27992	26232	1760
洛阳市	69557	69557	48109	44127	3982
平顶山市	55441	55441	44876	40464	4412
安阳市	28168	28168	21540	19908	1632
鹤壁市	10977	10977	9737	9436	301
新乡市	54861	54861	37729	35264	2465
焦作市	26626	26140	18778	18242	536
濮阳市	38157	38157	27530	24806	2724
许昌市	49367	49367	39717	36371	3346
漯河市	17488	17469	15883	15288	595
三门峡市	19658	19658	12902	12226	676
南阳市	65181	65181	46044	43390	2654
商丘市	61626	61626	48556	46896	1660
信阳市	57599	57599	47746	36838	10908
周口市	86979	86979	60763	57784	2979
驻马店市	71741	71741	41637	40447	1190
济源示范区	10020	10020	9258	7723	1535

（成人中等专业学校）

单位：千元

#奖助学金	公用部分	商品和服务支出	资本性支出	专项公用支出	专项项目支出	资本性支出（基本建设）
27176	**478826**	**353747**	**125079**	**58972**	**66107**	
195	35205	18327	16878	9065	7814	
17148	248682	188808	59874	30427	29447	
	2801	2801				
159	21448	19533	1915	625	1290	
4	10565	8243	2322	1261	1062	
6	6627	5431	1196	524	673	
	1240	1240				
	17132	7715	9417	2385	7032	
	7362	6520	842	804	38	
	10628	8749	1879	1879		
	9650	7044	2606	302	2304	
	1586	1561	25	25		
	6756	5706	1050	489	561	
	19137	17425	1712	1147	565	
300	13070	9728	3342	3185	158	
9074	9853	8364	1489	55	1434	
289	26216	19866	6350	2762	3587	
	30103	16078	14025	3881	10145	
	763	606	157	157		

4-24 教育经费支出明细

地区	总计	事业性经费支出			
			个人部分		
				工资福利支出	对个人和家庭的补助支出
河南省	**1344645**	**1339132**	**860306**	**791758**	**68548**
河南省本级	67952	67952	32746	30515	2231
郑州市	522453	517444	268762	245800	22962
开封市	30793	30793	27992	26232	1760
洛阳市	69557	69557	48109	44127	3982
平顶山市	55441	55441	44876	40464	4412
安阳市	28168	28168	21540	19908	1632
鹤壁市	10977	10977	9737	9436	301
新乡市	54861	54861	37729	35264	2465
焦作市	26626	26140	18778	18242	536
濮阳市	38157	38157	27530	24806	2724
许昌市	49367	49367	39717	36371	3346
漯河市	17488	17469	15883	15288	595
三门峡市	19658	19658	12902	12226	676
南阳市	65181	65181	46044	43390	2654
商丘市	61626	61626	48556	46896	1660
信阳市	57599	57599	47746	36838	10908
周口市	86979	86979	60763	57784	2979
驻马店市	71741	71741	41637	40447	1190
济源示范区	10020	10020	9258	7723	1535

（地方成人中等专业学校）

单位：千元

#奖助学金	公用部分	商品和服务支出	资本性支出			资本性支出（基本建设）
				专项公用支出	专项项目支出	
27176	**478826**	**353747**	**125079**	**58972**	**66107**	
195	35205	18327	16878	9065	7814	
17148	248682	188808	59874	30427	29447	
	2801	2801				
159	21448	19533	1915	625	1290	
4	10565	8243	2322	1261	1062	
6	6627	5431	1196	524	673	
	1240	1240				
	17132	7715	9417	2385	7032	
	7362	6520	842	804	38	
	10628	8749	1879	1879		
	9650	7044	2606	302	2304	
	1586	1561	25	25		
	6756	5706	1050	489	561	
	19137	17425	1712	1147	565	
300	13070	9728	3342	3185	158	
9074	9853	8364	1489	55	1434	
289	26216	19866	6350	2762	3587	
	30103	16078	14025	3881	10145	
	763	606	157	157		

4-25 教育经费支出明细

地区	总计	事业性经费支出	个人部分		
				工资福利支出	对个人和家庭的补助支出
河南省	**90647900**	**90259921**	**57531727**	**51367168**	**6164559**
河南省本级	558541	557809	291501	273767	17734
郑州市	13418741	13390060	7930891	7236193	694698
开封市	3898477	3875912	2497690	2107621	390069
洛阳市	6041517	6030592	4213926	3719640	494286
平顶山市	4166374	4156689	2469126	2187626	281500
安阳市	4830343	4806969	3262857	2943709	319148
鹤壁市	1441482	1440666	1015248	938389	76859
新乡市	5486006	5433135	3315411	2959412	355999
焦作市	2438994	2410947	1816229	1665488	150741
濮阳市	3864260	3827540	2637099	2426891	210208
许昌市	3684544	3655840	2468131	2241417	226714
漯河市	1972848	1968448	1474104	1357878	116226
三门峡市	2226978	2226846	1472718	1351405	121313
南阳市	9715502	9690772	5343411	4756813	586598
商丘市	5455978	5437767	3661657	3260192	401465
信阳市	6788249	6755276	4447699	3919807	527892
周口市	7440460	7379976	4659528	3947136	712392
驻马店市	6514421	6511292	4016338	3576383	439955
济源示范区	704183	703383	538165	497401	40764

（中学）

单位：千元

#奖助学金	公用部分	商品和服务支出	资本性支出			资本性支出（基本建设）
				专项公用支出	专项项目支出	
3579129	**31312969**	**13930875**	**17382094**	**3776757**	**13605337**	**1415224**
6150	266309	199007	67302	49030	18272	
205635	4625384	2456201	2169183	1044941	1124242	833786
205655	1373151	630373	742778	110809	631969	5070
234820	1794079	943787	850292	178355	671937	22587
193787	1442993	621600	821393	218451	602942	244569
180668	1467252	672621	794631	145009	649622	76859
38136	425418	212691	212727	33067	179660	
175400	2035016	737308	1297708	364310	933399	82708
67149	594719	358876	235843	84965	150878	
129544	1152571	457218	695353	339093	356260	37870
99362	1159643	625078	534565	82308	452257	28066
61561	492708	234624	258084	64194	193891	1635
56120	754129	301216	452913	83939	368974	
456965	4322117	1632729	2689388	219962	2469425	25245
284906	1767955	893239	874716	149511	725205	8154
382233	2300347	852558	1447789	202035	1245754	7230
495861	2714772	1232295	1482477	189132	1293344	5676
292915	2459186	790387	1668799	179096	1489703	35768
12261	165219	79065	86154	38551	47603	

4-26 教育经费支出明细

地区	总计	事业性经费支出	个人部分		
				工资福利支出	对个人和家庭的补助支出
河南省	**90644554**	**90256575**	**57528994**	**51365288**	**6163706**
河南省本级	558541	557809	291501	273767	17734
郑州市	13415396	13386715	7928157	7234312	693845
开封市	3898477	3875912	2497690	2107621	390069
洛阳市	6041517	6030592	4213926	3719640	494286
平顶山市	4166374	4156689	2469126	2187626	281500
安阳市	4830343	4806969	3262857	2943709	319148
鹤壁市	1441482	1440666	1015248	938389	76859
新乡市	5486006	5433135	3315411	2959412	355999
焦作市	2438994	2410947	1816229	1665488	150741
濮阳市	3864260	3827540	2637099	2426891	210208
许昌市	3684544	3655840	2468131	2241417	226714
漯河市	1972848	1968448	1474104	1357878	116226
三门峡市	2226978	2226846	1472718	1351405	121313
南阳市	9715502	9690772	5343411	4756813	586598
商丘市	5455978	5437767	3661657	3260192	401465
信阳市	6788249	6755276	4447699	3919807	527892
周口市	7440460	7379976	4659528	3947136	712392
驻马店市	6514421	6511292	4016338	3576383	439955
济源示范区	704183	703383	538165	497401	40764

（地方中学）

单位：千元

#奖助学金	公用部分	商品和服务支出	资本性支出			资本性支出（基本建设）
				专项公用支出	专项项目支出	
3579047	**31312358**	**13930264**	**17382094**	**3776757**	**13605337**	**1415224**
6150	266309	199007	67302	49030	18272	
205552	4624773	2455590	2169183	1044941	1124242	833786
205655	1373151	630373	742778	110809	631969	5070
234820	1794079	943787	850292	178355	671937	22587
193787	1442993	621600	821393	218451	602942	244569
180668	1467252	672621	794631	145009	649622	76859
38136	425418	212691	212727	33067	179660	
175400	2035016	737308	1297708	364310	933399	82708
67149	594719	358876	235843	84965	150878	
129544	1152571	457218	695353	339093	356260	37870
99362	1159643	625078	534565	82308	452257	28066
61561	492708	234624	258084	64194	193891	1635
56120	754129	301216	452913	83939	368974	
456965	4322117	1632729	2689388	219962	2469425	25245
284906	1767955	893239	874716	149511	725205	8154
382233	2300347	852558	1447789	202035	1245754	7230
495861	2714772	1232295	1482477	189132	1293344	5676
292915	2459186	790387	1668799	179096	1489703	35768
12261	165219	79065	86154	38551	47603	

4-27 教育经费支出明细

地区	总计	事业性经费支出			
			个人部分		
				工资福利支出	对个人和家庭的补助支出
河南省	**90647900**	**90259921**	**57531727**	**51367168**	**6164559**
河南省本级	558541	557809	291501	273767	17734
郑州市	13418741	13390060	7930891	7236193	694698
开封市	3898477	3875912	2497690	2107621	390069
洛阳市	6041517	6030592	4213926	3719640	494286
平顶山市	4166374	4156689	2469126	2187626	281500
安阳市	4830343	4806969	3262857	2943709	319148
鹤壁市	1441482	1440666	1015248	938389	76859
新乡市	5486006	5433135	3315411	2959412	355999
焦作市	2438994	2410947	1816229	1665488	150741
濮阳市	3864260	3827540	2637099	2426891	210208
许昌市	3684544	3655840	2468131	2241417	226714
漯河市	1972848	1968448	1474104	1357878	116226
三门峡市	2226978	2226846	1472718	1351405	121313
南阳市	9715502	9690772	5343411	4756813	586598
商丘市	5455978	5437767	3661657	3260192	401465
信阳市	6788249	6755276	4447699	3919807	527892
周口市	7440460	7379976	4659528	3947136	712392
驻马店市	6514421	6511292	4016338	3576383	439955
济源示范区	704183	703383	538165	497401	40764

（普通中学）

单位：千元

#奖助学金	公用部分	商品和服务支出	资本性支出		资本性支出（基本建设）
			专项公用支出	专项项目支出	

#奖助学金	公用部分	商品和服务支出	资本性支出	专项公用支出	专项项目支出	资本性支出（基本建设）
3579129	**31312969**	**13930875**	**17382094**	**3776757**	**13605337**	**1415224**
6150	266309	199007	67302	49030	18272	
205635	4625384	2456201	2169183	1044941	1124242	833786
205655	1373151	630373	742778	110809	631969	5070
234820	1794079	943787	850292	178355	671937	22587
193787	1442993	621600	821393	218451	602942	244569
180668	1467252	672621	794631	145009	649622	76859
38136	425418	212691	212727	33067	179660	
175400	2035016	737308	1297708	364310	933399	82708
67149	594719	358876	235843	84965	150878	
129544	1152571	457218	695353	339093	356260	37870
99362	1159643	625078	534565	82308	452257	28066
61561	492708	234624	258084	64194	193891	1635
56120	754129	301216	452913	83939	368974	
456965	4322117	1632729	2689388	219962	2469425	25245
284906	1767955	893239	874716	149511	725205	8154
382233	2300347	852558	1447789	202035	1245754	7230
495861	2714772	1232295	1482477	189132	1293344	5676
292915	2459186	790387	1668799	179096	1489703	35768
12261	165219	79065	86154	38551	47603	

4-28 教育经费支出明细

地区	总计	事业性经费支出	个人部分		
				工资福利支出	对个人和家庭的补助支出
河南省	**90644554**	**90256575**	**57528994**	**51365288**	**6163706**
河南省本级	558541	557809	291501	273767	17734
郑州市	13415396	13386715	7928157	7234312	693845
开封市	3898477	3875912	2497690	2107621	390069
洛阳市	6041517	6030592	4213926	3719640	494286
平顶山市	4166374	4156689	2469126	2187626	281500
安阳市	4830343	4806969	3262857	2943709	319148
鹤壁市	1441482	1440666	1015248	938389	76859
新乡市	5486006	5433135	3315411	2959412	355999
焦作市	2438994	2410947	1816229	1665488	150741
濮阳市	3864260	3827540	2637099	2426891	210208
许昌市	3684544	3655840	2468131	2241417	226714
漯河市	1972848	1968448	1474104	1357878	116226
三门峡市	2226978	2226846	1472718	1351405	121313
南阳市	9715502	9690772	5343411	4756813	586598
商丘市	5455978	5437767	3661657	3260192	401465
信阳市	6788249	6755276	4447699	3919807	527892
周口市	7440460	7379976	4659528	3947136	712392
驻马店市	6514421	6511292	4016338	3576383	439955
济源示范区	704183	703383	538165	497401	40764

（地方普通中学）

单位：千元

#奖助学金	公用部分	商品和服务支出	资本性支出	专项公用支出	专项项目支出	资本性支出（基本建设）
3579047	**31312358**	**13930264**	**17382094**	**3776757**	**13605337**	**1415224**
6150	266309	199007	67302	49030	18272	
205552	4624773	2455590	2169183	1044941	1124242	833786
205655	1373151	630373	742778	110809	631969	5070
234820	1794079	943787	850292	178355	671937	22587
193787	1442993	621600	821393	218451	602942	244569
180668	1467252	672621	794631	145009	649622	76859
38136	425418	212691	212727	33067	179660	
175400	2035016	737308	1297708	364310	933399	82708
67149	594719	358876	235843	84965	150878	
129544	1152571	457218	695353	339093	356260	37870
99362	1159643	625078	534565	82308	452257	28066
61561	492708	234624	258084	64194	193891	1635
56120	754129	301216	452913	83939	368974	
456965	4322117	1632729	2689388	219962	2469425	25245
284906	1767955	893239	874716	149511	725205	8154
382233	2300347	852558	1447789	202035	1245754	7230
495861	2714772	1232295	1482477	189132	1293344	5676
292915	2459186	790387	1668799	179096	1489703	35768
12261	165219	79065	86154	38551	47603	

4-29 教育经费支出明细

地区	总计	事业性经费支出			
			个人部分		
				工资福利支出	对个人和家庭的补助支出
河南省	**33051216**	**32770897**	**19228994**	**17426589**	**1802405**
河南省本级	239480	239236	141847	132201	9646
郑州市	5487549	5473835	2973449	2683952	289497
开封市	1573493	1557032	858652	692198	166454
洛阳市	2264140	2260694	1516195	1371878	144317
平顶山市	1663888	1657487	805053	735469	69584
安阳市	1631339	1620010	1018741	947151	71590
鹤壁市	485436	484620	313223	289387	23836
新乡市	2009274	1977572	1084917	978746	106171
焦作市	909198	884761	636089	585570	50519
濮阳市	1322088	1291126	834203	775923	58280
许昌市	1018509	1009261	726124	671417	54707
漯河市	634887	630542	467765	434510	33255
三门峡市	974660	974528	533746	498376	35370
南阳市	3562100	3538143	1760615	1604875	155740
商丘市	1797991	1780454	1099239	1006116	93123
信阳市	2529305	2496793	1581051	1373341	207710
周口市	2599471	2547781	1453970	1332170	121800
驻马店市	2053534	2052145	1200073	1105966	94107
济源示范区	294875	294875	224044	207343	16701

（普通高中）

单位：千元

#奖助学金	公用部分	商品和服务支出	资本性支出	专项公用支出	专项项目支出	资本性支出（基本建设）
1004713	**12867953**	**5940268**	**6927685**	**1813803**	**5113882**	**673951**
3222	97389	58082	39307	26782	12525	
71177	2078341	1101446	976895	527908	448987	422046
73742	698381	302824	395557	50360	345198	
66336	735373	373464	361909	84037	277872	9128
44728	702562	230668	471894	147967	323927	149872
45574	527412	242633	284779	60814	223965	73858
13026	171397	98951	72446	9814	62632	
51774	879958	262083	617875	143685	474190	12697
26952	248673	168697	79976	44096	35880	
37884	456922	181823	275099	196982	78117	
31421	283137	186338	96799	45415	51384	
17626	162777	98453	64324	25378	38946	
20741	440782	158562	282220	37048	245172	
105200	1776228	645433	1130795	105036	1025759	1300
74019	676165	460432	215733	49952	165781	5051
146311	915742	404931	510811	107121	403690	
102803	1093811	558847	534964	70266	464698	
67315	852073	367204	484869	70176	414693	
4863	70832	39400	31432	10967	20465	

4-30 教育经费支出明细

地区	总计	事业性经费支出	个人部分	工资福利支出	对个人和家庭的补助支出
河南省	**33051216**	**32770897**	**19228994**	**17426589**	**1802405**
河南省本级	239480	239236	141847	132201	9646
郑州市	5487549	5473835	2973449	2683952	289497
开封市	1573493	1557032	858652	692198	166454
洛阳市	2264140	2260694	1516195	1371878	144317
平顶山市	1663888	1657487	805053	735469	69584
安阳市	1631339	1620010	1018741	947151	71590
鹤壁市	485436	484620	313223	289387	23836
新乡市	2009274	1977572	1084917	978746	106171
焦作市	909198	884761	636089	585570	50519
濮阳市	1322088	1291126	834203	775923	58280
许昌市	1018509	1009261	726124	671417	54707
漯河市	634887	630542	467765	434510	33255
三门峡市	974660	974528	533746	498376	35370
南阳市	3562100	3538143	1760615	1604875	155740
商丘市	1797991	1780454	1099239	1006116	93123
信阳市	2529305	2496793	1581051	1373341	207710
周口市	2599471	2547781	1453970	1332170	121800
驻马店市	2053534	2052145	1200073	1105966	94107
济源示范区	294875	294875	224044	207343	16701

（地方普通高中）

单位：千元

#奖助学金	公用部分	商品和服务支出	资本性支出	专项公用支出	专项项目支出	资本性支出（基本建设）
1004713	**12867953**	**5940268**	**6927685**	**1813803**	**5113882**	**673951**
3222	97389	58082	39307	26782	12525	
71177	2078341	1101446	976895	527908	448987	422046
73742	698381	302824	395557	50360	345198	
66336	735373	373464	361909	84037	277872	9128
44728	702562	230668	471894	147967	323927	149872
45574	527412	242633	284779	60814	223965	73858
13026	171397	98951	72446	9814	62632	
51774	879958	262083	617875	143685	474190	12697
26952	248673	168697	79976	44096	35880	
37884	456922	181823	275099	196982	78117	
31421	283137	186338	96799	45415	51384	
17626	162777	98453	64324	25378	38946	
20741	440782	158562	282220	37048	245172	
105200	1776228	645433	1130795	105036	1025759	1300
74019	676165	460432	215733	49952	165781	5051
146311	915742	404931	510811	107121	403690	
102803	1093811	558847	534964	70266	464698	
67315	852073	367204	484869	70176	414693	
4863	70832	39400	31432	10967	20465	

4-31 教育经费支出明细

地区	总计	事业性经费支出	个人部分		
				工资福利支出	对个人和家庭的补助支出
河南省	**17797635**	**17652557**	**10199601**	**9314383**	**885218**
河南省本级					
郑州市	1319390	1305748	598516	567338	31178
开封市	939149	925103	487914	380995	106919
洛阳市	1317124	1315162	778729	723909	54820
平顶山市	903054	898185	444211	409968	34243
安阳市	901573	897109	586800	556154	30646
鹤壁市	270141	269595	141461	133107	8354
新乡市	998570	992741	446756	419416	27340
焦作市	513780	501505	370911	345008	25903
濮阳市	887335	858535	492891	450987	41904
许昌市	265439	256582	179010	173454	5556
漯河市	319416	315072	226940	213113	13827
三门峡市	300676	300544	209339	196467	12872
南阳市	2381397	2375549	1305638	1206845	98793
商丘市	1037406	1029933	582251	525724	56527
信阳市	2044015	2017499	1337247	1154703	182544
周口市	1630004	1625754	988523	916155	72368
驻马店市	1678264	1677039	960286	884208	76078
济源示范区	90904	90904	62175	56831	5344

（农村普通高中）

单位：千元

#奖助学金	公用部分	商品和服务支出	资本性支出	专项公用支出	专项项目支出	资本性支出（基本建设）
602768	**7317186**	**3457505**	**3859681**	**981866**	**2877815**	**135770**
11950	606097	254899	351198	168350	182849	101135
43191	437189	198524	238665	28622	210043	
37965	527577	225972	301605	67019	234586	8855
30191	436868	137915	298953	135277	163676	17105
22517	310309	156482	153827	45131	108696	
3858	128134	61861	66273	7691	58582	
13510	538608	107293	431315	64046	367269	7376
16337	130594	100422	30172	17515	12657	
27615	365643	117967	247676	182376	65301	
2158	77572	42367	35205	8430	26775	
9271	88131	49790	38341	8799	29542	
6474	91204	72462	18742	6027	12715	
76399	1068611	505347	563264	52923	510340	1300
46828	447681	316308	131373	24444	106929	
135990	680252	343660	336592	60639	275953	
59962	637231	431359	205872	51832	154040	
56938	716753	326244	390509	49918	340591	
1612	28730	8632	20098	2825	17272	

4-32 教育经费支出明细

地区	总计	事业性经费支出	个人部分	工资福利支出	对个人和家庭的补助支出
河南省	**17797635**	**17652557**	**10199601**	**9314383**	**885218**
河南省本级					
郑州市	1319390	1305748	598516	567338	31178
开封市	939149	925103	487914	380995	106919
洛阳市	1317124	1315162	778729	723909	54820
平顶山市	903054	898185	444211	409968	34243
安阳市	901573	897109	586800	556154	30646
鹤壁市	270141	269595	141461	133107	8354
新乡市	998570	992741	446756	419416	27340
焦作市	513780	501505	370911	345008	25903
濮阳市	887335	858535	492891	450987	41904
许昌市	265439	256582	179010	173454	5556
漯河市	319416	315072	226940	213113	13827
三门峡市	300676	300544	209339	196467	12872
南阳市	2381397	2375549	1305638	1206845	98793
商丘市	1037406	1029933	582251	525724	56527
信阳市	2044015	2017499	1337247	1154703	182544
周口市	1630004	1625754	988523	916155	72368
驻马店市	1678264	1677039	960286	884208	76078
济源示范区	90904	90904	62175	56831	5344

（地方农村普通高中）

单位：千元

#奖助学金	公用部分	商品和服务支出	资本性支出	专项公用支出	专项项目支出	资本性支出（基本建设）
602768	**7317186**	**3457505**	**3859681**	**981866**	**2877815**	**135770**
11950	606097	254899	351198	168350	182849	101135
43191	437189	198524	238665	28622	210043	
37965	527577	225972	301605	67019	234586	8855
30191	436868	137915	298953	135277	163676	17105
22517	310309	156482	153827	45131	108696	
3858	128134	61861	66273	7691	58582	
13510	538608	107293	431315	64046	367269	7376
16337	130594	100422	30172	17515	12657	
27615	365643	117967	247676	182376	65301	
2158	77572	42367	35205	8430	26775	
9271	88131	49790	38341	8799	29542	
6474	91204	72462	18742	6027	12715	
76399	1068611	505347	563264	52923	510340	1300
46828	447681	316308	131373	24444	106929	
135990	680252	343660	336592	60639	275953	
59962	637231	431359	205872	51832	154040	
56938	716753	326244	390509	49918	340591	
1612	28730	8632	20098	2825	17272	

4-33 教育经费支出明细

地区	总计	事业性经费支出	个人部分	工资福利支出	对个人和家庭的补助支出
河南省	**57596684**	**57489023**	**38302734**	**33940580**	**4362154**
河南省本级	319062	318574	149654	141566	8088
郑州市	7931192	7916225	4957442	4552241	405201
开封市	2324983	2318880	1639038	1415423	223615
洛阳市	3777377	3769897	2697732	2347763	349969
平顶山市	2502487	2499202	1664074	1452158	211916
安阳市	3199005	3186958	2244117	1996558	247559
鹤壁市	956046	956046	702024	649002	53022
新乡市	3476732	3455563	2230494	1980666	249828
焦作市	1529796	1526186	1180140	1079918	100222
濮阳市	2542172	2536415	1802896	1650968	151928
许昌市	2666035	2646579	1742006	1570000	172006
漯河市	1337961	1337906	1006340	923368	82972
三门峡市	1252318	1252318	938972	853029	85943
南阳市	6153402	6152629	3582796	3151938	430858
商丘市	3657988	3657312	2562419	2254076	308343
信阳市	4258944	4258483	2866649	2546466	320183
周口市	4840989	4832195	3205557	2614966	590591
驻马店市	4460887	4459147	2816265	2470417	345848
济源示范区	409308	408508	314121	290058	24063

（普通初中）

单位：千元

#奖助学金	公用部分	商品和服务支出	资本性支出	专项公用支出	专项项目支出	资本性支出（基本建设）
2574416	**18445018**	**7990608**	**10454410**	**1962954**	**8491455**	**741273**
2928	168920	140926	27994	22248	5747	
134458	2547044	1354756	1192288	517033	675255	411740
131912	674771	327550	347221	60449	286772	5070
168484	1058706	570323	488383	94318	394064	13460
149059	740431	390932	349499	70484	279015	94697
135094	939842	429989	509853	84195	425658	3001
25110	254022	113741	140281	23253	117028	
123626	1155058	475225	679833	220624	459209	70011
40197	346046	190179	155867	40869	114998	
91660	695648	275395	420253	142111	278143	37870
67941	876507	438740	437767	36893	400873	28066
43936	329931	136171	193760	38815	154945	1635
35379	313347	142654	170693	46891	123802	
351766	2545889	987296	1558593	114926	1443666	23945
210888	1091790	432807	658983	99559	559424	3104
235922	1384604	447627	936977	94914	842063	7230
393059	1620960	673448	947512	118867	828646	5676
225600	1607114	423184	1183930	108920	1075010	35768
7398	94387	39665	54722	27584	27138	

4-34　教育经费支出明细

地区	总计	事业性经费支出	个人部分	工资福利支出	对个人和家庭的补助支出
河南省	**57593339**	**57485678**	**38300000**	**33938699**	**4361301**
河南省本级	319062	318574	149654	141566	8088
郑州市	7927847	7912880	4954708	4550360	404348
开封市	2324983	2318880	1639038	1415423	223615
洛阳市	3777377	3769897	2697732	2347763	349969
平顶山市	2502487	2499202	1664074	1452158	211916
安阳市	3199005	3186958	2244117	1996558	247559
鹤壁市	956046	956046	702024	649002	53022
新乡市	3476732	3455563	2230494	1980666	249828
焦作市	1529796	1526186	1180140	1079918	100222
濮阳市	2542172	2536415	1802896	1650968	151928
许昌市	2666035	2646579	1742006	1570000	172006
漯河市	1337961	1337906	1006340	923368	82972
三门峡市	1252318	1252318	938972	853029	85943
南阳市	6153402	6152629	3582796	3151938	430858
商丘市	3657988	3657312	2562419	2254076	308343
信阳市	4258944	4258483	2866649	2546466	320183
周口市	4840989	4832195	3205557	2614966	590591
驻马店市	4460887	4459147	2816265	2470417	345848
济源示范区	409308	408508	314121	290058	24063

（地方普通初中）

单位：千元

#奖助学金	公用部分	商品和服务支出	资本性支出	专项公用支出	专项项目支出	资本性支出（基本建设）
2574334	**18444406**	**7989996**	**10454410**	**1962954**	**8491455**	**741273**
2928	168920	140926	27994	22248	5747	
134375	2546432	1354144	1192288	517033	675255	411740
131912	674771	327550	347221	60449	286772	5070
168484	1058706	570323	488383	94318	394064	13460
149059	740431	390932	349499	70484	279015	94697
135094	939842	429989	509853	84195	425658	3001
25110	254022	113741	140281	23253	117028	
123626	1155058	475225	679833	220624	459209	70011
40197	346046	190179	155867	40869	114998	
91660	695648	275395	420253	142111	278143	37870
67941	876507	438740	437767	36893	400873	28066
43936	329931	136171	193760	38815	154945	1635
35379	313347	142654	170693	46891	123802	
351766	2545889	987296	1558593	114926	1443666	23945
210888	1091790	432807	658983	99559	559424	3104
235922	1384604	447627	936977	94914	842063	7230
393059	1620960	673448	947512	118867	828646	5676
225600	1607114	423184	1183930	108920	1075010	35768
7398	94387	39665	54722	27584	27138	

4-35 教育经费支出明细

地区	总计	事业性经费支出	个人部分	工资福利支出	对个人和家庭的补助支出
河南省	**38997294**	**38935187**	**26337588**	**23317735**	**3019853**
河南省本级	22648	22648	10634	10522	112
郑州市	3278961	3265156	2102457	1918917	183540
开封市	1510573	1508293	1153070	1045114	107956
洛阳市	2593418	2592319	1746757	1537439	209318
平顶山市	1707066	1706327	1139678	976635	163043
安阳市	2019968	2014256	1477335	1332647	144688
鹤壁市	478973	478973	351978	336730	15248
新乡市	2157255	2145704	1389803	1266890	122913
焦作市	887310	884420	705961	660936	45025
濮阳市	1701434	1696097	1203345	1091720	111625
许昌市	1468563	1454163	947432	876968	70464
漯河市	847517	847462	671619	614419	57200
三门峡市	668054	668054	560548	503458	57090
南阳市	5295153	5294380	3092946	2712113	380833
商丘市	2947000	2946325	2051109	1778152	272957
信阳市	3783246	3782896	2537138	2260420	276718
周口市	3464194	3463494	2535197	2070223	464974
驻马店市	3983826	3982086	2522872	2202419	320453
济源示范区	182134	182134	137711	122014	15697

（农村普通初中）

单位：千元

#奖助学金	公用部分	商品和服务支出	资本性支出	专项公用支出	专项项目支出	资本性支出（基本建设）
1894734	**12425074**	**5345070**	**7080004**	**1234832**	**5845172**	**172525**
112	12015	11418	597	597		
54847	1143901	506912	636989	308558	328431	18796
55306	350153	219737	130416	26876	103540	5070
133198	835562	423676	411886	72950	338936	10000
131704	549749	292530	257219	44771	212448	16900
70831	535320	332793	202527	47269	155258	1601
2173	126996	62015	64981	18884	46097	
72060	742131	282839	459292	158518	300774	13771
12632	178460	119121	59339	20769	38570	
62192	482442	178028	304414	90737	213677	10310
10798	483606	265720	217886	12242	205644	23126
36273	175842	86090	89752	16635	73117	
25716	107506	68755	38751	18350	20400	
317058	2177490	830737	1346753	87282	1259470	23945
191056	892112	354940	537172	70790	466383	3104
219971	1238527	407606	830921	78136	752785	7230
282351	925393	494037	431356	47378	383978	2904
212831	1423446	393308	1030138	90294	939844	35768
3625	44422	14808	29614	23793	5821	

4-36 教育经费支出明细

地区	总计	事业性经费支出	个人部分	工资福利支出	对个人和家庭的补助支出
河南省	**38997294**	**38935187**	**26337588**	**23317735**	**3019853**
河南省本级	22648	22648	10634	10522	112
郑州市	3278961	3265156	2102457	1918917	183540
开封市	1510573	1508293	1153070	1045114	107956
洛阳市	2593418	2592319	1746757	1537439	209318
平顶山市	1707066	1706327	1139678	976635	163043
安阳市	2019968	2014256	1477335	1332647	144688
鹤壁市	478973	478973	351978	336730	15248
新乡市	2157255	2145704	1389803	1266890	122913
焦作市	887310	884420	705961	660936	45025
濮阳市	1701434	1696097	1203345	1091720	111625
许昌市	1468563	1454163	947432	876968	70464
漯河市	847517	847462	671619	614419	57200
三门峡市	668054	668054	560548	503458	57090
南阳市	5295153	5294380	3092946	2712113	380833
商丘市	2947000	2946325	2051109	1778152	272957
信阳市	3783246	3782896	2537138	2260420	276718
周口市	3464194	3463494	2535197	2070223	464974
驻马店市	3983826	3982086	2522872	2202419	320453
济源示范区	182134	182134	137711	122014	15697

（地方农村普通初中）

单位：千元

#奖助学金	公用部分	商品和服务支出	资本性支出	专项公用支出	专项项目支出	资本性支出（基本建设）
1894734	**12425074**	**5345070**	**7080004**	**1234832**	**5845172**	**172525**
112	12015	11418	597	597		
54847	1143901	506912	636989	308558	328431	18796
55306	350153	219737	130416	26876	103540	5070
133198	835562	423676	411886	72950	338936	10000
131704	549749	292530	257219	44771	212448	16900
70831	535320	332793	202527	47269	155258	1601
2173	126996	62015	64981	18884	46097	
72060	742131	282839	459292	158518	300774	13771
12632	178460	119121	59339	20769	38570	
62192	482442	178028	304414	90737	213677	10310
10798	483606	265720	217886	12242	205644	23126
36273	175842	86090	89752	16635	73117	
25716	107506	68755	38751	18350	20400	
317058	2177490	830737	1346753	87282	1259470	23945
191056	892112	354940	537172	70790	466383	3104
219971	1238527	407606	830921	78136	752785	7230
282351	925393	494037	431356	47378	383978	2904
212831	1423446	393308	1030138	90294	939844	35768
3625	44422	14808	29614	23793	5821	

4-37 教育经费支出明细

地区	总计	事业性经费支出			
			个人部分		
				工资福利支出	对个人和家庭的补助支出
河南省					
河南省本级					
郑州市					
开封市					
洛阳市					
平顶山市					
安阳市					
鹤壁市					
新乡市					
焦作市					
濮阳市					
许昌市					
漯河市					
三门峡市					
南阳市					
商丘市					
信阳市					
周口市					
驻马店市					
济源示范区					

（成人中学）

单位：千元

#奖助学金	公用部分	商品和服务支出	资本性支出	专项公用支出	专项项目支出	资本性支出（基本建设）

4-38 教育经费支出明细

地区	总计	事业性经费支出	个人部分	工资福利支出	对个人和家庭的补助支出
河南省	**84880953**	**84789608**	**58959662**	**52954681**	**6004981**
河南省本级	200198	196654	52069	50213	1856
郑州市	11294844	11276280	7684412	6940255	744157
开封市	3943788	3935535	2793272	2443514	349758
洛阳市	5592311	5581058	4022532	3472374	550158
平顶山市	3575639	3574158	2514192	2275640	238552
安阳市	4420914	4413383	3229304	2935270	294034
鹤壁市	1335610	1332474	973467	878856	94611
新乡市	4753522	4747903	3209012	2919467	289545
焦作市	2365687	2359619	1715249	1572687	142562
濮阳市	3605563	3601843	2561640	2356161	205479
许昌市	3766429	3759044	2637966	2459158	178808
漯河市	1855895	1855507	1399270	1289239	110031
三门峡市	1893878	1893870	1283631	1180210	103421
南阳市	8124877	8124449	5353723	4812839	540884
商丘市	6300049	6296596	4504798	4069775	435023
信阳市	6288094	6285206	4347143	3896260	450883
周口市	8008516	8003870	5617902	4914755	703147
驻马店市	6914923	6914344	4543121	4036366	506755
济源示范区	640216	637816	516961	451644	65317

（小学）

单位：千元

#奖助学金	公用部分	商品和服务支出	资本性支出	专项公用支出	专项项目支出	资本性支出（基本建设）
3388541	**25221806**	**12450309**	**12771497**	**2337784**	**10433712**	**608141**
382	144585	141719	2866	2866		
157916	3230773	1910939	1319834	497189	822645	361095
157337	1129477	616541	512936	71091	441845	12786
241508	1537178	858396	678782	133333	545448	21349
168633	1051975	582375	469600	96133	373468	7990
182268	1173997	633167	540830	94491	446339	10082
26393	359008	162256	196752	40713	156039	
121911	1525789	718450	807339	193392	613946	13103
45839	644124	321697	322427	56003	266423	246
125224	963888	400626	563262	119816	443446	76316
73100	1095753	711041	384712	29545	355167	25325
39318	456237	196874	259363	61048	198315	
49635	610239	304290	305949	120684	185265	
397075	2745336	1472428	1272908	132387	1140522	25390
341038	1787272	802320	984952	140554	844398	4526
330400	1928480	692566	1235914	152478	1083436	9583
544190	2382830	1130202	1252628	202070	1050558	3137
377948	2334012	712624	1621388	162151	1459237	37212
8425	120855	81797	39058	31842	7216	

4-39 教育经费支出明细

地区	总计	事业性经费支出	个人部分	工资福利支出	对个人和家庭的补助支出
河南省	**84868515**	**84777170**	**58948398**	**52946593**	**6001805**
河南省本级	200198	196654	52069	50213	1856
郑州市	11282406	11263841	7673148	6932166	740982
开封市	3943788	3935535	2793272	2443514	349758
洛阳市	5592311	5581058	4022532	3472374	550158
平顶山市	3575639	3574158	2514192	2275640	238552
安阳市	4420914	4413383	3229304	2935270	294034
鹤壁市	1335610	1332474	973467	878856	94611
新乡市	4753522	4747903	3209012	2919467	289545
焦作市	2365687	2359619	1715249	1572687	142562
濮阳市	3605563	3601843	2561640	2356161	205479
许昌市	3766429	3759044	2637966	2459158	178808
漯河市	1855895	1855507	1399270	1289239	110031
三门峡市	1893878	1893870	1283631	1180210	103421
南阳市	8124877	8124449	5353723	4812839	540884
商丘市	6300049	6296596	4504798	4069775	435023
信阳市	6288094	6285206	4347143	3896260	450883
周口市	8008516	8003870	5617902	4914755	703147
驻马店市	6914923	6914344	4543121	4036366	506755
济源示范区	640216	637816	516961	451644	65317

（地方小学）

单位：千元

#奖助学金	公用部分	商品和服务支出	资本性支出	专项公用支出	专项项目支出	资本性支出（基本建设）
3388454	**25220632**	**12449135**	**12771497**	**2337784**	**10433712**	**608141**
382	144585	141719	2866	2866		
157829	3229598	1909764	1319834	497189	822645	361095
157337	1129477	616541	512936	71091	441845	12786
241508	1537178	858396	678782	133333	545448	21349
168633	1051975	582375	469600	96133	373468	7990
182268	1173997	633167	540830	94491	446339	10082
26393	359008	162256	196752	40713	156039	
121911	1525789	718450	807339	193392	613946	13103
45839	644124	321697	322427	56003	266423	246
125224	963888	400626	563262	119816	443446	76316
73100	1095753	711041	384712	29545	355167	25325
39318	456237	196874	259363	61048	198315	
49635	610239	304290	305949	120684	185265	
397075	2745336	1472428	1272908	132387	1140522	25390
341038	1787272	802320	984952	140554	844398	4526
330400	1928480	692566	1235914	152478	1083436	9583
544190	2382830	1130202	1252628	202070	1050558	3137
377948	2334012	712624	1621388	162151	1459237	37212
8425	120855	81797	39058	31842	7216	

4-40 教育经费支出明细

地区	总计	事业性经费支出			
			个人部分		
				工资福利支出	对个人和家庭的补助支出
河南省	**84880953**	**84789608**	**58959662**	**52954681**	**6004981**
河南省本级	200198	196654	52069	50213	1856
郑州市	11294844	11276280	7684412	6940255	744157
开封市	3943788	3935535	2793272	2443514	349758
洛阳市	5592311	5581058	4022532	3472374	550158
平顶山市	3575639	3574158	2514192	2275640	238552
安阳市	4420914	4413383	3229304	2935270	294034
鹤壁市	1335610	1332474	973467	878856	94611
新乡市	4753522	4747903	3209012	2919467	289545
焦作市	2365687	2359619	1715249	1572687	142562
濮阳市	3605563	3601843	2561640	2356161	205479
许昌市	3766429	3759044	2637966	2459158	178808
漯河市	1855895	1855507	1399270	1289239	110031
三门峡市	1893878	1893870	1283631	1180210	103421
南阳市	8124877	8124449	5353723	4812839	540884
商丘市	6300049	6296596	4504798	4069775	435023
信阳市	6288094	6285206	4347143	3896260	450883
周口市	8008516	8003870	5617902	4914755	703147
驻马店市	6914923	6914344	4543121	4036366	506755
济源示范区	640216	637816	516961	451644	65317

（普通小学）

单位：千元

#奖助学金	公用部分	商品和服务支出	资本性支出	专项公用支出	专项项目支出	资本性支出（基本建设）
3388541	**25221806**	**12450309**	**12771497**	**2337784**	**10433712**	**608141**
382	144585	141719	2866	2866		
157916	3230773	1910939	1319834	497189	822645	361095
157337	1129477	616541	512936	71091	441845	12786
241508	1537178	858396	678782	133333	545448	21349
168633	1051975	582375	469600	96133	373468	7990
182268	1173997	633167	540830	94491	446339	10082
26393	359008	162256	196752	40713	156039	
121911	1525789	718450	807339	193392	613946	13103
45839	644124	321697	322427	56003	266423	246
125224	963888	400626	563262	119816	443446	76316
73100	1095753	711041	384712	29545	355167	25325
39318	456237	196874	259363	61048	198315	
49635	610239	304290	305949	120684	185265	
397075	2745336	1472428	1272908	132387	1140522	25390
341038	1787272	802320	984952	140554	844398	4526
330400	1928480	692566	1235914	152478	1083436	9583
544190	2382830	1130202	1252628	202070	1050558	3137
377948	2334012	712624	1621388	162151	1459237	37212
8425	120855	81797	39058	31842	7216	

4-41 教育经费支出明细

地区	总计	事业性经费支出	个人部分	工资福利支出	对个人和家庭的补助支出
河南省	**84868515**	**84777170**	**58948398**	**52946593**	**6001805**
河南省本级	200198	196654	52069	50213	1856
郑州市	11282406	11263841	7673148	6932166	740982
开封市	3943788	3935535	2793272	2443514	349758
洛阳市	5592311	5581058	4022532	3472374	550158
平顶山市	3575639	3574158	2514192	2275640	238552
安阳市	4420914	4413383	3229304	2935270	294034
鹤壁市	1335610	1332474	973467	878856	94611
新乡市	4753522	4747903	3209012	2919467	289545
焦作市	2365687	2359619	1715249	1572687	142562
濮阳市	3605563	3601843	2561640	2356161	205479
许昌市	3766429	3759044	2637966	2459158	178808
漯河市	1855895	1855507	1399270	1289239	110031
三门峡市	1893878	1893870	1283631	1180210	103421
南阳市	8124877	8124449	5353723	4812839	540884
商丘市	6300049	6296596	4504798	4069775	435023
信阳市	6288094	6285206	4347143	3896260	450883
周口市	8008516	8003870	5617902	4914755	703147
驻马店市	6914923	6914344	4543121	4036366	506755
济源示范区	640216	637816	516961	451644	65317

（地方普通小学）

单位：千元

#奖助学金	公用部分	商品和服务支出	资本性支出	专项公用支出	专项项目支出	资本性支出（基本建设）
3388454	**25220632**	**12449135**	**12771497**	**2337784**	**10433712**	**608141**
382	144585	141719	2866	2866		
157829	3229598	1909764	1319834	497189	822645	361095
157337	1129477	616541	512936	71091	441845	12786
241508	1537178	858396	678782	133333	545448	21349
168633	1051975	582375	469600	96133	373468	7990
182268	1173997	633167	540830	94491	446339	10082
26393	359008	162256	196752	40713	156039	
121911	1525789	718450	807339	193392	613946	13103
45839	644124	321697	322427	56003	266423	246
125224	963888	400626	563262	119816	443446	76316
73100	1095753	711041	384712	29545	355167	25325
39318	456237	196874	259363	61048	198315	
49635	610239	304290	305949	120684	185265	
397075	2745336	1472428	1272908	132387	1140522	25390
341038	1787272	802320	984952	140554	844398	4526
330400	1928480	692566	1235914	152478	1083436	9583
544190	2382830	1130202	1252628	202070	1050558	3137
377948	2334012	712624	1621388	162151	1459237	37212
8425	120855	81797	39058	31842	7216	

4-42 教育经费支出明细

地区	总计	事业性经费支出			
			个人部分		
				工资福利支出	对个人和家庭的补助支出
河南省	**60704180**	**60662429**	**43072302**	**38657596**	**4414706**
河南省本级	5288	5288	2469	2468	1
郑州市	4407993	4399887	3162171	2801621	360550
开封市	2868757	2864979	2171273	1932379	238894
洛阳市	3786982	3785286	2648102	2270769	377333
平顶山市	2548371	2547004	1801678	1607198	194480
安阳市	2984930	2982263	2250496	2054759	195737
鹤壁市	696097	693041	516535	476281	40254
新乡市	3114531	3113159	2117838	1959774	158064
焦作市	1449943	1443939	1127764	1048675	79089
濮阳市	2998483	2997786	2191647	2010203	181444
许昌市	2358316	2352790	1669515	1580502	89013
漯河市	1199887	1199789	968744	883154	85590
三门峡市	1010051	1010043	742683	684332	58351
南阳市	7137830	7137402	4765242	4255035	510207
商丘市	5325789	5322336	3810673	3416664	394009
信阳市	5708173	5705284	3922602	3527435	395167
周口市	6564014	6563986	4841078	4280511	560567
驻马店市	6241183	6240603	4127964	3679489	448475
济源示范区	297563	297563	233827	186348	47479

（农村普通小学）

单位：千元

#奖助学金	公用部分	商品和服务支出	资本性支出	专项公用支出	专项项目支出	资本性支出（基本建设）
2686050	**17392518**	**8806194**	**8586324**	**1458564**	**7127759**	**197609**
1	2818	2678	140	140		
57713	1220204	836704	383500	184920	198580	17511
83889	680921	438876	242045	30086	211959	12786
191163	1119344	596987	522357	102553	419804	17840
151332	745326	457775	287551	49682	237870	
122418	728414	455054	273360	47386	225974	3354
476	176505	104412	72093	15426	56667	
67649	995322	465135	530187	131523	398663	
14628	315930	220484	95446	29800	65646	246
110874	752769	320605	432164	72791	359373	53370
15743	670621	450338	220283	12414	207869	12654
31507	231045	126602	104443	23713	80730	
34464	267360	111444	155916	65054	90862	
385722	2346769	1299536	1047233	103959	943274	25390
323585	1507136	665330	841806	124420	717386	4526
311108	1773099	623306	1149793	131682	1018110	9583
431303	1719770	917715	802055	163768	638287	3137
348545	2075427	677264	1398163	146150	1252013	37212
3932	63736	35946	27790	23097	4693	

4-43 教育经费支出明细

地区	总计	事业性经费支出	个人部分	工资福利支出	对个人和家庭的补助支出
河南省	**60704180**	**60662429**	**43072302**	**38657596**	**4414706**
河南省本级	5288	5288	2469	2468	1
郑州市	4407993	4399887	3162171	2801621	360550
开封市	2868757	2864979	2171273	1932379	238894
洛阳市	3786982	3785286	2648102	2270769	377333
平顶山市	2548371	2547004	1801678	1607198	194480
安阳市	2984930	2982263	2250496	2054759	195737
鹤壁市	696097	693041	516535	476281	40254
新乡市	3114531	3113159	2117838	1959774	158064
焦作市	1449943	1443939	1127764	1048675	79089
濮阳市	2998483	2997786	2191647	2010203	181444
许昌市	2358316	2352790	1669515	1580502	89013
漯河市	1199887	1199789	968744	883154	85590
三门峡市	1010051	1010043	742683	684332	58351
南阳市	7137830	7137402	4765242	4255035	510207
商丘市	5325789	5322336	3810673	3416664	394009
信阳市	5708173	5705284	3922602	3527435	395167
周口市	6564014	6563986	4841078	4280511	560567
驻马店市	6241183	6240603	4127964	3679489	448475
济源示范区	297563	297563	233827	186348	47479

（地方农村普通小学）

单位：千元

#奖助学金	公用部分	商品和服务支出	资本性支出	专项公用支出	专项项目支出	资本性支出（基本建设）
2686050	**17392518**	**8806194**	**8586324**	**1458564**	**7127759**	**197609**
1	2818	2678	140	140		
57713	1220204	836704	383500	184920	198580	17511
83889	680921	438876	242045	30086	211959	12786
191163	1119344	596987	522357	102553	419804	17840
151332	745326	457775	287551	49682	237870	
122418	728414	455054	273360	47386	225974	3354
476	176505	104412	72093	15426	56667	
67649	995322	465135	530187	131523	398663	
14628	315930	220484	95446	29800	65646	246
110874	752769	320605	432164	72791	359373	53370
15743	670621	450338	220283	12414	207869	12654
31507	231045	126602	104443	23713	80730	
34464	267360	111444	155916	65054	90862	
385722	2346769	1299536	1047233	103959	943274	25390
323585	1507136	665330	841806	124420	717386	4526
311108	1773099	623306	1149793	131682	1018110	9583
431303	1719770	917715	802055	163768	638287	3137
348545	2075427	677264	1398163	146150	1252013	37212
3932	63736	35946	27790	23097	4693	

4-44 教育经费支出明细

地区	总计	事业性经费支出	个人部分	工资福利支出	对个人和家庭的补助支出
河南省					
河南省本级					
郑州市					
开封市					
洛阳市					
平顶山市					
安阳市					
鹤壁市					
新乡市					
焦作市					
濮阳市					
许昌市					
漯河市					
三门峡市					
南阳市					
商丘市					
信阳市					
周口市					
驻马店市					
济源示范区					

（成人小学）

单位：千元

#奖助学金	公用部分	商品和服务支出	资本性支出	专项公用支出	专项项目支出	资本性支出（基本建设）

4-45 教育经费支出明细

地区	总计	事业性经费支出			
			个人部分		
				工资福利支出	对个人和家庭的补助支出
河南省	**771151**	**770996**	**581286**	**535786**	**45500**
河南省本级					
郑州市	122722	122722	88136	79247	8889
开封市	35141	35011	26796	23942	2854
洛阳市	76092	76092	60581	54649	5932
平顶山市	39252	39252	27971	26255	1716
安阳市	36429	36429	26864	25237	1627
鹤壁市	9971	9971	8747	8231	516
新乡市	36379	36379	31383	28497	2886
焦作市	33886	33886	26766	24531	2235
濮阳市	32890	32865	25934	24817	1117
许昌市	17224	17224	14312	13866	446
漯河市	19841	19841	15604	14176	1428
三门峡市	18952	18952	14440	13657	783
南阳市	61540	61540	41918	40289	1629
商丘市	60498	60498	42907	40169	2738
信阳市	47638	47638	35412	30750	4662
周口市	53064	53064	41937	40698	1239
驻马店市	57828	57828	40809	36860	3949
济源示范区	11806	11806	10768	9913	855

（特殊教育）

单位：千元

#奖助学金	公用部分	商品和服务支出	资本性支出	专项公用支出	专项项目支出	资本性支出（基本建设）
17991	**189711**	**143343**	**46368**	**20907**	**25461**	
2675	34586	26136	8450	5117	3333	
439	8214	6330	1884	1425	459	
1976	15511	11149	4362	3073	1288	
1398	11282	9601	1681	1606	75	
226	9565	7350	2215	949	1266	
1	1224	1079	145	84	61	
1630	4996	4594	402	289	114	
964	7121	5881	1240	800	440	
631	6931	4358	2573	1909	664	
	2912	2456	456	256	200	
686	4236	3423	813	652	161	
529	4512	3020	1492	895	597	
758	19622	16073	3549	1737	1812	
1237	17591	11416	6175	1010	5165	
1741	12226	6199	6027	352	5675	
31	11126	11002	124	124		
2876	17019	12391	4628	476	4151	
194	1038	886	152	152		

4-46 教育经费支出明细

地区	总计	事业性经费支出	个人部分	工资福利支出	对个人和家庭的补助支出
河南省	**750415**	**750261**	**567704**	**523874**	**43830**
河南省本级					
郑州市	110811	110811	82199	73869	8330
开封市	33573	33443	25285	22730	2555
洛阳市	68835	68835	54448	49328	5120
平顶山市	39252	39252	27971	26255	1716
安阳市	36429	36429	26864	25237	1627
鹤壁市	9971	9971	8747	8231	516
新乡市	36379	36379	31383	28497	2886
焦作市	33886	33886	26766	24531	2235
濮阳市	32890	32865	25934	24817	1117
许昌市	17224	17224	14312	13866	446
漯河市	19841	19841	15604	14176	1428
三门峡市	18952	18952	14440	13657	783
南阳市	61540	61540	41918	40289	1629
商丘市	60498	60498	42907	40169	2738
信阳市	47638	47638	35412	30750	4662
周口市	53064	53064	41937	40698	1239
驻马店市	57828	57828	40809	36860	3949
济源示范区	11806	11806	10768	9913	855

（特殊教育学校）

单位：千元

#奖助学金	公用部分	商品和服务支出	资本性支出	专项公用支出	专项项目支出	资本性支出（基本建设）
17978	**182556**	**138994**	**43562**	**20536**	**23026**	
2661	28612	22797	5815	4758	1058	
439	8158	6277	1881	1422	459	
1976	14388	10194	4194	3065	1128	
1398	11282	9601	1681	1606	75	
226	9565	7350	2215	949	1266	
1	1224	1079	145	84	61	
1630	4996	4594	402	289	114	
964	7121	5881	1240	800	440	
631	6931	4358	2573	1909	664	
	2912	2456	456	256	200	
686	4236	3423	813	652	161	
529	4512	3020	1492	895	597	
758	19622	16073	3549	1737	1812	
1237	17591	11416	6175	1010	5165	
1741	12226	6199	6027	352	5675	
31	11126	11002	124	124		
2876	17019	12391	4628	476	4151	
194	1038	886	152	152		

4-47 教育经费支出明细

地区	总计	事业性经费支出			
			个人部分		
				工资福利支出	对个人和家庭的补助支出
河南省	**20736**	**20736**	**13581**	**11911**	**1670**
河南省本级					
郑州市	11911	11911	5937	5378	559
开封市	1568	1568	1512	1212	300
洛阳市	7256	7256	6133	5321	812
平顶山市					
安阳市					
鹤壁市					
新乡市					
焦作市					
濮阳市					
许昌市					
漯河市					
三门峡市					
南阳市					
商丘市					
信阳市					
周口市					
驻马店市					
济源示范区					

（工读学校）

单位：千元

#奖助学金	公用部分	商品和服务支出	资本性支出	专项公用支出	专项项目支出	资本性支出（基本建设）
13	**7154**	**4348**	**2806**	**371**	**2435**	
13	5974	3339	2635	359	2275	
	57	54	3	3		
	1123	955	168	8	160	

4-48 教育经费支出明细

地区	总计	事业性经费支出	个人部分	工资福利支出	对个人和家庭的补助支出
河南省	**22500277**	**22461253**	**13507839**	**13170423**	**337416**
河南省本级	272261	272258	163302	152699	10603
郑州市	4077263	4064153	2347391	2305305	42086
开封市	1078164	1071363	675537	656558	18979
洛阳市	1452137	1448914	898792	868827	29965
平顶山市	1138054	1137302	748538	733333	15205
安阳市	1077471	1075994	653383	643692	9691
鹤壁市	319035	318540	206083	199677	6406
新乡市	1408660	1407032	852929	833255	19674
焦作市	731396	729103	433916	427006	6910
濮阳市	890263	887923	538795	526599	12196
许昌市	1039180	1037543	724979	712721	12258
漯河市	507067	506616	324874	317676	7198
三门峡市	559324	559188	307248	297636	9612
南阳市	1692717	1691850	957499	929715	27784
商丘市	1524241	1524051	1021620	1011907	9713
信阳市	1299754	1298524	797273	774124	23149
周口市	1897525	1895578	1074741	1031910	42831
驻马店市	1366979	1366533	669920	638874	31046
济源示范区	168786	168786	111019	108909	2110

（幼儿园）

单位：千元

#奖助学金	公用部分	商品和服务支出	资本性支出	专项公用支出	专项项目支出	资本性支出（基本建设）
207079	**8825291**	**5863976**	**2961315**	**776652**	**2184663**	**128123**
	107856	87863	19993	3571	16422	1100
12897	1716762	1181012	535750	228572	307178	
8459	395646	281963	113683	29631	84052	180
19123	545122	369659	175463	55624	119839	5000
9844	378496	247049	131447	25145	106302	10268
4739	418419	283994	134425	55670	78755	4193
5032	112457	81091	31366	8422	22944	
10057	554103	369377	184726	40820	143906	
4168	291969	193990	97979	20105	77874	3218
8516	348628	218265	130363	36651	93712	500
6864	312565	242077	70488	10283	60205	
3079	181742	124306	57436	8365	49071	
5400	251940	145725	106215	15557	90658	
15436	734351	490318	244033	27531	216502	
7696	502432	397572	104860	9967	94893	
19821	400542	290653	109889	18655	91234	100710
37945	819708	445236	374472	83512	290960	1128
27504	694788	376003	318785	80525	238260	1825
498	57767	37823	19944	18048	1896	

4-49 教育经费支出明细

地区	总计	事业性经费支出	个人部分	工资福利支出	对个人和家庭的补助支出
河南省	**22457023**	**22417998**	**13470911**	**13133508**	**337403**
河南省本级	272261	272258	163302	152699	10603
郑州市	4072561	4059451	2343404	2301318	42086
开封市	1073505	1066704	671805	652826	18979
洛阳市	1442670	1439447	890399	860434	29965
平顶山市	1136429	1135677	747177	731972	15205
安阳市	1077471	1075994	653383	643692	9691
鹤壁市	319035	318540	206083	199677	6406
新乡市	1406576	1404949	850963	831289	19674
焦作市	731396	729103	433916	427006	6910
濮阳市	890263	887923	538795	526599	12196
许昌市	1038329	1036692	724149	711891	12258
漯河市	507067	506616	324874	317676	7198
三门峡市	550470	550334	299487	289888	9599
南阳市	1686351	1685485	952389	924605	27784
商丘市	1524241	1524051	1021620	1011907	9713
信阳市	1295107	1293877	793484	770335	23149
周口市	1897525	1895578	1074741	1031910	42831
驻马店市	1366979	1366533	669920	638874	31046
济源示范区	168786	168786	111019	108909	2110

（地方幼儿园）

单位：千元

#奖助学金	公用部分	商品和服务支出	资本性支出	专项公用支出	专项项目支出	资本性支出（基本建设）
207066	**8818964**	**5859153**	**2959811**	**775265**	**2184546**	**128123**
	107856	87863	19993	3571	16422	1100
12897	1716047	1180610	535437	228259	307178	
8459	394719	281800	112919	28983	83936	180
19123	544048	368806	175242	55402	119839	5000
9844	378233	246789	131444	25142	106302	10268
4739	418419	283994	134425	55670	78755	4193
5032	112457	81091	31366	8422	22944	
10057	553986	369260	184726	40820	143906	
4168	291969	193990	97979	20105	77874	3218
8516	348628	218265	130363	36651	93712	500
6864	312543	242058	70485	10280	60205	
3079	181742	124306	57436	8365	49071	
5387	250847	144755	106092	15434	90658	
15436	733095	489129	243966	27464	216502	
7696	502432	397572	104860	9967	94893	
19821	399683	289804	109879	18645	91234	100710
37945	819708	445236	374472	83512	290960	1128
27504	694788	376003	318785	80525	238260	1825
498	57767	37823	19944	18048	1896	

4-50 教育经费支出明细

地区	总计	事业性经费支出	个人部分		
				工资福利支出	对个人和家庭的补助支出
河南省	**13267066**	**13257864**	**8160665**	**7962929**	**197736**
河南省本级					
郑州市	1503577	1501402	870569	854500	16069
开封市	643032	642951	418875	411712	7163
洛阳市	892596	890985	543379	523042	20337
平顶山市	696832	696554	471488	460343	11145
安阳市	615670	615618	401007	397251	3756
鹤壁市	153516	153421	105070	104653	417
新乡市	721502	721031	451265	442370	8895
焦作市	370752	369478	248222	246003	2219
濮阳市	644209	644097	384943	376720	8223
许昌市	533660	533278	382304	379349	2955
漯河市	255096	254952	170586	167118	3468
三门峡市	207340	207340	132738	128240	4498
南阳市	1300255	1299446	740615	717524	23091
商丘市	1129617	1129427	746853	739290	7563
信阳市	1019516	1018425	620232	599876	20356
周口市	1373883	1373873	874171	845401	28770
驻马店市	1170345	1169920	571874	544155	27719
济源示范区	35666	35666	26476	25384	1092

（农村幼儿园）

单位：千元

#奖助学金	公用部分	商品和服务支出	资本性支出	专项公用支出	专项项目支出	资本性支出（基本建设）
157285	**4988396**	**3382822**	**1605574**	**412838**	**1192736**	**108803**
7630	630832	375168	255664	126460	129204	
4876	224075	183353	40722	9815	30907	
17011	342606	215804	126802	37132	89670	5000
9081	224298	140204	84094	11460	72635	768
3256	214612	169042	45570	20658	24912	
52	48351	38384	9967	1003	8964	
7891	269766	159027	110739	27006	83733	
1545	121256	100081	21175	4346	16829	
7567	258654	145073	113581	30255	83326	500
1652	150975	115414	35561	1688	33872	
2082	84366	57875	26491	2804	23687	
3755	74601	59157	15444	2467	12977	
14889	558831	388105	170726	21853	148873	
7120	382575	302911	79664	3636	76028	
18432	297483	226311	71172	15835	55338	100710
25101	499701	379470	120231	36565	83666	
24928	596220	319319	276901	59253	217649	1825
418	9190	8121	1069	602	467	

4-51 教育经费支出明细

地区	总计	事业性经费支出	个人部分	工资福利支出	对个人和家庭的补助支出
河南省	**13264227**	**13255025**	**8158548**	**7960812**	**197736**
河南省本级					
郑州市	1503577	1501402	870569	854500	16069
开封市	643032	642951	418875	411712	7163
洛阳市	892596	890985	543379	523042	20337
平顶山市	696832	696554	471488	460343	11145
安阳市	615670	615618	401007	397251	3756
鹤壁市	153516	153421	105070	104653	417
新乡市	721502	721031	451265	442370	8895
焦作市	370752	369478	248222	246003	2219
濮阳市	644209	644097	384943	376720	8223
许昌市	533660	533278	382304	379349	2955
漯河市	255096	254952	170586	167118	3468
三门峡市	207340	207340	132738	128240	4498
南阳市	1297417	1296607	738497	715406	23091
商丘市	1129617	1129427	746853	739290	7563
信阳市	1019516	1018425	620232	599876	20356
周口市	1373883	1373873	874171	845401	28770
驻马店市	1170345	1169920	571874	544155	27719
济源示范区	35666	35666	26476	25384	1092

（地方农村幼儿园）

单位：千元

#奖助学金	公用部分	商品和服务支出	资本性支出	专项公用支出	专项项目支出	资本性支出（基本建设）
157285	**4987675**	**3382144**	**1605531**	**412795**	**1192736**	**108803**
7630	630832	375168	255664	126460	129204	
4876	224075	183353	40722	9815	30907	
17011	342606	215804	126802	37132	89670	5000
9081	224298	140204	84094	11460	72635	768
3256	214612	169042	45570	20658	24912	
52	48351	38384	9967	1003	8964	
7891	269766	159027	110739	27006	83733	
1545	121256	100081	21175	4346	16829	
7567	258654	145073	113581	30255	83326	500
1652	150975	115414	35561	1688	33872	
2082	84366	57875	26491	2804	23687	
3755	74601	59157	15444	2467	12977	
14889	558110	387427	170683	21809	148873	
7120	382575	302911	79664	3636	76028	
18432	297483	226311	71172	15835	55338	100710
25101	499701	379470	120231	36565	83666	
24928	596220	319319	276901	59253	217649	1825
418	9190	8121	1069	602	467	

4-52 教育经费支出明细

地区	总计	事业性经费支出			
			个人部分		
				工资福利支出	对个人和家庭的补助支出
河南省	**1439283**	**1432137**	**740613**	**606076**	**134537**
河南省本级	123095	123095	50257	43082	7175
郑州市	139329	139329	72212	64880	7332
开封市	80326	80326	39087	23061	16026
洛阳市	77188	77188	51091	38980	12111
平顶山市	96870	96870	62418	49166	13252
安阳市	57365	57365	38415	29002	9413
鹤壁市	35485	35485	28658	23764	4894
新乡市	53833	53833	35569	28572	6997
焦作市	41364	41364	20295	15508	4787
濮阳市	37056	37056	23813	20395	3418
许昌市	66975	66975	38420	26746	11674
漯河市	46201	46201	29826	26273	3553
三门峡市	46049	46049	26971	23280	3691
南阳市	102939	102939	32606	29264	3342
商丘市	78016	77620	32749	28911	3838
信阳市	116913	116701	41695	37972	3723
周口市	153942	147403	70645	59314	11331
驻马店市	80990	80990	41356	34652	6704
济源示范区	5348	5348	4531	3253	1278

（教育行政单位）

单位：千元

#奖助学金	公用部分	商品和服务支出	资本性支出	专项公用支出	专项项目支出	资本性支出（基本建设）
	675745	**592688**	**83057**	**60695**	**22362**	**15778**
	72838	68920	3918	3918		
	67117	55714	11403	8383	3020	
	41239	33485	7754	465	7289	
	26097	23372	2725	2725		
	34452	29016	5436	5363	73	
	18950	17018	1932	1932		
	6827	6111	716	716		
	18265	14417	3848	2406	1442	
	21070	14714	6356	6356		
	13243	12773	470	470		
	28554	27044	1510	221	1289	
	16375	15103	1272	795	477	
	19078	17816	1262	1262		
	70334	65843	4491	1598	2892	
	44872	35737	9135	9135		
	59228	52456	6772	2248	4524	15778
	76758	70171	6587	5407	1180	
	39634	32163	7471	7296	175	
	817	817				

4-53 教育经费支出明细

地区	总计	事业性经费支出	个人部分	工资福利支出	对个人和家庭的补助支出
河南省	**1439283**	**1432137**	**740613**	**606076**	**134537**
河南省本级	123095	123095	50257	43082	7175
郑州市	139329	139329	72212	64880	7332
开封市	80326	80326	39087	23061	16026
洛阳市	77188	77188	51091	38980	12111
平顶山市	96870	96870	62418	49166	13252
安阳市	57365	57365	38415	29002	9413
鹤壁市	35485	35485	28658	23764	4894
新乡市	53833	53833	35569	28572	6997
焦作市	41364	41364	20295	15508	4787
濮阳市	37056	37056	23813	20395	3418
许昌市	66975	66975	38420	26746	11674
漯河市	46201	46201	29826	26273	3553
三门峡市	46049	46049	26971	23280	3691
南阳市	102939	102939	32606	29264	3342
商丘市	78016	77620	32749	28911	3838
信阳市	116913	116701	41695	37972	3723
周口市	153942	147403	70645	59314	11331
驻马店市	80990	80990	41356	34652	6704
济源示范区	5348	5348	4531	3253	1278

（地方教育行政单位）

单位：千元

#奖助学金	公用部分	商品和服务支出	资本性支出	专项公用支出	专项项目支出	资本性支出（基本建设）
	675745	**592688**	**83057**	**60695**	**22362**	**15778**
	72838	68920	3918	3918		
	67117	55714	11403	8383	3020	
	41239	33485	7754	465	7289	
	26097	23372	2725	2725		
	34452	29016	5436	5363	73	
	18950	17018	1932	1932		
	6827	6111	716	716		
	18265	14417	3848	2406	1442	
	21070	14714	6356	6356		
	13243	12773	470	470		
	28554	27044	1510	221	1289	
	16375	15103	1272	795	477	
	19078	17816	1262	1262		
	70334	65843	4491	1598	2892	
	44872	35737	9135	9135		
	59228	52456	6772	2248	4524	15778
	76758	70171	6587	5407	1180	
	39634	32163	7471	7296	175	
	817	817				

4-54 教育经费支出明细

地区	总计	事业性经费支出	个人部分	工资福利支出	对个人和家庭的补助支出
河南省	**3060067**	**3021996**	**1821331**	**1610680**	**210651**
河南省本级	260608	230500	70047	65504	4543
郑州市	432649	432649	209094	180877	28217
开封市	127152	127051	99392	75513	23879
洛阳市	192053	192053	142372	128907	13465
平顶山市	132987	132985	82559	78295	4264
安阳市	123914	123873	89269	85594	3675
鹤壁市	66761	66761	45175	41843	3332
新乡市	159282	159282	107764	97387	10377
焦作市	120915	120915	80332	74077	6255
濮阳市	202791	202791	161771	93981	67790
许昌市	57457	57457	43063	39765	3298
漯河市	92575	85299	29531	27851	1680
三门峡市	71111	71111	42179	38182	3997
南阳市	290379	290379	137010	130368	6642
商丘市	179252	178742	118989	114614	4375
信阳市	225353	225320	142727	138009	4718
周口市	145978	145978	93175	85938	7237
驻马店市	140340	140340	96370	90796	5574
济源示范区	38509	38509	30512	23178	7334

（教育事业单位）

单位：千元

#奖助学金	公用部分	商品和服务支出	资本性支出			资本性支出（基本建设）
				专项公用支出	专项项目支出	
	1177773	**862124**	**315649**	**157928**	**157721**	**22892**
	160452	152729	7723	7723		
	222982	145729	77253	12976	64277	573
	27659	25138	2521	2521		
	49682	47053	2629	2561	67	
	50426	35136	15290	15192	98	
	34604	24429	10175	2593	7582	
	21586	9521	12065	1682	10383	
	51518	44218	7300	6561	738	
	25817	19854	5963	5963		14767
	41020	25026	15994	4081	11913	
	14394	13777	617	617		
	55769	9876	45893	30825	15068	
	28932	15084	13848	1162	12686	
	153369	127150	26219	7664	18554	
	59753	43805	15948	15085	863	
	75041	43021	32020	19309	12711	7552
	52802	47641	5161	4586	575	
	43969	27466	16503	14569	1934	
	7997	5471	2526	2257	269	

4-55 教育经费支出明细

地区	总计	事业性经费支出	个人部分	工资福利支出	对个人和家庭的补助支出
河南省	**3060067**	**3021996**	**1821331**	**1610680**	**210651**
河南省本级	260608	230500	70047	65504	4543
郑州市	432649	432649	209094	180877	28217
开封市	127152	127051	99392	75513	23879
洛阳市	192053	192053	142372	128907	13465
平顶山市	132987	132985	82559	78295	4264
安阳市	123914	123873	89269	85594	3675
鹤壁市	66761	66761	45175	41843	3332
新乡市	159282	159282	107764	97387	10377
焦作市	120915	120915	80332	74077	6255
濮阳市	202791	202791	161771	93981	67790
许昌市	57457	57457	43063	39765	3298
漯河市	92575	85299	29531	27851	1680
三门峡市	71111	71111	42179	38182	3997
南阳市	290379	290379	137010	130368	6642
商丘市	179252	178742	118989	114614	4375
信阳市	225353	225320	142727	138009	4718
周口市	145978	145978	93175	85938	7237
驻马店市	140340	140340	96370	90796	5574
济源示范区	38509	38509	30512	23178	7334

（地方教育事业单位）

单位：千元

#奖助学金	公用部分	商品和服务支出	资本性支出			资本性支出（基本建设）
				专项公用支出	专项项目支出	
	1177773	**862124**	**315649**	**157928**	**157721**	**22892**
	160452	152729	7723	7723		
	222982	145729	77253	12976	64277	573
	27659	25138	2521	2521		
	49682	47053	2629	2561	67	
	50426	35136	15290	15192	98	
	34604	24429	10175	2593	7582	
	21586	9521	12065	1682	10383	
	51518	44218	7300	6561	738	
	25817	19854	5963	5963		14767
	41020	25026	15994	4081	11913	
	14394	13777	617	617		
	55769	9876	45893	30825	15068	
	28932	15084	13848	1162	12686	
	153369	127150	26219	7664	18554	
	59753	43805	15948	15085	863	
	75041	43021	32020	19309	12711	7552
	52802	47641	5161	4586	575	
	43969	27466	16503	14569	1934	
	7997	5471	2526	2257	269	

4-56 教育经费支出明细

地区	总计	事业性经费支出	个人部分	工资福利支出	对个人和家庭的补助支出
河南省	**2684519**	**2408233**	**790983**	**696495**	**94488**
河南省本级	329465	302379	119326	99334	19992
郑州市	236374	236374	86896	77753	9143
开封市	94792	94792	40343	35428	4915
洛阳市	431760	431760	48411	42663	5748
平顶山市	417433	168766	29188	25453	3735
安阳市	131324	131324	45734	42154	3580
鹤壁市	36804	36804	15917	13497	2420
新乡市	115276	115276	45686	29065	16621
焦作市	60366	60366	30960	26963	3997
濮阳市	87141	87141	36690	32218	4472
许昌市	172644	172644	31662	28545	3117
漯河市	49078	49078	27247	26400	847
三门峡市	58194	57716	31013	27380	3633
南阳市	66642	66642	45205	43180	2025
商丘市	53684	53636	33660	31088	2572
信阳市	158213	158213	42223	39980	2243
周口市	67794	67788	36311	33945	2366
驻马店市	47214	47214	36637	34014	2623
济源示范区	70321	70321	7872	7433	439

（其他教育机构）

单位：千元

#奖助学金	公用部分	商品和服务支出	资本性支出	专项公用支出	专项项目支出	资本性支出（基本建设）
	1486450	**683980**	**802470**	**87540**	**714930**	**130801**
	183053	177873	5180	3406	1774	
	145418	120555	24863	9850	15013	4060
	52871	49273	3598	1918	1680	1578
	383350	32231	351119	292	350827	
	59577	29629	29948	21771	8177	80000
	60684	20423	40261	261	40000	24906
	20887	20649	238	20	218	
	50925	29827	21098	7966	13132	18664
	27813	17295	10518	1673	8845	1593
	50451	27947	22504	17132	5372	
	140982	14851	126131	1665	124465	
	21831	20270	1561	241	1320	
	26703	13428	13275	418	12858	
	21436	19971	1465	1305	160	
	19976	17429	2547	961	1585	
	115990	27221	88769	749	88020	
	31477	16418	15059	8929	6130	
	10577	5675	4902	663	4239	
	62448	23013	39435	8319	31116	

4-57 教育经费支出明细

地区	总计	事业性经费支出			
			个人部分		
				工资福利支出	对个人和家庭的补助支出
河南省	**2679515**	**2403229**	**790983**	**696495**	**94488**
河南省本级	324461	297375	119326	99334	19992
郑州市	236374	236374	86896	77753	9143
开封市	94792	94792	40343	35428	4915
洛阳市	431760	431760	48411	42663	5748
平顶山市	417433	168766	29188	25453	3735
安阳市	131324	131324	45734	42154	3580
鹤壁市	36804	36804	15917	13497	2420
新乡市	115276	115276	45686	29065	16621
焦作市	60366	60366	30960	26963	3997
濮阳市	87141	87141	36690	32218	4472
许昌市	172644	172644	31662	28545	3117
漯河市	49078	49078	27247	26400	847
三门峡市	58194	57716	31013	27380	3633
南阳市	66642	66642	45205	43180	2025
商丘市	53684	53636	33660	31088	2572
信阳市	158213	158213	42223	39980	2243
周口市	67794	67788	36311	33945	2366
驻马店市	47214	47214	36637	34014	2623
济源示范区	70321	70321	7872	7433	439

（地方其他教育机构）

单位：千元

#奖助学金	公用部分	商品和服务支出	资本性支出	专项公用支出	专项项目支出	资本性支出（基本建设）
	1481446	**678976**	**802470**	**87540**	**714930**	**130801**
	178049	172869	5180	3406	1774	
	145418	120555	24863	9850	15013	4060
	52871	49273	3598	1918	1680	1578
	383350	32231	351119	292	350827	
	59577	29629	29948	21771	8177	80000
	60684	20423	40261	261	40000	24906
	20887	20649	238	20	218	
	50925	29827	21098	7966	13132	18664
	27813	17295	10518	1673	8845	1593
	50451	27947	22504	17132	5372	
	140982	14851	126131	1665	124465	
	21831	20270	1561	241	1320	
	26703	13428	13275	418	12858	
	21436	19971	1465	1305	160	
	19976	17429	2547	961	1585	
	115990	27221	88769	749	88020	
	31477	16418	15059	8929	6130	
	10577	5675	4902	663	4239	
	62448	23013	39435	8319	31116	

第五部分

各地区各级各类教育机构财政补助支出明细

5-1 财政补助支出明细

地区	总计	事业性经费支出	个人部分	工资福利支出	对个人和家庭的补助支出
河南省	**215488047**	**214982024**	**136415538**	**118994640**	**17420898**
河南省本级	26707088	26674477	13521761	10365432	3156329
郑州市	27774635	27770611	16921282	15170045	1751237
开封市	7929571	7904066	5317255	4479618	837637
洛阳市	13226395	13212626	8658286	7450782	1207504
平顶山市	8768902	8514497	5565322	4929534	635788
安阳市	9822436	9816069	6958569	6245294	713275
鹤壁市	3088836	3076310	2217145	1998499	218646
新乡市	10574677	10574012	6830297	6038743	791554
焦作市	5469372	5457959	3934030	3545939	388091
濮阳市	8455863	8427086	5622005	5093547	528458
许昌市	7962257	7950884	5170341	4661209	509132
漯河市	4684729	4664040	3304493	2974409	330084
三门峡市	4748276	4748237	3193656	2914711	278945
南阳市	19436827	19421819	11448913	10163923	1284990
商丘市	11424316	11422658	8156553	7219881	936672
信阳市	14202392	14195872	9417201	8276935	1140266
周口市	15053453	14997032	9986206	8477284	1508922
驻马店市	14382887	14378633	8901369	7837214	1064155
济源示范区	1775135	1775135	1290851	1151638	139213

（各级各类教育机构）

单位：千元

#奖助学金	公用部分	商品和服务支出	资本性支出	专项公用支出	专项项目支出	资本性支出（基本建设）
10507039	**75331420**	**33951153**	**41380267**	**11337608**	**30042659**	**3235066**
2417302	12520305	7346920	5173385	3323014	1850372	632412
512839	9535552	5017477	4518075	2147853	2370223	1313776
398622	2565549	1169578	1395971	215597	1180374	21262
556869	4474604	1889861	2584743	429725	2155018	79735
421138	2565348	1301299	1264049	315107	948942	383827
410466	2741459	1301589	1439870	299615	1140255	116040
92229	859165	362807	496358	107244	389114	
351256	3599831	1421064	2178767	692413	1486353	143884
160849	1479346	747583	731763	186293	545470	44583
278787	2685802	950742	1735060	539251	1195809	119279
230077	2723045	1291471	1431574	183488	1248086	57497
184654	1357913	502530	855383	247495	607888	1635
138762	1554580	663724	890856	226495	664361	
961884	7898532	3276292	4622240	583127	4039114	74373
682557	3248690	1446851	1801839	252809	1549030	17415
824804	4637817	1560705	3077112	379338	2697774	140853
1093783	5000885	1960163	3040722	499021	2541701	9942
753339	5398711	1537397	3861314	587785	3273529	78552
36823	484284	203100	281184	121938	159246	

5-2 财政补助支出明细

地区	总计	事业性经费支出			
			个人部分		
				工资福利支出	对个人和家庭的补助支出
河南省	**215096299**	**214590275**	**136278376**	**118889235**	**17389141**
河南省本级	26341231	26308620	13407656	10278912	3128744
郑州市	27761510	27757485	16909831	15162567	1747264
开封市	7929571	7904066	5317255	4479618	837637
洛阳市	13218444	13204676	8650668	7443164	1207504
平顶山市	8768902	8514497	5565322	4929534	635788
安阳市	9822436	9816069	6958569	6245294	713275
鹤壁市	3088836	3076310	2217145	1998499	218646
新乡市	10574677	10574012	6830297	6038743	791554
焦作市	5469372	5457959	3934030	3545939	388091
濮阳市	8455863	8427086	5622005	5093547	528458
许昌市	7962257	7950884	5170341	4661209	509132
漯河市	4684729	4664040	3304493	2974409	330084
三门峡市	4747422	4747383	3193456	2914711	278745
南阳市	19436827	19421819	11448913	10163923	1284990
商丘市	11424316	11422658	8156553	7219881	936672
信阳市	14198431	14191911	9413412	8273146	1140266
周口市	15053453	14997032	9986206	8477284	1508922
驻马店市	14382887	14378633	8901369	7837214	1064155
济源示范区	1775135	1775135	1290851	1151638	139213

（地方各级各类教育机构）

单位：千元

#奖助学金	公用部分	商品和服务支出	资本性支出	专项公用支出	专项项目支出	资本性支出（基本建设）
10502546	**75227099**	**33878975**	**41348124**	**11305465**	**30042659**	**3084800**
2413179	12418818	7277411	5141407	3291035	1850372	482146
512669	9533878	5015803	4518075	2147853	2370223	1313776
398622	2565549	1169578	1395971	215597	1180374	21262
556869	4474272	1889649	2584623	429605	2155018	79735
421138	2565348	1301299	1264049	315107	948942	383827
410466	2741459	1301589	1439870	299615	1140255	116040
92229	859165	362807	496358	107244	389114	
351256	3599831	1421064	2178767	692413	1486353	143884
160849	1479346	747583	731763	186293	545470	44583
278787	2685802	950742	1735060	539251	1195809	119279
230077	2723045	1291471	1431574	183488	1248086	57497
184654	1357913	502530	855383	247495	607888	1635
138562	1553926	663114	890812	226451	664361	
961884	7898532	3276292	4622240	583127	4039114	74373
682557	3248690	1446851	1801839	252809	1549030	17415
824804	4637645	1560533	3077112	379338	2697774	140853
1093783	5000885	1960163	3040722	499021	2541701	9942
753339	5398711	1537397	3861314	587785	3273529	78552
36823	484284	203100	281184	121938	159246	

5-3 财政补助支出明细

地区	总计	事业性经费支出			
			个人部分		
				工资福利支出	对个人和家庭的补助支出
河南省	**33976557**	**33917734**	**17368073**	**13426150**	**3941923**
河南省本级	23398798	23392777	11934507	8937795	2996712
郑州市	1682799	1679000	827410	702776	124634
开封市	466909	452760	245143	193933	51210
洛阳市	595467	595467	161599	129441	32158
平顶山市	604573	599644	400295	342930	57365
安阳市	672050	672050	399634	336011	63623
鹤壁市	248710	237416	141075	119894	21181
新乡市	1036075	1036075	533544	446856	86688
焦作市	335950	332570	226939	174291	52648
濮阳市	598267	595267	185968	158979	26989
许昌市	358250	352509	175515	145788	29727
漯河市	295440	294570	159400	112707	46693
三门峡市	296749	296749	204024	172730	31294
南阳市	1053141	1051141	457142	373774	83368
商丘市	455851	455851	361134	282447	78687
信阳市	692803	692803	348998	280302	68696
周口市	222406	222406	170773	140135	30638
驻马店市	748976	745335	319111	273622	45489
济源示范区	213343	213343	115860	101739	14121

（高等学校）

单位：千元

#奖助学金	公用部分	商品和服务支出	资本性支出	专项公用支出	专项项目支出	资本性支出（基本建设）
2979712	**15880364**	**7982356**	**7898008**	**4200343**	**3697666**	**669297**
2341489	10926011	6247657	4678354	2965268	1713087	532259
79561	809852	455702	354150	269700	84450	41737
29422	207618	97482	110136	25868	84268	
18023	433868	43141	390727	45831	344895	
39225	159349	105579	53770	48920	4850	40000
49745	272416	156054	116362	52703	63660	
18084	96341	38938	57403	24594	32809	
40534	473122	110013	363109	150144	212965	29408
39724	105631	48307	57324	44752	12572	
21356	409299	48413	360886	34984	325902	
18463	172889	39918	132971	72740	60230	4106
37911	135170	40653	94517	37583	56933	
25033	92724	64809	27915	18276	9640	
61682	575960	171399	404561	181609	222953	18038
44926	94718	82657	12061	6348	5712	
41825	343805	99988	243817	17120	226697	
21641	51632	19770	31862	29914	1949	
36945	422476	102402	320074	158281	161794	3748
14121	97483	9474	88009	15709	72300	

5-4 财政补助支出明细

地区	总计	事业性经费支出	个人部分	工资福利支出	对个人和家庭的补助支出
河南省	**33617980**	**33559157**	**17256055**	**13341717**	**3914338**
河南省本级	23040221	23034201	11822490	8853362	2969128
郑州市	1682799	1679000	827410	702776	124634
开封市	466909	452760	245143	193933	51210
洛阳市	595467	595467	161599	129441	32158
平顶山市	604573	599644	400295	342930	57365
安阳市	672050	672050	399634	336011	63623
鹤壁市	248710	237416	141075	119894	21181
新乡市	1036075	1036075	533544	446856	86688
焦作市	335950	332570	226939	174291	52648
濮阳市	598267	595267	185968	158979	26989
许昌市	358250	352509	175515	145788	29727
漯河市	295440	294570	159400	112707	46693
三门峡市	296749	296749	204024	172730	31294
南阳市	1053141	1051141	457142	373774	83368
商丘市	455851	455851	361134	282447	78687
信阳市	692803	692803	348998	280302	68696
周口市	222406	222406	170773	140135	30638
驻马店市	748976	745335	319111	273622	45489
济源示范区	213343	213343	115860	101739	14121

（地方高等学校）

单位：千元

#奖助学金	公用部分	商品和服务支出	资本性支出	专项公用支出	专项项目支出	资本性支出（基本建设）
2975589	**15784071**	**7918041**	**7866030**	**4168364**	**3697666**	**519031**
2337367	10829719	6183343	4646376	2933289	1713087	381993
79561	809852	455702	354150	269700	84450	41737
29422	207618	97482	110136	25868	84268	
18023	433868	43141	390727	45831	344895	
39225	159349	105579	53770	48920	4850	40000
49745	272416	156054	116362	52703	63660	
18084	96341	38938	57403	24594	32809	
40534	473122	110013	363109	150144	212965	29408
39724	105631	48307	57324	44752	12572	
21356	409299	48413	360886	34984	325902	
18463	172889	39918	132971	72740	60230	4106
37911	135170	40653	94517	37583	56933	
25033	92724	64809	27915	18276	9640	
61682	575960	171399	404561	181609	222953	18038
44926	94718	82657	12061	6348	5712	
41825	343805	99988	243817	17120	226697	
21641	51632	19770	31862	29914	1949	
36945	422476	102402	320074	158281	161794	3748
14121	97483	9474	88009	15709	72300	

5-5 财政补助支出明细

地区	总计	事业性经费支出	个人部分		
				工资福利支出	对个人和家庭的补助支出
河南省	**33846993**	**33788169**	**17265233**	**13334587**	**3930646**
河南省本级	23340674	23334654	11895402	8901486	2993916
郑州市	1681026	1677226	826010	701376	124634
开封市	466909	452760	245143	193933	51210
洛阳市	579023	579023	146230	116752	29478
平顶山市	604573	599644	400295	342930	57365
安阳市	672050	672050	399634	336011	63623
鹤壁市	248710	237416	141075	119894	21181
新乡市	999197	999197	498710	416913	81797
焦作市	335950	332570	226939	174291	52648
濮阳市	598267	595267	185968	158979	26989
许昌市	358250	352509	175515	145788	29727
漯河市	295440	294570	159400	112707	46693
三门峡市	296749	296749	204024	172730	31294
南阳市	1044144	1042144	450413	367619	82794
商丘市	455851	455851	361134	282447	78687
信阳市	685454	685454	343595	275235	68360
周口市	222406	222406	170773	140135	30638
驻马店市	748976	745335	319111	273622	45489
济源示范区	213343	213343	115860	101739	14121

（普通高等学校）

单位：千元

#奖助学金	公用部分	商品和服务支出	资本性支出			资本性支出（基本建设）
				专项公用支出	专项项目支出	
2979450	**15853640**	**7965658**	**7887982**	**4197892**	**3690090**	**669297**
2341474	10906992	6236147	4670845	2964302	1706543	532259
79561	809479	455329	354150	269700	84450	41737
29422	207618	97482	110136	25868	84268	
17777	432794	42067	390727	45831	344895	
39225	159349	105579	53770	48920	4850	40000
49745	272416	156054	116362	52703	63660	
18084	96341	38938	57403	24594	32809	
40534	471079	108772	362307	150110	212197	29408
39724	105631	48307	57324	44752	12572	
21356	409299	48413	360886	34984	325902	
18463	172889	39918	132971	72740	60230	4106
37911	135170	40653	94517	37583	56933	
25033	92724	64809	27915	18276	9640	
61682	573692	170846	402846	180158	222688	18038
44926	94718	82657	12061	6348	5712	
41825	341860	98043	243817	17120	226697	
21641	51632	19770	31862	29914	1949	
36945	422476	102402	320074	158281	161794	3748
14121	97483	9474	88009	15709	72300	

5-6 财政补助支出明细

地区	总计	事业性经费支出			
			个人部分		
				工资福利支出	对个人和家庭的补助支出
河南省	**33488416**	**33429593**	**17153215**	**13250154**	**3903061**
河南省本级	22982097	22976077	11783385	8817053	2966332
郑州市	1681026	1677226	826010	701376	124634
开封市	466909	452760	245143	193933	51210
洛阳市	579023	579023	146230	116752	29478
平顶山市	604573	599644	400295	342930	57365
安阳市	672050	672050	399634	336011	63623
鹤壁市	248710	237416	141075	119894	21181
新乡市	999197	999197	498710	416913	81797
焦作市	335950	332570	226939	174291	52648
濮阳市	598267	595267	185968	158979	26989
许昌市	358250	352509	175515	145788	29727
漯河市	295440	294570	159400	112707	46693
三门峡市	296749	296749	204024	172730	31294
南阳市	1044144	1042144	450413	367619	82794
商丘市	455851	455851	361134	282447	78687
信阳市	685454	685454	343595	275235	68360
周口市	222406	222406	170773	140135	30638
驻马店市	748976	745335	319111	273622	45489
济源示范区	213343	213343	115860	101739	14121

（地方普通高等学校）

单位：千元

#奖助学金	公用部分	商品和服务支出	资本性支出	专项公用支出	专项项目支出	资本性支出（基本建设）
2975327	**15757347**	**7901344**	**7856003**	**4165913**	**3690090**	**519031**
2337351	10810699	6171832	4638867	2932323	1706543	381993
79561	809479	455329	354150	269700	84450	41737
29422	207618	97482	110136	25868	84268	
17777	432794	42067	390727	45831	344895	
39225	159349	105579	53770	48920	4850	40000
49745	272416	156054	116362	52703	63660	
18084	96341	38938	57403	24594	32809	
40534	471079	108772	362307	150110	212197	29408
39724	105631	48307	57324	44752	12572	
21356	409299	48413	360886	34984	325902	
18463	172889	39918	132971	72740	60230	4106
37911	135170	40653	94517	37583	56933	
25033	92724	64809	27915	18276	9640	
61682	573692	170846	402846	180158	222688	18038
44926	94718	82657	12061	6348	5712	
41825	341860	98043	243817	17120	226697	
21641	51632	19770	31862	29914	1949	
36945	422476	102402	320074	158281	161794	3748
14121	97483	9474	88009	15709	72300	

5-7 财政补助支出明细

地区	总计	事业性经费支出			
			个人部分		
				工资福利支出	对个人和家庭的补助支出
河南省	**21885872**	**21872738**	**11228954**	**8816559**	**2412395**
河南省本级	18269123	18263430	9358750	7269241	2089509
郑州市	821237	817437	483846	418830	65016
开封市					
洛阳市	106526	106526	1053		1053
平顶山市	380178	380178	235126	201372	33754
安阳市	392651	392651	249283	205851	43432
鹤壁市					
新乡市	548596	548596	271308	223044	48264
焦作市	2951	2951	2951		2951
濮阳市	2329	2329	2329		2329
许昌市					
漯河市	230	230	230		230
三门峡市	4088	4088	4088		4088
南阳市	450699	450699	202297	159747	42550
商丘市	2727	2727	2727		2727
信阳市	427795	427795	188913	152390	36523
周口市	37671	37671	28262	20455	7807
驻马店市	438119	434477	196838	165629	31209
济源示范区	954	954	954		954

（普通高等本科学校）

单位：千元

#奖助学金	公用部分	商品和服务支出	资本性支出	专项公用支出	专项项目支出	资本性支出（基本建设）
1933553	**10042852**	**6006340**	**4036512**	**2409992**	**1626520**	**600932**
1707375	8381333	5301870	3079463	2022111	1057353	523348
38613	317793	211661	106132	102923	3209	15798
1053	105473		105473		105473	
23601	105052	80417	24635	24635		40000
32698	143367	93215	50152	7890	42262	
29993	277288	95927	181361	120761	60600	
2891						
2329						
230						
4088						
29355	230364	97828	132536	38020	94516	18038
2727						
22458	238883	35385	203498		203498	
7807	9410		9410	9410		
27383	233891	90038	143853	84243	59610	3748
954						

5-8 财政补助支出明细

地区	总计	事业性经费支出	个人部分	工资福利支出	对个人和家庭的补助支出
河南省	**21527295**	**21514161**	**11116936**	**8732126**	**2384810**
河南省本级	17910546	17904853	9246731	7184807	2061924
郑州市	821237	817437	483846	418830	65016
开封市					
洛阳市	106526	106526	1053		1053
平顶山市	380178	380178	235126	201372	33754
安阳市	392651	392651	249283	205851	43432
鹤壁市					
新乡市	548596	548596	271308	223044	48264
焦作市	2951	2951	2951		2951
濮阳市	2329	2329	2329		2329
许昌市					
漯河市	230	230	230		230
三门峡市	4088	4088	4088		4088
南阳市	450699	450699	202297	159747	42550
商丘市	2727	2727	2727		2727
信阳市	427795	427795	188913	152390	36523
周口市	37671	37671	28262	20455	7807
驻马店市	438119	434477	196838	165629	31209
济源示范区	954	954	954		954

（地方普通高等本科学校）

单位：千元

#奖助学金	公用部分	商品和服务支出	资本性支出	专项公用支出	专项项目支出	资本性支出（基本建设）
1929431	**9946560**	**5942026**	**4004534**	**2378014**	**1626520**	**450666**
1703252	8285040	5237555	3047485	1990132	1057353	373082
38613	317793	211661	106132	102923	3209	15798
1053	105473		105473		105473	
23601	105052	80417	24635	24635		40000
32698	143367	93215	50152	7890	42262	
29993	277288	95927	181361	120761	60600	
2891						
2329						
230						
4088						
29355	230364	97828	132536	38020	94516	18038
2727						
22458	238883	35385	203498		203498	
7807	9410		9410	9410		
27383	233891	90038	143853	84243	59610	3748
954						

5-9 财政补助支出明细

地区	总计	事业性经费支出	个人部分		
				工资福利支出	对个人和家庭的补助支出
河南省	**11961120**	**11915431**	**6036279**	**4518028**	**1518251**
河南省本级	5071551	5071224	2536654	1632246	904408
郑州市	859789	859789	342165	282547	59618
开封市	466909	452760	245143	193933	51210
洛阳市	472497	472497	145177	116752	28425
平顶山市	224395	219466	165168	141557	23611
安阳市	279400	279400	150350	130160	20190
鹤壁市	248710	237416	141075	119894	21181
新乡市	450601	450601	227402	193868	33534
焦作市	332999	329619	223988	174291	49697
濮阳市	595938	592938	183639	158979	24660
许昌市	358250	352509	175515	145788	29727
漯河市	295210	294340	159171	112707	46464
三门峡市	292662	292662	199937	172730	27207
南阳市	593445	591445	248116	207872	40244
商丘市	453125	453125	358407	282447	75960
信阳市	257659	257659	154682	122845	31837
周口市	184734	184734	142513	119681	22832
驻马店市	310857	310857	122272	107993	14279
济源示范区	212389	212389	114906	101739	13167

（普通高职高专学校）

单位：千元

#奖助学金	公用部分	商品和服务支出	资本性支出	专项公用支出	专项项目支出	资本性支出（基本建设）
1045897	**5810787**	**1959318**	**3851469**	**1787900**	**2063570**	**68365**
634099	2525659	934277	1591382	942191	649191	8911
40947	491685	243667	248018	166777	81241	25939
29422	207618	97482	110136	25868	84268	
16724	327320	42067	285253	45831	239422	
15624	54298	25162	29136	24286	4850	
17047	129050	62840	66210	44813	21397	
18084	96341	38938	57403	24594	32809	
10542	193791	12845	180946	29349	151597	29408
36833	105631	48307	57324	44752	12572	
19027	409299	48413	360886	34984	325902	
18463	172889	39918	132971	72740	60230	4106
37682	135170	40653	94517	37583	56933	
20945	92724	64809	27915	18276	9640	
32327	343329	73019	270310	142139	128172	
42199	94718	82657	12061	6348	5712	
19367	102978	62658	40320	17120	23200	
13835	42222	19770	22452	20504	1949	
9562	188585	12364	176221	74038	102184	
13167	97483	9474	88009	15709	72300	

5-10 财政补助支出明细

地区	总计	事业性经费支出	个人部分	工资福利支出	对个人和家庭的补助支出
河南省	**11961120**	**11915431**	**6036279**	**4518028**	**1518251**
河南省本级	5071551	5071224	2536654	1632246	904408
郑州市	859789	859789	342165	282547	59618
开封市	466909	452760	245143	193933	51210
洛阳市	472497	472497	145177	116752	28425
平顶山市	224395	219466	165168	141557	23611
安阳市	279400	279400	150350	130160	20190
鹤壁市	248710	237416	141075	119894	21181
新乡市	450601	450601	227402	193868	33534
焦作市	332999	329619	223988	174291	49697
濮阳市	595938	592938	183639	158979	24660
许昌市	358250	352509	175515	145788	29727
漯河市	295210	294340	159171	112707	46464
三门峡市	292662	292662	199937	172730	27207
南阳市	593445	591445	248116	207872	40244
商丘市	453125	453125	358407	282447	75960
信阳市	257659	257659	154682	122845	31837
周口市	184734	184734	142513	119681	22832
驻马店市	310857	310857	122272	107993	14279
济源示范区	212389	212389	114906	101739	13167

（地方普通高职高专学校）

单位：千元

#奖助学金	公用部分	商品和服务支出	资本性支出	专项公用支出	专项项目支出	资本性支出（基本建设）
1045897	**5810787**	**1959318**	**3851469**	**1787900**	**2063570**	**68365**
634099	2525659	934277	1591382	942191	649191	8911
40947	491685	243667	248018	166777	81241	25939
29422	207618	97482	110136	25868	84268	
16724	327320	42067	285253	45831	239422	
15624	54298	25162	29136	24286	4850	
17047	129050	62840	66210	44813	21397	
18084	96341	38938	57403	24594	32809	
10542	193791	12845	180946	29349	151597	29408
36833	105631	48307	57324	44752	12572	
19027	409299	48413	360886	34984	325902	
18463	172889	39918	132971	72740	60230	4106
37682	135170	40653	94517	37583	56933	
20945	92724	64809	27915	18276	9640	
32327	343329	73019	270310	142139	128172	
42199	94718	82657	12061	6348	5712	
19367	102978	62658	40320	17120	23200	
13835	42222	19770	22452	20504	1949	
9562	188585	12364	176221	74038	102184	
13167	97483	9474	88009	15709	72300	

5-11 财政补助支出明细

地区	总计	事业性经费支出			
			个人部分		
				工资福利支出	对个人和家庭的补助支出
河南省	**129564**	**129564**	**102840**	**91563**	**11277**
河南省本级	58124	58124	39105	36309	2796
郑州市	1774	1774	1400	1400	
开封市					
洛阳市	16444	16444	15369	12689	2680
平顶山市					
安阳市					
鹤壁市					
新乡市	36878	36878	34835	29944	4891
焦作市					
濮阳市					
许昌市					
漯河市					
三门峡市					
南阳市	8997	8997	6728	6154	574
商丘市					
信阳市	7348	7348	5403	5067	336
周口市					
驻马店市					
济源示范区					

（成人高等学校）

单位：千元

#奖助学金	公用部分	商品和服务支出	资本性支出	专项公用支出	专项项目支出	资本性支出（基本建设）
262	**26725**	**16698**	**10027**	**2451**	**7576**	
15	19019	11510	7509	966	6543	
	374	374				
246	1075	1075				
	2044	1241	803	35	768	
	2268	553	1715	1451	265	
	1945	1945				

5-12 财政补助支出明细

地区	总计	事业性经费支出			
			个人部分		
				工资福利支出	对个人和家庭的补助支出
河南省	**129564**	**129564**	**102840**	**91563**	**11277**
河南省本级	58124	58124	39105	36309	2796
郑州市	1774	1774	1400	1400	
开封市					
洛阳市	16444	16444	15369	12689	2680
平顶山市					
安阳市					
鹤壁市					
新乡市	36878	36878	34835	29944	4891
焦作市					
濮阳市					
许昌市					
漯河市					
三门峡市					
南阳市	8997	8997	6728	6154	574
商丘市					
信阳市	7348	7348	5403	5067	336
周口市					
驻马店市					
济源示范区					

（地方成人高等学校）

单位：千元

#奖助学金	公用部分	商品和服务支出	资本性支出	专项公用支出	专项项目支出	资本性支出（基本建设）
262	**26725**	**16698**	**10027**	**2451**	**7576**	
15	19019	11510	7509	966	6543	
	374	374				
246	1075	1075				
	2044	1241	803	35	768	
	2268	553	1715	1451	265	
	1945	1945				

5-13 财政补助支出明细

地区	总计	事业性经费支出			
			个人部分		
				工资福利支出	对个人和家庭的补助支出
河南省	**12321538**	**12261222**	**6784817**	**5885271**	**899546**
河南省本级	2043492	2016901	1050108	939376	110732
郑州市	1901772	1901657	862906	730049	132857
开封市	385618	381354	249881	207425	42456
洛阳市	818743	808403	413107	334842	78265
平顶山市	470915	470123	267407	234779	32628
安阳市	496429	496429	377150	342386	34764
鹤壁市	172178	171217	121957	108739	13218
新乡市	518160	518152	328514	291791	36723
焦作市	530969	530969	300390	267544	32846
濮阳市	472937	472634	278237	265451	12786
许昌市	629336	629031	291696	232582	59114
漯河市	471309	458867	207258	157569	49689
三门峡市	159906	159906	113499	104100	9399
南阳市	999810	997204	559636	495179	64457
商丘市	481619	481619	291572	259522	32050
信阳市	546465	546465	356302	277961	78341
周口市	552915	551385	340985	302621	38364
驻马店市	571647	571586	309466	276140	33326
济源示范区	97318	97318	64747	57215	7532

（中等职业学校）

单位：千元

#奖助学金	公用部分	商品和服务支出	资本性支出	专项公用支出	专项项目支出	资本性支出（基本建设）
572448	**5231593**	**2499334**	**2732259**	**1207757**	**1524502**	**244811**
70024	867741	445139	422602	299495	123107	99053
79199	966226	665799	300427	243035	57393	72525
13992	129825	62949	66876	34740	32136	1647
48777	364497	141494	223003	52093	170910	30799
15292	201716	100591	101125	51592	49533	1000
17955	119278	73705	45573	19381	26193	
8923	49261	32185	17076	10027	7049	
20299	189638	103482	86156	53121	33035	
12616	205819	87973	117846	27312	90534	24759
4769	189804	122664	67140	51444	15696	4593
45423	337335	61415	275920	24494	251426	
45619	251610	45842	205768	65278	140490	
5846	46407	26806	19601	11378	8224	
44668	431868	174068	257800	75426	182373	5700
27578	185312	93159	92153	73065	19088	4734
60818	190163	60132	130031	37025	93007	
29161	210398	111014	99384	16299	83085	
19718	262119	70337	191782	50559	141223	
1771	32572	20577	11995	11995		

5-14 财政补助支出明细

地区	总计	事业性经费支出			
			个人部分		
				工资福利支出	对个人和家庭的补助支出
河南省	**12318521**	**12258205**	**6782544**	**5883185**	**899359**
河南省本级	2041215	2014625	1048021	937289	110732
郑州市	1901772	1901657	862906	730049	132857
开封市	385618	381354	249881	207425	42456
洛阳市	818743	808403	413107	334842	78265
平顶山市	470915	470123	267407	234779	32628
安阳市	496429	496429	377150	342386	34764
鹤壁市	172178	171217	121957	108739	13218
新乡市	518160	518152	328514	291791	36723
焦作市	530969	530969	300390	267544	32846
濮阳市	472937	472634	278237	265451	12786
许昌市	629336	629031	291696	232582	59114
漯河市	471309	458867	207258	157569	49689
三门峡市	159166	159166	113312	104100	9212
南阳市	999810	997204	559636	495179	64457
商丘市	481619	481619	291572	259522	32050
信阳市	546465	546465	356302	277961	78341
周口市	552915	551385	340985	302621	38364
驻马店市	571647	571586	309466	276140	33326
济源示范区	97318	97318	64747	57215	7532

（地方中等职业学校）

单位：千元

#奖助学金	公用部分	商品和服务支出	资本性支出	专项公用支出	专项项目支出	资本性支出（基本建设）
572261	**5230849**	**2498590**	**2732259**	**1207757**	**1524502**	**244811**
70024	867551	444949	422602	299495	123107	99053
79199	966226	665799	300427	243035	57393	72525
13992	129825	62949	66876	34740	32136	1647
48777	364497	141494	223003	52093	170910	30799
15292	201716	100591	101125	51592	49533	1000
17955	119278	73705	45573	19381	26193	
8923	49261	32185	17076	10027	7049	
20299	189638	103482	86156	53121	33035	
12616	205819	87973	117846	27312	90534	24759
4769	189804	122664	67140	51444	15696	4593
45423	337335	61415	275920	24494	251426	
45619	251610	45842	205768	65278	140490	
5659	45854	26253	19601	11378	8224	
44668	431868	174068	257800	75426	182373	5700
27578	185312	93159	92153	73065	19088	4734
60818	190163	60132	130031	37025	93007	
29161	210398	111014	99384	16299	83085	
19718	262119	70337	191782	50559	141223	
1771	32572	20577	11995	11995		

5-15 财政补助支出明细

地区	总计	事业性经费支出	个人部分	工资福利支出	对个人和家庭的补助支出
河南省	**4623659**	**4592101**	**2430646**	**2006145**	**424501**
河南省本级	1260216	1233625	688118	595913	92205
郑州市	447686	447571	177385	110620	66765
开封市	147561	146295	89379	68039	21340
洛阳市	593722	593722	264575	208850	55725
平顶山市	257497	256706	175594	155406	20188
安阳市	39585	39585	24381	14065	10316
鹤壁市	85976	85015	58096	48927	9169
新乡市	147591	147591	95679	82271	13408
焦作市	162461	162461	108600	95024	13576
濮阳市	108192	108192	36730	34970	1760
许昌市	399504	399199	122022	93399	28623
漯河市	5060	5060	595		595
三门峡市	103653	103653	75239	68119	7120
南阳市	318430	318430	197012	171708	25304
商丘市	149888	149888	83938	75475	8463
信阳市	131296	131296	90145	58571	31574
周口市	74512	72982	45081	36465	8616
驻马店市	111704	111704	46475	41227	5248
济源示范区	79125	79125	51601	47096	4505

（中等专业学校）

单位：千元

#奖助学金	公用部分	商品和服务支出	资本性支出	专项公用支出	专项项目支出	资本性支出（基本建设）
296198	**2118059**	**1068163**	**1049896**	**416618**	**633277**	**43396**
67379	542859	288193	254666	174399	80267	2647
60012	265970	224403	41567	16076	25491	4216
9864	56916	28693	28223	21489	6734	
37879	298347	107895	190452	51497	138956	30799
10306	80112	50641	29471	15062	14409	1000
9163	15205	12449	2756	2636	120	
6309	26919	13414	13505	9507	3998	
3596	51912	31809	20103	16486	3617	
3286	53861	29347	24514	8436	16078	
134	71462	70443	1019	1019		
22828	277177	33027	244150	13089	231061	
595	4465	4465				
4812	28413	12794	15619	8801	6818	
20302	121417	71830	49587	21237	28351	
7019	61216	34676	26540	24701	1839	4734
23261	41152	14971	26181	11181	15000	
6324	27901	13416	14485		14485	
1786	65229	10011	55218	9165	46053	
1344	27524	15686	11838	11838		

5-16 财政补助支出明细

地区	总计	事业性经费支出	个人部分		
				工资福利支出	对个人和家庭的补助支出
河南省	**4623659**	**4592101**	**2430646**	**2006145**	**424501**
河南省本级	1260216	1233625	688118	595913	92205
郑州市	447686	447571	177385	110620	66765
开封市	147561	146295	89379	68039	21340
洛阳市	593722	593722	264575	208850	55725
平顶山市	257497	256706	175594	155406	20188
安阳市	39585	39585	24381	14065	10316
鹤壁市	85976	85015	58096	48927	9169
新乡市	147591	147591	95679	82271	13408
焦作市	162461	162461	108600	95024	13576
濮阳市	108192	108192	36730	34970	1760
许昌市	399504	399199	122022	93399	28623
漯河市	5060	5060	595		595
三门峡市	103653	103653	75239	68119	7120
南阳市	318430	318430	197012	171708	25304
商丘市	149888	149888	83938	75475	8463
信阳市	131296	131296	90145	58571	31574
周口市	74512	72982	45081	36465	8616
驻马店市	111704	111704	46475	41227	5248
济源示范区	79125	79125	51601	47096	4505

（地方中等专业学校）

单位：千元

#奖助学金	公用部分	商品和服务支出	资本性支出	专项公用支出	专项项目支出	资本性支出（基本建设）
296198	**2118059**	**1068163**	**1049896**	**416618**	**633277**	**43396**
67379	542859	288193	254666	174399	80267	2647
60012	265970	224403	41567	16076	25491	4216
9864	56916	28693	28223	21489	6734	
37879	298347	107895	190452	51497	138956	30799
10306	80112	50641	29471	15062	14409	1000
9163	15205	12449	2756	2636	120	
6309	26919	13414	13505	9507	3998	
3596	51912	31809	20103	16486	3617	
3286	53861	29347	24514	8436	16078	
134	71462	70443	1019	1019		
22828	277177	33027	244150	13089	231061	
595	4465	4465				
4812	28413	12794	15619	8801	6818	
20302	121417	71830	49587	21237	28351	
7019	61216	34676	26540	24701	1839	4734
23261	41152	14971	26181	11181	15000	
6324	27901	13416	14485		14485	
1786	65229	10011	55218	9165	46053	
1344	27524	15686	11838	11838		

5-17 财政补助支出明细

地区	总计	事业性经费支出	个人部分	工资福利支出	对个人和家庭的补助支出
河南省	**4616736**	**4606025**	**2780547**	**2445841**	**334706**
河南省本级	29290	29290	16416	15481	935
郑州市	923422	923422	484928	446380	38548
开封市	114484	114484	82336	68439	13897
洛阳市	139850	129510	90686	76004	14682
平顶山市	508	508	25		25
安阳市	398963	398963	299511	280553	18958
鹤壁市	75287	75287	54184	50436	3748
新乡市	315204	315196	194101	173259	20842
焦作市	183893	183893	115795	106911	8884
濮阳市	280018	279714	180547	174017	6530
许昌市	181262	181262	129956	102811	27145
漯河市	274517	274517	158704	110494	48210
三门峡市	21357	21357	15558	14640	918
南阳市	488011	488011	268477	238676	29801
商丘市	229508	229508	136673	116138	20535
信阳市	325958	325958	200383	165204	35179
周口市	337681	337681	200753	174600	26153
驻马店市	297523	297462	151514	131797	19717
济源示范区					

（职业高中）

单位：千元

#奖助学金	公用部分	商品和服务支出	资本性支出	专项公用支出	专项项目支出	资本性支出（基本建设）
232328	**1797394**	**781432**	**1015962**	**461244**	**554718**	**28084**
131	12875	7969	4906	4906		
6573	420702	233469	187233	170636	16597	17791
3568	32149	13291	18858	3306	15552	
7806	38824	15384	23440	286	23154	
25	484	484				
8558	99453	57448	42005	16605	25400	
2614	21103	17532	3571	520	3051	
16703	121095	64437	56658	34271	22387	
6807	68099	34512	33587	13043	20544	
4630	94574	36985	57589	41893	15696	4593
22595	51306	22141	29165	11103	18062	
44874	115812	28781	87031	21490	65541	
447	5799	2488	3311	2466	845	
21552	213833	70094	143739	47538	96201	5700
19458	92835	47611	45224	28132	17091	
28058	125575	34011	91564	25457	66107	
22548	136928	59722	77206	12194	65013	
15383	145949	35073	110876	27397	83479	

5-18 财政补助支出明细

地区	总计	事业性经费支出			
			个人部分		
				工资福利支出	对个人和家庭的补助支出
河南省	**4616736**	**4606025**	**2780547**	**2445841**	**334706**
河南省本级	29290	29290	16416	15481	935
郑州市	923422	923422	484928	446380	38548
开封市	114484	114484	82336	68439	13897
洛阳市	139850	129510	90686	76004	14682
平顶山市	508	508	25		25
安阳市	398963	398963	299511	280553	18958
鹤壁市	75287	75287	54184	50436	3748
新乡市	315204	315196	194101	173259	20842
焦作市	183893	183893	115795	106911	8884
濮阳市	280018	279714	180547	174017	6530
许昌市	181262	181262	129956	102811	27145
漯河市	274517	274517	158704	110494	48210
三门峡市	21357	21357	15558	14640	918
南阳市	488011	488011	268477	238676	29801
商丘市	229508	229508	136673	116138	20535
信阳市	325958	325958	200383	165204	35179
周口市	337681	337681	200753	174600	26153
驻马店市	297523	297462	151514	131797	19717
济源示范区					

（地方职业高中）

单位：千元

#奖助学金	公用部分	商品和服务支出	资本性支出	专项公用支出	专项项目支出	资本性支出（基本建设）
232328	**1797394**	**781432**	**1015962**	**461244**	**554718**	**28084**
131	12875	7969	4906	4906		
6573	420702	233469	187233	170636	16597	17791
3568	32149	13291	18858	3306	15552	
7806	38824	15384	23440	286	23154	
25	484	484				
8558	99453	57448	42005	16605	25400	
2614	21103	17532	3571	520	3051	
16703	121095	64437	56658	34271	22387	
6807	68099	34512	33587	13043	20544	
4630	94574	36985	57589	41893	15696	4593
22595	51306	22141	29165	11103	18062	
44874	115812	28781	87031	21490	65541	
447	5799	2488	3311	2466	845	
21552	213833	70094	143739	47538	96201	5700
19458	92835	47611	45224	28132	17091	
28058	125575	34011	91564	25457	66107	
22548	136928	59722	77206	12194	65013	
15383	145949	35073	110876	27397	83479	

5-19 财政补助支出明细

地区	总计	事业性经费支出	个人部分	工资福利支出	对个人和家庭的补助支出
河南省	**2622516**	**2612115**	**1581624**	**1416976**	**164648**
河南省本级	29290	29290	16416	15481	935
郑州市	190738	190738	112762	101603	11159
开封市	60074	60074	37175	34160	3015
洛阳市	120673	110333	73554	64850	8704
平顶山市					
安阳市	193787	193787	141995	134217	7778
鹤壁市	48641	48641	34582	32561	2021
新乡市	147284	147284	99651	86827	12824
焦作市	106094	106094	60681	57227	3454
濮阳市	213278	213278	144311	138827	5484
许昌市	63508	63508	38101	30272	7829
漯河市	79775	79775	56706	47808	8898
三门峡市	21349	21349	15550	14640	910
南阳市	442744	442744	234750	210007	24743
商丘市	166391	166391	93267	75765	17502
信阳市	229966	229966	154763	129454	25309
周口市	227606	227606	130035	117200	12835
驻马店市	281318	281257	137326	126077	11249
济源示范区					

（农村职业高中）

单位：千元

#奖助学金	公用部分	商品和服务支出	资本性支出	专项公用支出	专项项目支出	资本性支出（基本建设）
124906	**1007860**	**376409**	**631451**	**197630**	**433821**	**22632**
131	12875	7969	4906	4906		
3247	61044	33809	27235	10638	16597	16932
1244	22899	7659	15240	189	15052	
2601	36778	13540	23238	84	23154	
4605	51792	35513	16279	6579	9700	
1194	14059	11822	2237	520	1717	
10977	47633	13823	33810	15875	17935	
2089	45413	18096	27317	12248	15070	
4550	68967	24913	44054	30427	13626	
7283	25408	6367	19041	979	18062	
7879	23069	11641	11428	1160	10268	
439	5799	2488	3311	2466	845	
19456	202294	61998	140296	44095	96201	5700
17001	73124	31019	42105	25241	16864	
23704	75203	27343	47860	11919	35941	
10342	97571	34134	63437	4128	59310	
8164	143931	34276	109655	26176	83479	

5-20 财政补助支出明细

地区	总计	事业性经费支出			
			个人部分		
				工资福利支出	对个人和家庭的补助支出
河南省	**2622516**	**2612115**	**1581624**	**1416976**	**164648**
河南省本级	29290	29290	16416	15481	935
郑州市	190738	190738	112762	101603	11159
开封市	60074	60074	37175	34160	3015
洛阳市	120673	110333	73554	64850	8704
平顶山市					
安阳市	193787	193787	141995	134217	7778
鹤壁市	48641	48641	34582	32561	2021
新乡市	147284	147284	99651	86827	12824
焦作市	106094	106094	60681	57227	3454
濮阳市	213278	213278	144311	138827	5484
许昌市	63508	63508	38101	30272	7829
漯河市	79775	79775	56706	47808	8898
三门峡市	21349	21349	15550	14640	910
南阳市	442744	442744	234750	210007	24743
商丘市	166391	166391	93267	75765	17502
信阳市	229966	229966	154763	129454	25309
周口市	227606	227606	130035	117200	12835
驻马店市	281318	281257	137326	126077	11249
济源示范区					

（地方农村职业高中）

单位：千元

#奖助学金	公用部分	商品和服务支出	资本性支出	专项公用支出	专项项目支出	资本性支出（基本建设）
124906	**1007860**	**376409**	**631451**	**197630**	**433821**	**22632**
131	12875	7969	4906	4906		
3247	61044	33809	27235	10638	16597	16932
1244	22899	7659	15240	189	15052	
2601	36778	13540	23238	84	23154	
4605	51792	35513	16279	6579	9700	
1194	14059	11822	2237	520	1717	
10977	47633	13823	33810	15875	17935	
2089	45413	18096	27317	12248	15070	
4550	68967	24913	44054	30427	13626	
7283	25408	6367	19041	979	18062	
7879	23069	11641	11428	1160	10268	
439	5799	2488	3311	2466	845	
19456	202294	61998	140296	44095	96201	5700
17001	73124	31019	42105	25241	16864	
23704	75203	27343	47860	11919	35941	
10342	97571	34134	63437	4128	59310	
8164	143931	34276	109655	26176	83479	

5-21 财政补助支出明细

地区	总计	事业性经费支出	个人部分	工资福利支出	对个人和家庭的补助支出
河南省	**2218748**	**2200721**	**928995**	**847495**	**81500**
河南省本级	698833	698833	314353	298728	15625
郑州市	456879	456879	143557	129801	13756
开封市	93537	90539	50506	45031	5475
洛阳市	20920	20920	10336	6409	3927
平顶山市	158743	158743	46934	38930	8004
安阳市	34272	34272	32299	28440	3859
鹤壁市					
新乡市	1488	1488	1224	1216	8
焦作市	159866	159866	57603	47753	9850
濮阳市	46571	46571	33431	31659	1772
许昌市					
漯河市	174546	162123	32076	31787	289
三门峡市	16293	16293	9800	9115	685
南阳市	128843	126237	48304	41404	6900
商丘市	42112	42112	22406	21014	1392
信阳市	32345	32345	18029	17348	681
周口市	54553	54553	34410	33794	616
驻马店市	90774	90774	69839	62669	7170
济源示范区	8173	8173	3888	2396	1492

（技工学校）

单位：千元

#奖助学金	公用部分	商品和服务支出	资本性支出	专项公用支出	专项项目支出	资本性支出（基本建设）
25904	**1098397**	**497271**	**601126**	**296269**	**304857**	**173331**
2460	288074	135520	152554	111198	41357	96406
4432	262804	199677	63127	49877	13250	50518
560	38386	18590	19796	9945	9851	1647
2984	10584	3073	7511	1	7510	
4957	111810	42479	69331	35269	34062	
227	1973	1918	55	55		
	264	264				
2523	77503	18500	59003	5128	53874	24759
5	13141	6488	6653	6653		
150	130048	11322	118726	43777	74949	
587	6493	6493				
2815	77933	15162	62771	5514	57257	
801	19706	2658	17048	17048		
425	14316	2785	11531	331	11200	
	20143	18786	1357	1357		
2550	20935	9272	11663	10116	1547	
427	4285	4285				

5-22 财政补助支出明细

地区	总计	事业性经费支出	个人部分	工资福利支出	对个人和家庭的补助支出
河南省	**2215732**	**2197705**	**926721**	**845408**	**81313**
河南省本级	696556	696556	312267	296642	15625
郑州市	456879	456879	143557	129801	13756
开封市	93537	90539	50506	45031	5475
洛阳市	20920	20920	10336	6409	3927
平顶山市	158743	158743	46934	38930	8004
安阳市	34272	34272	32299	28440	3859
鹤壁市					
新乡市	1488	1488	1224	1216	8
焦作市	159866	159866	57603	47753	9850
濮阳市	46571	46571	33431	31659	1772
许昌市					
漯河市	174546	162123	32076	31787	289
三门峡市	15553	15553	9613	9115	498
南阳市	128843	126237	48304	41404	6900
商丘市	42112	42112	22406	21014	1392
信阳市	32345	32345	18029	17348	681
周口市	54553	54553	34410	33794	616
驻马店市	90774	90774	69839	62669	7170
济源示范区	8173	8173	3888	2396	1492

（地方技工学校）

单位：千元

#奖助学金	公用部分	商品和服务支出	资本性支出	专项公用支出	专项项目支出	资本性支出（基本建设）
25717	**1097654**	**496528**	**601126**	**296269**	**304857**	**173331**
2460	287884	135330	152554	111198	41357	96406
4432	262804	199677	63127	49877	13250	50518
560	38386	18590	19796	9945	9851	1647
2984	10584	3073	7511	1	7510	
4957	111810	42479	69331	35269	34062	
227	1973	1918	55	55		
	264	264				
2523	77503	18500	59003	5128	53874	24759
5	13141	6488	6653	6653		
150	130048	11322	118726	43777	74949	
400	5940	5940				
2815	77933	15162	62771	5514	57257	
801	19706	2658	17048	17048		
425	14316	2785	11531	331	11200	
	20143	18786	1357	1357		
2550	20935	9272	11663	10116	1547	
427	4285	4285				

5-23 财政补助支出明细

地区	总计	事业性经费支出	个人部分	工资福利支出	对个人和家庭的补助支出
河南省	**862394**	**862375**	**644631**	**585791**	**58840**
河南省本级	55153	55153	31220	29253	1967
郑州市	73785	73785	57036	43248	13788
开封市	30036	30036	27660	25916	1744
洛阳市	64252	64252	47510	43579	3931
平顶山市	54166	54166	44856	40444	4412
安阳市	23608	23608	20959	19327	1632
鹤壁市	10915	10915	9676	9375	301
新乡市	53877	53877	37510	35045	2465
焦作市	24749	24749	18391	17855	536
濮阳市	38157	38157	27530	24806	2724
许昌市	48570	48570	39717	36371	3346
漯河市	17186	17167	15883	15288	595
三门峡市	18604	18604	12902	12226	676
南阳市	64526	64526	45842	43390	2452
商丘市	60112	60112	48556	46896	1660
信阳市	56866	56866	47746	36838	10908
周口市	86168	86168	60742	57763	2979
驻马店市	71645	71645	41637	40447	1190
济源示范区	10020	10020	9258	7723	1535

（成人中等专业学校）

单位：千元

#奖助学金	公用部分	商品和服务支出	资本性支出	专项公用支出	专项项目支出	资本性支出（基本建设）
18018	**217745**	**152469**	**65276**	**33626**	**31650**	
54	23932	13457	10475	8992	1483	
8182	16749	8250	8499	6445	2054	
	2376	2376				
108	16742	15142	1600	310	1290	
4	9310	6988	2322	1261	1062	
6	2649	1891	758	85	673	
	1239	1239				
	16367	6972	9395	2363	7032	
	6358	5615	743	705	38	
	10628	8749	1879	1879		
	8853	6247	2606	302	2304	
	1284	1273	11	11		
	5702	5031	671	110	561	
	18684	16982	1702	1137	565	
300	11556	8214	3342	3185	158	
9074	9119	8364	755	55	700	
289	25426	19090	6336	2749	3587	
	30007	15982	14025	3881	10145	
	763	606	157	157		

5-24 财政补助支出明细

地区	总计	事业性经费支出	个人部分	工资福利支出	对个人和家庭的补助支出
河南省	**862394**	**862375**	**644631**	**585791**	**58840**
河南省本级	55153	55153	31220	29253	1967
郑州市	73785	73785	57036	43248	13788
开封市	30036	30036	27660	25916	1744
洛阳市	64252	64252	47510	43579	3931
平顶山市	54166	54166	44856	40444	4412
安阳市	23608	23608	20959	19327	1632
鹤壁市	10915	10915	9676	9375	301
新乡市	53877	53877	37510	35045	2465
焦作市	24749	24749	18391	17855	536
濮阳市	38157	38157	27530	24806	2724
许昌市	48570	48570	39717	36371	3346
漯河市	17186	17167	15883	15288	595
三门峡市	18604	18604	12902	12226	676
南阳市	64526	64526	45842	43390	2452
商丘市	60112	60112	48556	46896	1660
信阳市	56866	56866	47746	36838	10908
周口市	86168	86168	60742	57763	2979
驻马店市	71645	71645	41637	40447	1190
济源示范区	10020	10020	9258	7723	1535

（地方成人中等专业学校）

单位：千元

#奖助学金	公用部分	商品和服务支出	资本性支出	专项公用支出	专项项目支出	资本性支出（基本建设）
18018	**217745**	**152469**	**65276**	**33626**	**31650**	
54	23932	13457	10475	8992	1483	
8182	16749	8250	8499	6445	2054	
	2376	2376				
108	16742	15142	1600	310	1290	
4	9310	6988	2322	1261	1062	
6	2649	1891	758	85	673	
	1239	1239				
	16367	6972	9395	2363	7032	
	6358	5615	743	705	38	
	10628	8749	1879	1879		
	8853	6247	2606	302	2304	
	1284	1273	11	11		
	5702	5031	671	110	561	
	18684	16982	1702	1137	565	
300	11556	8214	3342	3185	158	
9074	9119	8364	755	55	700	
289	25426	19090	6336	2749	3587	
	30007	15982	14025	3881	10145	
	763	606	157	157		

5-25 财政补助支出明细

地区	总计	事业性经费支出	个人部分	工资福利支出	对个人和家庭的补助支出
河南省	**77138190**	**77028529**	**50705900**	**44847636**	**5858264**
河南省本级	372908	372908	181433	169623	11810
郑州市	11533634	11533634	6870665	6195274	675391
开封市	3015432	3013065	1983402	1651118	332284
洛阳市	5477995	5474864	3882317	3397009	485308
平顶山市	3461813	3461797	2201922	1931176	270746
安阳市	4034251	4032844	2870451	2573077	297374
鹤壁市	1232699	1232429	913511	840806	72705
新乡市	4153714	4153071	2781672	2456339	325333
焦作市	2013684	2006253	1576034	1436066	139968
濮阳市	3386393	3362661	2387522	2185997	201525
许昌市	3177942	3173271	2165999	1944999	221000
漯河市	1833193	1833188	1423147	1311455	111692
三门峡市	2044514	2044483	1404000	1289766	114234
南阳市	8732010	8721637	4907693	4343867	563826
商丘市	4272888	4271773	3066161	2691479	374682
信阳市	5865400	5859753	4007657	3500461	507196
周口市	6057734	6009448	3925578	3245111	680467
驻马店市	5801019	5800483	3635379	3203194	432185
济源示范区	670965	670965	521356	480820	40536

（中学）

单位：千元

#奖助学金	公用部分	商品和服务支出	资本性支出	专项公用支出	专项项目支出	资本性支出（基本建设）
3405661	**24907405**	**9741276**	**15166129**	**3021773**	**12144357**	**1415224**
5408	191476	143191	48285	46876	1409	
190885	3829183	1758688	2070495	979039	1091456	833786
192315	1024593	372278	652315	76624	575691	5070
230193	1569959	750430	819529	161274	658256	22587
187274	1015305	477562	537743	82498	455246	244569
159536	1085534	424228	661306	95563	565743	76859
34287	318918	121027	197891	25631	172259	
159363	1288691	460790	827901	283383	544518	82708
60573	430219	255593	174626	55518	119108	
124667	937270	324470	612800	296349	316451	37870
94827	979207	509029	470178	55382	414795	28066
60154	408406	182343	226063	51021	175042	1635
52651	640482	210827	429655	68277	361378	
446036	3788699	1306800	2481899	178059	2303840	25245
265054	1197457	476484	720973	71924	649049	8154
372511	1844866	575009	1269857	150718	1119139	7230
468093	2078194	740850	1337344	160927	1176417	5676
289781	2129335	586605	1542730	145276	1397455	35768
12053	149609	65070	84539	37436	47103	

5-26 财政补助支出明细

地区	总计	事业性经费支出			
			个人部分		
				工资福利支出	对个人和家庭的补助支出
河南省	**77135178**	**77025516**	**50703427**	**44846013**	**5857414**
河南省本级	372908	372908	181433	169623	11810
郑州市	11530622	11530622	6868192	6193651	674541
开封市	3015432	3013065	1983402	1651118	332284
洛阳市	5477995	5474864	3882317	3397009	485308
平顶山市	3461813	3461797	2201922	1931176	270746
安阳市	4034251	4032844	2870451	2573077	297374
鹤壁市	1232699	1232429	913511	840806	72705
新乡市	4153714	4153071	2781672	2456339	325333
焦作市	2013684	2006253	1576034	1436066	139968
濮阳市	3386393	3362661	2387522	2185997	201525
许昌市	3177942	3173271	2165999	1944999	221000
漯河市	1833193	1833188	1423147	1311455	111692
三门峡市	2044514	2044483	1404000	1289766	114234
南阳市	8732010	8721637	4907693	4343867	563826
商丘市	4272888	4271773	3066161	2691479	374682
信阳市	5865400	5859753	4007657	3500461	507196
周口市	6057734	6009448	3925578	3245111	680467
驻马店市	5801019	5800483	3635379	3203194	432185
济源示范区	670965	670965	521356	480820	40536

（地方中学）

单位：千元

#奖助学金	公用部分	商品和服务支出	资本性支出	专项公用支出	专项项目支出	资本性支出（基本建设）
3405578	**24906865**	**9740736**	**15166129**	**3021773**	**12144357**	**1415224**
5408	191476	143191	48285	46876	1409	
190802	3828644	1758149	2070495	979039	1091456	833786
192315	1024593	372278	652315	76624	575691	5070
230193	1569959	750430	819529	161274	658256	22587
187274	1015305	477562	537743	82498	455246	244569
159536	1085534	424228	661306	95563	565743	76859
34287	318918	121027	197891	25631	172259	
159363	1288691	460790	827901	283383	544518	82708
60573	430219	255593	174626	55518	119108	
124667	937270	324470	612800	296349	316451	37870
94827	979207	509029	470178	55382	414795	28066
60154	408406	182343	226063	51021	175042	1635
52651	640482	210827	429655	68277	361378	
446036	3788699	1306800	2481899	178059	2303840	25245
265054	1197457	476484	720973	71924	649049	8154
372511	1844866	575009	1269857	150718	1119139	7230
468093	2078194	740850	1337344	160927	1176417	5676
289781	2129335	586605	1542730	145276	1397455	35768
12053	149609	65070	84539	37436	47103	

5-27 财政补助支出明细

地区	总计	事业性经费支出	个人部分		
				工资福利支出	对个人和家庭的补助支出
河南省	**77138190**	**77028529**	**50705900**	**44847636**	**5858264**
河南省本级	372908	372908	181433	169623	11810
郑州市	11533634	11533634	6870665	6195274	675391
开封市	3015432	3013065	1983402	1651118	332284
洛阳市	5477995	5474864	3882317	3397009	485308
平顶山市	3461813	3461797	2201922	1931176	270746
安阳市	4034251	4032844	2870451	2573077	297374
鹤壁市	1232699	1232429	913511	840806	72705
新乡市	4153714	4153071	2781672	2456339	325333
焦作市	2013684	2006253	1576034	1436066	139968
濮阳市	3386393	3362661	2387522	2185997	201525
许昌市	3177942	3173271	2165999	1944999	221000
漯河市	1833193	1833188	1423147	1311455	111692
三门峡市	2044514	2044483	1404000	1289766	114234
南阳市	8732010	8721637	4907693	4343867	563826
商丘市	4272888	4271773	3066161	2691479	374682
信阳市	5865400	5859753	4007657	3500461	507196
周口市	6057734	6009448	3925578	3245111	680467
驻马店市	5801019	5800483	3635379	3203194	432185
济源示范区	670965	670965	521356	480820	40536

（普通中学）

单位：千元

#奖助学金	公用部分	商品和服务支出	资本性支出	专项公用支出	专项项目支出	资本性支出（基本建设）
3405661	**24907405**	**9741276**	**15166129**	**3021773**	**12144357**	**1415224**
5408	191476	143191	48285	46876	1409	
190885	3829183	1758688	2070495	979039	1091456	833786
192315	1024593	372278	652315	76624	575691	5070
230193	1569959	750430	819529	161274	658256	22587
187274	1015305	477562	537743	82498	455246	244569
159536	1085534	424228	661306	95563	565743	76859
34287	318918	121027	197891	25631	172259	
159363	1288691	460790	827901	283383	544518	82708
60573	430219	255593	174626	55518	119108	
124667	937270	324470	612800	296349	316451	37870
94827	979207	509029	470178	55382	414795	28066
60154	408406	182343	226063	51021	175042	1635
52651	640482	210827	429655	68277	361378	
446036	3788699	1306800	2481899	178059	2303840	25245
265054	1197457	476484	720973	71924	649049	8154
372511	1844866	575009	1269857	150718	1119139	7230
468093	2078194	740850	1337344	160927	1176417	5676
289781	2129335	586605	1542730	145276	1397455	35768
12053	149609	65070	84539	37436	47103	

5-28 财政补助支出明细

地区	总计	事业性经费支出	个人部分	工资福利支出	对个人和家庭的补助支出
河南省	**77135178**	**77025516**	**50703427**	**44846013**	**5857414**
河南省本级	372908	372908	181433	169623	11810
郑州市	11530622	11530622	6868192	6193651	674541
开封市	3015432	3013065	1983402	1651118	332284
洛阳市	5477995	5474864	3882317	3397009	485308
平顶山市	3461813	3461797	2201922	1931176	270746
安阳市	4034251	4032844	2870451	2573077	297374
鹤壁市	1232699	1232429	913511	840806	72705
新乡市	4153714	4153071	2781672	2456339	325333
焦作市	2013684	2006253	1576034	1436066	139968
濮阳市	3386393	3362661	2387522	2185997	201525
许昌市	3177942	3173271	2165999	1944999	221000
漯河市	1833193	1833188	1423147	1311455	111692
三门峡市	2044514	2044483	1404000	1289766	114234
南阳市	8732010	8721637	4907693	4343867	563826
商丘市	4272888	4271773	3066161	2691479	374682
信阳市	5865400	5859753	4007657	3500461	507196
周口市	6057734	6009448	3925578	3245111	680467
驻马店市	5801019	5800483	3635379	3203194	432185
济源示范区	670965	670965	521356	480820	40536

（地方普通中学）

单位：千元

#奖助学金	公用部分	商品和服务支出	资本性支出	专项公用支出	专项项目支出	资本性支出（基本建设）
3405578	**24906865**	**9740736**	**15166129**	**3021773**	**12144357**	**1415224**
5408	191476	143191	48285	46876	1409	
190802	3828644	1758149	2070495	979039	1091456	833786
192315	1024593	372278	652315	76624	575691	5070
230193	1569959	750430	819529	161274	658256	22587
187274	1015305	477562	537743	82498	455246	244569
159536	1085534	424228	661306	95563	565743	76859
34287	318918	121027	197891	25631	172259	
159363	1288691	460790	827901	283383	544518	82708
60573	430219	255593	174626	55518	119108	
124667	937270	324470	612800	296349	316451	37870
94827	979207	509029	470178	55382	414795	28066
60154	408406	182343	226063	51021	175042	1635
52651	640482	210827	429655	68277	361378	
446036	3788699	1306800	2481899	178059	2303840	25245
265054	1197457	476484	720973	71924	649049	8154
372511	1844866	575009	1269857	150718	1119139	7230
468093	2078194	740850	1337344	160927	1176417	5676
289781	2129335	586605	1542730	145276	1397455	35768
12053	149609	65070	84539	37436	47103	

5-29 财政补助支出明细

地区	总计	事业性经费支出			
			个人部分		
				工资福利支出	对个人和家庭的补助支出
河南省	**25449302**	**25344624**	**16097824**	**14511812**	**1586012**
河南省本级	156899	156899	98060	92257	5803
郑州市	4621050	4621050	2556462	2276089	280373
开封市	1075837	1073682	597958	480035	117923
洛阳市	2012130	2009210	1408260	1267368	140892
平顶山市	1109182	1109182	634751	575280	59471
安阳市	1233396	1232316	838106	774496	63610
鹤壁市	351871	351601	253276	231139	22137
新乡市	1184348	1183706	846052	763659	82393
焦作市	623705	617553	482656	439768	42888
濮阳市	1037608	1014365	699956	646040	53916
许昌市	806463	803364	617815	566088	51727
漯河市	530637	530637	441980	410441	31539
三门峡市	842564	842532	498149	469448	28701
南阳市	2950179	2939807	1524187	1387508	136679
商丘市	1125193	1124108	846915	775491	71424
信阳市	1974019	1968722	1372248	1184094	188154
周口市	1981699	1933518	1205980	1101590	104390
驻马店市	1560789	1560642	962868	875426	87442
济源示范区	271731	271731	212143	195595	16548

（普通高中）

单位：千元

#奖助学金	公用部分	商品和服务支出	资本性支出	专项公用支出	专项项目支出	资本性支出（基本建设）
904327	**8572849**	**3032687**	**5540162**	**1301253**	**4238909**	**673951**
2766	58840	32202	26638	25829	809	
65486	1642543	718731	923812	487309	436503	422046
69300	475723	114168	361555	34063	327493	
64682	591823	247248	344575	73838	270736	9128
38812	324559	117826	206733	22135	184597	149872
37845	320352	73771	246581	35405	211175	73858
11385	98325	32853	65472	4503	60969	
42333	324956	107056	217900	88475	129425	12697
22629	134897	90953	43944	30568	13375	
36436	314409	90340	224069	167506	56564	
29620	185548	128828	56720	24969	31751	
16395	88656	52605	36051	14454	21597	
17647	344384	81411	262973	23545	239428	
97675	1414320	378270	1036050	74377	961673	1300
58302	272142	116852	155290	18269	137021	5051
137216	596473	172649	423824	72207	351617	
86876	727538	262143	465395	49037	416358	
64193	597775	186047	411728	43876	367852	
4730	59588	28734	30854	10889	19965	

5-30 财政补助支出明细

地区	总计	事业性经费支出			
			个人部分		
				工资福利支出	对个人和家庭的补助支出
河南省	**25449302**	**25344624**	**16097824**	**14511812**	**1586012**
河南省本级	156899	156899	98060	92257	5803
郑州市	4621050	4621050	2556462	2276089	280373
开封市	1075837	1073682	597958	480035	117923
洛阳市	2012130	2009210	1408260	1267368	140892
平顶山市	1109182	1109182	634751	575280	59471
安阳市	1233396	1232316	838106	774496	63610
鹤壁市	351871	351601	253276	231139	22137
新乡市	1184348	1183706	846052	763659	82393
焦作市	623705	617553	482656	439768	42888
濮阳市	1037608	1014365	699956	646040	53916
许昌市	806463	803364	617815	566088	51727
漯河市	530637	530637	441980	410441	31539
三门峡市	842564	842532	498149	469448	28701
南阳市	2950179	2939807	1524187	1387508	136679
商丘市	1125193	1124108	846915	775491	71424
信阳市	1974019	1968722	1372248	1184094	188154
周口市	1981699	1933518	1205980	1101590	104390
驻马店市	1560789	1560642	962868	875426	87442
济源示范区	271731	271731	212143	195595	16548

（地方普通高中）

单位：千元

#奖助学金	公用部分	商品和服务支出	资本性支出	专项公用支出	专项项目支出	资本性支出（基本建设）
904327	**8572849**	**3032687**	**5540162**	**1301253**	**4238909**	**673951**
2766	58840	32202	26638	25829	809	
65486	1642543	718731	923812	487309	436503	422046
69300	475723	114168	361555	34063	327493	
64682	591823	247248	344575	73838	270736	9128
38812	324559	117826	206733	22135	184597	149872
37845	320352	73771	246581	35405	211175	73858
11385	98325	32853	65472	4503	60969	
42333	324956	107056	217900	88475	129425	12697
22629	134897	90953	43944	30568	13375	
36436	314409	90340	224069	167506	56564	
29620	185548	128828	56720	24969	31751	
16395	88656	52605	36051	14454	21597	
17647	344384	81411	262973	23545	239428	
97675	1414320	378270	1036050	74377	961673	1300
58302	272142	116852	155290	18269	137021	5051
137216	596473	172649	423824	72207	351617	
86876	727538	262143	465395	49037	416358	
64193	597775	186047	411728	43876	367852	
4730	59588	28734	30854	10889	19965	

5-31 财政补助支出明细

地区	总计	事业性经费支出			
			个人部分		
				工资福利支出	对个人和家庭的补助支出
河南省	**13052391**	**13009883**	**8399620**	**7656544**	**743076**
河南省本级					
郑州市	1111976	1111976	494176	465064	29112
开封市	660375	658221	350838	290084	60754
洛阳市	1152110	1150672	706471	654991	51480
平顶山市	426520	426520	319547	288929	30618
安阳市	685941	684861	490479	465834	24645
鹤壁市	173220	173220	99765	92945	6820
新乡市	462794	462152	347318	323572	23746
焦作市	313402	313402	250582	228819	21763
濮阳市	698857	675683	411586	373649	37937
许昌市	208603	205503	151870	147525	4345
漯河市	266464	266464	214366	200878	13488
三门峡市	240524	240493	188103	180540	7563
南阳市	1961202	1958951	1142829	1057157	85672
商丘市	585280	585280	429923	389966	39957
信阳市	1570852	1565555	1160426	993431	166995
周口市	1204056	1200716	836998	773917	63081
驻马店市	1239894	1239894	742186	672412	69774
济源示范区	90320	90320	62155	56831	5324

（农村普通高中）

单位：千元

#奖助学金	公用部分	商品和服务支出	资本性支出	专项公用支出	专项项目支出	资本性支出（基本建设）
539238	**4474493**	**1634378**	**2840115**	**654720**	**2185395**	**135770**
10609	516666	178694	337972	155965	182007	101135
40920	307383	82231	225152	23568	201584	
36370	435346	146147	289199	61201	227998	8855
26697	89867	53619	36248	11842	24406	17105
16717	194382	53245	141137	33062	108075	
2324	73455	13224	60231	2601	57630	
10834	107458	48195	59263	22281	36981	7376
13397	62820	47513	15307	9880	5427	
26495	264097	58469	205628	161818	43810	
1575	53633	34771	18862	4438	14424	
9181	52099	24190	27909	6431	21478	
4669	52390	37622	14768	2313	12455	
69723	814822	293978	520844	38550	482294	1300
34703	155356	60363	94993	8912	86081	
128665	405129	141614	263515	38152	225363	
50930	363718	196687	167031	34302	132729	
53817	497708	155749	341959	36579	305380	
1612	28166	8068	20098	2825	17272	

5-32 财政补助支出明细

地区	总计	事业性经费支出	个人部分	工资福利支出	对个人和家庭的补助支出
河南省	**13052391**	**13009883**	**8399620**	**7656544**	**743076**
河南省本级					
郑州市	1111976	1111976	494176	465064	29112
开封市	660375	658221	350838	290084	60754
洛阳市	1152110	1150672	706471	654991	51480
平顶山市	426520	426520	319547	288929	30618
安阳市	685941	684861	490479	465834	24645
鹤壁市	173220	173220	99765	92945	6820
新乡市	462794	462152	347318	323572	23746
焦作市	313402	313402	250582	228819	21763
濮阳市	698857	675683	411586	373649	37937
许昌市	208603	205503	151870	147525	4345
漯河市	266464	266464	214366	200878	13488
三门峡市	240524	240493	188103	180540	7563
南阳市	1961202	1958951	1142829	1057157	85672
商丘市	585280	585280	429923	389966	39957
信阳市	1570852	1565555	1160426	993431	166995
周口市	1204056	1200716	836998	773917	63081
驻马店市	1239894	1239894	742186	672412	69774
济源示范区	90320	90320	62155	56831	5324

（地方农村普通高中）

单位：千元

#奖助学金	公用部分	商品和服务支出	资本性支出	专项公用支出	专项项目支出	资本性支出（基本建设）
539238	**4474493**	**1634378**	**2840115**	**654720**	**2185395**	**135770**
10609	516666	178694	337972	155965	182007	101135
40920	307383	82231	225152	23568	201584	
36370	435346	146147	289199	61201	227998	8855
26697	89867	53619	36248	11842	24406	17105
16717	194382	53245	141137	33062	108075	
2324	73455	13224	60231	2601	57630	
10834	107458	48195	59263	22281	36981	7376
13397	62820	47513	15307	9880	5427	
26495	264097	58469	205628	161818	43810	
1575	53633	34771	18862	4438	14424	
9181	52099	24190	27909	6431	21478	
4669	52390	37622	14768	2313	12455	
69723	814822	293978	520844	38550	482294	1300
34703	155356	60363	94993	8912	86081	
128665	405129	141614	263515	38152	225363	
50930	363718	196687	167031	34302	132729	
53817	497708	155749	341959	36579	305380	
1612	28166	8068	20098	2825	17272	

5-33 财政补助支出明细

地区	总计	事业性经费支出			
			个人部分		
				工资福利支出	对个人和家庭的补助支出
河南省	**51688888**	**51683904**	**34608075**	**30335824**	**4272251**
河南省本级	216009	216009	83373	77366	6007
郑州市	6912584	6912584	4314204	3919186	395018
开封市	1939595	1939384	1385443	1171083	214360
洛阳市	3465864	3465654	2474058	2129642	344416
平顶山市	2352631	2352615	1567171	1355896	211275
安阳市	2800855	2800528	2032346	1798581	233765
鹤壁市	880828	880828	660235	609667	50568
新乡市	2969365	2969365	1935620	1692680	242940
焦作市	1389979	1388700	1093378	996298	97080
濮阳市	2348785	2348296	1687565	1539956	147609
许昌市	2371479	2369908	1548183	1378910	169273
漯河市	1302557	1302552	981167	901014	80153
三门峡市	1201950	1201950	905852	820319	85533
南阳市	5781830	5781830	3383506	2956359	427147
商丘市	3147695	3147665	2219246	1915988	303258
信阳市	3891381	3891031	2635407	2316366	319041
周口市	4076035	4075930	2719598	2143521	576077
驻马店市	4240230	4239841	2672511	2327768	344743
济源示范区	399234	399234	309213	285225	23988

（普通初中）

单位：千元

#奖助学金	公用部分	商品和服务支出	资本性支出	专项公用支出	专项项目支出	资本性支出（基本建设）
2501334	**16334557**	**6708589**	**9625968**	**1720520**	**7905448**	**741273**
2641	132636	110989	21647	21047	600	
125399	2186640	1039957	1146683	491730	654953	411740
123015	548870	258110	290760	42561	248199	5070
165511	978136	503182	474954	87435	387519	13460
148462	690747	359736	331011	60362	270649	94697
121690	765181	350456	414725	60158	354567	3001
22902	220593	88174	132419	21129	111290	
117030	963735	353734	610001	194908	415093	70011
37944	295323	164640	130683	24950	105733	
88231	622861	234130	388731	128843	259887	37870
65208	793659	380201	413458	30413	383045	28066
43760	319750	129738	190012	36567	153445	1635
35004	296099	129417	166682	44732	121950	
348361	2374380	928530	1445850	103682	1342168	23945
206752	925315	359632	565683	53655	512028	3104
235295	1248393	402360	846033	78511	767522	7230
381218	1350656	478707	871949	111890	760059	5676
225589	1531562	400559	1131003	101400	1029603	35768
7323	90021	36336	53685	26547	27138	

5-34 财政补助支出明细

地区	总计	事业性经费支出	个人部分	工资福利支出	对个人和家庭的补助支出
河南省	**51685875**	**51680892**	**34605602**	**30334201**	**4271401**
河南省本级	216009	216009	83373	77366	6007
郑州市	6909572	6909572	4311731	3917563	394168
开封市	1939595	1939384	1385443	1171083	214360
洛阳市	3465864	3465654	2474058	2129642	344416
平顶山市	2352631	2352615	1567171	1355896	211275
安阳市	2800855	2800528	2032346	1798581	233765
鹤壁市	880828	880828	660235	609667	50568
新乡市	2969365	2969365	1935620	1692680	242940
焦作市	1389979	1388700	1093378	996298	97080
濮阳市	2348785	2348296	1687565	1539956	147609
许昌市	2371479	2369908	1548183	1378910	169273
漯河市	1302557	1302552	981167	901014	80153
三门峡市	1201950	1201950	905852	820319	85533
南阳市	5781830	5781830	3383506	2956359	427147
商丘市	3147695	3147665	2219246	1915988	303258
信阳市	3891381	3891031	2635407	2316366	319041
周口市	4076035	4075930	2719598	2143521	576077
驻马店市	4240230	4239841	2672511	2327768	344743
济源示范区	399234	399234	309213	285225	23988

（地方普通初中）

单位：千元

#奖助学金	公用部分	商品和服务支出	资本性支出	专项公用支出	专项项目支出	资本性支出（基本建设）
2501251	**16334018**	**6708050**	**9625968**	**1720520**	**7905448**	**741273**
2641	132636	110989	21647	21047	600	
125317	2186101	1039418	1146683	491730	654953	411740
123015	548870	258110	290760	42561	248199	5070
165511	978136	503182	474954	87435	387519	13460
148462	690747	359736	331011	60362	270649	94697
121690	765181	350456	414725	60158	354567	3001
22902	220593	88174	132419	21129	111290	
117030	963735	353734	610001	194908	415093	70011
37944	295323	164640	130683	24950	105733	
88231	622861	234130	388731	128843	259887	37870
65208	793659	380201	413458	30413	383045	28066
43760	319750	129738	190012	36567	153445	1635
35004	296099	129417	166682	44732	121950	
348361	2374380	928530	1445850	103682	1342168	23945
206752	925315	359632	565683	53655	512028	3104
235295	1248393	402360	846033	78511	767522	7230
381218	1350656	478707	871949	111890	760059	5676
225589	1531562	400559	1131003	101400	1029603	35768
7323	90021	36336	53685	26547	27138	

5-35 财政补助支出明细

地区	总计	事业性经费支出	个人部分		
				工资福利支出	对个人和家庭的补助支出
河南省	**35272422**	**35269805**	**23975824**	**21009514**	**2966310**
河南省本级					
郑州市	2882082	2882082	1843852	1664853	178999
开封市	1282728	1282610	981087	881566	99521
洛阳市	2456768	2456557	1646946	1439788	207158
平顶山市	1602836	1602819	1075835	912979	162856
安阳市	1785638	1785593	1329149	1195863	133286
鹤壁市	409433	409433	313777	300735	13042
新乡市	1818355	1818355	1189420	1072046	117374
焦作市	810875	809597	654463	611495	42968
濮阳市	1547059	1546990	1111587	1003111	108476
许昌市	1333817	1333817	860865	791959	68906
漯河市	837590	837585	664071	606928	57143
三门峡市	648005	648005	542106	485186	56920
南阳市	5032478	5032478	2940432	2562192	378240
商丘市	2495997	2495967	1765222	1495787	269435
信阳市	3421455	3421104	2310815	2035228	275587
周口市	2960552	2960447	2227860	1766506	461354
驻马店市	3764825	3764436	2380751	2061403	319348
济源示范区	181929	181929	137587	121890	15697

（农村普通初中）

单位：千元

#奖助学金	公用部分	商品和服务支出	资本性支出	专项公用支出	专项项目支出	资本性支出（基本建设）
1846510	**11121455**	**4637586**	**6483869**	**1073241**	**5410628**	**172525**
51137	1019434	403408	616026	294341	321685	18796
47207	296452	186151	110301	21261	89040	5070
131353	799610	395859	403751	69297	334455	10000
131559	510084	269938	240146	34826	205320	16900
59478	454843	278588	176255	45955	130300	1601
11	95657	38415	57242	16884	40358	
66752	615164	217470	397694	135981	261713	13771
11459	155133	109103	46030	8989	37041	
59090	425092	148761	276331	79795	196536	10310
9241	449826	248726	201100	11659	189441	23126
36257	173513	85267	88246	16629	71617	
25546	105900	67149	38751	18350	20400	
314528	2068101	790591	1277510	81562	1195949	23945
187984	727641	283035	444606	25619	418987	3104
219343	1103060	363083	739977	61733	678244	7230
279119	729683	366607	363076	43793	319283	2904
212820	1347916	370705	977211	82774	894436	35768
3625	44342	14728	29614	23793	5821	

5-36 财政补助支出明细

地区	总计	事业性经费支出	个人部分		
				工资福利支出	对个人和家庭的补助支出
河南省	**35272422**	**35269805**	**23975824**	**21009514**	**2966310**
河南省本级					
郑州市	2882082	2882082	1843852	1664853	178999
开封市	1282728	1282610	981087	881566	99521
洛阳市	2456768	2456557	1646946	1439788	207158
平顶山市	1602836	1602819	1075835	912979	162856
安阳市	1785638	1785593	1329149	1195863	133286
鹤壁市	409433	409433	313777	300735	13042
新乡市	1818355	1818355	1189420	1072046	117374
焦作市	810875	809597	654463	611495	42968
濮阳市	1547059	1546990	1111587	1003111	108476
许昌市	1333817	1333817	860865	791959	68906
漯河市	837590	837585	664071	606928	57143
三门峡市	648005	648005	542106	485186	56920
南阳市	5032478	5032478	2940432	2562192	378240
商丘市	2495997	2495967	1765222	1495787	269435
信阳市	3421455	3421104	2310815	2035228	275587
周口市	2960552	2960447	2227860	1766506	461354
驻马店市	3764825	3764436	2380751	2061403	319348
济源示范区	181929	181929	137587	121890	15697

（地方农村普通初中）

单位：千元

#奖助学金	公用部分	商品和服务支出	资本性支出	专项公用支出	专项项目支出	资本性支出（基本建设）
1846510	**11121455**	**4637586**	**6483869**	**1073241**	**5410628**	**172525**
51137	1019434	403408	616026	294341	321685	18796
47207	296452	186151	110301	21261	89040	5070
131353	799610	395859	403751	69297	334455	10000
131559	510084	269938	240146	34826	205320	16900
59478	454843	278588	176255	45955	130300	1601
11	95657	38415	57242	16884	40358	
66752	615164	217470	397694	135981	261713	13771
11459	155133	109103	46030	8989	37041	
59090	425092	148761	276331	79795	196536	10310
9241	449826	248726	201100	11659	189441	23126
36257	173513	85267	88246	16629	71617	
25546	105900	67149	38751	18350	20400	
314528	2068101	790591	1277510	81562	1195949	23945
187984	727641	283035	444606	25619	418987	3104
219343	1103060	363083	739977	61733	678244	7230
279119	729683	366607	363076	43793	319283	2904
212820	1347916	370705	977211	82774	894436	35768
3625	44342	14728	29614	23793	5821	

5-37 财政补助支出明细

地区	总计	事业性经费支出			
			个人部分		
				工资福利支出	对个人和家庭的补助支出
河南省					
河南省本级					
郑州市					
开封市					
洛阳市					
平顶山市					
安阳市					
鹤壁市					
新乡市					
焦作市					
濮阳市					
许昌市					
漯河市					
三门峡市					
南阳市					
商丘市					
信阳市					
周口市					
驻马店市					
济源示范区					

（成人中学）

单位：千元

	公用部分					资本性支出（基本建设）
		商品和服务支出	资本性支出			
#奖助学金				专项公用支出	专项项目支出	

5-38 财政补助支出明细

地区	总计	事业性经费支出			
			个人部分		
				工资福利支出	对个人和家庭的补助支出
河南省	**77297401**	**77287896**	**53766869**	**47821080**	**5945789**
河南省本级	148568	148568	21492	20842	650
郑州市	10245792	10245699	7050585	6320661	729924
开封市	3460087	3459456	2471322	2124133	347189
洛阳市	5199168	5198998	3744972	3198137	546835
平顶山市	3193196	3193195	2251421	2013380	238041
安阳市	4001081	3996162	2976010	2684810	291200
鹤壁市	1222181	1222181	909936	815824	94112
新乡市	4173891	4173877	2824478	2537071	287407
焦作市	2119481	2119131	1554116	1414502	139614
濮阳市	3383012	3381271	2387461	2187702	199759
许昌市	3253433	3252776	2250535	2078364	172171
漯河市	1756295	1756197	1331940	1223092	108848
三门峡市	1827767	1827758	1237837	1134486	103351
南阳市	7590546	7590516	4970650	4433924	536726
商丘市	5546066	5545998	4001006	3571215	429791
信阳市	6072358	6071709	4185548	3735597	449951
周口市	6993614	6993554	4877908	4178665	699243
驻马店市	6496009	6495994	4214706	3708822	505884
济源示范区	614856	614856	504944	439852	65092

（小学）

单位：千元

#奖助学金	公用部分	商品和服务支出	资本性支出	专项公用支出	专项项目支出	资本性支出（基本建设）
3346916	**22912886**	**10839112**	**12073774**	**2089140**	**9984634**	**608141**
381	127076	124616	2460	2460		
150352	2834020	1575896	1258124	460311	797813	361095
155219	975349	513261	462088	58374	403714	12786
240208	1432677	777704	654973	125498	529475	21349
168339	933784	502643	431141	78711	352429	7990
179807	1010069	550300	459769	85762	374007	10082
26028	312246	130023	182223	37760	144463	
119937	1336296	590365	745931	167080	578851	13103
43826	564769	268994	295775	36178	259597	246
119913	917493	366703	550790	115680	435110	76316
67204	976916	600384	376532	25936	350596	25325
38422	424257	173264	250993	58439	192554	
49577	589921	289603	300318	116522	183796	
394087	2594476	1371857	1222619	122780	1099839	25390
336988	1540466	673157	867309	77665	789643	4526
329750	1876576	658096	1218480	142772	1075708	9583
540739	2112508	918866	1193642	196296	997346	3137
377938	2244076	681096	1562980	150505	1412475	37212
8200	109913	72286	37627	30410	7216	

5-39 财政补助支出明细

地区	总计	事业性经费支出	个人部分	工资福利支出	对个人和家庭的补助支出
河南省	**77287288**	**77277783**	**53757891**	**47815225**	**5942666**
河南省本级	148568	148568	21492	20842	650
郑州市	10235679	10235586	7041606	6314805	726801
开封市	3460087	3459456	2471322	2124133	347189
洛阳市	5199168	5198998	3744972	3198137	546835
平顶山市	3193196	3193195	2251421	2013380	238041
安阳市	4001081	3996162	2976010	2684810	291200
鹤壁市	1222181	1222181	909936	815824	94112
新乡市	4173891	4173877	2824478	2537071	287407
焦作市	2119481	2119131	1554116	1414502	139614
濮阳市	3383012	3381271	2387461	2187702	199759
许昌市	3253433	3252776	2250535	2078364	172171
漯河市	1756295	1756197	1331940	1223092	108848
三门峡市	1827767	1827758	1237837	1134486	103351
南阳市	7590546	7590516	4970650	4433924	536726
商丘市	5546066	5545998	4001006	3571215	429791
信阳市	6072358	6071709	4185548	3735597	449951
周口市	6993614	6993554	4877908	4178665	699243
驻马店市	6496009	6495994	4214706	3708822	505884
济源示范区	614856	614856	504944	439852	65092

（地方小学）

单位：千元

#奖助学金	公用部分	商品和服务支出	资本性支出	专项公用支出	专项项目支出	资本性支出（基本建设）
3346829	**22911752**	**10837978**	**12073774**	**2089140**	**9984634**	**608141**
381	127076	124616	2460	2460		
150265	2832885	1574761	1258124	460311	797813	361095
155219	975349	513261	462088	58374	403714	12786
240208	1432677	777704	654973	125498	529475	21349
168339	933784	502643	431141	78711	352429	7990
179807	1010069	550300	459769	85762	374007	10082
26028	312246	130023	182223	37760	144463	
119937	1336296	590365	745931	167080	578851	13103
43826	564769	268994	295775	36178	259597	246
119913	917493	366703	550790	115680	435110	76316
67204	976916	600384	376532	25936	350596	25325
38422	424257	173264	250993	58439	192554	
49577	589921	289603	300318	116522	183796	
394087	2594476	1371857	1222619	122780	1099839	25390
336988	1540466	673157	867309	77665	789643	4526
329750	1876576	658096	1218480	142772	1075708	9583
540739	2112508	918866	1193642	196296	997346	3137
377938	2244076	681096	1562980	150505	1412475	37212
8200	109913	72286	37627	30410	7216	

5-40 财政补助支出明细

地区	总计	事业性经费支出	个人部分	工资福利支出	对个人和家庭的补助支出
河南省	**77297401**	**77287896**	**53766869**	**47821080**	**5945789**
河南省本级	148568	148568	21492	20842	650
郑州市	10245792	10245699	7050585	6320661	729924
开封市	3460087	3459456	2471322	2124133	347189
洛阳市	5199168	5198998	3744972	3198137	546835
平顶山市	3193196	3193195	2251421	2013380	238041
安阳市	4001081	3996162	2976010	2684810	291200
鹤壁市	1222181	1222181	909936	815824	94112
新乡市	4173891	4173877	2824478	2537071	287407
焦作市	2119481	2119131	1554116	1414502	139614
濮阳市	3383012	3381271	2387461	2187702	199759
许昌市	3253433	3252776	2250535	2078364	172171
漯河市	1756295	1756197	1331940	1223092	108848
三门峡市	1827767	1827758	1237837	1134486	103351
南阳市	7590546	7590516	4970650	4433924	536726
商丘市	5546066	5545998	4001006	3571215	429791
信阳市	6072358	6071709	4185548	3735597	449951
周口市	6993614	6993554	4877908	4178665	699243
驻马店市	6496009	6495994	4214706	3708822	505884
济源示范区	614856	614856	504944	439852	65092

（普通小学）

单位：千元

#奖助学金	公用部分	商品和服务支出	资本性支出	专项公用支出	专项项目支出	资本性支出（基本建设）
3346916	**22912886**	**10839112**	**12073774**	**2089140**	**9984634**	**608141**
381	127076	124616	2460	2460		
150352	2834020	1575896	1258124	460311	797813	361095
155219	975349	513261	462088	58374	403714	12786
240208	1432677	777704	654973	125498	529475	21349
168339	933784	502643	431141	78711	352429	7990
179807	1010069	550300	459769	85762	374007	10082
26028	312246	130023	182223	37760	144463	
119937	1336296	590365	745931	167080	578851	13103
43826	564769	268994	295775	36178	259597	246
119913	917493	366703	550790	115680	435110	76316
67204	976916	600384	376532	25936	350596	25325
38422	424257	173264	250993	58439	192554	
49577	589921	289603	300318	116522	183796	
394087	2594476	1371857	1222619	122780	1099839	25390
336988	1540466	673157	867309	77665	789643	4526
329750	1876576	658096	1218480	142772	1075708	9583
540739	2112508	918866	1193642	196296	997346	3137
377938	2244076	681096	1562980	150505	1412475	37212
8200	109913	72286	37627	30410	7216	

5-41 财政补助支出明细

地区	总计	事业性经费支出	个人部分	工资福利支出	对个人和家庭的补助支出
河南省	**77287288**	**77277783**	**53757891**	**47815225**	**5942666**
河南省本级	148568	148568	21492	20842	650
郑州市	10235679	10235586	7041606	6314805	726801
开封市	3460087	3459456	2471322	2124133	347189
洛阳市	5199168	5198998	3744972	3198137	546835
平顶山市	3193196	3193195	2251421	2013380	238041
安阳市	4001081	3996162	2976010	2684810	291200
鹤壁市	1222181	1222181	909936	815824	94112
新乡市	4173891	4173877	2824478	2537071	287407
焦作市	2119481	2119131	1554116	1414502	139614
濮阳市	3383012	3381271	2387461	2187702	199759
许昌市	3253433	3252776	2250535	2078364	172171
漯河市	1756295	1756197	1331940	1223092	108848
三门峡市	1827767	1827758	1237837	1134486	103351
南阳市	7590546	7590516	4970650	4433924	536726
商丘市	5546066	5545998	4001006	3571215	429791
信阳市	6072358	6071709	4185548	3735597	449951
周口市	6993614	6993554	4877908	4178665	699243
驻马店市	6496009	6495994	4214706	3708822	505884
济源示范区	614856	614856	504944	439852	65092

（地方普通小学）

单位：千元

#奖助学金	公用部分	商品和服务支出	资本性支出	专项公用支出	专项项目支出	资本性支出（基本建设）
3346829	**22911752**	**10837978**	**12073774**	**2089140**	**9984634**	**608141**
381	127076	124616	2460	2460		
150265	2832885	1574761	1258124	460311	797813	361095
155219	975349	513261	462088	58374	403714	12786
240208	1432677	777704	654973	125498	529475	21349
168339	933784	502643	431141	78711	352429	7990
179807	1010069	550300	459769	85762	374007	10082
26028	312246	130023	182223	37760	144463	
119937	1336296	590365	745931	167080	578851	13103
43826	564769	268994	295775	36178	259597	246
119913	917493	366703	550790	115680	435110	76316
67204	976916	600384	376532	25936	350596	25325
38422	424257	173264	250993	58439	192554	
49577	589921	289603	300318	116522	183796	
394087	2594476	1371857	1222619	122780	1099839	25390
336988	1540466	673157	867309	77665	789643	4526
329750	1876576	658096	1218480	142772	1075708	9583
540739	2112508	918866	1193642	196296	997346	3137
377938	2244076	681096	1562980	150505	1412475	37212
8200	109913	72286	37627	30410	7216	

5-42 财政补助支出明细

地区	总计	事业性经费支出	个人部分	工资福利支出	对个人和家庭的补助支出
河南省	**55546185**	**55544358**	**39414373**	**35038392**	**4375981**
河南省本级					
郑州市	4096748	4096675	2987181	2631273	355908
开封市	2492473	2492328	1908741	1672138	236603
洛阳市	3542187	3542017	2467167	2092518	374649
平顶山市	2253146	2253145	1593865	1399749	194116
安阳市	2748834	2748778	2094142	1900059	194083
鹤壁市	588491	588491	456992	417089	39903
新乡市	2767773	2767759	1862184	1705919	156265
焦作市	1270174	1269888	1004305	927940	76365
濮阳市	2797136	2797136	2032875	1856381	176494
许昌市	2087778	2087572	1440027	1356740	83287
漯河市	1154207	1154110	938702	854214	84488
三门峡市	987930	987922	722883	664532	58351
南阳市	6662911	6662881	4426686	3919935	506751
商丘市	4699925	4699857	3405799	3013949	391850
信阳市	5505397	5504748	3772632	3378341	394291
周口市	5766799	5766791	4262371	3704878	557493
驻马店市	5826793	5826777	3804031	3356427	447604
济源示范区	297482	297482	233787	186308	47479

（农村普通小学）

单位：千元

#奖助学金	公用部分	商品和服务支出	资本性支出	专项公用支出	专项项目支出	资本性支出（基本建设）
2656405	**15932377**	**7843890**	**8088487**	**1283455**	**6805033**	**197609**
55625	1091981	734305	357676	170867	186809	17511
82050	570801	359668	211133	22727	188406	12786
189913	1057010	550671	506339	98571	407768	17840
151100	659280	400075	259205	33831	225374	
120901	651283	411629	239654	45660	193993	3354
159	131498	73914	57584	12493	45091	
66007	905575	401792	503783	117801	385981	
12803	265337	184108	81229	17563	63666	246
105929	710892	290921	419971	68934	351037	53370
10657	634891	421033	213858	9963	203895	12654
30611	215407	117097	98310	23281	75029	
34464	265039	109333	155706	64844	90862	
383146	2210806	1212682	998124	95355	902769	25390
321824	1289532	563962	725570	61636	663934	4526
310459	1722534	590174	1132360	121977	1010383	9583
428290	1501284	740845	760439	160349	600090	3137
348535	1985534	645778	1339756	134504	1205252	37212
3932	63695	35905	27790	23097	4693	

5-43 财政补助支出明细

地区	总计	事业性经费支出	个人部分		
				工资福利支出	对个人和家庭的补助支出
河南省	**55546185**	**55544358**	**39414373**	**35038392**	**4375981**
河南省本级					
郑州市	4096748	4096675	2987181	2631273	355908
开封市	2492473	2492328	1908741	1672138	236603
洛阳市	3542187	3542017	2467167	2092518	374649
平顶山市	2253146	2253145	1593865	1399749	194116
安阳市	2748834	2748778	2094142	1900059	194083
鹤壁市	588491	588491	456992	417089	39903
新乡市	2767773	2767759	1862184	1705919	156265
焦作市	1270174	1269888	1004305	927940	76365
濮阳市	2797136	2797136	2032875	1856381	176494
许昌市	2087778	2087572	1440027	1356740	83287
漯河市	1154207	1154110	938702	854214	84488
三门峡市	987930	987922	722883	664532	58351
南阳市	6662911	6662881	4426686	3919935	506751
商丘市	4699925	4699857	3405799	3013949	391850
信阳市	5505397	5504748	3772632	3378341	394291
周口市	5766799	5766791	4262371	3704878	557493
驻马店市	5826793	5826777	3804031	3356427	447604
济源示范区	297482	297482	233787	186308	47479

（地方农村普通小学）

单位：千元

#奖助学金	公用部分	商品和服务支出	资本性支出	专项公用支出	专项项目支出	资本性支出（基本建设）
2656405	**15932377**	**7843890**	**8088487**	**1283455**	**6805033**	**197609**
55625	1091981	734305	357676	170867	186809	17511
82050	570801	359668	211133	22727	188406	12786
189913	1057010	550671	506339	98571	407768	17840
151100	659280	400075	259205	33831	225374	
120901	651283	411629	239654	45660	193993	3354
159	131498	73914	57584	12493	45091	
66007	905575	401792	503783	117801	385981	
12803	265337	184108	81229	17563	63666	246
105929	710892	290921	419971	68934	351037	53370
10657	634891	421033	213858	9963	203895	12654
30611	215407	117097	98310	23281	75029	
34464	265039	109333	155706	64844	90862	
383146	2210806	1212682	998124	95355	902769	25390
321824	1289532	563962	725570	61636	663934	4526
310459	1722534	590174	1132360	121977	1010383	9583
428290	1501284	740845	760439	160349	600090	3137
348535	1985534	645778	1339756	134504	1205252	37212
3932	63695	35905	27790	23097	4693	

5-44 财政补助支出明细

地区	总计	事业性经费支出	个人部分		
				工资福利支出	对个人和家庭的补助支出
河南省					
河南省本级					
郑州市					
开封市					
洛阳市					
平顶山市					
安阳市					
鹤壁市					
新乡市					
焦作市					
濮阳市					
许昌市					
漯河市					
三门峡市					
南阳市					
商丘市					
信阳市					
周口市					
驻马店市					
济源示范区					

（成人小学）

单位：千元

#奖助学金	公用部分	商品和服务支出	资本性支出	专项公用支出	专项项目支出	资本性支出（基本建设）

5-45 财政补助支出明细

地区	总计	事业性经费支出			
			个人部分		
				工资福利支出	对个人和家庭的补助支出
河南省	**767078**	**766948**	**579113**	**533775**	**45338**
河南省本级					
郑州市	121916	121916	88016	79146	8870
开封市	35054	34925	26710	23856	2854
洛阳市	76092	76092	60581	54649	5932
平顶山市	39252	39252	27971	26255	1716
安阳市	35614	35614	26406	24779	1627
鹤壁市	9968	9968	8745	8229	516
新乡市	36246	36246	31286	28497	2789
焦作市	33882	33882	26766	24531	2235
濮阳市	32461	32461	25680	24609	1071
许昌市	17224	17224	14312	13866	446
漯河市	18106	18106	14450	13022	1428
三门峡市	18952	18952	14440	13657	783
南阳市	61540	61540	41918	40289	1629
商丘市	60435	60435	42907	40169	2738
信阳市	47638	47638	35412	30750	4662
周口市	53064	53064	41937	40698	1239
驻马店市	57828	57828	40809	36860	3949
济源示范区	11806	11806	10768	9913	855

（特殊教育）

单位：千元

#奖助学金	公用部分	商品和服务支出	资本性支出	专项公用支出	专项项目支出	资本性支出（基本建设）
17924	**187834**	**141916**	**45918**	**20671**	**25247**	
2675	33901	25633	8268	4936	3333	
439	8214	6330	1884	1425	459	
1976	15511	11149	4362	3073	1288	
1398	11282	9601	1681	1606	75	
226	9208	7206	2002	949	1053	
1	1223	1078	145	84	61	
1562	4961	4559	402	289	114	
964	7117	5877	1240	800	440	
631	6780	4217	2563	1899	664	
	2912	2456	456	256	200	
686	3655	2887	768	607	161	
529	4512	3020	1492	895	597	
758	19622	16073	3549	1737	1812	
1237	17528	11353	6175	1010	5165	
1741	12226	6199	6027	352	5675	
31	11126	11002	124	124		
2876	17019	12391	4628	476	4151	
194	1038	886	152	152		

5-46 财政补助支出明细

地区	总计	事业性经费支出			
			个人部分		
				工资福利支出	对个人和家庭的补助支出
河南省	**746429**	**746299**	**565618**	**521950**	**43668**
河南省本级					
郑州市	110005	110005	82078	73767	8311
开封市	33573	33443	25285	22730	2555
洛阳市	68835	68835	54448	49328	5120
平顶山市	39252	39252	27971	26255	1716
安阳市	35614	35614	26406	24779	1627
鹤壁市	9968	9968	8745	8229	516
新乡市	36246	36246	31286	28497	2789
焦作市	33882	33882	26766	24531	2235
濮阳市	32461	32461	25680	24609	1071
许昌市	17224	17224	14312	13866	446
漯河市	18106	18106	14450	13022	1428
三门峡市	18952	18952	14440	13657	783
南阳市	61540	61540	41918	40289	1629
商丘市	60435	60435	42907	40169	2738
信阳市	47638	47638	35412	30750	4662
周口市	53064	53064	41937	40698	1239
驻马店市	57828	57828	40809	36860	3949
济源示范区	11806	11806	10768	9913	855

（特殊教育学校）

单位：千元

#奖助学金	公用部分	商品和服务支出	资本性支出	专项公用支出	专项项目支出	资本性支出（基本建设）
17911	**180681**	**137568**	**43113**	**20300**	**22813**	
2661	27928	22294	5634	4576	1058	
439	8158	6277	1881	1422	459	
1976	14387	10193	4194	3065	1128	
1398	11282	9601	1681	1606	75	
226	9208	7206	2002	949	1053	
1	1223	1078	145	84	61	
1562	4961	4559	402	289	114	
964	7117	5877	1240	800	440	
631	6780	4217	2563	1899	664	
	2912	2456	456	256	200	
686	3655	2887	768	607	161	
529	4512	3020	1492	895	597	
758	19622	16073	3549	1737	1812	
1237	17528	11353	6175	1010	5165	
1741	12226	6199	6027	352	5675	
31	11126	11002	124	124		
2876	17019	12391	4628	476	4151	
194	1038	886	152	152		

5-47 财政补助支出明细

地区	总计	事业性经费支出			
			个人部分		
				工资福利支出	对个人和家庭的补助支出
河南省	**20649**	**20649**	**13495**	**11825**	**1670**
河南省本级					
郑州市	11911	11911	5937	5378	559
开封市	1482	1482	1425	1125	300
洛阳市	7256	7256	6133	5321	812
平顶山市					
安阳市					
鹤壁市					
新乡市					
焦作市					
濮阳市					
许昌市					
漯河市					
三门峡市					
南阳市					
商丘市					
信阳市					
周口市					
驻马店市					
济源示范区					

（工读学校）

单位：千元

#奖助学金	公用部分	商品和服务支出	资本性支出	专项公用支出	专项项目支出	资本性支出（基本建设）
13	**7154**	**4348**	**2806**	**371**	**2435**	
13	5974	3339	2635	359	2275	
	57	54	3	3		
	1123	955	168	8	160	

5-48 财政补助支出明细

地区	总计	事业性经费支出			
			个人部分		
				工资福利支出	对个人和家庭的补助支出
河南省	**7163922**	**7159649**	**3882697**	**3589970**	**292727**
河南省本级	198565	198565	110987	104903	6084
郑州市	1485959	1485942	853609	818738	34871
开封市	283043	279178	162193	145368	16825
洛阳市	375837	375710	153900	126159	27741
平顶山市	365033	365033	242258	228126	14132
安阳市	284982	284982	135504	127485	8019
鹤壁市	69029	69029	32262	25988	6274
新乡市	343662	343662	142000	123380	18620
焦作市	218104	217852	118412	112672	5740
濮阳市	280082	280082	138932	127951	10981
许昌市	231755	231755	159339	150754	8585
漯河市	128074	128074	81741	76087	5654
三门峡市	240212	240212	119766	111198	8568
南阳市	557026	557026	298569	275149	23420
商丘市	312345	312345	208668	200727	7941
信阳市	487413	487401	257873	237084	20789
周口市	806088	806088	428891	390855	38036
驻马店市	442317	442317	207535	179113	28422
济源示范区	54394	54394	30261	28235	2026

（幼儿园）

单位：千元

#奖助学金	公用部分	商品和服务支出	资本性支出	专项公用支出	专项项目支出	资本性支出（基本建设）
184378	**3148829**	**835741**	**2313088**	**525566**	**1787522**	**128123**
	86478	71511	14967	2431	12536	1100
10168	632334	218692	413642	160174	253468	
7236	116805	26813	89992	14855	75137	180
17692	216810	80826	135984	36684	99300	5000
9610	112508	21576	90932	11971	78961	10268
3197	145285	41639	103646	41628	62018	4193
4907	36767	7496	29271	7398	21873	
9560	201661	77409	124252	21960	102293	
3146	96222	33552	62670	8296	54373	3218
7450	140650	30098	110552	25846	84706	500
4159	72416	24992	47424	2341	45083	
1861	46333	17109	29224	3381	25843	
5126	120447	23884	96563	8522	88040	
14653	258458	37469	220989	14299	206689	
6774	103677	23119	80558	1992	78567	
18158	128819	46852	81967	9674	72293	100710
34117	376069	24430	351639	76620	275018	1128
26080	232957	21438	211519	61437	150082	1825
484	24133	6835	17298	16056	1242	

5-49 财政补助支出明细

地区	总计	事业性经费支出	个人部分	工资福利支出	对个人和家庭的补助支出
河南省	**7151897**	**7147624**	**3871278**	**3578564**	**292714**
河南省本级	198565	198565	110987	104903	6084
郑州市	1485959	1485942	853609	818738	34871
开封市	283043	279178	162193	145368	16825
洛阳市	367887	367760	146282	118541	27741
平顶山市	365033	365033	242258	228126	14132
安阳市	284982	284982	135504	127485	8019
鹤壁市	69029	69029	32262	25988	6274
新乡市	343662	343662	142000	123380	18620
焦作市	218104	217852	118412	112672	5740
濮阳市	280082	280082	138932	127951	10981
许昌市	231755	231755	159339	150754	8585
漯河市	128074	128074	81741	76087	5654
三门峡市	240098	240098	119753	111198	8555
南阳市	557026	557026	298569	275149	23420
商丘市	312345	312345	208668	200727	7941
信阳市	483452	483440	254084	233295	20789
周口市	806088	806088	428891	390855	38036
驻马店市	442317	442317	207535	179113	28422
济源示范区	54394	54394	30261	28235	2026

（地方幼儿园）

单位：千元

#奖助学金	公用部分	商品和服务支出	资本性支出	专项公用支出	专项项目支出	资本性支出（基本建设）
184365	**3148224**	**835300**	**2312924**	**525402**	**1787522**	**128123**
	86478	71511	14967	2431	12536	1100
10168	632334	218692	413642	160174	253468	
7236	116805	26813	89992	14855	75137	180
17692	216478	80614	135864	36564	99300	5000
9610	112508	21576	90932	11971	78961	10268
3197	145285	41639	103646	41628	62018	4193
4907	36767	7496	29271	7398	21873	
9560	201661	77409	124252	21960	102293	
3146	96222	33552	62670	8296	54373	3218
7450	140650	30098	110552	25846	84706	500
4159	72416	24992	47424	2341	45083	
1861	46333	17109	29224	3381	25843	
5113	120346	23827	96519	8478	88040	
14653	258458	37469	220989	14299	206689	
6774	103677	23119	80558	1992	78567	
18158	128646	46679	81967	9674	72293	100710
34117	376069	24430	351639	76620	275018	1128
26080	232957	21438	211519	61437	150082	1825
484	24133	6835	17298	16056	1242	

5-50 财政补助支出明细

地区	总计	事业性经费支出	个人部分		
				工资福利支出	对个人和家庭的补助支出
河南省	**4139983**	**4139696**	**2287667**	**2115209**	**172458**
河南省本级					
郑州市	708418	708411	375036	360966	14070
开封市	108998	108998	66236	61183	5053
洛阳市	278432	278405	96609	78405	18204
平顶山市	259516	259516	165882	155237	10645
安阳市	110389	110389	52197	49925	2272
鹤壁市	20065	20065	10735	10377	358
新乡市	190001	190001	60969	52691	8278
焦作市	104051	103799	69367	67742	1625
濮阳市	200767	200767	84835	77478	7357
许昌市	130994	130994	86364	85804	560
漯河市	76791	76791	42747	39615	3132
三门峡市	66536	66536	48907	45182	3725
南阳市	430255	430255	247382	226410	20972
商丘市	210388	210388	136424	129641	6783
信阳市	419880	419879	230001	211230	18771
周口市	454520	454520	341998	317459	24539
驻马店市	365672	365672	168783	143688	25095
济源示范区	4309	4309	3198	2179	1019

（农村幼儿园）

单位：千元

#奖助学金	公用部分	商品和服务支出	资本性支出	专项公用支出	专项项目支出	资本性支出（基本建设）
140654	**1743226**	**417626**	**1325600**	**310104**	**1015496**	**108803**
6049	333375	103495	229880	107706	122174	
3664	42763	11481	31282	4608	26674	
15644	176796	70301	106495	29001	77494	5000
8932	92866	13563	79303	8429	70874	768
1866	58192	22832	35360	15077	20284	
	9330	440	8890	415	8476	
7454	129033	27161	101872	20532	81341	
1057	34433	18854	15579	2126	13452	
6715	115432	14542	100890	24125	76765	500
118	44630	12582	32048	338	31710	
1765	34043	9911	24132	1077	23055	
3482	17630	4895	12735	659	12075	
14175	182874	25285	157589	12763	144826	
6524	73964	12726	61238	283	60954	
17544	89168	42230	46938	9237	37701	100710
21755	112522	13611	98911	30646	68264	
23504	195064	12964	182100	42881	139220	1825
407	1112	753	359	200	159	

5-51 财政补助支出明细

地区	总计	事业性经费支出			
			个人部分		
				工资福利支出	对个人和家庭的补助支出
河南省	**4139983**	**4139696**	**2287667**	**2115209**	**172458**
河南省本级					
郑州市	708418	708411	375036	360966	14070
开封市	108998	108998	66236	61183	5053
洛阳市	278432	278405	96609	78405	18204
平顶山市	259516	259516	165882	155237	10645
安阳市	110389	110389	52197	49925	2272
鹤壁市	20065	20065	10735	10377	358
新乡市	190001	190001	60969	52691	8278
焦作市	104051	103799	69367	67742	1625
濮阳市	200767	200767	84835	77478	7357
许昌市	130994	130994	86364	85804	560
漯河市	76791	76791	42747	39615	3132
三门峡市	66536	66536	48907	45182	3725
南阳市	430255	430255	247382	226410	20972
商丘市	210388	210388	136424	129641	6783
信阳市	419880	419879	230001	211230	18771
周口市	454520	454520	341998	317459	24539
驻马店市	365672	365672	168783	143688	25095
济源示范区	4309	4309	3198	2179	1019

（地方农村幼儿园）

单位：千元

#奖助学金	公用部分	商品和服务支出	资本性支出	专项公用支出	专项项目支出	资本性支出（基本建设）
140654	**1743226**	**417626**	**1325600**	**310104**	**1015496**	**108803**
6049	333375	103495	229880	107706	122174	
3664	42763	11481	31282	4608	26674	
15644	176796	70301	106495	29001	77494	5000
8932	92866	13563	79303	8429	70874	768
1866	58192	22832	35360	15077	20284	
	9330	440	8890	415	8476	
7454	129033	27161	101872	20532	81341	
1057	34433	18854	15579	2126	13452	
6715	115432	14542	100890	24125	76765	500
118	44630	12582	32048	338	31710	
1765	34043	9911	24132	1077	23055	
3482	17630	4895	12735	659	12075	
14175	182874	25285	157589	12763	144826	
6524	73964	12726	61238	283	60954	
17544	89168	42230	46938	9237	37701	100710
21755	112522	13611	98911	30646	68264	
23504	195064	12964	182100	42881	139220	1825
407	1112	753	359	200	159	

5-52 财政补助支出明细

地区	总计	事业性经费支出			
			个人部分	工资福利支出	对个人和家庭的补助支出
河南省	**1424007**	**1416860**	**738354**	**604150**	**134204**
河南省本级	123095	123095	50257	43082	7175
郑州市	139329	139329	72212	64880	7332
开封市	77573	77573	39086	23061	16025
洛阳市	76968	76968	51091	38980	12111
平顶山市	96619	96619	62400	49160	13240
安阳市	57212	57212	38415	29002	9413
鹤壁市	35464	35464	28656	23764	4892
新乡市	53303	53303	35569	28572	6997
焦作市	41039	41039	20245	15458	4787
濮阳市	34710	34710	21934	18747	3187
许昌市	66250	66250	38420	26746	11674
漯河市	45463	45463	29826	26273	3553
三门峡市	45612	45612	26971	23280	3691
南阳市	99942	99942	32297	29041	3256
商丘市	74237	73841	32749	28911	3838
信阳市	116913	116701	41695	37972	3723
周口市	153942	147403	70645	59314	11331
驻马店市	80990	80990	41356	34652	6704
济源示范区	5348	5348	4531	3253	1278

（教育行政单位）

单位：千元

#奖助学金	公用部分	商品和服务支出	资本性支出	专项公用支出	专项项目支出	资本性支出（基本建设）
	662728	**579771**	**82957**	**60595**	**22362**	**15778**
	72838	68920	3918	3918		
	67117	55714	11403	8383	3020	
	38487	30733	7754	465	7289	
	25877	23153	2724	2724		
	34220	28813	5407	5334	73	
	18797	16865	1932	1932		
	6808	6092	716	716		
	17734	13886	3848	2406	1442	
	20795	14471	6324	6324		
	12776	12306	470	470		
	27830	26332	1498	208	1289	
	15636	14364	1272	795	477	
	18641	17379	1262	1262		
	67645	63179	4466	1573	2892	
	41092	31957	9135	9135		
	59228	52456	6772	2248	4524	15778
	76758	70171	6587	5407	1180	
	39634	32163	7471	7296	175	
	817	817				

5-53 财政补助支出明细

地区	总计	事业性经费支出	个人部分		
				工资福利支出	对个人和家庭的补助支出
河南省	**1424007**	**1416860**	**738354**	**604150**	**134204**
河南省本级	123095	123095	50257	43082	7175
郑州市	139329	139329	72212	64880	7332
开封市	77573	77573	39086	23061	16025
洛阳市	76968	76968	51091	38980	12111
平顶山市	96619	96619	62400	49160	13240
安阳市	57212	57212	38415	29002	9413
鹤壁市	35464	35464	28656	23764	4892
新乡市	53303	53303	35569	28572	6997
焦作市	41039	41039	20245	15458	4787
濮阳市	34710	34710	21934	18747	3187
许昌市	66250	66250	38420	26746	11674
漯河市	45463	45463	29826	26273	3553
三门峡市	45612	45612	26971	23280	3691
南阳市	99942	99942	32297	29041	3256
商丘市	74237	73841	32749	28911	3838
信阳市	116913	116701	41695	37972	3723
周口市	153942	147403	70645	59314	11331
驻马店市	80990	80990	41356	34652	6704
济源示范区	5348	5348	4531	3253	1278

（地方教育行政单位）

单位：千元

#奖助学金	公用部分	商品和服务支出	资本性支出	专项公用支出	专项项目支出	资本性支出（基本建设）
	662728	**579771**	**82957**	**60595**	**22362**	**15778**
	72838	68920	3918	3918		
	67117	55714	11403	8383	3020	
	38487	30733	7754	465	7289	
	25877	23153	2724	2724		
	34220	28813	5407	5334	73	
	18797	16865	1932	1932		
	6808	6092	716	716		
	17734	13886	3848	2406	1442	
	20795	14471	6324	6324		
	12776	12306	470	470		
	27830	26332	1498	208	1289	
	15636	14364	1272	795	477	
	18641	17379	1262	1262		
	67645	63179	4466	1573	2892	
	41092	31957	9135	9135		
	59228	52456	6772	2248	4524	15778
	76758	70171	6587	5407	1180	
	39634	32163	7471	7296	175	
	817	817				

5-54 财政补助支出明细

地区	总计	事业性经费支出	个人部分	工资福利支出	对个人和家庭的补助支出
河南省	**2814999**	**2807552**	**1799603**	**1590920**	**208683**
河南省本级	142400	142400	53651	50477	3174
郑州市	428816	428816	209093	180877	28216
开封市	117273	117172	99175	75296	23879
洛阳市	177970	177970	142372	128907	13465
平顶山市	120631	120631	82480	78295	4185
安阳市	113839	113799	89268	85593	3675
鹤壁市	62678	62678	45088	41759	3329
新乡市	145321	145321	107700	97323	10377
焦作市	116907	116907	80194	73939	6255
濮阳市	193444	193444	159806	92120	67686
许昌市	55424	55424	42864	39566	3298
漯河市	89168	81894	29522	27842	1680
三门峡市	69709	69709	42110	38113	3997
南阳市	276794	276794	135802	129520	6282
商丘市	168293	168262	118929	114554	4375
信阳市	215460	215460	141494	136828	4666
周口市	145898	145898	93175	85938	7237
驻马店市	136887	136887	96370	90796	5574
济源示范区	38089	38089	30512	23178	7334

（教育事业单位）

单位：千元

#奖助学金	公用部分	商品和服务支出	资本性支出	专项公用支出	专项项目支出	资本性支出（基本建设）
	985056	**693246**	**291810**	**135467**	**156343**	**22892**
	88750	87530	1220	1220		
	219150	141942	77208	12931	64277	573
	17997	16669	1328	1328		
	35598	33206	2392	2325	67	
	38151	25348	12803	12705	98	
	24531	15469	9062	1480	7582	
	17590	6193	11397	1013	10383	
	37621	31552	6069	6065	3	
	21946	16476	5470	5470		14767
	33638	18226	15412	3499	11913	
	12560	12094	466	466		
	52371	7134	45237	30170	15068	
	27600	13968	13632	945	12686	
	140992	116031	24961	6407	18554	
	49333	38405	10928	10708	220	
	66414	35023	31391	18680	12711	7552
	52722	47641	5081	4506	575	
	40516	25289	15227	13292	1934	
	7577	5051	2526	2257	269	

5-55 财政补助支出明细

地区	总计	事业性经费支出	个人部分	工资福利支出	对个人和家庭的补助支出
河南省	**2814999**	**2807552**	**1799603**	**1590920**	**208683**
河南省本级	142400	142400	53651	50477	3174
郑州市	428816	428816	209093	180877	28216
开封市	117273	117172	99175	75296	23879
洛阳市	177970	177970	142372	128907	13465
平顶山市	120631	120631	82480	78295	4185
安阳市	113839	113799	89268	85593	3675
鹤壁市	62678	62678	45088	41759	3329
新乡市	145321	145321	107700	97323	10377
焦作市	116907	116907	80194	73939	6255
濮阳市	193444	193444	159806	92120	67686
许昌市	55424	55424	42864	39566	3298
漯河市	89168	81894	29522	27842	1680
三门峡市	69709	69709	42110	38113	3997
南阳市	276794	276794	135802	129520	6282
商丘市	168293	168262	118929	114554	4375
信阳市	215460	215460	141494	136828	4666
周口市	145898	145898	93175	85938	7237
驻马店市	136887	136887	96370	90796	5574
济源示范区	38089	38089	30512	23178	7334

（地方教育事业单位）

单位：千元

#奖助学金	公用部分	商品和服务支出	资本性支出	专项公用支出	专项项目支出	资本性支出（基本建设）
	985056	**693246**	**291810**	**135467**	**156343**	**22892**
	88750	87530	1220	1220		
	219150	141942	77208	12931	64277	573
	17997	16669	1328	1328		
	35598	33206	2392	2325	67	
	38151	25348	12803	12705	98	
	24531	15469	9062	1480	7582	
	17590	6193	11397	1013	10383	
	37621	31552	6069	6065	3	
	21946	16476	5470	5470		14767
	33638	18226	15412	3499	11913	
	12560	12094	466	466		
	52371	7134	45237	30170	15068	
	27600	13968	13632	945	12686	
	140992	116031	24961	6407	18554	
	49333	38405	10928	10708	220	
	66414	35023	31391	18680	12711	7552
	52722	47641	5081	4506	575	
	40516	25289	15227	13292	1934	
	7577	5051	2526	2257	269	

5-56 财政补助支出明细

地区	总计	事业性经费支出			
			个人部分		
				工资福利支出	对个人和家庭的补助支出
河南省	**2584356**	**2335634**	**790111**	**695686**	**94425**
河南省本级	279262	279262	119326	99334	19992
郑州市	234617	234617	86788	77645	9143
开封市	88582	88582	40343	35428	4915
洛阳市	428155	428155	48348	42658	5690
平顶山市	416869	168202	29168	25433	3735
安阳市	126977	126977	45731	42151	3580
鹤壁市	35929	35929	15917	13497	2420
新乡市	114306	114306	45535	28914	16621
焦作市	59356	59356	30933	26937	3996
濮阳市	74555	74555	36463	31991	4472
许昌市	172644	172644	31662	28545	3117
漯河市	47681	47681	27208	26362	846
三门峡市	44855	44855	31009	27380	3629
南阳市	66019	66019	45205	43180	2025
商丘市	52583	52535	33430	30858	2572
信阳市	157943	157943	42223	39980	2243
周口市	67794	67788	36311	33945	2366
驻马店市	47214	47214	36637	34014	2623
济源示范区	69016	69016	7872	7433	439

（其他教育机构）

单位：千元

#奖助学金	公用部分	商品和服务支出	资本性支出	专项公用支出	专项项目支出	资本性支出（基本建设）
	1414723	**638400**	**776323**	**76297**	**700026**	**130801**
	159936	158356	1580	1347	233	
	143769	119410	24359	9346	15013	4060
	46661	43063	3598	1918	1680	1578
	379807	28758	351049	222	350827	
	59034	29586	29448	21771	7677	80000
	56340	16122	40218	218	40000	24906
	20012	19774	238	20	218	
	50107	29009	21098	7966	13132	18664
	26830	16342	10488	1643	8845	1593
	38092	23645	14447	9081	5366	
	140982	14851	126131	1665	124465	
	20473	18933	1540	220	1320	
	13846	13428	418	418		
	20814	19417	1397	1237	160	
	19106	16559	2547	961	1585	
	115720	26951	88769	749	88020	
	31477	16418	15059	8929	6130	
	10577	5675	4902	663	4239	
	61143	22104	39039	7923	31116	

5-57 财政补助支出明细

地区	总计	事业性经费支出			
			个人部分		
				工资福利支出	对个人和家庭的补助支出
河南省	**2579352**	**2330630**	**790111**	**695686**	**94425**
河南省本级	274258	274258	119326	99334	19992
郑州市	234617	234617	86788	77645	9143
开封市	88582	88582	40343	35428	4915
洛阳市	428155	428155	48348	42658	5690
平顶山市	416869	168202	29168	25433	3735
安阳市	126977	126977	45731	42151	3580
鹤壁市	35929	35929	15917	13497	2420
新乡市	114306	114306	45535	28914	16621
焦作市	59356	59356	30933	26937	3996
濮阳市	74555	74555	36463	31991	4472
许昌市	172644	172644	31662	28545	3117
漯河市	47681	47681	27208	26362	846
三门峡市	44855	44855	31009	27380	3629
南阳市	66019	66019	45205	43180	2025
商丘市	52583	52535	33430	30858	2572
信阳市	157943	157943	42223	39980	2243
周口市	67794	67788	36311	33945	2366
驻马店市	47214	47214	36637	34014	2623
济源示范区	69016	69016	7872	7433	439

（地方其他教育机构）

单位：千元

#奖助学金	公用部分	商品和服务支出	资本性支出	专项公用支出	专项项目支出	资本性支出（基本建设）
	1409719	**633396**	**776323**	**76297**	**700026**	**130801**
	154932	153352	1580	1347	233	
	143769	119410	24359	9346	15013	4060
	46661	43063	3598	1918	1680	1578
	379807	28758	351049	222	350827	
	59034	29586	29448	21771	7677	80000
	56340	16122	40218	218	40000	24906
	20012	19774	238	20	218	
	50107	29009	21098	7966	13132	18664
	26830	16342	10488	1643	8845	1593
	38092	23645	14447	9081	5366	
	140982	14851	126131	1665	124465	
	20473	18933	1540	220	1320	
	13846	13428	418	418		
	20814	19417	1397	1237	160	
	19106	16559	2547	961	1585	
	115720	26951	88769	749	88020	
	31477	16418	15059	8929	6130	
	10577	5675	4902	663	4239	
	61143	22104	39039	7923	31116	

第六部分

各地区各级各类教育机构一般公共预算教育事业费和基本建设支出明细

6-1 一般公共预算教育事业费和

地区	总计	事业性经费支出			
			个人部分		
				工资福利支出	对个人和家庭的补助支出
河南省	**174548398**	**174103434**	**109936738**	**97400788**	**12535950**
河南省本级	22997055	22980771	11419026	8551385	2867641
郑州市	20368920	20364916	12885777	12244186	641591
开封市	6367336	6341984	4211362	3712042	499320
洛阳市	10871250	10858964	7621954	6590692	1031262
平顶山市	7384425	7130037	4542761	4048990	493771
安阳市	7496109	7494642	5316511	4872043	444468
鹤壁市	2464809	2452533	1744573	1643161	101412
新乡市	8497501	8496836	5575663	5084211	491452
焦作市	4538888	4527475	3270727	3033819	236908
濮阳市	6711302	6705818	4530188	4209297	320891
许昌市	6661278	6652232	4434768	4173188	261580
漯河市	3662021	3648709	2655116	2461738	193378
三门峡市	3863673	3863633	2546587	2378109	168478
南阳市	15888644	15877755	9306080	8255506	1050574
商丘市	9366395	9364766	6490059	5722908	767151
信阳市	11869845	11863837	7485900	6530771	955129
周口市	12647734	12591419	8255897	6973490	1282407
驻马店市	11485440	11481333	6583838	5902725	681113
济源示范区	1405774	1405774	1059950	1012526	47424

基本建设支出明细（各级各类教育机构）

单位：千元

#奖助学金	公用部分	商品和服务支出	资本性支出	专项公用支出	专项项目支出	资本性支出（基本建设）
10236385	**61419112**	**31813952**	**29605160**	**9048841**	**20556320**	**2747584**
2293952	11017963	6935477	4082486	3184201	898285	543782
510518	6505026	4306116	2198910	1323249	875661	974112
398517	2109361	1125764	983597	166537	817060	21262
556857	3158284	1774909	1383375	373600	1009775	78726
420992	2203796	1211827	991969	246457	745512	383479
408123	2063711	1197415	866296	198795	667500	114421
92226	707960	335144	372816	75003	297813	
350716	2799269	1364031	1435238	485605	949633	121905
158085	1221165	699920	521245	148692	372553	35583
274271	2074267	917944	1156323	422301	734023	101363
230023	2159967	1238916	921051	151039	770012	57497
164657	993592	460775	532817	161907	370911	
135668	1317046	629836	687210	160415	526795	
956968	6497302	3088201	3409101	356758	3052343	74373
675087	2858292	1412748	1445544	225733	1219811	16415
822399	4241763	1523672	2718091	326939	2391152	136173
1090012	4325581	1917886	2407695	462509	1945185	9942
662085	4818943	1529215	3289728	485947	2803781	78552
35229	345823	144155	201668	93155	108513	

6-2 一般公共预算教育事业费和

地区	总计	事业性经费支出	个人部分	工资福利支出	对个人和家庭的补助支出
河南省	**174181068**	**173736104**	**109818881**	**97304398**	**12514483**
河南省本级	22649765	22633481	11318472	8471929	2846543
郑州市	20359961	20355957	12878406	12236984	641422
开封市	6367336	6341984	4211362	3712042	499320
洛阳市	10864066	10851780	7615103	6583841	1031262
平顶山市	7384425	7130037	4542761	4048990	493771
安阳市	7496109	7494642	5316511	4872043	444468
鹤壁市	2464809	2452533	1744573	1643161	101412
新乡市	8497501	8496836	5575663	5084211	491452
焦作市	4538888	4527475	3270727	3033819	236908
濮阳市	6711302	6705818	4530188	4209297	320891
许昌市	6661278	6652232	4434768	4173188	261580
漯河市	3662021	3648709	2655116	2461738	193378
三门峡市	3862819	3862779	2546387	2378109	168278
南阳市	15888644	15877755	9306080	8255506	1050574
商丘市	9366395	9364766	6490059	5722908	767151
信阳市	11866802	11860794	7483020	6527891	955129
周口市	12647734	12591419	8255897	6973490	1282407
驻马店市	11485440	11481333	6583838	5902725	681113
济源示范区	1405774	1405774	1059950	1012526	47424

基本建设支出明细（地方各级各类教育机构）

单位：千元

#奖助学金	公用部分	商品和服务支出	资本性支出	专项公用支出	专项项目支出	资本性支出（基本建设）
10231893	**61319905**	**31746888**	**29573017**	**9016698**	**20556320**	**2597318**
2289830	10921492	6870985	4050507	3152222	898285	393516
510348	6503439	4304529	2198910	1323249	875661	974112
398517	2109361	1125764	983597	166537	817060	21262
556857	3157952	1774697	1383255	373480	1009775	78726
420992	2203796	1211827	991969	246457	745512	383479
408123	2063711	1197415	866296	198795	667500	114421
92226	707960	335144	372816	75003	297813	
350716	2799269	1364031	1435238	485605	949633	121905
158085	1221165	699920	521245	148692	372553	35583
274271	2074267	917944	1156323	422301	734023	101363
230023	2159967	1238916	921051	151039	770012	57497
164657	993592	460775	532817	161907	370911	
135468	1316392	629226	687166	160371	526795	
956968	6497302	3088201	3409101	356758	3052343	74373
675087	2858292	1412748	1445544	225733	1219811	16415
822399	4241600	1523509	2718091	326939	2391152	136173
1090012	4325581	1917886	2407695	462509	1945185	9942
662085	4818943	1529215	3289728	485947	2803781	78552
35229	345823	144155	201668	93155	108513	

6-3 一般公共预算教育事业费和

地区	总计	事业性经费支出	个人部分	工资福利支出	对个人和家庭的补助支出
河南省	**27934681**	**27876185**	**14748142**	**11222518**	**3525624**
河南省本级	20145300	20139607	10117788	7354225	2763563
郑州市	1249347	1245547	573670	490655	83015
开封市	386977	372829	221731	180541	41190
洛阳市	235408	235408	122736	104148	18588
平顶山市	537056	532128	336855	288870	47985
安阳市	446027	446027	320404	270158	50246
鹤壁市	247203	235908	140898	119894	21004
新乡市	677154	677154	519649	442413	77236
焦作市	317968	314588	219154	174241	44913
濮阳市	239077	236077	161971	140517	21454
许昌市	338859	333118	161511	141089	20422
漯河市	239829	238959	151100	110842	40258
三门峡市	263064	263064	170339	143752	26587
南阳市	668574	666574	438693	363277	75416
商丘市	437141	437141	345738	271825	73913
信阳市	569105	569105	249838	202918	46920
周口市	160178	160178	121748	99525	22223
驻马店市	564397	560756	259412	221888	37524
济源示范区	212017	212017	114906	101739	13167

基本建设支出明细（高等学校）

单位：千元

#奖助学金	公用部分	商品和服务支出	资本性支出	专项公用支出	专项项目支出	资本性支出（基本建设）
2848480	**12470219**	**7461292**	**5008927**	**3665678**	**1343249**	**657824**
2220822	9494973	5871392	3623581	2859854	763727	526846
79530	630141	408611	221530	177080	44450	41737
29422	151098	97424	53674	25868	27806	
18023	112672	42959	69713	44996	24717	
39225	155273	103810	51463	46613	4850	40000
49735	125623	112954	12669	9903	2765	
18084	95010	37895	57115	24306	32809	
40486	134156	92551	41605	39100	2506	23349
38104	95434	48035	47399	40512	6887	
21331	74106	45569	28537	24930	3607	
18463	167500	38751	128749	68519	60230	4106
33674	87858	34286	53572	32639	20933	
25033	92724	64809	27915	18276	9640	
58094	209842	163966	45876	45360	516	18038
44876	91404	82603	8801	4935	3866	
41825	319268	99988	219280	17120	202160	
21641	38429	6567	31862	29914	1949	
36945	297595	99952	197643	140112	57531	3748
13167	97110	9169	87941	15641	72300	

6-4 一般公共预算教育事业费和

地区	总计	事业性经费支出	个人部分		
				工资福利支出	对个人和家庭的补助支出
河南省	**27589668**	**27531172**	**14649675**	**11145148**	**3504527**
河南省本级	19800286	19794593	10019320	7276855	2742465
郑州市	1249347	1245547	573670	490655	83015
开封市	386977	372829	221731	180541	41190
洛阳市	235408	235408	122736	104148	18588
平顶山市	537056	532128	336855	288870	47985
安阳市	446027	446027	320404	270158	50246
鹤壁市	247203	235908	140898	119894	21004
新乡市	677154	677154	519649	442413	77236
焦作市	317968	314588	219154	174241	44913
濮阳市	239077	236077	161971	140517	21454
许昌市	338859	333118	161511	141089	20422
漯河市	239829	238959	151100	110842	40258
三门峡市	263064	263064	170339	143752	26587
南阳市	668574	666574	438693	363277	75416
商丘市	437141	437141	345738	271825	73913
信阳市	569105	569105	249838	202918	46920
周口市	160178	160178	121748	99525	22223
驻马店市	564397	560756	259412	221888	37524
济源示范区	212017	212017	114906	101739	13167

基本建设支出明细（地方高等学校）

单位：千元

#奖助学金	公用部分	商品和服务支出	资本性支出	专项公用支出	专项项目支出	资本性支出（基本建设）
2844358	**12373938**	**7396990**	**4976948**	**3633700**	**1343249**	**507558**
2216699	9398694	5807091	3591603	2827875	763727	376580
79530	630141	408611	221530	177080	44450	41737
29422	151098	97424	53674	25868	27806	
18023	112672	42959	69713	44996	24717	
39225	155273	103810	51463	46613	4850	40000
49735	125623	112954	12669	9903	2765	
18084	95010	37895	57115	24306	32809	
40486	134156	92551	41605	39100	2506	23349
38104	95434	48035	47399	40512	6887	
21331	74106	45569	28537	24930	3607	
18463	167500	38751	128749	68519	60230	4106
33674	87858	34286	53572	32639	20933	
25033	92724	64809	27915	18276	9640	
58094	209842	163966	45876	45360	516	18038
44876	91404	82603	8801	4935	3866	
41825	319268	99988	219280	17120	202160	
21641	38429	6567	31862	29914	1949	
36945	297595	99952	197643	140112	57531	3748
13167	97110	9169	87941	15641	72300	

6-5 一般公共预算教育事业费和

地区	总计	事业性经费支出			
			个人部分		
				工资福利支出	对个人和家庭的补助支出
河南省	**27842251**	**27783755**	**14673730**	**11149230**	**3524500**
河南省本级	20103426	20097733	10089370	7326094	2763276
郑州市	1248973	1245174	573670	490655	83015
开封市	386977	372829	221731	180541	41190
洛阳市	223838	223838	112161	93867	18294
平顶山市	537056	532128	336855	288870	47985
安阳市	446027	446027	320404	270158	50246
鹤壁市	247203	235908	140898	119894	21004
新乡市	650485	650485	494073	416913	77160
焦作市	317968	314588	219154	174241	44913
濮阳市	239077	236077	161971	140517	21454
许昌市	338859	333118	161511	141089	20422
漯河市	239829	238959	151100	110842	40258
三门峡市	263064	263064	170339	143752	26587
南阳市	662789	660789	433064	357786	75278
商丘市	437141	437141	345738	271825	73913
信阳市	562946	562946	245623	199032	46591
周口市	160178	160178	121748	99525	22223
驻马店市	564397	560756	259412	221888	37524
济源示范区	212017	212017	114906	101739	13167

基本建设支出明细（普通高等学校）

单位：千元

#奖助学金	公用部分	商品和服务支出	资本性支出	专项公用支出	专项项目支出	资本性支出（基本建设）
2848219	**12452201**	**7445679**	**5006522**	**3664701**	**1341821**	**657824**
2220807	9481517	5860329	3621188	2858888	762300	526846
79530	629767	408237	221530	177080	44450	41737
29422	151098	97424	53674	25868	27806	
17777	111678	41965	69713	44996	24717	
39225	155273	103810	51463	46613	4850	40000
49735	125623	112954	12669	9903	2765	
18084	95010	37895	57115	24306	32809	
40486	133064	91470	41594	39088	2506	23349
38104	95434	48035	47399	40512	6887	
21331	74106	45569	28537	24930	3607	
18463	167500	38751	128749	68519	60230	4106
33674	87858	34286	53572	32639	20933	
25033	92724	64809	27915	18276	9640	
58094	209687	163811	45876	45360	516	18038
44876	91404	82603	8801	4935	3866	
41825	317323	98043	219280	17120	202160	
21641	38429	6567	31862	29914	1949	
36945	297595	99952	197643	140112	57531	3748
13167	97110	9169	87941	15641	72300	

6-6 一般公共预算教育事业费和

地区	总计	事业性经费支出	个人部分	工资福利支出	对个人和家庭的补助支出
河南省	**27497238**	**27438742**	**14575263**	**11071860**	**3503403**
河南省本级	19758412	19752719	9990903	7248724	2742179
郑州市	1248973	1245174	573670	490655	83015
开封市	386977	372829	221731	180541	41190
洛阳市	223838	223838	112161	93867	18294
平顶山市	537056	532128	336855	288870	47985
安阳市	446027	446027	320404	270158	50246
鹤壁市	247203	235908	140898	119894	21004
新乡市	650485	650485	494073	416913	77160
焦作市	317968	314588	219154	174241	44913
濮阳市	239077	236077	161971	140517	21454
许昌市	338859	333118	161511	141089	20422
漯河市	239829	238959	151100	110842	40258
三门峡市	263064	263064	170339	143752	26587
南阳市	662789	660789	433064	357786	75278
商丘市	437141	437141	345738	271825	73913
信阳市	562946	562946	245623	199032	46591
周口市	160178	160178	121748	99525	22223
驻马店市	564397	560756	259412	221888	37524
济源示范区	212017	212017	114906	101739	13167

基本建设支出明细（地方普通高等学校）

单位：千元

#奖助学金	公用部分	商品和服务支出	资本性支出	专项公用支出	专项项目支出	资本性支出（基本建设）
2844096	**12355921**	**7381377**	**4974544**	**3632722**	**1341821**	**507558**
2216684	9385237	5796027	3589210	2826910	762300	376580
79530	629767	408237	221530	177080	44450	41737
29422	151098	97424	53674	25868	27806	
17777	111678	41965	69713	44996	24717	
39225	155273	103810	51463	46613	4850	40000
49735	125623	112954	12669	9903	2765	
18084	95010	37895	57115	24306	32809	
40486	133064	91470	41594	39088	2506	23349
38104	95434	48035	47399	40512	6887	
21331	74106	45569	28537	24930	3607	
18463	167500	38751	128749	68519	60230	4106
33674	87858	34286	53572	32639	20933	
25033	92724	64809	27915	18276	9640	
58094	209687	163811	45876	45360	516	18038
44876	91404	82603	8801	4935	3866	
41825	317323	98043	219280	17120	202160	
21641	38429	6567	31862	29914	1949	
36945	297595	99952	197643	140112	57531	3748
13167	97110	9169	87941	15641	72300	

6-7 一般公共预算教育事业费和

地区	总计	事业性经费支出			
			个人部分		
				工资福利支出	对个人和家庭的补助支出
河南省	**18461243**	**18448108**	**9393677**	**7218540**	**2175137**
河南省本级	15830326	15824633	7890563	5981032	1909531
郑州市	528468	524669	300085	258703	41382
开封市					
洛阳市	2598	2598	1053		1053
平顶山市	343790	343790	199364	170969	28395
安阳市	253085	253085	198303	165571	32732
鹤壁市					
新乡市	377234	377234	271259	223044	48215
焦作市	2951	2951	2951		2951
濮阳市	2329	2329	2329		2329
许昌市					
漯河市	230	230	230		230
三门峡市	4088	4088	4088		4088
南阳市	350496	350496	198059	159547	38512
商丘市	2727	2727	2727		2727
信阳市	355457	355457	141112	113888	27224
周口市	34109	34109	24699	16892	7807
驻马店市	373356	369715	156854	128892	27962
济源示范区					

基本建设支出明细（普通高等本科学校）

单位：千元

#奖助学金	公用部分	商品和服务支出	资本性支出	专项公用支出	专项项目支出	资本性支出（基本建设）
1836112	**8458914**	**5540621**	**2918293**	**2165712**	**752581**	**595519**
1614524	7416135	4945314	2470821	1944366	526455	517935
38613	208786	165268	43518	40309	3209	15798
1053	1545		1545		1545	
23601	104426	79791	24635	24635		40000
32698	54781	50114	4667	1901	2765	
29944	105975	81274	24701	23924	777	
2891						
2329						
230						
4088						
25767	134399	95886	38513	37997	516	18038
2727						
22458	214345	35385	178960		178960	
7807	9410		9410	9410		
27383	209113	87589	121524	83171	38353	3748

6-8 一般公共预算教育事业费和

地区	总计	事业性经费支出			
			个人部分		
				工资福利支出	对个人和家庭的补助支出
河南省	**18116229**	**18103095**	**9295209**	**7141170**	**2154039**
河南省本级	15485313	15479620	7792096	5903663	1888433
郑州市	528468	524669	300085	258703	41382
开封市					
洛阳市	2598	2598	1053		1053
平顶山市	343790	343790	199364	170969	28395
安阳市	253085	253085	198303	165571	32732
鹤壁市					
新乡市	377234	377234	271259	223044	48215
焦作市	2951	2951	2951		2951
濮阳市	2329	2329	2329		2329
许昌市					
漯河市	230	230	230		230
三门峡市	4088	4088	4088		4088
南阳市	350496	350496	198059	159547	38512
商丘市	2727	2727	2727		2727
信阳市	355457	355457	141112	113888	27224
周口市	34109	34109	24699	16892	7807
驻马店市	373356	369715	156854	128892	27962
济源示范区					

基本建设支出明细（地方普通高等本科学校）

单位：千元

#奖助学金	公用部分	商品和服务支出	资本性支出	专项公用支出	专项项目支出	资本性支出（基本建设）
1831989	**8362633**	**5476319**	**2886314**	**2133734**	**752581**	**445253**
1610402	7319855	4881012	2438843	1912388	526455	367669
38613	208786	165268	43518	40309	3209	15798
1053	1545		1545		1545	
23601	104426	79791	24635	24635		40000
32698	54781	50114	4667	1901	2765	
29944	105975	81274	24701	23924	777	
2891						
2329						
230						
4088						
25767	134399	95886	38513	37997	516	18038
2727						
22458	214345	35385	178960		178960	
7807	9410		9410	9410		
27383	209113	87589	121524	83171	38353	3748

6-9 一般公共预算教育事业费和

地区	总计	事业性经费支出			
			个人部分		
				工资福利支出	对个人和家庭的补助支出
河南省	**9381009**	**9335647**	**5280054**	**3930690**	**1349364**
河南省本级	4273100	4273100	2198807	1345062	853745
郑州市	720505	720505	273584	231951	41633
开封市	386977	372829	221731	180541	41190
洛阳市	221241	221241	111108	93867	17241
平顶山市	193266	188338	137491	117901	19590
安阳市	192942	192942	122100	104587	17513
鹤壁市	247203	235908	140898	119894	21004
新乡市	273251	273251	222812	193868	28944
焦作市	315017	311637	216203	174241	41962
濮阳市	236748	233748	159642	140517	19125
许昌市	338859	333118	161511	141089	20422
漯河市	239599	238730	150871	110842	40029
三门峡市	258976	258976	166251	143752	22499
南阳市	312293	310293	235005	198239	36766
商丘市	434415	434415	343011	271825	71186
信阳市	207489	207489	104511	85144	19367
周口市	126069	126069	97049	82633	14416
驻马店市	191041	191041	102559	92997	9562
济源示范区	212017	212017	114906	101739	13167

基本建设支出明细（普通高职高专学校）

单位：千元

#奖助学金	公用部分	商品和服务支出	资本性支出	专项公用支出	专项项目支出	资本性支出（基本建设）
1012107	**3993287**	**1905058**	**2088229**	**1498988**	**589241**	**62305**
606283	2065382	915015	1150367	914522	235845	8911
40917	420981	242969	178012	136771	41241	25939
29422	151098	97424	53674	25868	27806	
16724	110133	41965	68168	44996	23172	
15624	50847	24018	26829	21978	4850	
17037	70842	62840	8002	8002		
18084	95010	37895	57115	24306	32809	
10542	27089	10196	16893	15165	1728	23349
35212	95434	48035	47399	40512	6887	
19002	74106	45569	28537	24930	3607	
18463	167500	38751	128749	68519	60230	4106
33444	87858	34286	53572	32639	20933	
20945	92724	64809	27915	18276	9640	
32327	75288	67925	7363	7363		
42149	91404	82603	8801	4935	3866	
19367	102978	62658	40320	17120	23200	
13835	29019	6567	22452	20504	1949	
9562	88483	12364	76119	56941	19178	
13167	97110	9169	87941	15641	72300	

6-10 一般公共预算教育事业费和

地区	总计	事业性经费支出			
			个人部分		
				工资福利支出	对个人和家庭的补助支出
河南省	**9381009**	**9335647**	**5280054**	**3930690**	**1349364**
河南省本级	4273100	4273100	2198807	1345062	853745
郑州市	720505	720505	273584	231951	41633
开封市	386977	372829	221731	180541	41190
洛阳市	221241	221241	111108	93867	17241
平顶山市	193266	188338	137491	117901	19590
安阳市	192942	192942	122100	104587	17513
鹤壁市	247203	235908	140898	119894	21004
新乡市	273251	273251	222812	193868	28944
焦作市	315017	311637	216203	174241	41962
濮阳市	236748	233748	159642	140517	19125
许昌市	338859	333118	161511	141089	20422
漯河市	239599	238730	150871	110842	40029
三门峡市	258976	258976	166251	143752	22499
南阳市	312293	310293	235005	198239	36766
商丘市	434415	434415	343011	271825	71186
信阳市	207489	207489	104511	85144	19367
周口市	126069	126069	97049	82633	14416
驻马店市	191041	191041	102559	92997	9562
济源示范区	212017	212017	114906	101739	13167

基本建设支出明细（地方普通高职高专学校）

单位：千元

#奖助学金	公用部分	商品和服务支出	资本性支出	专项公用支出	专项项目支出	资本性支出（基本建设）
1012107	**3993287**	**1905058**	**2088229**	**1498988**	**589241**	**62305**
606283	2065382	915015	1150367	914522	235845	8911
40917	420981	242969	178012	136771	41241	25939
29422	151098	97424	53674	25868	27806	
16724	110133	41965	68168	44996	23172	
15624	50847	24018	26829	21978	4850	
17037	70842	62840	8002	8002		
18084	95010	37895	57115	24306	32809	
10542	27089	10196	16893	15165	1728	23349
35212	95434	48035	47399	40512	6887	
19002	74106	45569	28537	24930	3607	
18463	167500	38751	128749	68519	60230	4106
33444	87858	34286	53572	32639	20933	
20945	92724	64809	27915	18276	9640	
32327	75288	67925	7363	7363		
42149	91404	82603	8801	4935	3866	
19367	102978	62658	40320	17120	23200	
13835	29019	6567	22452	20504	1949	
9562	88483	12364	76119	56941	19178	
13167	97110	9169	87941	15641	72300	

6-11 一般公共预算教育事业费和

地区	总计	事业性经费支出			
			个人部分		
				工资福利支出	对个人和家庭的补助支出
河南省	**92430**	**92430**	**74412**	**73288**	**1124**
河南省本级	41874	41874	28417	28131	286
郑州市	374	374			
开封市					
洛阳市	11570	11570	10575	10281	294
平顶山市					
安阳市					
鹤壁市					
新乡市	26669	26669	25577	25500	77
焦作市					
濮阳市					
许昌市					
漯河市					
三门峡市					
南阳市	5784	5784	5629	5491	138
商丘市					
信阳市	6159	6159	4213	3885	328
周口市					
驻马店市					
济源示范区					

基本建设支出明细（成人高等学校）

单位：千元

#奖助学金	公用部分	商品和服务支出	资本性支出	专项公用支出	专项项目支出	资本性支出（基本建设）
262	**18018**	**15613**	**2405**	**977**	**1427**	
15	13457	11064	2393	966	1427	
	374	374				
246	995	995				
	1093	1081	12	12		
	155	155				
	1945	1945				

6-12 一般公共预算教育事业费和

地区	总计	事业性经费支出	个人部分	工资福利支出	对个人和家庭的补助支出
河南省	**92430**	**92430**	**74412**	**73288**	**1124**
河南省本级	41874	41874	28417	28131	286
郑州市	374	374			
开封市					
洛阳市	11570	11570	10575	10281	294
平顶山市					
安阳市					
鹤壁市					
新乡市	26669	26669	25577	25500	77
焦作市					
濮阳市					
许昌市					
漯河市					
三门峡市					
南阳市	5784	5784	5629	5491	138
商丘市					
信阳市	6159	6159	4213	3885	328
周口市					
驻马店市					
济源示范区					

基本建设支出明细（地方成人高等学校）

单位：千元

#奖助学金	公用部分	商品和服务支出	资本性支出	专项公用支出	专项项目支出	资本性支出（基本建设）
262	**18018**	**15613**	**2405**	**977**	**1427**	
15	13457	11064	2393	966	1427	
	374	374				
246	995	995				
	1093	1081	12	12		
	155	155				
	1945	1945				

6-13 一般公共预算教育事业费和

地区	总计	事业性经费支出			
			个人部分		
				工资福利支出	对个人和家庭的补助支出
河南省	**9618431**	**9574771**	**5488925**	**4852629**	**636296**
河南省本级	1743351	1732761	899723	807266	92457
郑州市	1610242	1610127	671892	592144	79748
开封市	295174	290910	184322	169096	15226
洛阳市	653321	642981	341519	278700	62819
平顶山市	385358	384567	213267	192013	21254
安阳市	370781	370781	283984	263857	20127
鹤壁市	134263	133551	98577	89341	9236
新乡市	402870	402862	270205	247698	22507
焦作市	379250	379250	243564	226062	17502
濮阳市	397774	397470	228493	223854	4639
许昌市	349944	349944	246446	200744	45702
漯河市	270938	258599	161597	129484	32113
三门峡市	129317	129317	90455	84169	6286
南阳市	746702	744096	469830	417944	51886
商丘市	392502	392502	240190	211586	28604
信阳市	461486	461486	291113	219885	71228
周口市	423290	421760	271671	239868	31803
驻马店市	397665	397604	229934	209166	20768
济源示范区	74203	74203	52144	49753	2391

基本建设支出明细（中等职业学校）

单位：千元

#奖助学金	公用部分	商品和服务支出	资本性支出	专项公用支出	专项项目支出	资本性支出（基本建设）
553195	**3928942**	**2312826**	**1616116**	**976307**	**639809**	**156904**
69642	817202	428519	388683	268303	120380	15836
77375	869400	640089	229311	206589	22722	68835
13992	104941	50090	54851	28063	26787	1647
48777	270663	123912	146751	40904	105847	30799
15292	170300	94031	76269	38892	37377	1000
17213	86798	62667	24131	17031	7100	
8923	34974	27770	7204	2872	4332	
20299	132657	90102	42555	27033	15521	
11678	110926	73775	37151	17692	19459	24759
4505	164384	112857	51527	41084	10443	4593
45388	103499	54114	49385	23265	26120	
31457	97002	41677	55325	44118	11206	
5846	38862	21959	16903	10969	5934	
44646	268566	146791	121775	59870	61905	5700
27578	148578	91034	57544	54377	3167	3734
60002	170375	55845	114530	34904	79626	
29161	150090	109303	40787	16126	24660	
19650	167671	69768	97903	40680	57222	
1771	22058	18523	3535	3535		

6-14 一般公共预算教育事业费和

地区	总计	事业性经费支出			
			个人部分		
				工资福利支出	对个人和家庭的补助支出
河南省	**9615414**	**9571754**	**5486652**	**4850543**	**636109**
河南省本级	1741074	1730484	897636	805179	92457
郑州市	1610242	1610127	671892	592144	79748
开封市	295174	290910	184322	169096	15226
洛阳市	653321	642981	341519	278700	62819
平顶山市	385358	384567	213267	192013	21254
安阳市	370781	370781	283984	263857	20127
鹤壁市	134263	133551	98577	89341	9236
新乡市	402870	402862	270205	247698	22507
焦作市	379250	379250	243564	226062	17502
濮阳市	397774	397470	228493	223854	4639
许昌市	349944	349944	246446	200744	45702
漯河市	270938	258599	161597	129484	32113
三门峡市	128576	128576	90268	84169	6099
南阳市	746702	744096	469830	417944	51886
商丘市	392502	392502	240190	211586	28604
信阳市	461486	461486	291113	219885	71228
周口市	423290	421760	271671	239868	31803
驻马店市	397665	397604	229934	209166	20768
济源示范区	74203	74203	52144	49753	2391

基本建设支出明细（地方中等职业学校）

单位：千元

	公用部分					资本性支出（基本建设）
		商品和服务支出	资本性支出			
#奖助学金				专项公用支出	专项项目支出	
553008	**3928198**	**2312082**	**1616116**	**976307**	**639809**	**156904**
69642	817012	428329	388683	268303	120380	15836
77375	869400	640089	229311	206589	22722	68835
13992	104941	50090	54851	28063	26787	1647
48777	270663	123912	146751	40904	105847	30799
15292	170300	94031	76269	38892	37377	1000
17213	86798	62667	24131	17031	7100	
8923	34974	27770	7204	2872	4332	
20299	132657	90102	42555	27033	15521	
11678	110926	73775	37151	17692	19459	24759
4505	164384	112857	51527	41084	10443	4593
45388	103499	54114	49385	23265	26120	
31457	97002	41677	55325	44118	11206	
5659	38309	21406	16903	10969	5934	
44646	268566	146791	121775	59870	61905	5700
27578	148578	91034	57544	54377	3167	3734
60002	170375	55845	114530	34904	79626	
29161	150090	109303	40787	16126	24660	
19650	167671	69768	97903	40680	57222	
1771	22058	18523	3535	3535		

6-15　一般公共预算教育事业费和

地区	总计	事业性经费支出			
			个人部分		
				工资福利支出	对个人和家庭的补助支出
河南省	**3697098**	**3682094**	**2019610**	**1687952**	**331658**
河南省本级	1130948	1120358	581594	499916	81678
郑州市	400823	400709	154965	94236	60729
开封市	116527	115261	67613	57237	10376
洛阳市	491564	491564	222449	180195	42254
平顶山市	204527	203736	138219	125654	12565
安阳市	23619	23619	17652	9222	8430
鹤壁市	62325	61613	46027	39498	6529
新乡市	129326	129326	82790	77538	5252
焦作市	127124	127124	78507	76129	2378
濮阳市	101493	101493	30041	29907	134
许昌市	160149	160149	109855	86806	23049
漯河市	4941	4941	476		476
三门峡市	85511	85511	59773	54759	5014
南阳市	239051	239051	170476	147664	22812
商丘市	133072	133072	72782	65507	7275
信阳市	117536	117536	78647	47161	31486
周口市	62656	61126	38225	30613	7612
驻马店市	46022	46022	26972	25182	1790
济源示范区	59885	59885	42548	40729	1819

基本建设支出明细（中等专业学校）

单位：千元

#奖助学金	公用部分	商品和服务支出	资本性支出	专项公用支出	专项项目支出	资本性支出（基本建设）
294299	**1620088**	**997050**	**623038**	**360230**	**262808**	**42396**
67325	536117	284857	251260	173720	77540	2647
60012	241528	223938	17590	12098	5491	4216
9864	47649	21526	26123	19760	6362	
37879	238316	94155	144161	40467	103694	30799
10306	64517	44200	20317	10551	9766	1000
8422	5968	5590	378	378		
6309	15585	10198	5387	2389	2998	
3596	46536	31496	15040	14533	507	
2348	48617	26375	22242	7017	15225	
134	71452	70433	1019	1019		
22793	50293	26649	23644	12839	10805	
476	4465	4465				
4812	25738	12246	13492	8403	5089	
20290	68575	54425	14150	14123	27	
7019	56556	34619	21937	21119	818	3734
23261	38888	14707	24181	9181	15000	
6324	22901	13416	9485		9485	
1786	19050	9885	9165	9165		
1344	17338	13870	3468	3468		

6-16 一般公共预算教育事业费和

地区	总计	事业性经费支出			
			个人部分		
				工资福利支出	对个人和家庭的补助支出
河南省	**3697098**	**3682094**	**2019610**	**1687952**	**331658**
河南省本级	1130948	1120358	581594	499916	81678
郑州市	400823	400709	154965	94236	60729
开封市	116527	115261	67613	57237	10376
洛阳市	491564	491564	222449	180195	42254
平顶山市	204527	203736	138219	125654	12565
安阳市	23619	23619	17652	9222	8430
鹤壁市	62325	61613	46027	39498	6529
新乡市	129326	129326	82790	77538	5252
焦作市	127124	127124	78507	76129	2378
濮阳市	101493	101493	30041	29907	134
许昌市	160149	160149	109855	86806	23049
漯河市	4941	4941	476		476
三门峡市	85511	85511	59773	54759	5014
南阳市	239051	239051	170476	147664	22812
商丘市	133072	133072	72782	65507	7275
信阳市	117536	117536	78647	47161	31486
周口市	62656	61126	38225	30613	7612
驻马店市	46022	46022	26972	25182	1790
济源示范区	59885	59885	42548	40729	1819

基本建设支出明细（地方中等专业学校）

单位：千元

#奖助学金	公用部分	商品和服务支出	资本性支出	专项公用支出	专项项目支出	资本性支出（基本建设）
294299	**1620088**	**997050**	**623038**	**360230**	**262808**	**42396**
67325	536117	284857	251260	173720	77540	2647
60012	241528	223938	17590	12098	5491	4216
9864	47649	21526	26123	19760	6362	
37879	238316	94155	144161	40467	103694	30799
10306	64517	44200	20317	10551	9766	1000
8422	5968	5590	378	378		
6309	15585	10198	5387	2389	2998	
3596	46536	31496	15040	14533	507	
2348	48617	26375	22242	7017	15225	
134	71452	70433	1019	1019		
22793	50293	26649	23644	12839	10805	
476	4465	4465				
4812	25738	12246	13492	8403	5089	
20290	68575	54425	14150	14123	27	
7019	56556	34619	21937	21119	818	3734
23261	38888	14707	24181	9181	15000	
6324	22901	13416	9485		9485	
1786	19050	9885	9165	9165		
1344	17338	13870	3468	3468		

6-17 一般公共预算教育事业费和

地区	总计	事业性经费支出	个人部分	工资福利支出	对个人和家庭的补助支出
河南省	**3585570**	**3574858**	**2214571**	**1978696**	**235875**
河南省本级	29290	29290	16416	15481	935
郑州市	754690	754690	377298	370009	7289
开封市	81801	81801	57260	53407	3853
洛阳市	94279	83939	67587	53678	13909
平顶山市	508	508	25		25
安阳市	305583	305583	228611	217606	11005
鹤壁市	62881	62881	44731	42024	2707
新乡市	234586	234578	158449	141563	16886
焦作市	133599	133599	99607	91882	7725
濮阳市	228859	228555	151713	147217	4496
许昌市	150091	150091	104227	81574	22653
漯河市	178431	178431	123124	91647	31477
三门峡市	18072	18072	12273	11734	539
南阳市	394829	394829	222893	198602	24291
商丘市	179579	179579	110891	91299	19592
信阳市	265347	265347	157297	128795	28502
周口市	246595	246595	163113	139549	23564
驻马店市	226549	226488	119058	102630	16428
济源示范区					

基本建设支出明细（职业高中）

单位：千元

#奖助学金	公用部分	商品和服务支出	资本性支出	专项公用支出	专项项目支出	资本性支出（基本建设）
217127	**1332202**	**714355**	**617847**	**373617**	**244230**	**28084**
131	12875	7969	4906	4906		
6573	359602	213170	146432	142451	3980	17791
3568	24541	12188	12353	453	11900	
7806	16352	15204	1148	286	863	
25	484	484				
8558	76973	53268	23705	16605	7100	
2614	18150	16333	1817	483	1334	
16703	76128	52072	24056	11545	12511	
6807	33992	24960	9032	5061	3971	
4366	72249	30228	42021	31577	10443	4593
22595	45866	21380	24486	10124	14362	
30831	55307	26013	29294	20571	8723	
447	5799	2488	3311	2466	845	
21542	166237	68527	97710	42600	55110	5700
19458	68687	45733	22954	20763	2191	
27242	108050	29988	78062	25336	52726	
22548	83481	59722	23759	12171	11588	
15315	107430	34629	72801	26219	46583	

6-18 一般公共预算教育事业费和

地区	总计	事业性经费支出			
			个人部分		
				工资福利支出	对个人和家庭的补助支出
河南省	**3585570**	**3574858**	**2214571**	**1978696**	**235875**
河南省本级	29290	29290	16416	15481	935
郑州市	754690	754690	377298	370009	7289
开封市	81801	81801	57260	53407	3853
洛阳市	94279	83939	67587	53678	13909
平顶山市	508	508	25		25
安阳市	305583	305583	228611	217606	11005
鹤壁市	62881	62881	44731	42024	2707
新乡市	234586	234578	158449	141563	16886
焦作市	133599	133599	99607	91882	7725
濮阳市	228859	228555	151713	147217	4496
许昌市	150091	150091	104227	81574	22653
漯河市	178431	178431	123124	91647	31477
三门峡市	18072	18072	12273	11734	539
南阳市	394829	394829	222893	198602	24291
商丘市	179579	179579	110891	91299	19592
信阳市	265347	265347	157297	128795	28502
周口市	246595	246595	163113	139549	23564
驻马店市	226549	226488	119058	102630	16428
济源示范区					

基本建设支出明细（地方职业高中）

单位：千元

#奖助学金	公用部分	商品和服务支出	资本性支出		资本性支出（基本建设）
				专项公用支出	专项项目支出	
217127	**1332202**	**714355**	**617847**	**373617**	**244230**	**28084**
131	12875	7969	4906	4906		
6573	359602	213170	146432	142451	3980	17791
3568	24541	12188	12353	453	11900	
7806	16352	15204	1148	286	863	
25	484	484				
8558	76973	53268	23705	16605	7100	
2614	18150	16333	1817	483	1334	
16703	76128	52072	24056	11545	12511	
6807	33992	24960	9032	5061	3971	
4366	72249	30228	42021	31577	10443	4593
22595	45866	21380	24486	10124	14362	
30831	55307	26013	29294	20571	8723	
447	5799	2488	3311	2466	845	
21542	166237	68527	97710	42600	55110	5700
19458	68687	45733	22954	20763	2191	
27242	108050	29988	78062	25336	52726	
22548	83481	59722	23759	12171	11588	
15315	107430	34629	72801	26219	46583	

6-19 一般公共预算教育事业费和

地区	总计	事业性经费支出			
			个人部分		
				工资福利支出	对个人和家庭的补助支出
河南省	**2035930**	**2025530**	**1274964**	**1135166**	**139798**
河南省本级	29290	29290	16416	15481	935
郑州市	155418	155418	90058	86434	3624
开封市	46538	46538	27310	26033	1277
洛阳市	78387	68048	53561	44857	8704
平顶山市					
安阳市	149716	149716	110233	103182	7051
鹤壁市	38733	38733	27155	25879	1276
新乡市	114003	114003	80533	69472	11061
焦作市	68383	68383	49802	46794	3008
濮阳市	178843	178843	120171	115768	4403
许昌市	48500	48500	27886	20603	7283
漯河市	65869	65869	46280	38904	7376
三门峡市	18064	18064	12265	11734	531
南阳市	359431	359431	197707	175997	21710
商丘市	125967	125967	76991	59855	17136
信阳市	194690	194690	127151	103008	24143
周口市	149676	149676	103623	92553	11070
驻马店市	214420	214359	107824	98615	9209
济源示范区					

基本建设支出明细（农村职业高中）

单位：千元

#奖助学金	公用部分	商品和服务支出	资本性支出	专项公用支出	专项项目支出	资本性支出（基本建设）
123245	**727934**	**358478**	**369456**	**163291**	**206165**	**22632**
131	12875	7969	4906	4906		
3247	48428	33809	14619	10638	3980	16932
1244	19228	7639	11589	189	11400	
2601	14487	13540	947	84	863	
4605	39483	32904	6579	6579		
1194	11578	11095	483	483		
10977	33470	13555	19915	9203	10711	
2089	18581	10344	8237	4266	3971	
4286	58673	24613	34060	24686	9374	
7283	20614	6252	14362		14362	
7376	19589	11641	7948	1160	6788	
439	5799	2488	3311	2466	845	
19446	156025	61758	94267	39157	55110	5700
17001	48977	29141	19836	17871	1964	
22888	67539	23320	44219	11798	32421	
10342	46054	34134	11920	4128	7792	
8096	106535	34276	72259	25676	46583	

6-20 一般公共预算教育事业费和

地区	总计	事业性经费支出			
			个人部分		
				工资福利支出	对个人和家庭的补助支出
河南省	**2035930**	**2025530**	**1274964**	**1135166**	**139798**
河南省本级	29290	29290	16416	15481	935
郑州市	155418	155418	90058	86434	3624
开封市	46538	46538	27310	26033	1277
洛阳市	78387	68048	53561	44857	8704
平顶山市					
安阳市	149716	149716	110233	103182	7051
鹤壁市	38733	38733	27155	25879	1276
新乡市	114003	114003	80533	69472	11061
焦作市	68383	68383	49802	46794	3008
濮阳市	178843	178843	120171	115768	4403
许昌市	48500	48500	27886	20603	7283
漯河市	65869	65869	46280	38904	7376
三门峡市	18064	18064	12265	11734	531
南阳市	359431	359431	197707	175997	21710
商丘市	125967	125967	76991	59855	17136
信阳市	194690	194690	127151	103008	24143
周口市	149676	149676	103623	92553	11070
驻马店市	214420	214359	107824	98615	9209
济源示范区					

基本建设支出明细（地方农村职业高中）

单位：千元

#奖助学金	公用部分	商品和服务支出	资本性支出	专项公用支出	专项项目支出	资本性支出（基本建设）
123245	**727934**	**358478**	**369456**	**163291**	**206165**	**22632**
131	12875	7969	4906	4906		
3247	48428	33809	14619	10638	3980	16932
1244	19228	7639	11589	189	11400	
2601	14487	13540	947	84	863	
4605	39483	32904	6579	6579		
1194	11578	11095	483	483		
10977	33470	13555	19915	9203	10711	
2089	18581	10344	8237	4266	3971	
4286	58673	24613	34060	24686	9374	
7283	20614	6252	14362		14362	
7376	19589	11641	7948	1160	6788	
439	5799	2488	3311	2466	845	
19446	156025	61758	94267	39157	55110	5700
17001	48977	29141	19836	17871	1964	
22888	67539	23320	44219	11798	32421	
10342	46054	34134	11920	4128	7792	
8096	106535	34276	72259	25676	46583	

6-21 一般公共预算教育事业费和

地区	总计	事业性经费支出			
			个人部分		
				工资福利支出	对个人和家庭的补助支出
河南省	**1649519**	**1631594**	**754781**	**714391**	**40390**
河南省本级	542692	542692	280782	271441	9341
郑州市	403111	403111	98361	95080	3281
开封市	72884	69886	37864	36940	924
洛阳市	13370	13370	10296	6400	3896
平顶山市	137342	137342	40362	34234	6128
安阳市	24189	24189	22249	22022	227
鹤壁市					
新乡市	1385	1385	1121	1121	
焦作市	96996	96996	50266	42905	7361
濮阳市	37098	37098	26542	26537	5
许昌市					
漯河市	74895	62575	26329	26169	160
三门峡市	12536	12536	8133	7545	588
南阳市	58651	56044	40659	36716	3943
商丘市	30998	30998	18373	17337	1036
信阳市	28820	28820	14503	14078	425
周口市	42662	42662	22519	22422	97
驻马店市	64783	64783	53599	51049	2550
济源示范区	7108	7108	2823	2396	427

基本建设支出明细（技工学校）

单位：千元

#奖助学金	公用部分	商品和服务支出	资本性支出			资本性支出（基本建设）
				专项公用支出	专项项目支出	
23752	**790390**	**460934**	**329456**	**219169**	**110287**	**86423**
2132	248721	124021	124700	83343	41357	13189
2608	257922	194895	63027	49777	13250	46828
560	30375	14000	16375	7850	8525	1647
2984	3074	3073	1	1		
4957	96980	42431	54549	28000	26549	
227	1940	1918	22	22		
	264	264				
2523	21970	16836	5134	4908	226	24759
5	10556	3947	6609	6609		
150	36246	10217	26029	23546	2483	
587	4403	4403				
2815	15385	7142	8243	2040	6202	
801	12626	2658	9968	9968		
425	14316	2785	11531	331	11200	
	20143	18786	1357	1357		
2550	11184	9272	1912	1416	495	
427	4285	4285				

6-22 一般公共预算教育事业费和

地区	总计	事业性经费支出	个人部分		
				工资福利支出	对个人和家庭的补助支出
河南省	**1646503**	**1628577**	**752508**	**712305**	**40203**
河南省本级	540415	540415	278696	269355	9341
郑州市	403111	403111	98361	95080	3281
开封市	72884	69886	37864	36940	924
洛阳市	13370	13370	10296	6400	3896
平顶山市	137342	137342	40362	34234	6128
安阳市	24189	24189	22249	22022	227
鹤壁市					
新乡市	1385	1385	1121	1121	
焦作市	96996	96996	50266	42905	7361
濮阳市	37098	37098	26542	26537	5
许昌市					
漯河市	74895	62575	26329	26169	160
三门峡市	11796	11796	7946	7545	401
南阳市	58651	56044	40659	36716	3943
商丘市	30998	30998	18373	17337	1036
信阳市	28820	28820	14503	14078	425
周口市	42662	42662	22519	22422	97
驻马店市	64783	64783	53599	51049	2550
济源示范区	7108	7108	2823	2396	427

基本建设支出明细（地方技工学校）

单位：千元

#奖助学金	公用部分	商品和服务支出	资本性支出	专项公用支出	专项项目支出	资本性支出（基本建设）
23565	**789647**	**460191**	**329456**	**219169**	**110287**	**86423**
2132	248531	123831	124700	83343	41357	13189
2608	257922	194895	63027	49777	13250	46828
560	30375	14000	16375	7850	8525	1647
2984	3074	3073	1	1		
4957	96980	42431	54549	28000	26549	
227	1940	1918	22	22		
	264	264				
2523	21970	16836	5134	4908	226	24759
5	10556	3947	6609	6609		
150	36246	10217	26029	23546	2483	
400	3850	3850				
2815	15385	7142	8243	2040	6202	
801	12626	2658	9968	9968		
425	14316	2785	11531	331	11200	
	20143	18786	1357	1357		
2550	11184	9272	1912	1416	495	
427	4285	4285				

6-23 一般公共预算教育事业费和

地区	总计	事业性经费支出			
			个人部分		
				工资福利支出	对个人和家庭的补助支出
河南省	**686244**	**686225**	**499963**	**471589**	**28374**
河南省本级	40420	40420	20932	20428	504
郑州市	51618	51618	41270	32820	8450
开封市	23962	23962	21586	21512	74
洛阳市	54108	54108	41187	38428	2759
平顶山市	42980	42980	34660	32124	2536
安阳市	17390	17390	15473	15008	465
鹤壁市	9057	9057	7818	7818	
新乡市	37573	37573	27845	27475	370
焦作市	21530	21530	15183	15146	37
濮阳市	30325	30325	20197	20193	4
许昌市	39704	39704	32364	32364	
漯河市	12671	12652	11669	11669	
三门峡市	13197	13197	10276	10131	145
南阳市	54172	54172	35803	34963	840
商丘市	48853	48853	38145	37444	701
信阳市	49783	49783	40664	29850	10814
周口市	71378	71378	47814	47284	530
驻马店市	60312	60312	30305	30305	
济源示范区	7210	7210	6775	6629	146

基本建设支出明细（成人中等专业学校）

单位：千元

#奖助学金	公用部分	商品和服务支出	资本性支出		资本性支出（基本建设）
			专项公用支出	专项项目支出	
18018	**186262**	**140487**	**45775**	**23291**	**22484**
54	19489	11672	7817	6334	1483
8182	10349	8086	2263	2263	
	2376	2376			
108	12920	11480	1440	150	1290
4	8320	6917	1403	341	1062
6	1917	1891	26	26	
	1239	1239			
	9729	6270	3459	955	2503
	6348	5605	743	705	38
	10128	8249	1879	1879	
	7341	6085	1256	302	954
	984	982	2	2	
	2921	2822	99	99	
	18369	16697	1672	1107	565
300	10708	8023	2685	2528	158
9074	9119	8364	755	55	700
289	23564	17379	6185	2598	3587
	30007	15982	14025	3881	10145
	436	369	67	67	

6-24 一般公共预算教育事业费和

地区	总计	事业性经费支出			
			个人部分		
				工资福利支出	对个人和家庭的补助支出
河南省	**686244**	**686225**	**499963**	**471589**	**28374**
河南省本级	40420	40420	20932	20428	504
郑州市	51618	51618	41270	32820	8450
开封市	23962	23962	21586	21512	74
洛阳市	54108	54108	41187	38428	2759
平顶山市	42980	42980	34660	32124	2536
安阳市	17390	17390	15473	15008	465
鹤壁市	9057	9057	7818	7818	
新乡市	37573	37573	27845	27475	370
焦作市	21530	21530	15183	15146	37
濮阳市	30325	30325	20197	20193	4
许昌市	39704	39704	32364	32364	
漯河市	12671	12652	11669	11669	
三门峡市	13197	13197	10276	10131	145
南阳市	54172	54172	35803	34963	840
商丘市	48853	48853	38145	37444	701
信阳市	49783	49783	40664	29850	10814
周口市	71378	71378	47814	47284	530
驻马店市	60312	60312	30305	30305	
济源示范区	7210	7210	6775	6629	146

基本建设支出明细（地方成人中等专业学校）

单位：千元

#奖助学金	公用部分	商品和服务支出	资本性支出	专项公用支出	专项项目支出	资本性支出（基本建设）
18018	**186262**	**140487**	**45775**	**23291**	**22484**	
54	19489	11672	7817	6334	1483	
8182	10349	8086	2263	2263		
	2376	2376				
108	12920	11480	1440	150	1290	
4	8320	6917	1403	341	1062	
6	1917	1891	26	26		
	1239	1239				
	9729	6270	3459	955	2503	
	6348	5605	743	705	38	
	10128	8249	1879	1879		
	7341	6085	1256	302	954	
	984	982	2	2		
	2921	2822	99	99		
	18369	16697	1672	1107	565	
300	10708	8023	2685	2528	158	
9074	9119	8364	755	55	700	
289	23564	17379	6185	2598	3587	
	30007	15982	14025	3881	10145	
	436	369	67	67		

6-25 一般公共预算教育事业费和

地区	总计	事业性经费支出			
			个人部分		
				工资福利支出	对个人和家庭的补助支出
河南省	**62246722**	**62168018**	**40651478**	**36676148**	**3975330**
河南省本级	313056	313056	132846	129014	3832
郑州市	8404465	8404465	5271115	5030040	241075
开封市	2386696	2384423	1583809	1363926	219883
洛阳市	4623836	4622188	3379463	2984153	395310
平顶山市	2871667	2871667	1806223	1605424	200799
安阳市	3094171	3092764	2177371	2003496	173875
鹤壁市	944961	944691	715212	679152	36060
新乡市	3440627	3439984	2259154	2051800	207354
焦作市	1672933	1665503	1301870	1218347	83523
濮阳市	2771596	2771067	1958605	1825267	133338
许昌市	2672914	2669814	1848280	1740336	107944
漯河市	1483324	1483319	1138474	1072761	65713
三门峡市	1677447	1677415	1119318	1053865	65453
南阳市	7318559	7312276	4003015	3523609	479406
商丘市	3450598	3449483	2397956	2115394	282562
信阳市	4880761	4875364	3205525	2773299	432226
周口市	5100266	5052084	3248227	2689577	558650
驻马店市	4638328	4637938	2674017	2400483	273534
济源示范区	500519	500519	430998	416206	14792

基本建设支出明细（中学）

单位：千元

#奖助学金	公用部分	商品和服务支出	资本性支出	专项公用支出	专项项目支出	资本性支出（基本建设）
3363731	**20355337**	**9129744**	**11225593**	**2209562**	**9016031**	**1161202**
3108	180210	134079	46131	44722	1409	
190457	2531364	1490472	1040892	574222	466669	601986
192315	795543	359397	436146	45602	390544	5070
230181	1220138	705931	514207	146959	367248	22587
187148	821222	436855	384367	56550	327817	244221
158066	839353	406604	432749	73419	359330	76040
34283	229478	106053	123425	16173	107252	
159363	1114042	451833	662209	245695	416514	66788
60493	363634	236817	126817	44220	82596	
122295	778092	316694	461398	212902	248496	34370
94809	793468	486463	307005	36955	270050	28066
58617	344844	171137	173707	30596	143112	
51647	558097	205892	352205	56342	295863	
445248	3284017	1229638	2054379	131444	1922935	25245
262086	1043373	468214	575159	70990	504168	8154
372006	1662609	561596	1101013	126851	974162	7230
467443	1798180	731611	1066569	149008	917561	5676
262438	1928153	585604	1342549	124986	1217563	35768
11731	69520	44855	24665	21925	2741	

6-26 一般公共预算教育事业费和

地区	总计	事业性经费支出			
			个人部分		
				工资福利支出	对个人和家庭的补助支出
河南省	**62244753**	**62166049**	**40650050**	**36674802**	**3975248**
河南省本级	313056	313056	132846	129014	3832
郑州市	8402496	8402496	5269686	5028693	240993
开封市	2386696	2384423	1583809	1363926	219883
洛阳市	4623836	4622188	3379463	2984153	395310
平顶山市	2871667	2871667	1806223	1605424	200799
安阳市	3094171	3092764	2177371	2003496	173875
鹤壁市	944961	944691	715212	679152	36060
新乡市	3440627	3439984	2259154	2051800	207354
焦作市	1672933	1665503	1301870	1218347	83523
濮阳市	2771596	2771067	1958605	1825267	133338
许昌市	2672914	2669814	1848280	1740336	107944
漯河市	1483324	1483319	1138474	1072761	65713
三门峡市	1677447	1677415	1119318	1053865	65453
南阳市	7318559	7312276	4003015	3523609	479406
商丘市	3450598	3449483	2397956	2115394	282562
信阳市	4880761	4875364	3205525	2773299	432226
周口市	5100266	5052084	3248227	2689577	558650
驻马店市	4638328	4637938	2674017	2400483	273534
济源示范区	500519	500519	430998	416206	14792

基本建设支出明细（地方中学）

单位：千元

#奖助学金	公用部分	商品和服务支出	资本性支出	专项公用支出	专项项目支出	资本性支出（基本建设）
3363648	**20354798**	**9129205**	**11225593**	**2209562**	**9016031**	**1161202**
3108	180210	134079	46131	44722	1409	
190375	2530824	1489932	1040892	574222	466669	601986
192315	795543	359397	436146	45602	390544	5070
230181	1220138	705931	514207	146959	367248	22587
187148	821222	436855	384367	56550	327817	244221
158066	839353	406604	432749	73419	359330	76040
34283	229478	106053	123425	16173	107252	
159363	1114042	451833	662209	245695	416514	66788
60493	363634	236817	126817	44220	82596	
122295	778092	316694	461398	212902	248496	34370
94809	793468	486463	307005	36955	270050	28066
58617	344844	171137	173707	30596	143112	
51647	558097	205892	352205	56342	295863	
445248	3284017	1229638	2054379	131444	1922935	25245
262086	1043373	468214	575159	70990	504168	8154
372006	1662609	561596	1101013	126851	974162	7230
467443	1798180	731611	1066569	149008	917561	5676
262438	1928153	585604	1342549	124986	1217563	35768
11731	69520	44855	24665	21925	2741	

6-27 一般公共预算教育事业费和

地区	总计	事业性经费支出			
			个人部分		
				工资福利支出	对个人和家庭的补助支出
河南省	**62246722**	**62168018**	**40651478**	**36676148**	**3975330**
河南省本级	313056	313056	132846	129014	3832
郑州市	8404465	8404465	5271115	5030040	241075
开封市	2386696	2384423	1583809	1363926	219883
洛阳市	4623836	4622188	3379463	2984153	395310
平顶山市	2871667	2871667	1806223	1605424	200799
安阳市	3094171	3092764	2177371	2003496	173875
鹤壁市	944961	944691	715212	679152	36060
新乡市	3440627	3439984	2259154	2051800	207354
焦作市	1672933	1665503	1301870	1218347	83523
濮阳市	2771596	2771067	1958605	1825267	133338
许昌市	2672914	2669814	1848280	1740336	107944
漯河市	1483324	1483319	1138474	1072761	65713
三门峡市	1677447	1677415	1119318	1053865	65453
南阳市	7318559	7312276	4003015	3523609	479406
商丘市	3450598	3449483	2397956	2115394	282562
信阳市	4880761	4875364	3205525	2773299	432226
周口市	5100266	5052084	3248227	2689577	558650
驻马店市	4638328	4637938	2674017	2400483	273534
济源示范区	500519	500519	430998	416206	14792

基本建设支出明细（普通中学）

单位：千元

#奖助学金	公用部分	商品和服务支出	资本性支出	专项公用支出	专项项目支出	资本性支出（基本建设）
3363731	**20355337**	**9129744**	**11225593**	**2209562**	**9016031**	**1161202**
3108	180210	134079	46131	44722	1409	
190457	2531364	1490472	1040892	574222	466669	601986
192315	795543	359397	436146	45602	390544	5070
230181	1220138	705931	514207	146959	367248	22587
187148	821222	436855	384367	56550	327817	244221
158066	839353	406604	432749	73419	359330	76040
34283	229478	106053	123425	16173	107252	
159363	1114042	451833	662209	245695	416514	66788
60493	363634	236817	126817	44220	82596	
122295	778092	316694	461398	212902	248496	34370
94809	793468	486463	307005	36955	270050	28066
58617	344844	171137	173707	30596	143112	
51647	558097	205892	352205	56342	295863	
445248	3284017	1229638	2054379	131444	1922935	25245
262086	1043373	468214	575159	70990	504168	8154
372006	1662609	561596	1101013	126851	974162	7230
467443	1798180	731611	1066569	149008	917561	5676
262438	1928153	585604	1342549	124986	1217563	35768
11731	69520	44855	24665	21925	2741	

6-28 一般公共预算教育事业费和

地区	总计	事业性经费支出			
			个人部分		
				工资福利支出	对个人和家庭的补助支出
河南省	**62244753**	**62166049**	**40650050**	**36674802**	**3975248**
河南省本级	313056	313056	132846	129014	3832
郑州市	8402496	8402496	5269686	5028693	240993
开封市	2386696	2384423	1583809	1363926	219883
洛阳市	4623836	4622188	3379463	2984153	395310
平顶山市	2871667	2871667	1806223	1605424	200799
安阳市	3094171	3092764	2177371	2003496	173875
鹤壁市	944961	944691	715212	679152	36060
新乡市	3440627	3439984	2259154	2051800	207354
焦作市	1672933	1665503	1301870	1218347	83523
濮阳市	2771596	2771067	1958605	1825267	133338
许昌市	2672914	2669814	1848280	1740336	107944
漯河市	1483324	1483319	1138474	1072761	65713
三门峡市	1677447	1677415	1119318	1053865	65453
南阳市	7318559	7312276	4003015	3523609	479406
商丘市	3450598	3449483	2397956	2115394	282562
信阳市	4880761	4875364	3205525	2773299	432226
周口市	5100266	5052084	3248227	2689577	558650
驻马店市	4638328	4637938	2674017	2400483	273534
济源示范区	500519	500519	430998	416206	14792

基本建设支出明细（地方普通中学）

单位：千元

#奖助学金	公用部分	商品和服务支出	资本性支出	专项公用支出	专项项目支出	资本性支出（基本建设）
3363648	**20354798**	**9129205**	**11225593**	**2209562**	**9016031**	**1161202**
3108	180210	134079	46131	44722	1409	
190375	2530824	1489932	1040892	574222	466669	601986
192315	795543	359397	436146	45602	390544	5070
230181	1220138	705931	514207	146959	367248	22587
187148	821222	436855	384367	56550	327817	244221
158066	839353	406604	432749	73419	359330	76040
34283	229478	106053	123425	16173	107252	
159363	1114042	451833	662209	245695	416514	66788
60493	363634	236817	126817	44220	82596	
122295	778092	316694	461398	212902	248496	34370
94809	793468	486463	307005	36955	270050	28066
58617	344844	171137	173707	30596	143112	
51647	558097	205892	352205	56342	295863	
445248	3284017	1229638	2054379	131444	1922935	25245
262086	1043373	468214	575159	70990	504168	8154
372006	1662609	561596	1101013	126851	974162	7230
467443	1798180	731611	1066569	149008	917561	5676
262438	1928153	585604	1342549	124986	1217563	35768
11731	69520	44855	24665	21925	2741	

6-29 一般公共预算教育事业费和

地区	总计	事业性经费支出	个人部分		
				工资福利支出	对个人和家庭的补助支出
河南省	**20308369**	**20232583**	**13054929**	**11978988**	**1075941**
河南省本级	123263	123263	70331	68351	1980
郑州市	3530914	3530914	1977136	1886042	91094
开封市	765631	763476	478496	393208	85288
洛阳市	1570492	1569054	1175273	1089162	86111
平顶山市	926316	926316	517811	474925	42886
安阳市	902614	901534	640756	600913	39843
鹤壁市	241959	241689	203598	191806	11792
新乡市	1002282	1001640	691900	639995	51905
焦作市	528644	522492	408106	381353	26753
濮阳市	813429	813359	594361	550123	44238
许昌市	691107	688007	538365	505908	32457
漯河市	425959	425959	355017	338378	16639
三门峡市	688447	688415	404060	383905	20155
南阳市	2376880	2370597	1271375	1155580	115795
商丘市	937607	936522	675349	612969	62380
信阳市	1647821	1642524	1123484	949185	174299
周口市	1717399	1669218	1026536	930051	96485
驻马店市	1223111	1223111	727390	657027	70363
济源示范区	194495	194495	175589	170108	5481

基本建设支出明细（普通高中）

单位：千元

#奖助学金	公用部分	商品和服务支出	资本性支出	专项公用支出	专项项目支出	资本性支出（基本建设）
898064	**6545169**	**2841266**	**3703903**	**971883**	**2732020**	**632485**
1616	52932	27358	25574	24765	809	
65072	1172925	660961	511964	360875	151089	380854
69300	284981	111090	173891	10418	163473	
64670	384653	236595	148058	64236	83822	9128
38812	258907	105406	153501	11942	141559	149598
37845	186920	73565	113355	19240	94115	73858
11385	38091	26257	11834	3604	8230	
42333	297043	103125	193918	81894	112024	12697
22549	114387	79768	34619	26480	8138	
36270	218998	87695	131303	96612	34691	
29602	149642	116022	33620	20691	12929	
14927	70943	49321	21622	9249	12373	
17547	284355	80643	203712	23536	180176	
97675	1097922	336692	761230	46289	714940	1300
58062	256122	116732	139390	18269	121121	5051
137216	519040	167453	351587	61256	290331	
86876	642682	258449	384233	49014	335219	
61678	495720	186041	309679	42876	266803	
4630	18906	18093	813	635	178	

6-30 一般公共预算教育事业费和

地区	总计	事业性经费支出			
			个人部分		
				工资福利支出	对个人和家庭的补助支出
河南省	**20308369**	**20232583**	**13054929**	**11978988**	**1075941**
河南省本级	123263	123263	70331	68351	1980
郑州市	3530914	3530914	1977136	1886042	91094
开封市	765631	763476	478496	393208	85288
洛阳市	1570492	1569054	1175273	1089162	86111
平顶山市	926316	926316	517811	474925	42886
安阳市	902614	901534	640756	600913	39843
鹤壁市	241959	241689	203598	191806	11792
新乡市	1002282	1001640	691900	639995	51905
焦作市	528644	522492	408106	381353	26753
濮阳市	813429	813359	594361	550123	44238
许昌市	691107	688007	538365	505908	32457
漯河市	425959	425959	355017	338378	16639
三门峡市	688447	688415	404060	383905	20155
南阳市	2376880	2370597	1271375	1155580	115795
商丘市	937607	936522	675349	612969	62380
信阳市	1647821	1642524	1123484	949185	174299
周口市	1717399	1669218	1026536	930051	96485
驻马店市	1223111	1223111	727390	657027	70363
济源示范区	194495	194495	175589	170108	5481

基本建设支出明细（地方普通高中）

单位：千元

#奖助学金	公用部分	商品和服务支出	资本性支出	专项公用支出	专项项目支出	资本性支出（基本建设）
898064	**6545169**	**2841266**	**3703903**	**971883**	**2732020**	**632485**
1616	52932	27358	25574	24765	809	
65072	1172925	660961	511964	360875	151089	380854
69300	284981	111090	173891	10418	163473	
64670	384653	236595	148058	64236	83822	9128
38812	258907	105406	153501	11942	141559	149598
37845	186920	73565	113355	19240	94115	73858
11385	38091	26257	11834	3604	8230	
42333	297043	103125	193918	81894	112024	12697
22549	114387	79768	34619	26480	8138	
36270	218998	87695	131303	96612	34691	
29602	149642	116022	33620	20691	12929	
14927	70943	49321	21622	9249	12373	
17547	284355	80643	203712	23536	180176	
97675	1097922	336692	761230	46289	714940	1300
58062	256122	116732	139390	18269	121121	5051
137216	519040	167453	351587	61256	290331	
86876	642682	258449	384233	49014	335219	
61678	495720	186041	309679	42876	266803	
4630	18906	18093	813	635	178	

6-31 一般公共预算教育事业费和

地区	总计	事业性经费支出			
			个人部分		
				工资福利支出	对个人和家庭的补助支出
河南省	**10717027**	**10697692**	**6943051**	**6306964**	**636087**
河南省本级					
郑州市	743687	743687	397270	384956	12314
开封市	536138	533984	287832	236079	51753
洛阳市	915342	913905	626335	577410	48925
平顶山市	353501	353501	264193	236401	27792
安阳市	534509	533429	380175	361460	18715
鹤壁市	93822	93822	74525	72178	2347
新乡市	393253	392610	282546	264304	18242
焦作市	270868	270868	213006	197919	15087
濮阳市	534420	534420	348238	315836	32402
许昌市	191617	188517	139885	136448	3437
漯河市	222829	222829	180192	170807	9385
三门峡市	205855	205823	155008	149507	5501
南阳市	1734801	1732551	960224	886017	74207
商丘市	474535	474535	335199	298114	37085
信阳市	1364092	1358795	964963	807019	157944
周口市	1084919	1081579	717861	658877	58984
驻马店市	1006737	1006737	564429	504442	59987
济源示范区	56101	56101	51170	49190	1980

基本建设支出明细（农村普通高中）

单位：千元

#奖助学金	公用部分	商品和服务支出	资本性支出		资本性支出（基本建设）
			专项公用支出	专项项目支出	
536238	**3618871**	**1558935**	**2059936**	**422237**	**1637699**	**135770**

#奖助学金	公用部分	商品和服务支出	资本性支出	专项公用支出	专项项目支出	资本性支出（基本建设）
536238	**3618871**	**1558935**	**2059936**	**422237**	**1637699**	**135770**
10604	245282	140918	104364	59744	44620	101135
40920	246151	81331	164820	5107	159713	
36358	278714	144586	134128	57953	76175	8855
26697	72203	50061	22142	4232	17910	17105
16717	153255	53236	100019	16904	83115	
2324	19298	12206	7092	1722	5370	
10834	102690	47220	55470	20167	35303	7376
13317	57861	44389	13472	8045	5427	
26329	186182	58381	127801	93111	34691	
1575	48633	34771	13862	4438	9424	
9059	42636	23952	18684	6431	12253	
4569	50815	37615	13200	2303	10897	
69723	771027	276242	494785	25389	469396	1300
34703	139336	60243	79093	8912	70181	
128665	393832	136418	257414	36898	220517	
50930	363718	196687	167031	34302	132729	
51302	442308	155749	286559	36579	249980	
1612	4931	4931				

6-32 一般公共预算教育事业费和

地区	总计	事业性经费支出	个人部分	工资福利支出	对个人和家庭的补助支出
河南省	**10717027**	**10697692**	**6943051**	**6306964**	**636087**
河南省本级					
郑州市	743687	743687	397270	384956	12314
开封市	536138	533984	287832	236079	51753
洛阳市	915342	913905	626335	577410	48925
平顶山市	353501	353501	264193	236401	27792
安阳市	534509	533429	380175	361460	18715
鹤壁市	93822	93822	74525	72178	2347
新乡市	393253	392610	282546	264304	18242
焦作市	270868	270868	213006	197919	15087
濮阳市	534420	534420	348238	315836	32402
许昌市	191617	188517	139885	136448	3437
漯河市	222829	222829	180192	170807	9385
三门峡市	205855	205823	155008	149507	5501
南阳市	1734801	1732551	960224	886017	74207
商丘市	474535	474535	335199	298114	37085
信阳市	1364092	1358795	964963	807019	157944
周口市	1084919	1081579	717861	658877	58984
驻马店市	1006737	1006737	564429	504442	59987
济源示范区	56101	56101	51170	49190	1980

基本建设支出明细（地方农村普通高中）

单位：千元

#奖助学金	公用部分	商品和服务支出	资本性支出	专项公用支出	专项项目支出	资本性支出（基本建设）
536238	**3618871**	**1558935**	**2059936**	**422237**	**1637699**	**135770**
10604	245282	140918	104364	59744	44620	101135
40920	246151	81331	164820	5107	159713	
36358	278714	144586	134128	57953	76175	8855
26697	72203	50061	22142	4232	17910	17105
16717	153255	53236	100019	16904	83115	
2324	19298	12206	7092	1722	5370	
10834	102690	47220	55470	20167	35303	7376
13317	57861	44389	13472	8045	5427	
26329	186182	58381	127801	93111	34691	
1575	48633	34771	13862	4438	9424	
9059	42636	23952	18684	6431	12253	
4569	50815	37615	13200	2303	10897	
69723	771027	276242	494785	25389	469396	1300
34703	139336	60243	79093	8912	70181	
128665	393832	136418	257414	36898	220517	
50930	363718	196687	167031	34302	132729	
51302	442308	155749	286559	36579	249980	
1612	4931	4931				

6-33 一般公共预算教育事业费和

地区	总计	事业性经费支出			
			个人部分		
				工资福利支出	对个人和家庭的补助支出
河南省	**41938353**	**41935435**	**27596549**	**24697160**	**2899389**
河南省本级	189794	189794	62515	60663	1852
郑州市	4873551	4873551	3293980	3143998	149982
开封市	1621065	1620947	1105315	970719	134596
洛阳市	3053344	3053134	2204189	1894990	309199
平顶山市	1945351	1945351	1288413	1130500	157913
安阳市	2191557	2191230	1536615	1402583	134032
鹤壁市	703001	703001	511615	487347	24268
新乡市	2438345	2438345	1567253	1411804	155449
焦作市	1144289	1143011	893764	836994	56770
濮阳市	1958167	1957708	1364244	1275143	89101
许昌市	1981807	1981807	1309915	1234428	75487
漯河市	1057364	1057359	783457	734383	49074
三门峡市	989000	989000	715257	669959	45298
南阳市	4941678	4941678	2731639	2368028	363611
商丘市	2512991	2512961	1722607	1502425	220182
信阳市	3232940	3232840	2082041	1824114	257927
周口市	3382867	3382867	2221693	1759527	462166
驻马店市	3415217	3414828	1946626	1743455	203171
济源示范区	306024	306024	255409	246098	9311

基本建设支出明细（普通初中）

单位：千元

#奖助学金	公用部分	商品和服务支出	资本性支出	专项公用支出	专项项目支出	资本性支出（基本建设）
2465667	**13810169**	**6288479**	**7521690**	**1237679**	**6284011**	**528717**
1491	127279	106722	20557	19956	600	
125386	1358439	829511	528928	213348	315581	221132
123015	510562	248306	262256	35185	227071	5070
165511	835485	469336	366149	82723	283425	13460
148336	562315	331449	230866	44608	186258	94623
120221	652433	333039	319394	54179	265215	2182
22898	191387	79795	111592	12569	99023	
117030	816999	348708	468291	163802	304490	54091
37944	249246	157048	92198	17740	74458	
86025	559094	228999	330095	116289	213806	34370
65208	643826	370441	273385	16264	257121	28066
43690	273902	121816	152086	21346	130739	
34099	273742	125249	148493	32806	115687	
347573	2186094	892945	1293149	85155	1207995	23945
204024	787251	351482	435769	52721	383048	3104
234790	1143568	394143	749425	65594	683831	7230
380567	1155498	473162	682336	99994	582342	5676
200760	1432433	399563	1032870	82110	950760	35768
7101	50614	26762	23852	21290	2563	

6-34 一般公共预算教育事业费和

地区	总计	事业性经费支出	个人部分		
				工资福利支出	对个人和家庭的补助支出
河南省	**41936384**	**41933466**	**27595120**	**24695814**	**2899306**
河南省本级	189794	189794	62515	60663	1852
郑州市	4871582	4871582	3292550	3142651	149899
开封市	1621065	1620947	1105315	970719	134596
洛阳市	3053344	3053134	2204189	1894990	309199
平顶山市	1945351	1945351	1288413	1130500	157913
安阳市	2191557	2191230	1536615	1402583	134032
鹤壁市	703001	703001	511615	487347	24268
新乡市	2438345	2438345	1567253	1411804	155449
焦作市	1144289	1143011	893764	836994	56770
濮阳市	1958167	1957708	1364244	1275143	89101
许昌市	1981807	1981807	1309915	1234428	75487
漯河市	1057364	1057359	783457	734383	49074
三门峡市	989000	989000	715257	669959	45298
南阳市	4941678	4941678	2731639	2368028	363611
商丘市	2512991	2512961	1722607	1502425	220182
信阳市	3232940	3232840	2082041	1824114	257927
周口市	3382867	3382867	2221693	1759527	462166
驻马店市	3415217	3414828	1946626	1743455	203171
济源示范区	306024	306024	255409	246098	9311

基本建设支出明细（地方普通初中）

单位：千元

#奖助学金	公用部分	商品和服务支出	资本性支出	专项公用支出	专项项目支出	资本性支出（基本建设）
2465584	**13809629**	**6287939**	**7521690**	**1237679**	**6284011**	**528717**
1491	127279	106722	20557	19956	600	
125303	1357900	828972	528928	213348	315581	221132
123015	510562	248306	262256	35185	227071	5070
165511	835485	469336	366149	82723	283425	13460
148336	562315	331449	230866	44608	186258	94623
120221	652433	333039	319394	54179	265215	2182
22898	191387	79795	111592	12569	99023	
117030	816999	348708	468291	163802	304490	54091
37944	249246	157048	92198	17740	74458	
86025	559094	228999	330095	116289	213806	34370
65208	643826	370441	273385	16264	257121	28066
43690	273902	121816	152086	21346	130739	
34099	273742	125249	148493	32806	115687	
347573	2186094	892945	1293149	85155	1207995	23945
204024	787251	351482	435769	52721	383048	3104
234790	1143568	394143	749425	65594	683831	7230
380567	1155498	473162	682336	99994	582342	5676
200760	1432433	399563	1032870	82110	950760	35768
7101	50614	26762	23852	21290	2563	

6-35 一般公共预算教育事业费和

地区	总计	事业性经费支出			
			个人部分		
				工资福利支出	对个人和家庭的补助支出
河南省	**29069054**	**29066838**	**19209378**	**17124389**	**2084989**
河南省本级					
郑州市	1965603	1965603	1436091	1364658	71433
开封市	1081716	1081598	796055	738717	57338
洛阳市	2189640	2189429	1482669	1286414	196255
平顶山市	1359731	1359731	904614	767449	137165
安阳市	1423439	1423394	1009927	941851	68076
鹤壁市	310570	310570	231697	231660	37
新乡市	1521615	1521615	969452	892811	76641
焦作市	685133	683855	545433	522980	22453
濮阳市	1259023	1258984	867252	809360	57892
许昌市	1128268	1128268	721084	709032	12052
漯河市	689538	689533	546501	507341	39160
三门峡市	523270	523270	431817	401929	29888
南阳市	4330255	4330255	2380361	2051981	328380
商丘市	2010897	2010867	1369378	1172104	197274
信阳市	2881108	2881007	1856446	1615379	241067
周口市	2514478	2514478	1814985	1462513	352472
驻马店市	3052078	3051689	1733467	1541683	191784
济源示范区	142693	142693	112151	106528	5623

基本建设支出明细（农村普通初中）

单位：千元

#奖助学金	公用部分	商品和服务支出	资本性支出	专项公用支出	专项项目支出	资本性支出（基本建设）
1814163	**9688653**	**4494191**	**5194462**	**746671**	**4447790**	**168807**
51137	510716	346611	164105	67733	96372	18796
47207	280473	185870	94603	19859	74743	5070
131353	696760	381925	314835	66234	248601	10000
131433	438218	247669	190549	26560	163988	16900
58018	412085	273992	138093	42619	95474	1382
7	78872	36924	41948	8729	33219	
66752	538392	214818	323574	124709	198865	13771
11459	138422	105268	33154	8971	24183	
56884	384921	145969	238952	73409	165543	6810
9241	384059	248679	135380	4699	130680	23126
36257	143032	82649	60383	9351	51033	
24642	91452	65627	25825	10438	15387	
314144	1925950	780961	1144989	74539	1070450	23945
185286	638387	274925	363462	24685	338776	3104
218908	1017331	357422	659909	54456	605453	7230
278468	696589	364380	332209	43492	288717	2904
189423	1282453	369710	912743	67553	845190	35768
3544	30542	10793	19749	18633	1116	

6-36 一般公共预算教育事业费和

地区	总计	事业性经费支出			
			个人部分		
				工资福利支出	对个人和家庭的补助支出
河南省	**29069054**	**29066838**	**19209378**	**17124389**	**2084989**
河南省本级					
郑州市	1965603	1965603	1436091	1364658	71433
开封市	1081716	1081598	796055	738717	57338
洛阳市	2189640	2189429	1482669	1286414	196255
平顶山市	1359731	1359731	904614	767449	137165
安阳市	1423439	1423394	1009927	941851	68076
鹤壁市	310570	310570	231697	231660	37
新乡市	1521615	1521615	969452	892811	76641
焦作市	685133	683855	545433	522980	22453
濮阳市	1259023	1258984	867252	809360	57892
许昌市	1128268	1128268	721084	709032	12052
漯河市	689538	689533	546501	507341	39160
三门峡市	523270	523270	431817	401929	29888
南阳市	4330255	4330255	2380361	2051981	328380
商丘市	2010897	2010867	1369378	1172104	197274
信阳市	2881108	2881007	1856446	1615379	241067
周口市	2514478	2514478	1814985	1462513	352472
驻马店市	3052078	3051689	1733467	1541683	191784
济源示范区	142693	142693	112151	106528	5623

基本建设支出明细（地方农村普通初中）

单位：千元

#奖助学金	公用部分	商品和服务支出	资本性支出	专项公用支出	专项项目支出	资本性支出（基本建设）
1814163	**9688653**	**4494191**	**5194462**	**746671**	**4447790**	**168807**
51137	510716	346611	164105	67733	96372	18796
47207	280473	185870	94603	19859	74743	5070
131353	696760	381925	314835	66234	248601	10000
131433	438218	247669	190549	26560	163988	16900
58018	412085	273992	138093	42619	95474	1382
7	78872	36924	41948	8729	33219	
66752	538392	214818	323574	124709	198865	13771
11459	138422	105268	33154	8971	24183	
56884	384921	145969	238952	73409	165543	6810
9241	384059	248679	135380	4699	130680	23126
36257	143032	82649	60383	9351	51033	
24642	91452	65627	25825	10438	15387	
314144	1925950	780961	1144989	74539	1070450	23945
185286	638387	274925	363462	24685	338776	3104
218908	1017331	357422	659909	54456	605453	7230
278468	696589	364380	332209	43492	288717	2904
189423	1282453	369710	912743	67553	845190	35768
3544	30542	10793	19749	18633	1116	

6-37 一般公共预算教育事业费和

地区	总计	事业性经费支出	个人部分		
				工资福利支出	对个人和家庭的补助支出
河南省					
河南省本级					
郑州市					
开封市					
洛阳市					
平顶山市					
安阳市					
鹤壁市					
新乡市					
焦作市					
濮阳市					
许昌市					
漯河市					
三门峡市					
南阳市					
商丘市					
信阳市					
周口市					
驻马店市					
济源示范区					

基本建设支出明细（成人中学）

单位：千元

#奖助学金	公用部分	商品和服务支出	资本性支出	专项公用支出	专项项目支出	资本性支出（基本建设）

6-38 一般公共预算教育事业费和

地区	总计	事业性经费支出			
			个人部分		
				工资福利支出	对个人和家庭的补助支出
河南省	**63368658**	**63364930**	**42996079**	**38948943**	**4047136**
河南省本级	142254	142254	15277	14896	381
郑州市	7421005	7420931	5351834	5136768	215066
开封市	2855892	2855321	1957012	1753748	203264
洛阳市	4662609	4662438	3385386	2880931	504455
平顶山市	2675440	2675440	1835424	1632283	203141
安阳市	3133705	3133648	2285090	2092507	192583
鹤壁市	969008	969008	693339	663972	29367
新乡市	3419463	3419449	2249762	2091826	157936
焦作市	1774496	1774146	1277539	1196426	81113
濮阳市	2803469	2801818	1895415	1772032	123383
许昌市	2816508	2816302	1939857	1864833	75024
漯河市	1427543	1427445	1063021	1012061	50960
三门峡市	1482570	1482562	985120	923733	61387
南阳市	6342424	6342424	3959243	3537884	421359
商丘市	4538003	4537935	3167915	2798799	369116
信阳市	5108758	5108372	3332997	2954429	378568
周口市	6011102	6011043	4061689	3440063	621626
驻马店市	5310606	5310590	3140116	2797768	342348
济源示范区	473804	473804	400046	383985	16061

基本建设支出明细（小学）

单位：千元

#奖助学金	公用部分	商品和服务支出	资本性支出	专项公用支出	专项项目支出	资本性支出（基本建设）
3291986	**19880612**	**10281832**	**9598780**	**1641781**	**7956999**	**488240**
381	126977	124517	2460	2460		
150313	1812177	1270632	541545	291319	250225	256921
155219	885523	505941	379582	50539	329044	12786
240208	1256713	745893	510820	110452	400369	20340
168319	832025	477684	354341	62647	291694	7990
179727	839277	523064	316213	77833	238380	9282
26028	275669	123545	152124	22421	129703	
119747	1156583	578876	577707	141011	436696	13103
43701	496361	258607	237754	28720	209034	246
118282	844002	358120	485882	105583	380299	62399
67204	851120	584465	266655	17405	249250	25325
38393	364424	159411	205013	40842	164171	
47604	497443	270813	226630	65303	161326	
393653	2357791	1356336	1001455	97418	904037	25390
332688	1365494	659562	705932	76821	629111	4526
328819	1765792	651530	1114262	116909	997353	9583
537642	1946218	909317	1036901	183789	853112	3137
336118	2133263	679382	1453881	122293	1331588	37212
7939	73759	44136	29623	28016	1608	

6-39 一般公共预算教育事业费和

地区	总计	事业性经费支出			
			个人部分		
				工资福利支出	对个人和家庭的补助支出
河南省	**63361668**	**63357940**	**42990137**	**38943087**	**4047050**
河南省本级	142254	142254	15277	14896	381
郑州市	7414014	7413941	5345891	5130912	214979
开封市	2855892	2855321	1957012	1753748	203264
洛阳市	4662609	4662438	3385386	2880931	504455
平顶山市	2675440	2675440	1835424	1632283	203141
安阳市	3133705	3133648	2285090	2092507	192583
鹤壁市	969008	969008	693339	663972	29367
新乡市	3419463	3419449	2249762	2091826	157936
焦作市	1774496	1774146	1277539	1196426	81113
濮阳市	2803469	2801818	1895415	1772032	123383
许昌市	2816508	2816302	1939857	1864833	75024
漯河市	1427543	1427445	1063021	1012061	50960
三门峡市	1482570	1482562	985120	923733	61387
南阳市	6342424	6342424	3959243	3537884	421359
商丘市	4538003	4537935	3167915	2798799	369116
信阳市	5108758	5108372	3332997	2954429	378568
周口市	6011102	6011043	4061689	3440063	621626
驻马店市	5310606	5310590	3140116	2797768	342348
济源示范区	473804	473804	400046	383985	16061

基本建设支出明细（地方小学）

单位：千元

#奖助学金	公用部分	商品和服务支出	资本性支出	专项公用支出	专项项目支出	资本性支出（基本建设）
3291899	**19879564**	**10280784**	**9598780**	**1641781**	**7956999**	**488240**
381	126977	124517	2460	2460		
150226	1811130	1269585	541545	291319	250225	256921
155219	885523	505941	379582	50539	329044	12786
240208	1256713	745893	510820	110452	400369	20340
168319	832025	477684	354341	62647	291694	7990
179727	839277	523064	316213	77833	238380	9282
26028	275669	123545	152124	22421	129703	
119747	1156583	578876	577707	141011	436696	13103
43701	496361	258607	237754	28720	209034	246
118282	844002	358120	485882	105583	380299	62399
67204	851120	584465	266655	17405	249250	25325
38393	364424	159411	205013	40842	164171	
47604	497443	270813	226630	65303	161326	
393653	2357791	1356336	1001455	97418	904037	25390
332688	1365494	659562	705932	76821	629111	4526
328819	1765792	651530	1114262	116909	997353	9583
537642	1946218	909317	1036901	183789	853112	3137
336118	2133263	679382	1453881	122293	1331588	37212
7939	73759	44136	29623	28016	1608	

6-40　一般公共预算教育事业费和

地区	总计	事业性经费支出	个人部分	工资福利支出	对个人和家庭的补助支出
河南省	**63368658**	**63364930**	**42996079**	**38948943**	**4047136**
河南省本级	142254	142254	15277	14896	381
郑州市	7421005	7420931	5351834	5136768	215066
开封市	2855892	2855321	1957012	1753748	203264
洛阳市	4662609	4662438	3385386	2880931	504455
平顶山市	2675440	2675440	1835424	1632283	203141
安阳市	3133705	3133648	2285090	2092507	192583
鹤壁市	969008	969008	693339	663972	29367
新乡市	3419463	3419449	2249762	2091826	157936
焦作市	1774496	1774146	1277539	1196426	81113
濮阳市	2803469	2801818	1895415	1772032	123383
许昌市	2816508	2816302	1939857	1864833	75024
漯河市	1427543	1427445	1063021	1012061	50960
三门峡市	1482570	1482562	985120	923733	61387
南阳市	6342424	6342424	3959243	3537884	421359
商丘市	4538003	4537935	3167915	2798799	369116
信阳市	5108758	5108372	3332997	2954429	378568
周口市	6011102	6011043	4061689	3440063	621626
驻马店市	5310606	5310590	3140116	2797768	342348
济源示范区	473804	473804	400046	383985	16061

基本建设支出明细（普通小学）

单位：千元

#奖助学金	公用部分	商品和服务支出	资本性支出	专项公用支出	专项项目支出	资本性支出（基本建设）
3291986	**19880612**	**10281832**	**9598780**	**1641781**	**7956999**	**488240**
381	126977	124517	2460	2460		
150313	1812177	1270632	541545	291319	250225	256921
155219	885523	505941	379582	50539	329044	12786
240208	1256713	745893	510820	110452	400369	20340
168319	832025	477684	354341	62647	291694	7990
179727	839277	523064	316213	77833	238380	9282
26028	275669	123545	152124	22421	129703	
119747	1156583	578876	577707	141011	436696	13103
43701	496361	258607	237754	28720	209034	246
118282	844002	358120	485882	105583	380299	62399
67204	851120	584465	266655	17405	249250	25325
38393	364424	159411	205013	40842	164171	
47604	497443	270813	226630	65303	161326	
393653	2357791	1356336	1001455	97418	904037	25390
332688	1365494	659562	705932	76821	629111	4526
328819	1765792	651530	1114262	116909	997353	9583
537642	1946218	909317	1036901	183789	853112	3137
336118	2133263	679382	1453881	122293	1331588	37212
7939	73759	44136	29623	28016	1608	

6-41 一般公共预算教育事业费和

地区	总计	事业性经费支出			
			个人部分		
				工资福利支出	对个人和家庭的补助支出
河南省	**63361668**	**63357940**	**42990137**	**38943087**	**4047050**
河南省本级	142254	142254	15277	14896	381
郑州市	7414014	7413941	5345891	5130912	214979
开封市	2855892	2855321	1957012	1753748	203264
洛阳市	4662609	4662438	3385386	2880931	504455
平顶山市	2675440	2675440	1835424	1632283	203141
安阳市	3133705	3133648	2285090	2092507	192583
鹤壁市	969008	969008	693339	663972	29367
新乡市	3419463	3419449	2249762	2091826	157936
焦作市	1774496	1774146	1277539	1196426	81113
濮阳市	2803469	2801818	1895415	1772032	123383
许昌市	2816508	2816302	1939857	1864833	75024
漯河市	1427543	1427445	1063021	1012061	50960
三门峡市	1482570	1482562	985120	923733	61387
南阳市	6342424	6342424	3959243	3537884	421359
商丘市	4538003	4537935	3167915	2798799	369116
信阳市	5108758	5108372	3332997	2954429	378568
周口市	6011102	6011043	4061689	3440063	621626
驻马店市	5310606	5310590	3140116	2797768	342348
济源示范区	473804	473804	400046	383985	16061

基本建设支出明细（地方普通小学）

单位：千元

#奖助学金	公用部分	商品和服务支出	资本性支出	专项公用支出	专项项目支出	资本性支出（基本建设）
3291899	**19879564**	**10280784**	**9598780**	**1641781**	**7956999**	**488240**
381	126977	124517	2460	2460		
150226	1811130	1269585	541545	291319	250225	256921
155219	885523	505941	379582	50539	329044	12786
240208	1256713	745893	510820	110452	400369	20340
168319	832025	477684	354341	62647	291694	7990
179727	839277	523064	316213	77833	238380	9282
26028	275669	123545	152124	22421	129703	
119747	1156583	578876	577707	141011	436696	13103
43701	496361	258607	237754	28720	209034	246
118282	844002	358120	485882	105583	380299	62399
67204	851120	584465	266655	17405	249250	25325
38393	364424	159411	205013	40842	164171	
47604	497443	270813	226630	65303	161326	
393653	2357791	1356336	1001455	97418	904037	25390
332688	1365494	659562	705932	76821	629111	4526
328819	1765792	651530	1114262	116909	997353	9583
537642	1946218	909317	1036901	183789	853112	3137
336118	2133263	679382	1453881	122293	1331588	37212
7939	73759	44136	29623	28016	1608	

6-42 一般公共预算教育事业费和

地区	总计	事业性经费支出			
			个人部分		
				工资福利支出	对个人和家庭的补助支出
河南省	**46300195**	**46298663**	**31620639**	**28514088**	**3106551**
河南省本级					
郑州市	3081275	3081202	2281807	2180389	101418
开封市	2055624	2055479	1499505	1381710	117795
洛阳市	3191546	3191375	2243050	1890092	352958
平顶山市	1907845	1907845	1313301	1137277	176024
安阳市	2211688	2211632	1622572	1490094	132478
鹤壁市	454740	454740	338987	338275	712
新乡市	2301263	2301249	1504055	1422276	81779
焦作市	1072792	1072506	830327	797147	33180
濮阳市	2300697	2300697	1597182	1488241	108941
许昌市	1807967	1807761	1215799	1202004	13795
漯河市	952265	952168	753860	712456	41404
三门峡市	796685	796677	583190	548808	34382
南阳市	5631944	5631944	3532499	3122541	409958
商丘市	3879404	3879337	2712808	2366899	345909
信阳市	4666271	4665884	3036829	2684193	352636
周口市	5001809	5001803	3551954	3066424	485530
驻马店市	4773189	4773174	2829363	2522283	307080
济源示范区	213191	213191	173548	162978	10570

基本建设支出明细（农村普通小学）

单位：千元

#奖助学金	公用部分	商品和服务支出	资本性支出	专项公用支出	专项项目支出	资本性支出（基本建设）
2602060	**14485001**	**7577908**	**6907093**	**1040574**	**5866519**	**193022**
55591	786058	602132	183926	102546	81380	13337
82050	543188	359119	184069	18240	165829	12786
189913	930484	533056	397428	88547	308880	17840
151080	594544	379844	214700	24609	190091	
120837	586119	397121	188998	43378	145619	2941
159	115753	70554	45199	8779	36420	
65828	797193	392791	404402	101104	303298	
12679	241933	179424	62509	14456	48053	246
104298	650146	286437	363709	60738	302970	53370
10657	579308	419048	160260	4504	155755	12654
30585	198307	109629	88678	20905	67773	
32490	213486	105954	107532	18773	88759	
382712	2074055	1208633	865422	77883	787539	25390
317540	1162003	550801	611202	60964	550238	4526
309553	1619472	584198	1035274	103246	932028	9583
425193	1446711	736726	709985	156067	553918	3137
307050	1906599	644094	1262505	115101	1147403	37212
3846	39643	18347	21296	20733	563	

6-43 一般公共预算教育事业费和

地区	总计	事业性经费支出			
			个人部分		
				工资福利支出	对个人和家庭的补助支出
河南省	**46300195**	**46298663**	**31620639**	**28514088**	**3106551**
河南省本级					
郑州市	3081275	3081202	2281807	2180389	101418
开封市	2055624	2055479	1499505	1381710	117795
洛阳市	3191546	3191375	2243050	1890092	352958
平顶山市	1907845	1907845	1313301	1137277	176024
安阳市	2211688	2211632	1622572	1490094	132478
鹤壁市	454740	454740	338987	338275	712
新乡市	2301263	2301249	1504055	1422276	81779
焦作市	1072792	1072506	830327	797147	33180
濮阳市	2300697	2300697	1597182	1488241	108941
许昌市	1807967	1807761	1215799	1202004	13795
漯河市	952265	952168	753860	712456	41404
三门峡市	796685	796677	583190	548808	34382
南阳市	5631944	5631944	3532499	3122541	409958
商丘市	3879404	3879337	2712808	2366899	345909
信阳市	4666271	4665884	3036829	2684193	352636
周口市	5001809	5001803	3551954	3066424	485530
驻马店市	4773189	4773174	2829363	2522283	307080
济源示范区	213191	213191	173548	162978	10570

基本建设支出明细（地方农村普通小学）

单位：千元

#奖助学金	公用部分	商品和服务支出	资本性支出	专项公用支出	专项项目支出	资本性支出（基本建设）
2602060	**14485001**	**7577908**	**6907093**	**1040574**	**5866519**	**193022**
55591	786058	602132	183926	102546	81380	13337
82050	543188	359119	184069	18240	165829	12786
189913	930484	533056	397428	88547	308880	17840
151080	594544	379844	214700	24609	190091	
120837	586119	397121	188998	43378	145619	2941
159	115753	70554	45199	8779	36420	
65828	797193	392791	404402	101104	303298	
12679	241933	179424	62509	14456	48053	246
104298	650146	286437	363709	60738	302970	53370
10657	579308	419048	160260	4504	155755	12654
30585	198307	109629	88678	20905	67773	
32490	213486	105954	107532	18773	88759	
382712	2074055	1208633	865422	77883	787539	25390
317540	1162003	550801	611202	60964	550238	4526
309553	1619472	584198	1035274	103246	932028	9583
425193	1446711	736726	709985	156067	553918	3137
307050	1906599	644094	1262505	115101	1147403	37212
3846	39643	18347	21296	20733	563	

6-44 一般公共预算教育事业费和

地区	总计	事业性经费支出	个人部分		
				工资福利支出	对个人和家庭的补助支出
河南省					
河南省本级					
郑州市					
开封市					
洛阳市					
平顶山市					
安阳市					
鹤壁市					
新乡市					
焦作市					
濮阳市					
许昌市					
漯河市					
三门峡市					
南阳市					
商丘市					
信阳市					
周口市					
驻马店市					
济源示范区					

基本建设支出明细（成人小学）

单位：千元

	公用部分					资本性支出（基本建设）
		商品和服务支出	资本性支出			
#奖助学金				专项公用支出	专项项目支出	

6-45 一般公共预算教育事业费和

地区	总计	事业性经费支出	个人部分		
				工资福利支出	对个人和家庭的补助支出
河南省	**631469**	**631339**	**454016**	**433582**	**20434**
河南省本级					
郑州市	98475	98475	66482	63785	2697
开封市	27665	27536	20036	19393	643
洛阳市	66096	66096	50949	47511	3438
平顶山市	32189	32189	22174	20745	1429
安阳市	27653	27653	19114	18926	188
鹤壁市	7705	7705	6527	6526	1
新乡市	29950	29950	25222	23917	1305
焦作市	28475	28475	21796	20669	1127
濮阳市	28450	28450	21794	21001	793
许昌市	14617	14617	12051	12051	
漯河市	14773	14773	11339	10674	665
三门峡市	16040	16040	11527	10963	564
南阳市	51287	51287	33767	33037	730
商丘市	50972	50972	33577	31264	2313
信阳市	36764	36764	26074	24108	1966
周口市	45490	45490	34602	34022	580
驻马店市	45082	45082	28163	26372	1791
济源示范区	9787	9787	8821	8618	203

基本建设支出明细（特殊教育）

单位：千元

#奖助学金	公用部分	商品和服务支出	资本性支出	专项公用支出	专项项目支出	资本性支出（基本建设）
16364	**177324**	**136877**	**40447**	**18281**	**22165**	
2675	31992	25025	6967	4182	2785	
439	7499	6315	1184	725	459	
1976	15147	11003	4144	3016	1128	
1398	10016	8335	1681	1606	75	
185	8538	6721	1817	765	1053	
1	1178	1033	145	84	61	
1262	4728	4326	402	289	114	
964	6680	5846	834	800	34	
617	6656	4093	2563	1899	664	
	2567	2311	256	256		
655	3434	2685	749	588	161	
496	4512	3020	1492	895	597	
702	17519	14645	2874	1062	1812	
1237	17395	11353	6042	1010	5032	
1741	10691	6199	4492	352	4140	
31	10888	10764	124	124		
1791	16919	12391	4528	476	4051	
194	965	813	152	152		

6-46 一般公共预算教育事业费和

地区	总计	事业性经费支出			
			个人部分		
				工资福利支出	对个人和家庭的补助支出
河南省	**615168**	**615038**	**444664**	**424282**	**20382**
河南省本级					
郑州市	88227	88227	62194	59510	2684
开封市	26775	26645	19203	18567	636
洛阳市	60933	60933	46721	43313	3408
平顶山市	32189	32189	22174	20745	1429
安阳市	27653	27653	19114	18926	188
鹤壁市	7705	7705	6527	6526	1
新乡市	29950	29950	25222	23917	1305
焦作市	28475	28475	21796	20669	1127
濮阳市	28450	28450	21794	21001	793
许昌市	14617	14617	12051	12051	
漯河市	14773	14773	11339	10674	665
三门峡市	16040	16040	11527	10963	564
南阳市	51287	51287	33767	33037	730
商丘市	50972	50972	33577	31264	2313
信阳市	36764	36764	26074	24108	1966
周口市	45490	45490	34602	34022	580
驻马店市	45082	45082	28163	26372	1791
济源示范区	9787	9787	8821	8618	203

基本建设支出明细（特殊教育学校）

单位：千元

#奖助学金	公用部分	商品和服务支出	资本性支出	专项公用支出	专项项目支出	资本性支出（基本建设）
16351	**170373**	**132572**	**37801**	**17911**	**19890**	
2661	26033	21700	4333	3823	510	
439	7443	6262	1181	722	459	
1976	14212	10076	4136	3008	1128	
1398	10016	8335	1681	1606	75	
185	8538	6721	1817	765	1053	
1	1178	1033	145	84	61	
1262	4728	4326	402	289	114	
964	6680	5846	834	800	34	
617	6656	4093	2563	1899	664	
	2567	2311	256	256		
655	3434	2685	749	588	161	
496	4512	3020	1492	895	597	
702	17519	14645	2874	1062	1812	
1237	17395	11353	6042	1010	5032	
1741	10691	6199	4492	352	4140	
31	10888	10764	124	124		
1791	16919	12391	4528	476	4051	
194	965	813	152	152		

6-47 一般公共预算教育事业费和

地区	总计	事业性经费支出			
			个人部分		
				工资福利支出	对个人和家庭的补助支出
河南省	**16301**	**16301**	**9351**	**9299**	**52**
河南省本级					
郑州市	10248	10248	4288	4275	13
开封市	890	890	834	826	8
洛阳市	5163	5163	4229	4198	31
平顶山市					
安阳市					
鹤壁市					
新乡市					
焦作市					
濮阳市					
许昌市					
漯河市					
三门峡市					
南阳市					
商丘市					
信阳市					
周口市					
驻马店市					
济源示范区					

基本建设支出明细（工读学校）

单位：千元

#奖助学金	公用部分	商品和服务支出	资本性支出	专项公用支出	专项项目支出	资本性支出（基本建设）
13	**6951**	**4305**	**2646**	**371**	**2275**	
13	5960	3325	2635	359	2275	
	57	54	3	3		
	934	926	8	8		

6-48 一般公共预算教育事业费和

地区	总计	事业性经费支出			
			个人部分		
				工资福利支出	对个人和家庭的补助支出
河南省	**5470138**	**5465864**	**3163981**	**2959803**	**204178**
河南省本级	188477	188477	101289	95403	5886
郑州市	958905	958888	691043	674574	16469
开封市	200225	196359	128562	119810	8752
洛阳市	292931	292804	142975	116200	26775
平顶山市	322308	322308	201942	190816	11126
安阳市	183375	183375	104590	101211	3379
鹤壁市	58722	58722	26656	21626	5030
新乡市	286882	286882	114361	100720	13641
焦作市	192796	192544	103214	98924	4290
濮阳市	239697	239697	114426	106942	7484
许昌市	203168	203168	137098	132627	4471
漯河市	107579	107579	65083	62094	2989
三门峡市	167224	167224	95288	89925	5363
南阳市	429768	429768	242272	221671	20601
商丘市	264275	264275	166964	160135	6829
信阳市	394369	394357	204968	185826	19142
周口市	599946	599946	366708	330342	36366
驻马店市	337128	337128	133334	128190	5144
济源示范区	42363	42363	23208	22766	442

基本建设支出明细（幼儿园）

单位：千元

#奖助学金	公用部分	商品和服务支出	资本性支出	专项公用支出	专项项目支出	资本性支出（基本建设）
162628	**2178941**	**746970**	**1431971**	**341062**	**1090909**	**122943**
	86088	71121	14967	2431	12536	1100
10168	267844	174862	92982	43420	49561	
7131	67617	21851	45766	12315	33452	180
17692	144829	65435	79394	22165	57229	5000
9610	110099	20557	89542	11831	77711	10268
3196	74591	38865	35726	16873	18853	4193
4907	32067	7396	24671	7398	17273	
9560	172520	75954	96566	20901	75665	
3146	86111	32713	53398	7700	45698	3218
7241	125272	27652	97620	24386	73234	
4159	66070	24812	41258	2341	38917	
1861	42495	16407	26088	2962	23126	
5043	71937	22750	49187	6064	43123	
14625	187496	31158	156338	13913	142424	
6622	97311	23119	74192	1532	72661	
18005	93359	45146	48213	9126	39088	96030
34093	232110	23499	208611	68592	140018	1128
5142	201969	21434	180535	51057	129477	1825
426	19155	2239	16916	16053	863	

6-49 一般公共预算教育事业费和

地区	总计	事业性经费支出	个人部分	工资福利支出	对个人和家庭的补助支出
河南省	**5459798**	**5455524**	**3154237**	**2950072**	**204165**
河南省本级	188477	188477	101289	95403	5886
郑州市	958905	958888	691043	674574	16469
开封市	200225	196359	128562	119810	8752
洛阳市	285748	285620	136124	109349	26775
平顶山市	322308	322308	201942	190816	11126
安阳市	183375	183375	104590	101211	3379
鹤壁市	58722	58722	26656	21626	5030
新乡市	286882	286882	114361	100720	13641
焦作市	192796	192544	103214	98924	4290
濮阳市	239697	239697	114426	106942	7484
许昌市	203168	203168	137098	132627	4471
漯河市	107579	107579	65083	62094	2989
三门峡市	167110	167110	95275	89925	5350
南阳市	429768	429768	242272	221671	20601
商丘市	264275	264275	166964	160135	6829
信阳市	391326	391315	202088	182946	19142
周口市	599946	599946	366708	330342	36366
驻马店市	337128	337128	133334	128190	5144
济源示范区	42363	42363	23208	22766	442

基本建设支出明细（地方幼儿园）

单位：千元

#奖助学金	公用部分	商品和服务支出	资本性支出	专项公用支出	专项项目支出	资本性支出（基本建设）
162615	**2178344**	**746538**	**1431806**	**340898**	**1090909**	**122943**
	86088	71121	14967	2431	12536	1100
10168	267844	174862	92982	43420	49561	
7131	67617	21851	45766	12315	33452	180
17692	144497	65223	79274	22045	57229	5000
9610	110099	20557	89542	11831	77711	10268
3196	74591	38865	35726	16873	18853	4193
4907	32067	7396	24671	7398	17273	
9560	172520	75954	96566	20901	75665	
3146	86111	32713	53398	7700	45698	3218
7241	125272	27652	97620	24386	73234	
4159	66070	24812	41258	2341	38917	
1861	42495	16407	26088	2962	23126	
5030	71836	22693	49143	6020	43123	
14625	187496	31158	156338	13913	142424	
6622	97311	23119	74192	1532	72661	
18005	93197	44984	48213	9126	39088	96030
34093	232110	23499	208611	68592	140018	1128
5142	201969	21434	180535	51057	129477	1825
426	19155	2239	16916	16053	863	

6-50 一般公共预算教育事业费和

地区	总计	事业性经费支出			
			个人部分		
				工资福利支出	对个人和家庭的补助支出
河南省	**3347929**	**3347641**	**1872852**	**1732679**	**140173**
河南省本级					
郑州市	419030	419023	309082	298198	10884
开封市	95581	95581	55614	51269	4345
洛阳市	206851	206824	89621	71417	18204
平顶山市	231598	231598	140302	130091	10211
安阳市	90861	90861	41202	39279	1923
鹤壁市	17939	17939	8647	8647	
新乡市	157410	157410	51927	43967	7960
焦作市	92531	92279	59029	57552	1477
濮阳市	178738	178738	70960	64212	6748
许昌市	114149	114149	71819	71457	362
漯河市	69435	69435	35729	32887	2842
三门峡市	55859	55859	39603	36198	3405
南阳市	379512	379512	200694	180643	20051
商丘市	182314	182314	110850	104271	6579
信阳市	367661	367660	186211	167837	18374
周口市	396404	396404	291221	267336	23885
驻马店市	290335	290335	108885	106312	2573
济源示范区	1721	1721	1457	1108	349

基本建设支出明细（农村幼儿园）

单位：千元

#奖助学金	公用部分	商品和服务支出	资本性支出	专项公用支出	专项项目支出	资本性支出（基本建设）
118909	**1371167**	**376583**	**994584**	**183612**	**810972**	**103623**
6049	109941	84172	25769	11529	14240	
3559	39967	9177	30790	4523	26267	
15644	112203	56006	56197	14575	41623	5000
8932	90529	12616	77913	8289	69624	768
1866	49659	22779	26880	15077	11804	
	9292	402	8890	415	8476	
7454	105482	26231	79251	19550	59701	
1057	33250	18355	14895	2126	12769	
6506	107778	14153	93625	22672	70954	
118	42330	12568	29762	338	29424	
1765	33705	9873	23832	1077	22755	
3398	16256	4895	11361	539	10822	
14146	178818	23939	154879	12743	142136	
6372	71464	12726	58738	283	58454	
17391	85419	42067	43352	8857	34495	96030
21732	105183	13600	91583	23319	68264	
2571	179625	12959	166666	37501	129165	1825
349	265	65	200	200		

6-51 一般公共预算教育事业费和

地区	总计	事业性经费支出	个人部分		
				工资福利支出	对个人和家庭的补助支出
河南省	**3347929**	**3347641**	**1872852**	**1732679**	**140173**
河南省本级					
郑州市	419030	419023	309082	298198	10884
开封市	95581	95581	55614	51269	4345
洛阳市	206851	206824	89621	71417	18204
平顶山市	231598	231598	140302	130091	10211
安阳市	90861	90861	41202	39279	1923
鹤壁市	17939	17939	8647	8647	
新乡市	157410	157410	51927	43967	7960
焦作市	92531	92279	59029	57552	1477
濮阳市	178738	178738	70960	64212	6748
许昌市	114149	114149	71819	71457	362
漯河市	69435	69435	35729	32887	2842
三门峡市	55859	55859	39603	36198	3405
南阳市	379512	379512	200694	180643	20051
商丘市	182314	182314	110850	104271	6579
信阳市	367661	367660	186211	167837	18374
周口市	396404	396404	291221	267336	23885
驻马店市	290335	290335	108885	106312	2573
济源示范区	1721	1721	1457	1108	349

基本建设支出明细（地方农村幼儿园）

单位：千元

#奖助学金	公用部分	商品和服务支出	资本性支出	专项公用支出	专项项目支出	资本性支出（基本建设）
118909	**1371167**	**376583**	**994584**	**183612**	**810972**	**103623**
6049	109941	84172	25769	11529	14240	
3559	39967	9177	30790	4523	26267	
15644	112203	56006	56197	14575	41623	5000
8932	90529	12616	77913	8289	69624	768
1866	49659	22779	26880	15077	11804	
	9292	402	8890	415	8476	
7454	105482	26231	79251	19550	59701	
1057	33250	18355	14895	2126	12769	
6506	107778	14153	93625	22672	70954	
118	42330	12568	29762	338	29424	
1765	33705	9873	23832	1077	22755	
3398	16256	4895	11361	539	10822	
14146	178818	23939	154879	12743	142136	
6372	71464	12726	58738	283	58454	
17391	85419	42067	43352	8857	34495	96030
21732	105183	13600	91583	23319	68264	
2571	179625	12959	166666	37501	129165	1825
349	265	65	200	200		

6-52 一般公共预算教育事业费和

地区	总计	事业性经费支出			
			个人部分		
				工资福利支出	对个人和家庭的补助支出
河南省	**1132588**	**1125441**	**527676**	**475017**	**52659**
河南省本级	104487	104487	33355	33021	334
郑州市	112153	112153	52016	51794	222
开封市	63542	63542	27676	18232	9444
洛阳市	64145	64145	40231	32580	7651
平顶山市	70554	70554	45819	38461	7358
安阳市	44143	44143	25753	22111	3642
鹤壁市	26097	26097	19383	19232	151
新乡市	39955	39955	23213	23102	111
焦作市	33573	33573	14389	12835	1554
濮阳市	28561	28561	15784	15608	176
许昌市	56915	56915	31679	23763	7916
漯河市	36717	36717	21587	21012	575
三门峡市	38369	38369	20120	19242	878
南阳市	61636	61636	23340	22723	617
商丘市	63106	62710	22623	21361	1262
信阳市	96996	96784	32522	30331	2191
周口市	130231	123692	49908	41355	8553
驻马店市	58262	58262	25452	25452	
济源示范区	3146	3146	2826	2801	25

基本建设支出明细（教育行政单位）

单位：千元

#奖助学金	公用部分	商品和服务支出	资本性支出	专项公用支出	专项项目支出	资本性支出（基本建设）
	581987	**517879**	**64108**	**44638**	**19470**	**15778**
	71132	67214	3918	3918		
	60137	50756	9381	6361	3020	
	35866	28112	7754	465	7289	
	23915	21216	2699	2699		
	24736	21629	3107	3034	73	
	18390	16698	1692	1692		
	6714	5998	716	716		
	16743	13653	3090	1647	1442	
	19184	13215	5969	5969		
	12776	12306	470	470		
	25237	23779	1458	168	1289	
	15129	13857	1272	795	477	
	18248	16993	1255	1255		
	38297	36992	1305	1305		
	40087	31429	8658	8658		
	48484	41712	6772	2248	4524	15778
	73783	69838	3945	2765	1180	
	32811	32163	648	472	175	
	319	319				

6-53 一般公共预算教育事业费和

地区	总计	事业性经费支出	个人部分	工资福利支出	对个人和家庭的补助支出
河南省	**1132588**	**1125441**	**527676**	**475017**	**52659**
河南省本级	104487	104487	33355	33021	334
郑州市	112153	112153	52016	51794	222
开封市	63542	63542	27676	18232	9444
洛阳市	64145	64145	40231	32580	7651
平顶山市	70554	70554	45819	38461	7358
安阳市	44143	44143	25753	22111	3642
鹤壁市	26097	26097	19383	19232	151
新乡市	39955	39955	23213	23102	111
焦作市	33573	33573	14389	12835	1554
濮阳市	28561	28561	15784	15608	176
许昌市	56915	56915	31679	23763	7916
漯河市	36717	36717	21587	21012	575
三门峡市	38369	38369	20120	19242	878
南阳市	61636	61636	23340	22723	617
商丘市	63106	62710	22623	21361	1262
信阳市	96996	96784	32522	30331	2191
周口市	130231	123692	49908	41355	8553
驻马店市	58262	58262	25452	25452	
济源示范区	3146	3146	2826	2801	25

基本建设支出明细（地方教育行政单位）

单位：千元

#奖助学金	公用部分	商品和服务支出	资本性支出	专项公用支出	专项项目支出	资本性支出（基本建设）
	581987	**517879**	**64108**	**44638**	**19470**	**15778**
	71132	67214	3918	3918		
	60137	50756	9381	6361	3020	
	35866	28112	7754	465	7289	
	23915	21216	2699	2699		
	24736	21629	3107	3034	73	
	18390	16698	1692	1692		
	6714	5998	716	716		
	16743	13653	3090	1647	1442	
	19184	13215	5969	5969		
	12776	12306	470	470		
	25237	23779	1458	168	1289	
	15129	13857	1272	795	477	
	18248	16993	1255	1255		
	38297	36992	1305	1305		
	40087	31429	8658	8658		
	48484	41712	6772	2248	4524	15778
	73783	69838	3945	2765	1180	
	32811	32163	648	472	175	
	319	319				

6-54 一般公共预算教育事业费和

地区	总计	事业性经费支出	个人部分	工资福利支出	对个人和家庭的补助支出
河南省	**2133159**	**2133054**	**1342966**	**1289058**	**53908**
河南省本级	129682	129682	41749	41749	
郑州市	310548	310548	150316	147059	3257
开封市	73342	73242	58589	57730	859
洛阳市	153003	153003	120846	111868	8978
平顶山市	86243	86243	61236	60870	366
安阳市	83008	83006	68171	67848	323
鹤壁市	46539	46539	33460	32928	532
新乡市	111837	111837	79525	78961	564
焦作市	88039	88039	66024	63182	2842
濮阳市	139790	139790	106803	77233	29570
许昌市	46677	46677	35742	35641	101
漯河市	41364	41364	22262	22164	98
三门峡市	52638	52638	31260	30637	623
南阳市	217643	217643	102480	102177	303
商丘市	125564	125562	89927	88651	1276
信阳市	185205	185205	111238	109559	1679
周口市	119463	119463	74844	72628	2216
驻马店市	97993	97993	68005	68005	
济源示范区	24582	24582	20487	20169	318

基本建设支出明细（教育事业单位）

单位：千元

#奖助学金	公用部分	商品和服务支出	资本性支出	专项公用支出	专项项目支出	资本性支出（基本建设）
	776196	**604199**	**171997**	**81586**	**90411**	**13892**
	87933	86766	1167	1167		
	159659	126259	33400	12185	21216	573
	14653	13612	1041	1041		
	32157	29902	2255	2187	67	
	25007	20125	4882	4784	98	
	14834	13753	1081	1062	19	
	13079	5682	7397	1013	6383	
	32312	29919	2393	2390	3	
	16248	14812	1436	1436		5767
	32987	18175	14812	2899	11913	
	10934	10470	464	464		
	19103	3470	15633	9228	6404	
	21377	10171	11206	893	10312	
	115163	91460	23703	5149	18554	
	35635	28966	6669	6448	220	
	66414	35023	31391	18680	12711	7552
	44619	40782	3837	3262	575	
	29987	22846	7141	5207	1934	
	4096	2007	2089	2089		

6-55 一般公共预算教育事业费和

地区	总计	事业性经费支出	个人部分	工资福利支出	对个人和家庭的补助支出
河南省	**2133159**	**2133054**	**1342966**	**1289058**	**53908**
河南省本级	129682	129682	41749	41749	
郑州市	310548	310548	150316	147059	3257
开封市	73342	73242	58589	57730	859
洛阳市	153003	153003	120846	111868	8978
平顶山市	86243	86243	61236	60870	366
安阳市	83008	83006	68171	67848	323
鹤壁市	46539	46539	33460	32928	532
新乡市	111837	111837	79525	78961	564
焦作市	88039	88039	66024	63182	2842
濮阳市	139790	139790	106803	77233	29570
许昌市	46677	46677	35742	35641	101
漯河市	41364	41364	22262	22164	98
三门峡市	52638	52638	31260	30637	623
南阳市	217643	217643	102480	102177	303
商丘市	125564	125562	89927	88651	1276
信阳市	185205	185205	111238	109559	1679
周口市	119463	119463	74844	72628	2216
驻马店市	97993	97993	68005	68005	
济源示范区	24582	24582	20487	20169	318

基本建设支出明细（地方教育事业单位）

单位：千元

#奖助学金	公用部分	商品和服务支出	资本性支出	专项公用支出	专项项目支出	资本性支出（基本建设）
	776196	**604199**	**171997**	**81586**	**90411**	**13892**
	87933	86766	1167	1167		
	159659	126259	33400	12185	21216	573
	14653	13612	1041	1041		
	32157	29902	2255	2187	67	
	25007	20125	4882	4784	98	
	14834	13753	1081	1062	19	
	13079	5682	7397	1013	6383	
	32312	29919	2393	2390	3	
	16248	14812	1436	1436		5767
	32987	18175	14812	2899	11913	
	10934	10470	464	464		
	19103	3470	15633	9228	6404	
	21377	10171	11206	893	10312	
	115163	91460	23703	5149	18554	
	35635	28966	6669	6448	220	
	66414	35023	31391	18680	12711	7552
	44619	40782	3837	3262	575	
	29987	22846	7141	5207	1934	
	4096	2007	2089	2089		

6-56 一般公共预算教育事业费和

地区	总计	事业性经费支出			
			个人部分		
				工资福利支出	对个人和家庭的补助支出
河南省	**2012552**	**1763831**	**563474**	**543090**	**20384**
河南省本级	230449	230449	77001	75813	1188
郑州市	203782	203782	57410	57367	43
开封市	77822	77822	29623	29565	58
洛阳市	119900	119900	37850	34602	3248
平顶山市	403609	154941	19821	19508	313
安阳市	113246	113246	32033	31927	106
鹤壁市	30312	30312	10521	10490	31
新乡市	88763	88763	34571	23774	10797
焦作市	51358	51358	23177	23133	44
濮阳市	62889	62889	26897	26844	53
许昌市	161677	161677	22104	22104	
漯河市	39954	39954	20652	20645	7
三门峡市	37005	37005	23159	21823	1336
南阳市	52051	52051	33438	33184	254
商丘市	44234	44186	25170	23893	1277
信阳市	136400	136400	31627	30417	1210
周口市	57769	57763	26500	26110	390
驻马店市	35981	35981	25404	25401	3
济源示范区	65353	65353	6514	6489	25

基本建设支出明细（其他教育机构）

单位：千元

#奖助学金	公用部分	商品和服务支出	资本性支出	专项公用支出	专项项目支出	资本性支出（基本建设）
	1069555	**622333**	**447222**	**69946**	**377277**	**130801**
	153448	151869	1579	1346	233	
	142313	119410	22903	7890	15013	4060
	46621	43023	3598	1918	1680	1578
	82050	28658	53392	222	53170	
	55119	28802	26317	20500	5817	80000
	56307	16089	40218	218	40000	24906
	19790	19770	20	20		
	35528	26818	8710	7537	1172	18664
	26588	16100	10488	1643	8845	1593
	35992	22478	13514	8148	5366	
	139573	13752	125821	1665	124155	
	19302	17844	1458	138	1320	
	13846	13428	418	418		
	18613	17216	1397	1237	160	
	19016	16469	2547	961	1585	
	104773	26634	78139	749	77390	
	31263	16204	15059	8929	6130	
	10577	5675	4902	663	4239	
	58839	22093	36746	5744	31002	

6-57 一般公共预算教育事业费和

地区	总计	事业性经费支出			
			个人部分		
				工资福利支出	对个人和家庭的补助支出
河南省	**2012552**	**1763831**	**563474**	**543090**	**20384**
河南省本级	230449	230449	77001	75813	1188
郑州市	203782	203782	57410	57367	43
开封市	77822	77822	29623	29565	58
洛阳市	119900	119900	37850	34602	3248
平顶山市	403609	154941	19821	19508	313
安阳市	113246	113246	32033	31927	106
鹤壁市	30312	30312	10521	10490	31
新乡市	88763	88763	34571	23774	10797
焦作市	51358	51358	23177	23133	44
濮阳市	62889	62889	26897	26844	53
许昌市	161677	161677	22104	22104	
漯河市	39954	39954	20652	20645	7
三门峡市	37005	37005	23159	21823	1336
南阳市	52051	52051	33438	33184	254
商丘市	44234	44186	25170	23893	1277
信阳市	136400	136400	31627	30417	1210
周口市	57769	57763	26500	26110	390
驻马店市	35981	35981	25404	25401	3
济源示范区	65353	65353	6514	6489	25

基本建设支出明细（地方其他教育机构）

单位：千元

#奖助学金	公用部分	商品和服务支出	资本性支出	专项公用支出	专项项目支出	资本性支出（基本建设）
	1069555	**622333**	**447222**	**69946**	**377277**	**130801**
	153448	151869	1579	1346	233	
	142313	119410	22903	7890	15013	4060
	46621	43023	3598	1918	1680	1578
	82050	28658	53392	222	53170	
	55119	28802	26317	20500	5817	80000
	56307	16089	40218	218	40000	24906
	19790	19770	20	20		
	35528	26818	8710	7537	1172	18664
	26588	16100	10488	1643	8845	1593
	35992	22478	13514	8148	5366	
	139573	13752	125821	1665	124155	
	19302	17844	1458	138	1320	
	13846	13428	418	418		
	18613	17216	1397	1237	160	
	19016	16469	2547	961	1585	
	104773	26634	78139	749	77390	
	31263	16204	15059	8929	6130	
	10577	5675	4902	663	4239	
	58839	22093	36746	5744	31002	

第七部分

各地区教育和其他部门各级各类学校生均教育经费支出

7-1 生均教育经费支出（地方高等学校）

单位：元

学校类别	教育经费支出	事业性经费支出	#个人部分	#公用部分	其他教育经费支出
河南省	**23188.37**	**22741.29**	**12097.25**	**10394.24**	**447.08**
河南省本级	24143.02	23694.51	12815.31	10616.56	448.51
郑州市	23548.89	23419.69	11790.39	11129.50	129.20
开封市	15508.34	14968.32	7561.63	7406.69	540.03
洛阳市	40181.54	40181.54	9650.51	30531.03	
平顶山市	17959.27	17039.77	11168.58	4958.42	919.50
安阳市	17756.50	17533.02	10501.50	7031.52	223.49
鹤壁市	15440.62	14799.77	8004.59	6795.18	640.85
新乡市	25054.98	24698.62	13243.21	10863.37	356.35
焦作市	17571.89	17095.86	11357.44	5738.42	476.03
濮阳市	28983.20	28591.76	10004.00	18587.76	391.44
许昌市	13019.43	12769.46	7164.16	5480.17	249.97
漯河市	14199.82	13591.86	7621.73	5970.13	607.96
三门峡市	13931.63	13931.63	9623.24	4308.39	
南阳市	26559.47	26392.80	11255.32	14787.34	166.67
商丘市	17317.03	17155.72	9686.15	7469.57	161.30
信阳市	27433.18	24802.22	10834.84	13967.38	2630.96
周口市	16057.23	16056.30	11686.47	4369.83	0.93
驻马店市	23977.21	23880.16	12123.39	11656.88	97.06
济源示范区	17586.50	17586.50	7400.79	10185.72	

7-2 生均一般公共预算教育事业费和基本建设支出（地方高等学校）

单位：元

学校类别	一般公共预算教育事业费和基本建设支出	事业费支出			资本性支出（基本建设）
			个人部分	公用部分	
河南省	**14169.35**	**13897.96**	**7313.57**	**6584.39**	**271.39**
河南省本级	14681.06	14387.77	7079.58	7308.19	293.29
郑州市	15151.71	14639.35	7038.26	7601.09	512.35
开封市	12915.85	12915.85	7681.39	5234.46	
洛阳市	17703.87	17703.87	9020.83	8683.04	
平顶山市	14009.59	12956.49	8868.54	4087.95	1053.10
安阳市	10322.40	10322.40	7452.70	2869.70	
鹤壁市	13385.38	13385.38	7994.53	5390.86	
新乡市	16774.16	16195.77	12872.51	3323.25	578.39
焦作市	11564.23	11564.23	8056.10	3508.14	
濮阳市	10235.13	10235.13	7022.24	3212.89	
许昌市	11594.73	11451.81	5621.67	5830.14	142.93
漯河市	6993.82	6993.82	4528.72	2465.10	
三门峡市	11876.47	11876.47	7690.26	4186.21	
南阳市	13733.71	13359.58	9007.31	4352.27	374.13
商丘市	11317.08	11317.08	8950.75	2366.33	
信阳市	15163.49	15163.49	6792.05	8371.44	
周口市	8742.12	8742.12	6729.81	2012.31	
驻马店市	15172.00	15070.61	7018.76	8051.85	101.39
济源示范区	13374.79	13374.79	7248.72	6126.07	

7-3 生均教育经费支出（地方普通高等学校）

单位：元

学校类别	教育经费支出	事业性经费支出	#个人部分	#公用部分	其他教育经费支出
河南省	**23986.12**	**23523.16**	**12498.56**	**10764.67**	**462.95**
河南省本级	25213.85	24744.37	13379.40	11089.26	469.48
郑州市	23543.57	23414.10	11771.41	11141.85	129.47
开封市	15508.34	14968.32	7561.63	7406.69	540.03
洛阳市	48720.39	48720.39	10875.82	37844.57	
平顶山市	17959.27	17039.77	11168.58	4958.42	919.50
安阳市	17756.50	17533.02	10501.50	7031.52	223.49
鹤壁市	15440.62	14799.77	8004.59	6795.18	640.85
新乡市	26299.22	25912.60	13606.99	11663.30	386.61
焦作市	17606.24	17217.86	11383.89	5833.97	388.38
濮阳市	28983.20	28591.76	10004.00	18587.76	391.44
许昌市	13019.43	12769.46	7164.16	5480.17	249.97
漯河市	14199.82	13591.86	7621.73	5970.13	607.96
三门峡市	13931.63	13931.63	9623.24	4308.39	
南阳市	27975.32	27797.45	11815.62	15608.15	177.87
商丘市	17317.03	17155.72	9686.15	7469.57	161.30
信阳市	27858.48	25163.79	10911.07	14252.72	2694.69
周口市	16057.23	16056.30	11686.47	4369.83	0.93
驻马店市	23977.21	23880.16	12123.39	11656.88	97.06
济源示范区	17586.50	17586.50	7400.79	10185.72	

7-4 生均一般公共预算教育事业费和基本建设支出（地方普通高等学校）

单位：元

学校类别	一般公共预算教育事业费和基本建设支出	事业费支出			资本性支出（基本建设）
			个人部分	公用部分	
河南省	**14120.06**	**13848.67**	**7273.91**	**6574.75**	**271.39**
河南省本级	14648.44	14355.15	7057.44	7297.71	293.29
郑州市	15147.08	14634.73	7038.24	7596.49	512.35
开封市	12915.85	12915.85	7681.39	5234.46	
洛阳市	16819.29	16819.29	8213.89	8605.40	
平顶山市	14009.59	12956.49	8868.54	4087.95	1053.10
安阳市	10322.40	10322.40	7452.70	2869.70	
鹤壁市	13385.38	13385.38	7994.53	5390.86	
新乡市	16113.48	15535.09	12238.90	3296.19	578.39
焦作市	11564.33	11564.33	8056.16	3508.17	
濮阳市	10235.13	10235.13	7022.24	3212.89	
许昌市	11594.73	11451.81	5621.67	5830.14	142.93
漯河市	6993.82	6993.82	4528.72	2465.10	
三门峡市	11876.47	11876.47	7690.26	4186.21	
南阳市	13613.70	13239.58	8890.53	4349.05	374.13
商丘市	11317.08	11317.08	8950.75	2366.33	
信阳市	14995.63	14995.63	6677.19	8318.43	
周口市	8742.12	8742.12	6729.81	2012.31	
驻马店市	15172.00	15070.61	7018.76	8051.85	101.39
济源示范区	13374.79	13374.79	7248.72	6126.07	

7-5 生均教育经费支出（地方普通高等本科学校）

单位：元

学校类别	教育经费支出	事业性经费支出	#个人部分	#公用部分	其他教育经费支出
河南省	**27357.23**	**26859.25**	**14731.01**	**11758.11**	**497.98**
河南省本级	27535.34	27015.40	14914.57	11742.86	519.93
郑州市	27986.82	27846.67	15952.83	11434.61	140.15
开封市					
洛阳市					
平顶山市	19586.31	19475.16	12006.76	5873.14	111.15
安阳市	19989.81	19989.81	12650.09	7339.71	
鹤壁市					
新乡市	21963.64	21766.09	12165.48	9600.61	197.54
焦作市					
濮阳市					
许昌市					
漯河市					
三门峡市					
南阳市	29909.25	29825.99	14451.50	14559.91	83.26
商丘市					
信阳市	36439.77	33797.71	11080.79	22716.92	2642.06
周口市					
驻马店市	27449.60	27278.01	15671.45	11429.97	171.59
济源示范区					

7-6 生均一般公共预算教育事业费和基本建设支出(地方普通高等本科学校)

单位：元

学校类别	一般公共预算教育事业费和基本建设支出	事业费支出	个人部分	公用部分	资本性支出（基本建设）
河南省	**15940.66**	**15537.62**	**8001.70**	**7535.92**	**403.04**
河南省本级	15961.97	15571.61	7816.00	7755.61	390.36
郑州市	15790.35	15304.70	9215.50	6089.21	485.64
开封市					
洛阳市					
平顶山市	16449.02	14535.18	9538.80	4996.38	1913.85
安阳市	10889.13	10889.13	8608.66	2280.47	
鹤壁市					
新乡市	14212.37	14212.37	10219.75	3992.61	
焦作市					
濮阳市					
许昌市					
漯河市					
三门峡市					
南阳市	15827.58	15013.01	8943.88	6069.13	814.57
商丘市					
信阳市	20849.52	20849.52	8276.98	12572.54	
周口市					
驻马店市	17892.11	17710.75	7590.86	10119.89	181.36
济源示范区					

7-7 生均教育经费支出（地方普通高职高专学校）

单位：元

学校类别	教育经费支出	事业性经费支出	#个人部分	#公用部分	其他教育经费支出
河南省	**18718.44**	**18310.23**	**9010.15**	**9212.34**	**408.21**
河南省本级	18165.26	17848.97	8718.26	9104.75	316.28
郑州市	20419.70	20297.75	8831.62	10936.02	121.95
开封市	15508.34	14968.32	7561.63	7406.69	540.03
洛阳市	40397.17	40397.17	10793.55	29603.63	
平顶山市	15783.24	13782.64	10047.58	3735.06	2000.60
安阳市	15125.92	14639.19	7970.70	6668.49	486.73
鹤壁市	15440.62	14799.77	8004.59	6795.18	640.85
新乡市	36320.63	35496.99	16938.92	16431.08	823.63
焦作市	17498.00	17109.62	11275.65	5833.97	388.38
濮阳市	28882.25	28490.82	9903.06	18587.76	391.44
许昌市	13019.43	12769.46	7164.16	5480.17	249.97
漯河市	14193.32	13585.36	7615.23	5970.13	607.96
三门峡市	13747.09	13747.09	9438.69	4308.39	
南阳市	26336.22	26078.16	9581.59	16496.57	258.05
商丘市	17246.44	17085.14	9615.57	7469.57	161.30
信阳市	20413.22	17672.86	10763.82	6909.04	2740.36
周口市	16057.23	16056.30	11686.47	4369.83	0.93
驻马店市	19455.42	19455.42	7503.06	11952.36	
济源示范区	17526.33	17526.33	7340.62	10185.72	

7-8 生均一般公共预算教育事业费和基本建设支出(地方普通高职高专学校)

单位：元

学校类别	一般公共预算教育事业费和基本建设支出	事业费支出			资本性支出（基本建设）
			个人部分	公用部分	
河南省	**11492.50**	**11411.10**	**6223.54**	**5187.56**	**81.40**
河南省本级	11032.20	11006.15	4969.08	6037.07	26.05
郑州市	14719.42	14189.31	5590.76	8598.56	530.11
开封市	12915.85	12915.85	7681.39	5234.46	
洛阳市	16616.33	16616.33	8131.61	8484.72	
平顶山市	11025.01	11025.01	8048.50	2976.51	
安阳市	9668.23	9668.23	6118.40	3549.83	
鹤壁市	13385.38	13385.38	7994.53	5390.86	
新乡市	19763.09	18074.36	16115.10	1959.26	1688.74
焦作市	11455.84	11455.84	7947.68	3508.17	
濮阳市	10134.16	10134.16	6921.26	3212.89	
许昌市	11594.73	11451.81	5621.67	5830.14	142.93
漯河市	6986.69	6986.69	4521.59	2465.10	
三门峡市	11691.93	11691.93	7505.72	4186.21	
南阳市	11733.15	11733.15	8845.21	2887.94	
商丘市	11246.50	11246.50	8880.17	2366.33	
信阳市	9912.55	9912.55	5288.06	4624.49	
周口市	8742.12	8742.12	6729.81	2012.31	
驻马店市	11722.94	11722.94	6293.35	5429.59	
济源示范区	13374.79	13374.79	7248.72	6126.07	

7-9 生均教育经费支出（地方中等职业学校）

单位：元

学校类别	教育经费支出	事业性经费支出	#个人部分	#公用部分	其他教育经费支出
河南省	**12522.10**	**12434.73**	**6806.88**	**5386.77**	**87.36**
河南省本级	9083.27	8897.41	4413.06	4112.83	185.86
郑州市	15163.70	15163.70	7214.73	7321.42	
开封市	10929.45	10804.91	7266.84	3492.16	124.54
洛阳市	15865.71	15632.59	8050.01	6968.87	233.12
平顶山市	9718.80	9674.24	5556.01	4097.91	44.56
安阳市	14921.27	14921.27	11026.89	3894.38	
鹤壁市	9552.86	9500.76	6672.80	2827.96	52.09
新乡市	10780.19	10780.02	6700.23	4079.80	0.17
焦作市	18184.64	18168.68	10547.53	6807.43	15.97
濮阳市	12306.10	12295.24	7221.59	4954.67	10.86
许昌市	20831.81	20822.16	9257.89	11564.27	9.65
漯河市	15530.61	15110.82	6319.78	8791.04	419.79
三门峡市	10521.14	10521.14	7430.13	3091.02	
南阳市	13974.33	13939.41	7768.82	6094.21	34.92
商丘市	10785.45	10785.45	6306.44	4379.52	
信阳市	12124.06	12079.32	7693.48	4385.84	44.74
周口市	13386.05	13348.74	8144.18	5204.56	37.31
驻马店市	14955.80	14954.24	8006.02	6948.22	1.56
济源示范区	25037.52	25037.52	15171.08	9866.44	

7-10 生均一般公共预算教育事业费和基本建设支出（地方中等职业学校）

单位：元

学校类别	一般公共预算教育事业费和基本建设支出	事业费支出			资本性支出（基本建设）
			个人部分	公用部分	
河南省	**8981.95**	**8827.44**	**5229.41**	**3598.03**	**154.51**
河南省本级	6417.56	6358.16	3297.88	3060.29	59.40
郑州市	12119.97	11524.35	5421.24	6103.12	595.62
开封市	7901.03	7855.12	5094.55	2760.57	45.91
洛阳市	11247.70	10633.99	6305.57	4328.42	613.72
平顶山市	7619.83	7599.50	4328.56	3270.95	20.32
安阳市	10888.41	10888.41	8239.61	2648.80	
鹤壁市	7238.29	7238.29	5342.72	1895.57	
新乡市	8215.57	8215.57	5451.49	2764.08	
焦作市	12338.44	11524.73	7993.78	3530.95	813.71
濮阳市	10108.33	9989.34	5773.78	4215.56	118.99
许昌市	11035.13	11035.13	7759.50	3275.63	
漯河市	7866.46	7866.46	4781.71	3084.75	
三门峡市	7672.41	7672.41	5385.57	2286.84	
南阳市	9832.33	9755.96	6196.06	3559.89	76.38
商丘市	8241.65	8163.18	5041.28	3121.90	78.46
信阳市	9661.14	9661.14	6202.34	3458.80	
周口市	10021.61	10021.61	6466.36	3555.25	
驻马店市	10229.33	10229.33	5922.17	4307.16	
济源示范区	11473.68	11473.68	8313.31	3160.37	

7-11 生均教育经费支出（地方中等专业学校）

单位：元

学校类别	教育经费支出	事业性经费支出	#个人部分	#公用部分	其他教育经费支出
河南省	**10973.46**	**10859.57**	**5828.46**	**4932.31**	**113.89**
河南省本级	9651.44	9386.50	5023.08	4346.29	264.94
郑州市	9845.78	9845.78	5443.87	4243.82	
开封市	8587.43	8505.41	5554.57	2950.83	82.02
洛阳市	15437.16	15400.46	7031.55	7537.30	36.70
平顶山市	7058.52	7017.93	4800.12	2191.04	40.59
安阳市	21463.46	21463.46	12304.59	9158.88	
鹤壁市	9230.55	9127.54	6226.17	2901.37	103.00
新乡市	8086.61	8086.61	5255.54	2831.08	
焦作市	15285.91	15285.91	10763.29	4522.62	
濮阳市	15732.26	15732.26	5416.96	10315.29	
许昌市	32692.11	32668.44	9423.76	23244.67	23.67
漯河市	1805.89	1805.89	212.35	1593.54	
三门峡市	8516.35	8516.35	6174.96	2341.39	
南阳市	9346.24	9346.24	5736.72	3609.52	
商丘市	8815.02	8815.02	4597.58	3967.54	
信阳市	13311.58	13109.26	8168.77	4940.48	202.33
周口市	10614.37	10399.92	6318.55	4081.37	214.45
驻马店市	11199.16	11199.16	4534.63	6664.53	
济源示范区	27879.36	27879.36	16283.58	11595.78	

7-12 生均一般公共预算教育事业费和基本建设支出（地方中等专业学校）

单位：元

学校类别	一般公共预算教育事业费和基本建设支出	事业费支出			资本性支出（基本建设）
			个人部分	公用部分	
河南省	**7661.56**	**7565.03**	**4398.79**	**3166.24**	**96.53**
河南省本级	7141.26	7124.13	3661.26	3462.87	17.13
郑州市	7581.48	7423.38	4418.67	3004.71	158.10
开封市	6022.64	6022.64	3687.36	2335.28	
洛阳市	11362.55	10530.94	5538.54	4992.40	831.60
平顶山市	5440.00	5413.23	3696.55	1716.69	26.77
安阳市	11893.31	11893.31	8670.57	3222.74	
鹤壁市	6603.03	6603.03	4932.73	1670.29	
新乡市	7019.93	7019.93	4493.91	2526.02	
焦作市	10820.30	10820.30	6837.46	3982.84	
濮阳市	14743.96	14743.96	4430.14	10313.82	
许昌市	12383.03	12383.03	8479.41	3903.63	
漯河市	1763.42	1763.42	169.88	1593.54	
三门峡市	6108.20	6108.20	4269.68	1838.53	
南阳市	6411.21	6411.21	4566.29	1844.93	
商丘市	7010.14	6813.02	3827.74	2985.28	197.11
信阳市	10640.42	10640.42	6897.89	3742.53	
周口市	8567.44	8567.44	5357.57	3209.87	
驻马店市	4490.35	4490.35	2631.63	1858.72	
济源示范区	11815.54	11815.54	8394.82	3420.72	

7-13 生均教育经费支出（地方职业高中）

单位：元

学校类别	教育经费支出	事业性经费支出	#个人部分	#公用部分	其他教育经费支出
河南省	**13623.52**	**13567.56**	**8064.69**	**5420.00**	**55.96**
河南省本级	12208.85	10240.99	6680.46	3560.53	1967.86
郑州市	21328.25	21328.25	11126.13	9795.31	
开封市	11942.13	11942.13	8689.92	3252.21	
洛阳市	13177.21	12183.70	8444.63	3739.08	993.51
平顶山市					
安阳市	13135.78	13135.78	9666.95	3468.83	
鹤壁市	8678.96	8678.96	6062.09	2616.87	
新乡市	10552.72	10552.45	6282.97	4269.47	0.27
焦作市	16517.26	16517.26	10425.66	6091.60	
濮阳市	10384.57	10369.61	6667.98	3530.72	14.97
许昌市	10028.03	10028.03	7021.23	3006.79	
漯河市	16591.90	16589.12	8707.22	7881.89	2.78
三门峡市	31071.84	31071.84	22089.78	8982.05	
南阳市	15916.50	15916.50	8640.54	7094.88	
商丘市	9750.63	9750.63	5690.57	4060.06	
信阳市	10997.38	10997.38	6771.43	4225.95	
周口市	12641.86	12641.86	7391.86	5250.00	
驻马店市	15026.67	15023.65	7609.57	7414.07	3.03
济源示范区					

7-14 生均一般公共预算教育事业费和基本建设支出（地方职业高中）

单位：元

学校类别	一般公共预算教育事业费和基本建设支出	事业费支出	个人部分	公用部分	资本性支出（基本建设）
河南省	**10231.35**	**10148.48**	**6312.07**	**3836.40**	**82.87**
河南省本级	7105.29	7105.29	3982.13	3123.17	
郑州市	17239.92	16833.11	8623.55	8209.56	406.80
开封市	8586.50	8586.50	6017.47	2569.03	
洛阳市	7529.96	7529.96	5961.07	1568.89	
平顶山市					
安阳市	9936.09	9936.09	7327.39	2608.70	
鹤壁市	6895.09	6895.09	4904.89	1990.20	
新乡市	7642.99	7642.99	5068.51	2574.48	
焦作市	11571.01	11571.01	8658.74	2912.27	
濮阳市	8291.48	8120.57	5436.57	2684.00	170.91
许昌市	7985.35	7985.35	5534.38	2450.97	
漯河市	10473.60	10473.60	7065.33	3408.28	
三门峡市	25671.72	25671.72	17411.16	8260.57	
南阳市	12239.35	12058.27	6869.05	5189.22	181.08
商丘市	7259.32	7259.32	4482.67	2776.64	
信阳市	8527.10	8527.10	5283.64	3243.46	
周口市	8997.46	8997.46	5976.00	3021.46	
驻马店市	11261.95	11261.95	5931.10	5330.85	
济源示范区					

7-15 生均教育经费支出（地方农村职业高中）

单位：元

学校类别	教育经费支出	事业性经费支出	#个人部分	#公用部分	其他教育经费支出
河南省	**12498.06**	**12410.09**	**7345.91**	**4957.19**	**87.98**
河南省本级	12208.85	10240.99	6680.46	3560.53	1967.86
郑州市	19686.25	19686.25	11688.46	6256.65	
开封市	8222.89	8222.89	5024.99	3197.90	
洛阳市	12535.07	11435.56	7523.91	3911.65	1099.51
平顶山市					
安阳市	10587.37	10587.37	7458.42	3128.95	
鹤壁市	9101.22	9101.22	6462.66	2638.56	
新乡市	9850.56	9850.56	6347.83	3502.73	
焦作市	20760.54	20760.54	11759.47	9001.07	
濮阳市	11582.97	11577.47	7737.04	3840.42	5.51
许昌市	9760.85	9760.85	5634.20	4126.66	
漯河市	16000.44	16000.44	11258.98	4741.45	
三门峡市	31071.84	31071.84	22089.78	8982.05	
南阳市	16098.33	16098.33	8306.82	7588.22	
商丘市	10367.43	10367.43	5721.89	4645.55	
信阳市	10138.67	10138.67	6511.64	3627.03	
周口市	10860.67	10860.67	6037.94	4822.73	
驻马店市	14275.52	14272.48	6929.71	7342.77	3.04
济源示范区					

7-16 生均一般公共预算教育事业费和基本建设支出（地方农村职业高中）

单位：元

学校类别	一般公共预算教育事业费和基本建设支出	事业费支出			资本性支出（基本建设）
			个人部分	公用部分	
河南省	**9319.61**	**9212.63**	**5793.05**	**3419.59**	**106.98**
河南省本级	7105.29	7105.29	3982.13	3123.17	
郑州市	15907.84	14166.70	9244.92	4921.77	1741.14
开封市	6218.62	6218.62	3657.02	2561.61	
洛阳市	6643.49	6643.49	5105.59	1537.89	
平顶山市					
安阳市	8075.81	8075.81	5753.08	2322.72	
鹤壁市	7238.53	7238.53	5074.75	2163.78	
新乡市	7327.21	7327.21	5001.12	2326.10	
焦作市	13203.07	13203.07	9615.55	3587.52	
濮阳市	9647.15	9647.15	6384.08	3263.07	
许昌市	7172.10	7172.10	4123.76	3048.34	
漯河市	12865.62	12865.62	9008.01	3857.61	
三门峡市	25671.72	25671.72	17411.16	8260.57	
南阳市	12550.92	12347.63	6813.47	5534.16	203.29
商丘市	7409.37	7409.37	4528.57	2880.80	
信阳市	8289.81	8289.81	5383.26	2906.55	
周口市	6973.84	6973.84	4779.39	2194.45	
驻马店市	10699.82	10699.82	5392.41	5307.41	
济源示范区					

7-17 生均教育经费支出（地方技工学校）

单位：元

学校类别	教育经费支出	事业性经费支出	#个人部分	#公用部分	其他教育经费支出
河南省	**10826.67**	**10739.70**	**4432.23**	**5523.45**	**86.97**
河南省本级	7917.69	7912.74	3316.31	3656.72	4.95
郑州市	11088.78	11088.78	3454.03	6494.86	
开封市	11806.61	11429.28	6355.93	4866.05	377.33
洛阳市	9133.95	9133.95	3955.06	5178.90	
平顶山市	15862.69	15795.27	4904.08	10891.19	67.42
安阳市	24467.30	24467.30	22902.51	1564.78	
鹤壁市					
新乡市					
焦作市	21630.22	21630.22	7892.87	10427.42	
濮阳市	10337.73	10334.33	7136.87	3197.46	3.40
许昌市					
漯河市	15970.49	14956.74	3560.30	11396.43	1013.75
三门峡市	10053.43	10053.43	6213.56	3839.87	
南阳市	21614.12	21178.47	8111.11	13067.35	435.65
商丘市	15078.73	15078.73	8224.30	6854.43	
信阳市	30076.29	30076.29	16624.30	13451.99	
周口市	7995.11	7995.11	5009.72	2985.39	
驻马店市	10879.68	10879.68	8228.38	2651.29	
济源示范区	3964.61	3964.61	2318.66	1645.95	

7-18 生均一般公共预算教育事业费和基本建设支出（地方技工学校）

单位：元

学校类别	一般公共预算教育事业费和基本建设支出	事业费支出			资本性支出（基本建设）
			个人部分	公用部分	
河南省	**7293.97**	**6903.05**	**3380.41**	**3522.64**	**390.92**
河南省本级	5243.75	5115.20	2692.65	2422.54	128.56
郑州市	9095.66	8039.04	2219.37	5819.67	1056.62
开封市	8794.75	8587.45	4764.91	3822.54	207.29
洛阳市	5431.20	5431.20	3935.78	1495.42	
平顶山市	12835.92	12835.92	4011.26	8824.66	
安阳市	17139.14	17139.14	15764.51	1374.62	
鹤壁市					
新乡市					
焦作市	12966.74	9656.81	6719.82	2936.99	3309.92
濮阳市	7497.49	7497.49	5364.19	2133.30	
许昌市					
漯河市	5106.49	5106.49	2148.56	2957.94	
三门峡市	7625.01	7625.01	5136.14	2488.87	
南阳市	9367.76	9367.77	6796.20	2571.56	
商丘市	10753.29	10753.29	6373.45	4379.84	
信阳市	26168.12	26168.12	13169.20	12998.92	
周口市	6211.09	6211.09	3278.48	2932.61	
驻马店市	7618.49	7618.49	6303.31	1315.18	
济源示范区	3758.12	3758.12	2112.17	1645.95	

7-19 生均教育经费支出（地方普通中学）

单位：元

学校类别	教育经费支出	事业性经费支出	#个人部分	#公用部分	其他教育经费支出
河南省	**14443.96**	**14409.25**	**9328.58**	**4819.48**	**34.70**
河南省本级	34968.21	34968.21	16707.43	18260.79	
郑州市	24773.52	24773.49	14750.08	8230.38	0.03
开封市	13616.09	13550.59	8778.76	4749.73	65.50
洛阳市	14881.83	14873.31	10437.64	4374.96	8.52
平顶山市	11237.39	11229.01	7095.71	3364.24	8.38
安阳市	12865.37	12855.57	9024.75	3590.43	9.79
鹤壁市	15003.40	14993.72	10901.07	4092.65	9.68
新乡市	12481.55	12472.20	8285.61	3942.07	9.36
焦作市	14143.14	14075.76	10963.88	3111.87	67.39
濮阳市	15504.46	15383.98	10886.13	4321.88	120.47
许昌市	14492.02	14451.28	9923.91	4399.31	40.74
漯河市	13319.22	13291.20	10016.74	3263.07	28.02
三门峡市	20647.28	20646.01	13655.84	6990.17	1.27
南阳市	12338.54	12307.54	6796.62	5475.84	31.00
商丘市	11725.46	11680.83	7977.83	3682.60	44.63
信阳市	13572.18	13523.82	8947.64	4559.88	48.36
周口市	13897.30	13780.12	8785.29	4981.15	117.19
驻马店市	13339.10	13336.59	8108.11	5146.50	2.50
济源示范区	17556.25	17556.25	13574.30	3981.95	

7-20 生均一般公共预算教育事业费和基本建设支出（地方普通中学）

单位：元

学校类别	一般公共预算教育事业费和基本建设支出	事业费支出	个人部分	公用部分	资本性支出（基本建设）
河南省	**11093.54**	**10879.23**	**7298.38**	**3580.86**	**214.31**
河南省本级	24172.76	24172.76	10335.27	13837.49	
郑州市	17807.15	16512.60	11281.58	5231.03	1294.55
开封市	9976.99	9954.89	6717.43	3237.46	22.10
洛阳市	12237.36	12176.64	8985.60	3191.05	60.71
平顶山市	8885.57	8117.60	5618.62	2498.99	767.96
安阳市	9462.88	9225.05	6742.22	2482.83	237.83
鹤壁市	11107.31	11107.31	8438.58	2668.73	
新乡市	9908.82	9711.37	6546.97	3164.40	197.45
焦作市	11179.94	11179.94	8836.99	2342.95	
濮阳市	12233.64	12073.93	8801.79	3272.14	159.71
许昌市	11842.21	11714.16	8328.81	3385.35	128.05
漯河市	10281.76	10281.76	7902.03	2379.73	
三门峡市	15957.05	15957.05	10646.00	5311.06	
南阳市	9860.66	9825.58	5384.61	4440.97	35.08
商丘市	8287.78	8267.37	5888.20	2379.17	20.40
信阳市	10661.48	10645.18	6995.02	3650.15	16.30
周口市	10890.00	10876.32	6996.77	3879.55	13.68
驻马店市	10094.24	10012.26	5757.42	4254.84	81.98
济源示范区	13006.52	13006.52	11219.07	1787.45	

7-21 生均教育经费支出（地方普通高中）

单位：元

学校类别	教育经费支出	事业性经费支出	#个人部分	#公用部分	其他教育经费支出
河南省	**16544.78**	**16437.45**	**9785.31**	**6258.37**	**107.34**
河南省本级	29972.71	29972.71	17084.62	12888.09	
郑州市	33081.99	33081.99	17714.42	12451.69	
开封市	17767.65	17559.99	9234.75	8325.24	207.66
洛阳市	16237.16	16214.56	10976.31	5168.53	22.60
平顶山市	15017.43	14986.48	8382.59	4816.52	30.95
安阳市	15848.87	15816.27	10028.85	4928.59	32.60
鹤壁市	16480.37	16445.86	11009.11	5436.75	34.51
新乡市	14214.90	14181.29	9660.38	4386.07	33.61
焦作市	13891.29	13696.96	10133.85	3563.10	194.33
濮阳市	20834.96	20337.58	13282.34	7055.24	497.38
许昌市	13523.12	13408.79	9971.90	3436.89	114.33
漯河市	13285.66	13199.48	9952.07	3247.41	86.18
三门峡市	25230.90	25227.44	13789.37	11438.07	3.45
南阳市	15740.75	15633.32	7691.51	7935.55	107.43
商丘市	12452.41	12321.60	7526.44	4757.49	130.81
信阳市	13977.07	13845.97	8792.61	5053.36	131.10
周口市	12848.72	12554.11	7153.31	5400.81	294.61
驻马店市	12907.03	12902.00	7283.60	5618.40	5.03
济源示范区	19395.07	19395.07	14941.46	4453.60	

7-22 生均一般公共预算教育事业费和基本建设支出（地方普通高中）

单位：元

学校类别	一般公共预算教育事业费和基本建设支出	事业费支出			资本性支出（基本建设）
			个人部分	公用部分	
河南省	**11591.06**	**11221.52**	**7431.45**	**3790.07**	**369.54**
河南省本级	16940.98	16940.98	9666.15	7274.83	
郑州市	24358.61	21727.32	13629.78	8097.54	2631.29
开封市	10507.31	10507.31	6521.86	3985.44	
洛阳市	11901.75	11832.04	8929.74	2902.29	69.72
平顶山市	10957.20	9173.11	6105.61	3067.50	1784.09
安阳市	10372.75	9513.92	7356.28	2157.64	858.83
鹤壁市	10126.49	10126.49	8524.05	1602.44	
新乡市	10605.68	10470.83	7319.27	3151.57	134.84
焦作市	10233.05	10233.05	7953.35	2279.69	
濮阳市	14904.05	14904.05	10911.50	3992.54	
许昌市	10629.34	10629.34	8304.32	2325.02	
漯河市	9256.12	9256.12	7715.98	1540.13	
三门峡市	18000.23	18000.23	10539.17	7461.06	
南阳市	11181.13	11174.87	5909.43	5265.43	6.26
商丘市	6938.82	6901.15	4997.56	1903.59	37.67
信阳市	10016.78	10016.78	6805.51	3211.27	
周口市	9387.99	9387.99	5578.80	3809.20	
驻马店市	8387.82	8387.82	4881.75	3506.07	
济源示范区	13663.11	13663.11	12360.98	1302.13	

7-23 生均教育经费支出（地方农村普通高中）

单位：元

学校类别	教育经费支出	事业性经费支出	#个人部分	#公用部分	其他教育经费支出
河南省	**13651.96**	**13562.83**	**8072.36**	**5365.15**	**89.13**
河南省本级					
郑州市	37305.67	37305.67	16485.73	17457.18	
开封市	15894.05	15624.45	7854.22	7770.23	269.60
洛阳市	14494.56	14477.09	8647.07	5725.16	17.48
平顶山市	10033.59	9982.84	6900.83	2747.49	50.75
安阳市	13697.04	13646.82	9068.25	4578.57	50.22
鹤壁市	13918.22	13879.52	7390.99	6488.53	38.70
新乡市	11606.38	11565.18	8174.90	3226.72	41.20
焦作市	13548.48	13544.66	10143.32	3401.34	3.82
濮阳市	20452.70	19728.51	11243.11	8485.39	724.19
许昌市	11932.52	11534.43	8296.77	3237.66	398.10
漯河市	12217.26	12062.67	8743.21	3319.46	154.59
三门峡市	16188.79	16181.61	11284.10	4897.50	7.18
南阳市	13246.45	13220.90	7154.91	6058.07	25.55
商丘市	11608.79	11517.40	6361.92	5155.48	91.39
信阳市	13187.91	13033.07	8729.68	4303.38	154.84
周口市	10592.35	10562.59	6712.74	3849.85	29.76
驻马店市	12020.35	12015.85	6546.28	5469.57	4.51
济源示范区	20947.24	20947.24	14327.05	6620.19	

7-24　生均一般公共预算教育事业费和基本建设支出（地方农村普通高中）

单位：元

学校类别	一般公共预算教育事业费和基本建设支出	事业费支出	个人部分	公用部分	资本性支出（基本建设）
河南省	**9606.57**	**9481.25**	**6189.66**	**3291.59**	**125.32**
河南省本级					
郑州市	24717.24	21354.48	13206.46	8148.02	3362.76
开封市	10321.21	10321.21	5509.66	4811.56	
洛阳市	10701.91	10597.06	7351.81	3245.25	104.86
平顶山市	6826.21	6491.69	5108.00	1383.69	334.52
安阳市	9467.51	9467.51	6739.73	2727.79	
鹤壁市	6649.97	6649.97	5282.19	1367.78	
新乡市	8666.41	8502.85	6232.14	2270.71	163.56
焦作市	10039.78	10039.78	7838.66	2201.12	
濮阳市	14060.88	14060.88	9105.43	4955.44	
许昌市	10200.04	10200.04	7568.70	2631.34	
漯河市	8687.31	8687.31	7024.94	1662.36	
三门峡市	11121.69	11121.69	8349.13	2772.56	
南阳市	10258.00	10250.08	5583.43	4666.66	7.92
商丘市	5748.70	5748.70	4048.14	1700.55	
信阳市	9748.02	9748.02	6877.57	2870.45	
周口市	8290.69	8290.69	5453.64	2837.06	
驻马店市	7993.79	7993.79	4343.33	3650.46	
济源示范区	12927.45	12927.45	11791.18	1136.27	

7-25 生均教育经费支出（地方普通初中）

单位：元

学校类别	教育经费支出	事业性经费支出	#个人部分	#公用部分	其他教育经费支出
河南省	**13473.93**	**13472.76**	**9117.69**	**4155.09**	**1.17**
河南省本级	41484.79	41484.79	16215.38	25269.40	
郑州市	21018.71	21018.66	13410.42	6322.66	0.05
开封市	11751.78	11750.12	8574.00	3144.09	1.66
洛阳市	14145.81	14144.94	10145.11	3944.00	0.87
平顶山市	9883.78	9883.48	6634.88	2844.19	0.30
安阳市	11767.58	11766.18	8655.29	3098.05	1.40
鹤壁市	14427.79	14427.79	10858.96	3568.83	
新乡市	11812.91	11812.91	7755.29	3770.80	
焦作市	14274.52	14273.36	11396.86	2876.49	1.17
濮阳市	13839.47	13836.73	10137.67	3468.12	2.75
许昌市	14894.84	14884.69	9903.96	4799.44	10.15
漯河市	13335.06	13334.49	10047.26	3270.46	0.57
三门峡市	17991.71	17991.71	13578.47	4413.24	
南阳市	10958.83	10958.83	6433.71	4478.35	
商丘市	11358.51	11357.37	8205.68	3140.01	1.13
信阳市	13343.51	13341.88	9035.19	4281.18	1.63
周口市	14587.39	14586.97	9859.32	4704.97	0.42
驻马店市	13543.14	13541.83	8497.50	4923.63	1.31
济源示范区	16477.65	16477.65	12772.37	3705.29	

7-26 生均一般公共预算教育事业费和基本建设支出（地方普通初中）

单位：元

学校类别	一般公共预算教育事业费和基本建设支出	事业费支出			资本性支出（基本建设）
			个人部分	公用部分	
河南省	**10863.82**	**10721.18**	**7236.93**	**3484.25**	**142.63**
河南省本级	33606.54	33606.54	11208.13	22398.41	
郑州市	14846.38	14155.94	10220.36	3935.58	690.44
开封市	9738.84	9706.81	6805.25	2901.57	32.03
洛阳市	12419.61	12363.78	9015.93	3347.85	55.83
平顶山市	8143.73	7739.63	5444.23	2295.41	404.10
安阳市	9128.09	9118.76	6516.27	2602.48	9.34
鹤壁市	11489.56	11489.56	8405.27	3084.29	
新乡市	9640.00	9418.40	6249.05	3169.35	221.60
焦作市	11673.89	11673.89	9297.94	2375.95	
濮阳市	11399.53	11189.94	8142.82	3047.12	209.60
许昌市	12346.46	12165.17	8338.99	3826.18	181.29
漯河市	10765.85	10765.85	7989.84	2776.00	
三门峡市	14773.31	14773.31	10707.88	4065.43	
南阳市	9325.17	9278.40	5171.78	4106.62	46.77
商丘市	8968.72	8957.03	6337.79	2619.24	11.69
信阳市	11025.59	11000.08	7102.05	3898.03	25.51
周口市	11878.50	11855.81	7929.96	3925.85	22.69
驻马店市	10900.12	10779.42	6170.96	4608.46	120.70
济源示范区	12621.38	12621.38	10549.25	2072.13	

7-27 生均教育经费支出（地方农村普通初中）

单位：元

学校类别	教育经费支出	事业性经费支出	#个人部分	#公用部分	其他教育经费支出
河南省	**12478.24**	**12477.61**	**8571.63**	**3842.69**	**0.63**
河南省本级					
郑州市	18247.58	18247.58	11781.32	6345.78	
开封市	10321.82	10320.83	8085.09	2193.43	0.99
洛阳市	13323.00	13321.84	8958.14	4308.44	1.16
平顶山市	8730.00	8729.91	5910.57	2725.44	0.09
安阳市	10208.13	10207.87	7748.84	2449.67	0.26
鹤壁市	12284.66	12284.66	9453.90	2830.76	
新乡市	11304.81	11304.81	7493.72	3722.69	
焦作市	12920.30	12918.67	10641.70	2276.97	1.63
濮阳市	14080.71	14080.42	10401.78	3579.51	0.29
许昌市	14054.05	14054.05	9280.28	4525.33	
漯河市	13413.42	13412.53	10641.25	2771.28	0.89
三门峡市	15898.40	15898.40	13340.27	2558.13	
南阳市	11202.31	11202.31	6555.19	4592.16	
商丘市	11930.50	11929.00	8652.72	3260.76	1.51
信阳市	13495.49	13494.06	9110.49	4354.12	1.43
周口市	12673.99	12673.49	9793.72	2866.15	0.49
驻马店市	13268.69	13267.23	8349.26	4783.85	1.46
济源示范区	23085.62	23085.62	17456.69	5628.93	

7-28 生均一般公共预算教育事业费和基本建设支出（地方农村普通初中）

单位：元

学校类别	一般公共预算教育事业费和基本建设支出	事业费支出			资本性支出（基本建设）
			个人部分	公用部分	
河南省	**10223.09**	**10161.17**	**6844.51**	**3316.66**	**61.92**
河南省本级					
郑州市	12362.23	12241.75	9167.56	3074.18	120.48
开封市	8644.59	8602.29	6542.19	2060.09	42.31
洛阳市	11843.09	11787.84	8053.45	3734.38	55.26
平顶山市	7378.98	7285.08	4959.22	2325.86	93.90
安阳市	8082.34	8074.25	5876.49	2197.76	8.08
鹤壁市	9340.93	9340.93	6979.89	2361.04	
新乡市	9399.79	9311.39	6081.60	3229.79	88.41
焦作市	10858.31	10858.31	8863.89	1994.42	
濮阳市	11327.97	11262.49	8070.08	3192.40	65.48
许昌市	11809.18	11560.74	7741.96	3818.77	248.44
漯河市	11034.34	11034.34	8756.37	2277.96	
三门峡市	12817.30	12817.30	10617.35	2199.95	
南阳市	9603.25	9548.28	5284.26	4264.02	54.97
商丘市	9507.32	9491.80	6677.51	2814.29	15.52
信阳市	11301.08	11271.63	7282.13	3989.50	29.45
周口市	10626.58	10612.96	7900.94	2712.03	13.62
驻马店市	10752.53	10618.40	6058.56	4559.84	134.13
济源示范区	18105.09	18105.09	14227.12	3877.97	

7-29 生均教育经费支出（地方普通小学）

单位：元

学校类别	教育经费支出	事业性经费支出	#个人部分	#公用部分	其他教育经费支出
河南省	**8953.44**	**8952.23**	**6312.01**	**2567.59**	**1.21**
河南省本级	46840.66	46840.66	10215.99	36624.67	
郑州市	11631.54	11631.32	8100.49	3114.90	0.22
开封市	8403.65	8402.07	6105.27	2264.81	1.58
洛阳市	9535.10	9534.78	6914.35	2580.62	0.32
平顶山市	6636.77	6636.66	4762.45	1857.11	0.11
安阳市	7272.26	7263.17	5468.31	1776.21	9.10
鹤壁市	9228.25	9227.64	6902.97	2324.68	0.61
新乡市	7376.47	7376.44	5043.72	2309.07	0.02
焦作市	9266.20	9265.91	6952.95	2311.85	0.29
濮阳市	9290.94	9284.04	6665.97	2401.65	6.90
许昌市	9989.69	9987.59	7120.59	2786.07	2.10
漯河市	9022.84	9022.33	6921.13	2101.20	0.51
三门峡市	12554.06	12554.01	8512.64	4041.37	0.06
南阳市	7091.73	7091.70	4706.63	2360.56	0.03
商丘市	7920.68	7920.58	5831.87	2082.01	0.10
信阳市	9852.62	9851.56	6809.06	3026.65	1.06
周口市	10526.30	10526.20	7543.36	2977.72	0.10
驻马店市	9316.17	9316.17	6057.28	3202.99	
济源示范区	10901.93	10901.93	8965.40	1936.53	

7-30 生均一般公共预算教育事业费和基本建设支出（地方普通小学）

单位：元

学校类别	一般公共预算教育事业费和基本建设支出	事业费支出	个人部分	公用部分	资本性支出（基本建设）
河南省	**7295.12**	**7236.81**	**5030.11**	**2206.70**	**58.31**
河南省本级	38380.25	38380.25	4121.23	34259.02	
郑州市	8430.29	8134.36	6139.94	1994.42	295.93
开封市	6884.28	6852.30	4814.83	2037.46	31.99
洛阳市	8523.13	8485.20	6240.11	2245.09	37.93
平顶山市	5524.77	5507.67	3871.19	1636.48	17.10
安阳市	5638.65	5621.48	4182.05	1439.43	17.17
鹤壁市	7275.56	7275.56	5251.43	2024.13	
新乡市	6005.34	5981.69	4000.54	1981.15	23.65
焦作市	7702.20	7701.10	5703.76	1997.34	1.11
濮阳市	7639.90	7462.94	5272.91	2190.03	176.95
许昌市	8585.29	8504.36	6121.64	2382.72	80.93
漯河市	7304.50	7304.50	5516.12	1788.38	
三门峡市	10159.98	10159.98	6770.98	3389.00	
南阳市	5890.10	5865.60	3736.07	2129.53	24.50
商丘市	6420.56	6413.86	4595.48	1818.39	6.70
信阳市	8264.95	8249.10	5410.21	2838.90	15.85
周口市	8960.72	8955.59	6244.90	2710.69	5.13
驻马店市	7591.02	7535.12	4495.52	3039.59	55.91
济源示范区	8397.39	8397.39	7102.81	1294.58	

7-31　生均教育经费支出（地方农村普通小学）

单位：元

学校类别	教育经费支出	事业性经费支出	#个人部分	#公用部分	其他教育经费支出
河南省	**8760.75**	**8760.39**	**6307.62**	**2420.53**	**0.36**
河南省本级					
郑州市	10573.03	10572.84	7748.43	2778.94	0.19
开封市	7918.06	7917.58	6199.01	1676.64	0.48
洛阳市	9149.20	9148.75	6415.83	2685.89	0.45
平顶山市	6481.53	6481.52	4685.12	1796.40	0.00
安阳市	6694.83	6694.69	5157.96	1528.42	0.14
鹤壁市	7588.31	7588.31	5877.13	1711.19	
新乡市	7635.91	7635.87	5200.65	2435.22	0.04
焦作市	8942.11	8942.11	7322.50	1617.81	
濮阳市	9471.77	9469.33	7025.28	2256.18	2.44
许昌市	10866.65	10865.54	7755.32	3042.01	1.11
漯河市	9205.59	9204.80	7541.42	1663.38	0.79
三门峡市	12361.06	12360.96	9073.24	3287.72	0.10
南阳市	7344.14	7344.11	4947.17	2367.96	0.03
商丘市	8293.28	8293.16	6134.19	2150.67	0.12
信阳市	10338.35	10337.12	7102.64	3216.11	1.23
周口市	10399.49	10399.48	7929.86	2463.54	0.01
驻马店市	9129.61	9129.61	5975.59	3092.61	
济源示范区	17013.28	17013.28	13370.19	3643.09	

7-32 生均一般公共预算教育事业费和基本建设支出（地方农村普通小学）

单位：元

学校类别	一般公共预算教育事业费和基本建设支出	事业费支出			资本性支出（基本建设）
			个人部分	公用部分	
河南省	**7257.93**	**7226.44**	**5046.91**	**2179.53**	**31.49**
河南省本级					
郑州市	7916.91	7882.27	5914.46	1967.81	34.64
开封市	6480.52	6438.60	4852.75	1585.84	41.92
洛阳市	8217.78	8170.74	5826.05	2344.69	47.04
平顶山市	5448.15	5448.15	3847.20	1600.94	
安阳市	5337.00	5329.71	3987.28	1342.43	7.29
鹤壁市	5841.52	5841.52	4358.37	1483.15	
新乡市	6311.63	6311.63	4187.87	2123.76	
焦作市	7488.54	7486.74	6046.05	1440.69	1.80
濮阳市	7728.11	7540.24	5498.65	2041.60	187.87
许昌市	9354.27	9286.06	6545.51	2740.54	68.22
漯河市	7570.99	7570.99	6047.82	1523.17	
三门峡市	9945.14	9945.14	7312.52	2632.62	
南阳市	6171.82	6142.85	3933.34	2209.51	28.97
商丘市	6784.19	6775.90	4864.12	1911.78	8.30
信阳市	8736.68	8718.31	5705.04	3013.27	18.37
周口市	8952.51	8946.42	6586.62	2359.80	6.08
驻马店市	7452.25	7390.84	4425.09	2965.75	61.40
济源示范区	12192.21	12192.21	9924.76	2267.45	

7-33 生均教育经费支出（地方特殊教育学校）

单位：元

学校类别	教育经费支出	事业性经费支出	#个人部分	#公用部分	其他教育经费支出
河南省	**32580.05**	**32574.39**	**24706.79**	**7867.60**	**5.66**
河南省本级					
郑州市	54974.81	54974.81	40780.14	14194.67	
开封市	30791.23	30672.30	23190.26	7482.04	118.93
洛阳市	36843.25	36843.25	29142.71	7700.54	
平顶山市	27493.98	27493.98	19592.12	7901.86	
安阳市	26990.79	26990.79	20229.80	6760.99	
鹤壁市	59349.33	59349.33	52066.87	7282.45	
新乡市	30114.67	30114.67	25978.78	4135.89	
焦作市	36541.24	36541.24	28863.04	7678.20	
濮阳市	27734.93	27734.93	21935.24	5799.69	
许昌市	46343.73	46343.73	38508.33	7835.41	
漯河市	52146.14	52146.14	43884.60	8261.54	
三门峡市	34312.51	34312.51	26143.18	8169.33	
南阳市	21025.05	21025.05	14321.16	6703.89	
商丘市	27478.06	27478.06	19488.22	7989.84	
信阳市	41775.30	41775.30	31053.82	10721.48	
周口市	27305.49	27305.49	21580.01	5725.48	
驻马店市	27449.91	27449.91	19371.25	8078.65	
济源示范区	81610.42	81610.42	74434.15	7176.26	

7-34 生均一般公共预算教育事业费和基本建设支出（地方特殊教育学校）

单位：元

学校类别	一般公共预算教育事业费和基本建设支出	事业费支出			资本性支出（基本建设）
			个人部分	公用部分	
河南省	**26778.53**	**26778.53**	**19411.10**	**7367.43**	
河南省本级					
郑州市	43770.69	43770.69	30855.28	12915.41	
开封市	24437.65	24437.65	17611.97	6825.68	
洛阳市	32613.37	32613.37	25006.41	7606.96	
平顶山市	22546.58	22546.58	15531.38	7015.20	
安阳市	20837.71	20837.71	14643.40	6194.31	
鹤壁市	45861.08	45861.08	38848.36	7012.72	
新乡市	24793.06	24793.06	20879.18	3913.88	
焦作市	30706.80	30706.80	23503.71	7203.08	
濮阳市	24249.51	24249.51	18582.21	5667.31	
许昌市	39329.43	39329.43	32424.64	6904.79	
漯河市	41004.19	41004.19	34212.32	6791.87	
三门峡市	29040.23	29040.23	20871.01	8169.22	
南阳市	17522.04	17522.04	11536.57	5985.47	
商丘市	23151.46	23151.46	15250.59	7900.86	
信阳市	32239.68	32239.68	22864.82	9374.86	
周口市	23408.34	23408.34	17805.23	5603.11	
驻马店市	21399.62	21399.62	13368.43	8031.18	
济源示范区	67648.81	67648.81	60974.09	6674.72	

7-35 生均教育经费支出（地方幼儿园）

单位：元

学校类别	教育经费支出	事业性经费支出	#个人部分	#公用部分	其他教育经费支出
河南省	**7289.78**	**7283.96**	**3694.63**	**3487.71**	**5.81**
河南省本级	21468.85	21468.66	12877.06	8504.87	0.19
郑州市	16578.53	16569.80	9255.82	7313.97	8.73
开封市	7904.53	7801.41	4174.42	3623.20	103.12
洛阳市	8871.62	8871.15	3765.71	5007.99	0.47
平顶山市	7176.94	7176.79	4369.47	2650.09	0.15
安阳市	6811.31	6811.31	2880.88	3854.51	
鹤壁市	9677.35	9677.35	4249.27	5428.08	
新乡市	7802.51	7802.51	3478.20	4324.31	0.00
焦作市	6529.99	6529.99	3340.87	3105.57	
濮阳市	7435.85	7435.85	4014.14	3412.60	
许昌市	10001.16	10001.16	6301.52	3699.64	0.00
漯河市	5752.16	5747.75	3658.93	2088.82	4.41
三门峡市	14918.00	14918.00	7009.09	7908.92	
南阳市	5396.05	5390.73	2388.18	3002.55	5.33
商丘市	4263.29	4263.29	2404.99	1858.30	
信阳市	5198.39	5195.10	2473.42	1792.94	3.29
周口市	6261.35	6261.35	3009.73	3244.54	
驻马店市	4879.32	4877.60	1816.85	3045.07	1.72
济源示范区	5401.31	5401.31	3259.80	2141.51	

7-36 生均一般公共预算教育事业费和基本建设支出（地方幼儿园）

单位：元

学校类别	一般公共预算教育事业费和基本建设支出	事业费支出			资本性支出（基本建设）
			个人部分	公用部分	
河南省	**4156.70**	**4059.19**	**2430.09**	**1629.10**	**97.51**
河南省本级	14862.16	14775.42	7987.02	6788.40	86.74
郑州市	8898.19	8898.19	6808.63	2089.56	
开封市	4030.67	4026.87	2628.39	1398.48	3.79
洛阳市	5115.77	5018.32	2391.18	2627.14	97.44
平顶山市	4781.05	4623.82	2988.76	1635.05	157.23
安阳市	3201.35	3125.44	1859.98	1265.47	75.91
鹤壁市	6624.40	6624.40	3032.04	3592.36	
新乡市	4625.43	4625.43	1862.22	2763.21	
焦作市	4725.27	4641.71	2610.21	2031.50	83.56
濮阳市	4237.83	4237.83	2017.20	2220.63	
许昌市	6826.62	6826.62	4603.87	2222.75	
漯河市	2735.65	2735.65	1714.21	1021.44	
三门峡市	8504.87	8504.87	4929.12	3575.75	
南阳市	2820.99	2820.99	1584.22	1236.78	
商丘市	1993.67	1993.67	1254.37	739.30	
信阳市	3419.99	2534.41	1755.13	779.29	885.58
周口市	3660.11	3653.03	2198.01	1455.02	7.08
驻马店市	2829.68	2814.01	1119.19	1694.81	15.68
济源示范区	2485.69	2485.69	1347.20	1138.49	

7-37 生均教育经费支出（地方农村幼儿园）

单位：元

学校类别	教育经费支出	事业性经费支出	#个人部分	#公用部分	其他教育经费支出
河南省	**5460.73**	**5458.67**	**2713.95**	**2636.77**	**2.07**
河南省本级					
郑州市	16031.40	16013.44	8358.69	7654.76	17.96
开封市	4723.04	4723.04	2391.59	2331.45	
洛阳市	8066.95	8066.39	3069.46	4881.22	0.56
平顶山市	6478.92	6478.92	3730.57	2733.20	
安阳市	3879.92	3879.92	1561.38	2318.53	
鹤壁市	5285.55	5285.55	2278.64	3006.91	
新乡市	6393.65	6393.65	2474.98	3918.67	
焦作市	4509.67	4509.67	2771.20	1738.48	
濮阳市	6236.80	6236.80	2921.71	3304.05	
许昌市	8761.13	8761.12	5223.34	3537.79	0.01
漯河市	4954.56	4954.40	2945.35	2009.05	0.16
三门峡市	8275.70	8275.70	5032.70	3243.00	
南阳市	4735.24	4729.22	2106.80	2622.43	6.02
商丘市	3539.79	3539.79	1943.48	1596.31	
信阳市	4760.90	4758.79	2305.95	1475.49	2.12
周口市	4436.19	4436.19	2755.94	1680.25	
驻马店市	4316.63	4314.81	1534.37	2763.90	1.81
济源示范区	2529.16	2529.16	1796.06	733.10	

7-38 生均一般公共预算教育事业费和基本建设支出（地方农村幼儿园）

单位：元

学校类别	一般公共预算教育事业费和基本建设支出	事业费支出			资本性支出（基本建设）
			个人部分	公用部分	
河南省	**3170.17**	**3067.36**	**1788.23**	**1279.13**	**102.81**
河南省本级					
郑州市	8022.70	8022.70	6513.88	1508.82	
开封市	2568.16	2568.16	1467.63	1100.53	
洛阳市	4381.01	4265.30	1801.40	2463.90	115.71
平顶山市	4414.50	4399.36	2642.03	1757.33	15.14
安阳市	1956.70	1956.70	899.33	1057.37	
鹤壁市	2969.79	2969.79	1431.54	1538.25	
新乡市	3717.48	3717.48	1246.05	2471.43	
焦作市	2946.34	2946.34	1987.75	958.58	
濮阳市	3802.66	3802.66	1491.84	2310.82	
许昌市	5883.53	5883.53	3698.80	2184.73	
漯河市	2838.09	2838.09	1524.09	1314.01	
三门峡市	5022.91	5022.91	3568.09	1454.81	
南阳市	2808.64	2808.64	1476.72	1331.92	
商丘市	1513.70	1513.70	914.25	599.45	
信阳市	3380.96	2449.02	1696.34	752.68	931.94
周口市	2713.79	2713.79	1973.53	740.26	
驻马店市	2574.92	2558.38	959.54	1598.84	16.54
济源示范区	71.61	71.61	40.28	31.33	

附　录

简要说明

简 要 说 明

为了便于参考和使用教育经费统计资料，现就教育经费统计指标、统计范围、统计时间等作简要说明。

一、教育经费来源主要指标

教育经费来源包括国家财政性教育经费、民办学校中举办者投入、捐赠收入、事业收入及其他教育经费。

1. **国家财政性教育经费**：指学校（单位）取得的所有属于财政性质的经费。包括一般公共预算安排的教育经费、政府性基金预算安排的教育经费、企业办学中的企业拨款、校办产业和社会服务收入用于教育的经费、其他属于国家财政性教育经费。

(1) **一般公共预算安排的教育经费**：指学校（单位）从同级财政部门取得的一般公共预算拨款。包括教育事业费、基本建设经费、教育费附加、科研经费和其他经费。

①**教育事业费**：指学校（单位）从同级财政部门取得的、列《政府收支分类科目》一般公共预算 205 类“教育支出”的拨款，不含基本建设经费和教育费附加。

②**基本建设经费**：指学校（单位）从同级发展与改革部门取得的、列《政府收支分类科目》309 类“资本性支出（基本建设）”的拨款。

③**教育费附加**：指学校（单位）从同级财政部门取得的、列《政府收支分类科目》205 类 09 款“教育费附加安排的教育支出”的拨款。

④**科研经费**：指学校（单位）从同级财政部门取得的、列《政府收支分类科目》206 类“科学技术支出”的拨款。

⑤**其他**：指学校（单位）从同级财政部门取得的《政府收支分类科目》205 类“教育支出”、206 类“科学技术支出”以外（如 208 类“社会保障和就业”、210 类“医疗卫生与计划生育支出”、219 类“援助其他地区支出”、221 类“住房保障支出”等）的其他一般公共预算财政拨款。

(2)政府性基金预算安排的教育经费：指学校（单位）从同级财政部门取得的政府性基金预算拨款。包括城市基础设施配套费收入、彩票公益金收入等安排用于学校（单位）的经费。

(3)企业办学中的企业拨款：指中央和地方所属国有及国有控股企业在企业营业外资金列支或企业自有资金列支，并实际拨付所属学校的办学经费。

(4)校办产业和社会服务收入用于教育的经费：指非民办学校举办的校办产业和各种经营取得的收益及投资收益中用于补充教育经费的部分。

(5)其他属于国家财政性教育经费：指学校（单位）取得的除上述财政性收入以外的其他属于财政性质的经费。

2.民办学校中举办者投入：指民办学校举办者投入给民办学校的办学经费。

3.捐赠收入：指境内外社会各界及个人对教育的资助和捐赠资金。

4.事业收入：指学校（单位）开展教学、科研及其辅助活动依法取得的、经财政部门核准留用的资金和从财政专户核拨回的资金。

其中，学费：指学校取得的经财政部门核准留用和从财政专户核拨回的学费金额。

5.其他教育经费：指学校（单位）取得的除上述各项收入以外的其他收入。

二、教育经费支出主要指标

教育经费支出包括个人部分支出、公用部分支出和基本建设支出三部分。

1.个人部分支出：包括工资福利支出、对个人和家庭的补助支出。

(1)工资福利支出：指学校（单位）开支的在职教职工和编制外长期聘用人员的各类劳动报酬，以及为上述人员缴纳的各项社会保险费等。

(2)对个人和家庭的补助支出：指学校（单位）对个人和家庭的补助支出。

2.公用部分支出：包括商品和服务支出、资本性支出。

(1)商品和服务支出：指学校（单位）购买商品和服务的支出（不包括用于购置固定资产的支出）。

(2)资本性支出：指非发展与改革部门集中安排用于学校（单位）购置固定资产、土地、无形资产和大型修缮等所发生的支出。包括专项公用支出和专项项目支出。

①专项公用支出：指非发展与改革部门集中安排用于学校（单位）购置办公设备、专用设备、交通工具和无形资产等所发生的支出。

②专项项目支出：指非发展与改革部门集中安排用于学校（单位）房屋建筑物购建、大型修缮所发生的支出。

3. 基本建设支出：指各级发展与改革部门集中安排的一般公共预算（不包括政府性基金以及各类拼盘自筹资金等）用于学校（单位）购置固定资产、土地、无形资产和大型修缮所发生的支出。

财政补助支出：指学校（单位）取得的一般公共预算安排的教育经费和政府性基金预算安排的教育经费列支的支出。

一般公共预算教育事业费和基本建设支出：指学校（单位）取得的一般公共预算教育事业费和基本建设列支的支出。

三、统计范围

1. 教育部门举办的各级各类学校（包括幼儿园，以下简称各级各类学校）、教育事业单位；其他部门举办的各级各类学校、列一般公共预算支出功能分类科目 205 类“教育支出”的教育事业单位；县级及以上教育行政部门；独立师资并按学校体制管理的省、市、县（市、区）各级党委举办的党校，各级政府举办的社会主义学院、行政学院（不含行业、部门举办的党校和行政学院）。

2. 国有及国有控股企业举办的各级各类学校和经过教育主管部门批准承认学历的成人高校、成人中等专业学校、成人中学、成人小学等。

3. 由国家机构以外的社会组织或者个人，利用非国家财政性经费，面向社会举办的，经政府部门按照国家规定的权限审批的各级各类学校等。

4. 由外国教育机构同中国教育机构在中国境内合作举办以中国公民为主要招生对象的各级各类学校，以及香港特别行政区、澳门特别行政区和台湾地区的教育机构与内地教育机构合作举办的各级各类学校。

四、统计时间

2020 年 1 月 1 日至 2020 年 12 月 31 日。

五、其他

1. 本年鉴 1-1（续）表和第二部分所有表中央和地方教育经费按经费来源划分。其余表中央和地方教育经费按学校与其他教育机构隶属关系划分，即中央教育经费指中央属学校及其他教育机构的经费，地方教育经费指地方属学校及其他教育机构的经费。

2. 本年鉴中部分数据合计数或相对数由于单位取舍不同而产生的误差，均未做机械调整。

3. 表中“#”表示其中的主要项；表中“空格”表示无该项数据。

4. 根据河南省委省政府《关于深化省直管县管理体制改革完善省直管县管理体制的意见》(豫发〔2018〕3 号)，自 2018 年 1 月 1 日起，直管县的经济社会数据计入所在省辖市总量。